365일
하루에 한마디
마음의 명언

권영한 편저

전원문화사

천지는 만고에 유구하고 인생은 오직 백 년도 못 되는 것.

이 몸 다시 받아 사람으로 태어나기 어렵고, 오늘은 너무나 빨리 지나간다.

옛사람이 이르기를 "다행히 이 사이에 태어난 자, 인생의 즐거움을 충분히 알지 않으면 안 된다. 허망한 근심 걱정 가슴에 담지 마라."라고 했다.

그렇다. 사람으로 태어난 것이 얼마나 다행한 일인가? 이 귀하고 존귀한 무상의 생을 등한하게 지내 버릴 수는 없다. 인생을 가장 보람차게 보내야만 할 것이다.

백 년, 3만6천 일을 허망하게 보낸다면 그러한 인생에 무슨 의의(意義)가 있겠는가?

하루에는 두 번 새벽이 없고, 한번 가 버린 시간은 영원히 다시 돌아오지 않는다. 오늘 이 하루는 내 생애의 단 한번밖에 없는 하루이다. 영원과 연결된 단 한번의 하루이다. 이 하루의 삶과 반성은 내 생의 삶이고 또한 내 생애의 반성이다.

지금 고금의 명언을 한데 모아 허생(虛生)의 시름을 달래고, 선인들의 슬기로운 가르침을 받아 유생(有生)의 즐거움을 함께 하기 바란다.

하루하루의 반성과 경계가 우리들 인생의 영원한 행로에 도움이 되어 모든 사람들의 삶이 더욱 값지게 되기를 바라면서 삼가 이 글을 여러분 앞에 바친다.

2000년 8월
청남(靑南) 권영한(權寧漢)

차 례

⬇

1월의 이야기

january

금년에 나아갈 방향을 정하고 소신 있는 삶을 살자.

인생의 목적

인생의 목적은 인생의 모든 현상(現象)을 사랑하는 데 있는 것이다. 악의 생활에서 한발한발 선의 생활로 가까이 다가가는 것에 있으며, 진실한 생활을 창조하는 데 있다. 진실한 생활이란 오직 사랑의 생활뿐이니 진실한, 즉 사랑의 생활을 창조하는 데 있는 것이다.   -톨스토이-

자기가 할 일을 발견한 사람은 행복하다. 그로 하여금 다른 곳에서 행복을 찾지 말도록 하라. 그에게는 일이 있고 인생의 목적이 있는 것이며, 거기에 그의 행복이 있는 것이다.   -토마스 칼릴-

선량하면서도 가난한 사람은 부자이면서 악한 일을 하는 사람보다 훨씬 더 존경받을 만한 가치가 있는 사람이다. 헐벗은 생활을 하면서도 말이 적은 사람은 좋은 마차를 타고 다니며 호화스럽고 사치하는 속물보다 더욱더 존경받을 만한 가치가 있다. 평소 풍부한 마음과 유익한 목적을 갖고 사는 생애는 그 사람이 어떤 지위에 있는가를 불문하고, 범속일반(凡俗一般)의 소위 체면(體面)보다 훨씬 중요하다. 이 사실이 바로 인생의 종국(終局)이며, 다른 것은 모두가 이를 위한 수단일 뿐이다.

그러므로 쾌락을 많이 얻는 것, 돈을 많이 버는 것, 권력을 잡는다는 것 등등은 진실로 성공된 생애라고 할 수 없는 것이다. 가장 인간다운 품성을 기르고, 유익한 공적과 하늘이 주는 직분을 가장 많이 완성한 생활을 함으로써 비로소 참되고 성공된 인생을 산다고 할 수 있는 것이다.

-자조론(自助論), S. 스마일스-

서원(誓願)이 없으면 소가 갈 바를 모르듯, 가야 할 바를 알 수 없다. -마하지관(摩訶止觀) 지의(智顗)-

원(願)을 세워라

중국 수(隋)나라 때, 천태대사(天台大師)로 잘 알려진 지의(智顗)는 7세 때 법화경(法華經) 보문품(普門品)을 한 번 보고 외웠다는 천재였다.

출가 후 그는 황제로부터 존숭(尊崇)을 받았으며, 수만 권의 경전을 모조리 15회나 사경(寫經)하였고, 불상을 10만 상이나 조각했고, 승려를 천여 명 득도시켰다는 명승 가운데 한 사람이다.

그가 저술한 《마하지관》은 일념(一念)에 삼천세계(三千世界)가 나타난다는 마음 작용의 중요성을 설한 책으로, 중국과 우리 나라 천태종(天台宗)의 중요 경전 중의 하나이다.

우리들을 소나 말과 같은 동물로 비유하고, "그 욕망의 고삐를 풀어 버리면 어디까지 타락할지 모르는 일이니, 서원(誓願)을 세워 선한 목적지에 도달하기 위해 마음을 조절하지 아니하면 안 된다."라고 했다.

그러므로 연약하고, 갈 바를 모르고, 자유분방하게 흘러가기 쉬운 마음을 정돈하고, 의지를 굳게 갖기 위해서는 아무리 적은 것이라도 좋으니 "나는 이 것만은 결코 실천하리라." 하는 실천적인 계획을 세워 그것을 신불(神佛)에게 맹세하고 원을 세우는 것이 좋다.

"금년에는 아침에 일찍 일어나겠다." "용돈을 절약하겠다." "텔레비전은 하루 1시간 이상 보지 않겠다." 등등 실천 가능한 일을 맹세하는 것이다.

신선한 새해 벽두에 이러한 서원(誓願)을 세우는 것은 매우 뜻이 깊은 일이고, 금년을 또한 착실하게 살아가는 한 방편인 것이다.

구름보다 더 높은 곳에 나가 보라. 거기에는 달과 해를 가
릴 아무 것도 없다.

종교에 대하여

모든 종교의 본체는 "나는 무엇 때문에 사는가?", "자신을 감싸고 있는
무한 무궁한 세계와 나와의 관계는 어떤 것인가?"라고 하는 의문에 대한 해
답 속에만 있다.   -톨스토이-

종교는 성자가 그것을 설하였기 때문에 진리가 아니고, 진리이기 때문에 성
자가 그것을 설한 것이다.   -Dons May Lessing-

인간의 모든 불행은 종교의 결여에서 온다.
종교만이 선한 것과 악한 것의 결정을 부여해 준다. 종교만이 죽음의 공포
를 없애 주고, 종교만이 삶의 의의를 부여한다. 종교만이 인간의 평등을 확립
하고, 종교만이 모든 외적인 압박에서 인간을 해방한다.   -톨스토이-

조로아스터 교도는 그들의 우상을, 유대교도들에게는 그들의 우상을, 기독교
인들에게는 십자가를, 마호메트 교도에게는 그들의 반월패(半月牌)를 갖게
하는 것이 좋다. 그러나 알아야 할 것은 단지 그것들은 모두 외적인 증표(證
票)에 지나지 아니하며, 모든 종교의 근본적인 본질은 '예수'나 '바울'이나
'마누'나 '조로아스터'나 '석가'나 '모세'나 '소크라테스'나 '마호메트'나
모두 같은 것을 요구하고, 같은 내용의 말을 하고 있다는 것을 상기시켜라.

-존 프레드릭 데니슨 마우리스-

주자십회(朱子十悔)

주자(朱子)는 주희(朱熹, 1130~1200년)의 존칭이고, 중국 남송(南宋) 때의 사상가이며, 자는 원회(元晦)·중회(中晦), 호는 회암(晦庵)이고, 복건성(福建省) 우계(尤溪) 사람이다. 그의 열 가지 처세훈은 다음과 같다.

1) 불효부모사후회(不孝父母死後悔)⋯⋯⋯부모에게 효도하지 않으면 돌아가신 뒤에 뉘우친다.

2) 불친가족소후회(不親家族疎後悔)⋯⋯⋯가족에게 친절치 않으면 멀어진 뒤에 뉘우친다.

3) 소불근학노후회(少不勤學老後悔)⋯⋯⋯젊을 때 부지런히 배우지 않으면 늙어서 뉘우친다.

4) 안불사난패후회(安不思難敗後悔)⋯⋯⋯편안할 때 어려움을 생각지 않으면 실패한 뒤에 뉘우친다.

5) 춘불경종추후회(春不耕種秋後悔)⋯⋯⋯봄에 종자를 갈지 않으면 가을 추수할 때에 뉘우친다.

6) 불치원장도후회(不治垣牆盜後悔)⋯⋯⋯담장을 고치지 않으면 도둑 맞은 후에 뉘우친다.

7) 색불근신병후회(色不謹愼病後悔)⋯⋯⋯여색을 삼가지 않으면 병이 든 후에야 뉘우친다.

8) 취중망언성후회(醉中妄言醒後悔)⋯⋯⋯술 취할 때 망언된 말은 술 깬 뒤에 뉘우친다.

9) 부불검용빈후회(富不儉用貧後悔)⋯⋯⋯부자일 때 아껴 쓰지 않으면 가난하여지면 뉘우친다.

10) 부접빈객거후회(不接賓客去後悔)⋯⋯⋯손님을 접대하지 않으면 돌아간 뒤에 뉘우친다.

부모에게 효도를 하자. 효는 아무리 해도 지나친 법이 없다.

회귤(懷橘)의 효성

　동한(東漢) 말엽 효자로 유명했던 육적(陸績)이 여섯 살 어린 시절에 구강(九江)에 살고 있는 원술(袁術) 어른을 찾아뵈러 갔었다.

　원술은 자기를 만나러 온 어린 손님 육적을 맞아 귤(橘)을 쟁반에 담아 다정히 대접하였다. 육적은 그 귤을 먹는 둥 마는 둥 하면서 원술 어른이 눈치채지 않도록 슬며시 귤 세 개를 품속에 감춰 넣었다.

　돌아갈 때가 되어 육적이 원술 어른께 작별 인사를 드리고 막 자리에서 일어서려고 할 때 품속에 간직했던 귤이 그만 방바닥으로 떨어져 굴렀다. 이상하게 여긴 원술이 육적에게 조심스레 물어 보았다.

　"육랑(陸郎)은 우리 집에 온 손님인데, 왜 먹으라고 내놓은 귤을 먹지도 않고 품속에 넣어 두었는가?"

　육적은 입장이 난처했지만 마음먹고 한 일이라 거짓없이 그 연유를 말했다.

　"사실은 이 귤을 가지고 가서 집에 계신 어머님께 드리려고 했습니다."

　이 말을 들은 원술은 어버이를 위하는 육적의 효성스런 마음이 애틋하고 대견하여 육적의 머리를 쓰다듬으며, "육랑같이 착하고 어버이를 섬길 줄 아는 효성스러운 어린이는 처음 보았다. 이거 별것 아니지만 어머님께 갖다 올려라." 하고 칭찬을 하면서 귤을 더 많이 주었다.

　선조(宣祖) 때 사람 박인노(朴仁老)가 "반중(盤中) 조홍(早紅)감이 곱게도 보이나니, 유자(귤) 아니라도 품음 직하다마는 품어 가도 반길 사람 없으니 그를 서러워하노라."라는 시조를 읊었는데, 중장(中章) 종장(終章)의 글귀는 역시 이 회귤(懷橘)의 고사(故事)를 빌어 어버이께서 안 계시므로 봉양 못함을 슬퍼하는 효심을 노래불렀던 것이라 하겠다.

자기를 지키는 사람은 다른 자기도 지킨다. 그렇게 하면 누구에게도 해침을 받지 아니하는 현자가 되는 것이다.

품격(品格)을 지켜라

이 말은 원시 불교경전 가운데서도 석가가 직접 한 말이라 일컬어지며, 오래 전부터 전해지는 말이다.

석가는 여러 곳에서 자신을 소중히 하고 의연(毅然)한 태도를 취하는 것이 매우 중요하다는 것을 강조했다.

진실로 자신을 소중히 한다는 것은 자신의 욕망과 주위의 유혹에 매료되지 않는 주체성 있는 자기가 되어 그것을 잘 살려나가는 일에 있는 것이며, 절대로 자기가 타(他)에서 고립하고 고독을 즐긴다는 것이 아니다.

타(他)에 영합(迎合)하거나 매몰(埋沒)하는 것도 아니고, 개체로서의 자신을 소중히 하고, 그러한 자신을 충실하게 발전시켜 책임 있는 주체자로서 자타를 포함하는 전체에 참가해서 봉사한다는 의미를 포함한다.

석가가 '룸비니' 동산에서 태어나자마자 양손으로 하늘과 땅을 가리키며 '천상천하(天上天下) 유아독존(唯我獨尊)'이라 했는데, 이 말은 "하늘은 사람 위에 사람을 만들지 않고, 사람 밑에 사람을 만들지 않는다."라는 말과도 일맥상통하리라 생각된다.

이 세상에 오직 한번의 탄생밖에 없고, 오직 한 사람밖에 없는 자신을 소중히 하며, 그러한 자신을 남과 세상을 위해 봉사하겠다는 당당한 인간의 독립선언이며, 우리들에게도 또한 그와 같은 사람이 되기를 권유하고 있다.

1

일곱 번째

봄에 피는 꽃, 가을에 물든 단풍을 함께 보듯, 벗의 태반은
지금 이끼 속에 묻혀 버렸다.

제행무상(諸行無常)

석가가 왕사성(王舍城) 곤부라산(昆富羅山) 가에서 제자들에게 다음과 같
은 설교를 했다.

"만들어진 일체의 현상(現象)은 모두가 무상(無常), 불항(不恒), 불안(不
安), 변이(變易)의 법(法)이다. 무엇 하나 변하지 않고 그대로 남아 있는 것
은 없고, 믿을 수 있는 것은 없다. 진실로 모든 것의 실상(實相)은 모두 불
안정한 것뿐이며, 영원 불변한 것은 없다. 그러므로 일체의 행(行)을 의지해
서는 안 되며, 원하거나 믿어서는 안 된다.

따라서 '이것은 결코 이대로 남아 있지 않을 것이다.'라고 모든 것에 대해
서 염리(厭離)의 마음을 갖지 아니하면 안 된다. 그렇게 할 때 사물에 구애
되는 일이 없어진다. 그리하여 그 물체에 접하면서도 그대로 자유와 해탈의
즐거움을 맛볼 수가 있는 것이다.

비구들이여!

그대들은 모를 것이다. 이 곤부라산(昆富羅山)은 옛날에는 장죽산(長竹
山)이라 불렸고 그 주변에는 많은 사람들이 살았으며, 저미라(低彌羅)라는
번영된 도시를 만들고 있었다. 그러나 지금은 장죽산이라는 이름조차 잊혀지
고 저미라 주민들도 모두 멸망하고 말았다. 그 도시가 융성했을 때, 주민들은
어찌 오늘의 멸망을 예상이나 했을까? 이와 같이 무엇이든 이루어진 것은 언
젠가는 멸망하는 것이다.

무상(無常), 불항(不恒), 변이(變易)의 법이 적용된 것이다. 그러므로 그
대들은 지금 눈앞에 펼쳐진 모습에 현혹되어서는 안 된다. 그 모습을 이쪽에
서 꿰뚫어보지 않으면 안 된다. 그리하여 거기 얽매이지 않는 것이 긴요(緊
要)하다."

산상의 수훈(垂訓)

예수께서 무리를 보시고 산(山)에 올라가 앉으시니 제자들이 나온지라 입을 열어 가르쳐 가라사대,

"심령(心靈)이 가난한 자는 복이 있나니 천국(天國)이 저희 것임이요, 애통하는 자는 복이 있나니 저희가 위로(慰勞)를 받을 것이요, 온유(溫柔)한 자는 복이 있나니 저희가 땅을 기업(基業)으로 받을 것이요, 의(義)에 주리고 목마른 자는 복이 있나니 저희가 배부를 것임이요, 긍휼(矜恤)히 여기는 자는 복이 있나니 저희가 긍휼히 여김을 받을 것임이요, 마음이 청결(淸潔)한 자는 복이 있나니 저희가 하나님을 볼 것임이요, 평화(平和)케 하는 자는 복이 있나니 저희가 하나님의 아들이라 일컬음을 받을 것이요, 의(義)를 위하여 핍박(逼迫)을 받는 자는 복이 있나니 천국(天國)이 저희 것임이니라.

나를 인(因)하여 너희를 욕(辱)하고 핍박하고 거짓으로 너희를 거슬려 모든 말을 할 때에는 너희에게 복이 있나니 기뻐하고 즐거워하라. 하늘에서 너희에게 상이 큼이라. 너희 전에 있던 선지자(先知者)들을 이같이 핍박(逼迫)하였느니라." -마태복음 5장-

기독교는 매우 간단한 사실이다. 인간에 대한 사랑, 신에 대한 사랑이다. 하늘에 계시는 그대의 아버지와 같이 완전 무결한 존재가 되어라, 신의 마음 속에서 살아라. 즉, "가장 선한 일을 가장 좋은 방법으로, 가장 좋은 목적을 위해 행하라."라고 하는 것이다. 이 모두는 매우 간단하다. 어린애라도 실천할 수 있다. 그러나 아무리 아름답고 위대한 지식이라도 이보다 더 아름다운 것을 생각해 낼 수 없을 정도로 아름다운 것이다. -테오도르 파커-

양심의 소리가 바로 신의 소리이다.
-톨스토이-

양심의 소리를 들어라

맹자께서 말씀하시기를, "대체로 사람을 살펴보려면, 그 사람의 몸에 있는 것, 즉 이목구비(耳目口鼻)와 수족(手足) 가운데서 눈동자를 보는 것보다 더 좋은 법은 없다. 선악은 마음속에 생기는데, 그 선악은 눈동자에 자연히 나타나서 감출 수가 없기 때문이다. 그러므로 마음속에 공명정대(公明正大) 하면 눈동자는 정명(精明)하다. 만일 마음속이 사악(邪惡)과 부정(不正)으로 가득하면 그 눈동자도 흐리고 어둡다. 마음속의 정(正)과 부정(不正)으로 눈동자는 이와 같이 달라진다. 그러므로 사람을 보는 자는 처음에 그 말을 듣고 말의 선악(善惡)을 판단하고, 다음에 눈동자를 살펴서 가슴속의 명암(明暗) 을 관찰하면 결코 선악(善惡)과 정사(正邪)를 잘못 보지는 않을 것이다. 사람이 어찌 그 마음속을 감출 수 있을 것인가?"라고 했다.　　　-맹자(孟子)-

양심이여!
그대는 하늘에서 발하는 불사 불멸인 신의 소리이다! 그대는 무지 무식으로 국한되었다. 그러나 총명하며 자유로운 존재에 대한 충실하고 유일한 지도자이다!
그대는 선에 대한 지나치지 않은 재판관이며, 그대만이 인간을 신과 닮은 존재로 끌어올려 준다. 인간 본성의 탁월성과 인간의 도덕적 행위는 모두 그대로부터 발생한다. 그대가 없으면 내 마음속은 질서와 판단력과 지도자 없는 이성(理性)의 결과로, 온갖 미혹(迷惑)에 빠져드는 슬픈 파국 외에 내 가슴을 높여 주는 그 아무 것도 존재하지 않는다.　　　-장 자크 루소-

노여움은 무모함에서 시작되어 후회로 끝을 맺는다.
-피타고라스-

산상의 수훈(2)

　선의 생활 법칙으로 "살인하지 말라." "성내지 말라." "간음하지 말라."
"악으로서 악을 갚지 말라." 등등의 말들은 신의 계율이기 때문에 진리이며,
우리들이 꼭 지켜야 할 법칙이라고 생각해서는 안 된다.
　그것은 우리들이 반드시 지켜야 할 내적인 양심의 법칙이기 때문에, 이들
법칙을 신의 계율이라고 생각해야 하는 것이다.　　　-임마누엘 칸트-

　옛사람에게 말한 바 "살인하지 말라. 재판을 받게 되리라." 하였다는 것을
너희가 들었느냐? 나는 너희에게 이르나니 형제께 노하는 자마다 재판을 받
게 되고, 형제를 향해서 "우자(愚者)여!" 하는 자는 공회(公會)에 잡히게
되고, 미련한 놈이라 하는 자는 지옥 불에 들어가게 되리라.
　그러므로 예물(禮物)을 제단에 드리다가 거기서 내 형제에게 원망을 들을
만한 일이 있는 줄 생각나거든 예물을 제단 앞에 두고 먼저 가서 형제와 화
목(和睦)하고 그 뒤에 와서 예물을 드리라.
　너를 소송한 자와 함께 길에 있을 때 급히 사화(私和)하고, 그 송사하는
자가 너를 재판관에게 내어주어 옥에 가둘까 염려하라. 진실로 네게 이르나니
한 푼도 남김없이 다 갚기 전에는 결단코 그 옥에서 나오지 못하리라.
　또 간음(姦淫)하지 말라 하였다는 것을 너희가 들었으나, 나는 너희에게 이
르나니 여자를 보고 음욕을 품는 자마다 마음에 이미 간음하였느니라.
-신약성서 마태복음-

망심(妄心)이 일어나면 이를 따르지 말라. 망념(妄念)이 그칠 때 비로소 심원(心源)은 공적(空寂)하나니라.

망상을 버려라

용수(龍樹)는 2, 3세기경 인도 출신의 학승이며, 본명은 '나가르즈나'라고 한다. 젊을 때 친구들과 왕궁에 숨어들어 여관(女官)을 범한 죄를 크게 뉘우치고, 욕정이 사람의 몸을 망친다는 것을 깊이 깨닫고 출가해서 산에 들어가 승려가 되었다고 한다.

후에 그는 천재적 수완을 발휘해서 많은 논서(論書)를 남겼으며, 그의 '중론'에서 확립된 공사상(空思想)은 그 뒤의 모든 불교사상에 가장 큰 영향을 주고 있다. 이 책에서 그는 실체[自性]를 세우고 실체적인 원리를 상정하려고 하는 방법을 철저하게 비판·배척하고, 존재나 운동·시간 등을 포함한 일체의 것들은 다른 것에 대한 의존·상대(相對)·상관(相關)·상의(相依)의 관계에 있을 때 비로소 성립한다는 것을 분명히 하고 있다.

또한 이 상관관계는 긍정적·부정적·모순적인 여러 가지 모습이 있는데, 어느 것을 보아도 독립적인 존재는 얻을 수 없으며, 공이라 하지 않을 수 없다. 그 궁극적인 절대적 입장[眞諦, 第一義諦]은 언어 표현에 따른 일상적인 진리[俗諦, 世俗諦]에 의하면서, 그것을 초월해서 말해질 수 없고 표현될 수 없다고 했으며, 공의 입장에서 보면 한편으로 치우칠 수 없으므로 그것을 중도(中道)라고도 하였는데, 그 때문에 그의 학파를 후세에 중관파(中觀派)라고 하였다.

그리고 마음이 망심(妄心)에 사로잡히면 이성(理性)을 잃게 되고 바른 도리를 알 수 없다고 했다.

사람이 인의예지(仁義禮智)를 모르면 짐승과 다를 바 없다.
-맹자-

1
열두 번째

사단(四端)

중국 전국시대의 유가(儒家)인 맹자(孟子)는 사람에게 측은(惻隱, 가엾음)·수오(羞惡, 염치)·사양(辭讓, 겸손)·시비(是非, 선악의 판단)의 4가지 감정이 없으면 짐승과 다를 바 없다고 말했다.

이는 모두 도덕적 정조(情操)를 일컫는 말이며, 각각 인(仁)·의(義)·예(禮)·지(智)의 4덕(四德)에 대응한다.

이를 다시 설명하면 다음과 같다.

▶ 인(仁)………사람을 가엾게 생각하고 자비(慈悲)를 베푸는 일이다.

▶ 의(義)………무리(無理) 없이 만사를 이치(理致)에 맞도록 행하는 것이다.

▶ 예(禮)………윗사람을 공경하고 아랫사람을 사랑하고, 서로 잘 어울리는 것을 말한다.

▶ 지(智)………지혜(智惠)를 일컫는 말이다. 사람을 가엾게 생각하는 것은 인(仁)이지만, 쓸데없는 것을 가엾게 생각하는 것은 인(仁)이 아니다. 예(禮)는 모자라면 비례(非禮)가 되고 지나쳐도 비례(非禮)가 되는데, 이를 알맞게 하는 것을 지혜라고 한다.

오늘의 명언   17

나는 나를 두고 다른 어떤 것에도 의지할 때가 없다.
-법구경-

자신을 발견하라

법구경(法句經)은 423편의 시구로 된 석가의 인생훈(人生訓)으로 기독교의 성경과도 같이 많은 사람들이 즐겨 읽는 교양서이다. 팔리어로 된 경전을 '담마파다(Dhammapada)'라고 하며, 소부(小部)에 속한다.

석가가 어느 날 제자들과 함께 전도하러 길을 떠났을 때, 마침 유녀(遊女)들을 찾으러 나선 한 무리의 젊은이를 만났다.
그래서 석가는 "그대들은 여자를 찾는 것과 자기 자신을 찾는 것 중에서 어느 쪽이 더 소중하다고 생각하는가?" 하고 물었다.
젊은이들은 그때 정신이 번쩍 들어, "그것은 자신을 찾는 것입니다."라고 했다.

자신을 잘 알아야 한다는 것은 그리스의 철학자 '소크라테스'도 늘 입버릇처럼 말한 일이다.
자기 자신이 무엇인가도 알지 못하고, 자기 자신을 소중히 할 줄도 모르고, 오직 자기의 소지품에만 마음을 쓰며 일생을 사는 사람이 너무나 많다.
자기를 잊고 돈과 일시적인 명예와 색향에만 눈이 어두워, 하잘것없는 것을 구해서 헤매다가 일생을 보내는 현대인은 그 옛날 석가시대에 유녀(遊女)를 찾아 나선 젊은이들을 경멸할 수는 없을 것이다.
진실로 자신에게 소중한 것이 무엇인가를 발견해서 가치 있는 삶을 살아야 할 것이다.

악한 자에게 저항하지 말지어다.
-마태복음-

1
열네 번째

악을 선으로 갚아라

예수께서는 악에 대항하지 말라고 가르치고 있다. 이 가르침이 진실하다는 것은, 그것은 폭력을 가하는 사람의 마음에서도, 가해지는 사람의 마음에서도 악을 뿌리째 뽑아 주기 때문이다.

A라는 사람이 B라는 사람을 덮쳐 그 사람을 폭행하고 모욕(侮辱)했을 때, 그는 그러한 행동으로 B의 가슴속에 증오의 감정과 온갖 악의 근원을 심게 되는 것이다.

이러한 악을 멸하기 위해서는 어떻게 하면 될 것인가? A가 행한 것과 똑같이 악의 감정을 일으키는 행위와 똑같은 행동, 즉 다른 사람을 모욕(侮辱)하는 일을 자신도 그에게 감행해야 할 것인가? 과연 그렇게 사악한 행위를 반복해야 할 것인가? 이러한 행위를 반복한다는 것은 악마를 몰아내지 않고 그를 부추기는 꼴밖에 되지 않는다.

'사탄'으로 하여금 '사탄'을 몰아내게 할 수는 없는 것이다. 그러므로 악으로서 악에 대항하지 않는다는 것은 악을 정복하는 유일한 수단 방법인 것이다. 그것은 악을 행한 사람의 가슴에서도, 이를 입은 사람의 가슴에서도 사악한 감정을 일소해 주기 때문이다.   -톨스토이-

사람의 일생은 산길을 가는 거다. 편지는 적고 고기는 많다.
-독인-

인간 세상

사람 사는 세상을 만든 것은 신도 아니고 귀신도 아니다. 역시 옆에 사는 보통 사람들이 만든 것이다. 보통 사람들이 만든 세상이 살기 어렵다고 딴 곳으로 가려 해도 갈 만한 나라는 없을 것이다. 있다면 사람들이 살지 않는 다른 나라일 것이니, 거기는 여기보다 더욱 살기 힘들 것이다.

더 이상 갈 곳이 없는 이 세상이 살기 어렵다면, 살기 어려운 점을 조금이라도 부드럽게 해서 잠시 잠깐 지나가는 일생을 잠시라도 살기 좋게 하지 않으면 안 될 것이다. 그래서 시인이라는 천직이 생겨났고, 화가라는 사람이 생겨났다. 모든 예술인들은 사람 사는 세상을 태평스럽게 하고, 사람들의 마음을 풍요롭게 하기 때문에 소중하다.

살기 힘든 세상에서 살기 어려운 시름을 뽑아 버리고, 고마운 세상을 눈앞에 펼쳐주는 것이 시(詩)이고, 화(畵)이다. 또는 음악이고 조각이다. 더 자세히 이야기하면 그러한 예술가의 손을 빌리지 않고도, 눈앞에 보이는 것을 그대로 잘 살펴보면 거기에 바로 시도 있고 노래도 있다.

기쁨이 클 때 슬픔의 그림자도 깊게 따라오고, 즐거움이 클수록 괴로움도 많다. 이것을 떨쳐 버리려 하면 몸이 견뎌내지 못한다. 돈은 소중하다. 소중한 것을 많이 지니면 잠잘 때도 불안할 것이다. 연애는 기쁠 것이다. 그러나 기쁘다는 연애도 쌓이면 오히려 연애하지 않던 옛날이 더욱 그리울 것이다.

각료들의 어깨는 수많은 사람들의 운명을 걸머지고 있다. 어깨에 무거운 천하가 매달려 있는 것이다. 맛있는 음식은 먹으면 아깝다. 조금 먹으면 아쉽고, 많이 먹으면 싫증이 나고 불쾌하다.   -하목(夏目)-

지자(智者)는 미혹(迷惑)하지 않는다.
-논어-

지인용(智仁勇)

공자께서 말씀하시기를 지자(智者)는 이(理)를 보는 것이 맑으므로 시비곡절을 잘 판가름해서 혹란(惑亂)하지 않는다.

인자(仁者)는 마음이 너그럽고 명(命)을 앎으로 인(仁)에 안주하며, 그 즐거움을 잊지 아니하므로 우환(憂患)이 없다.

용자(勇者)는 과단성이 있고, 의(義)를 보면 반드시 이를 실천하고, 강압을 두려워하지 않으므로 두려움이 없다.   -논어(論語)-

마음에 의심이 없는 것이 지(智)이며, 마음을 잘 분별하고 후회 없는 것이 인(仁)이고, 마음이 강한 것이 용(勇)이다.

이 인용지(仁勇智)가 바로 선인의 삼덕(三德)이다.

지자(智者)는 밝게 도리를 다 알고 의심이 없는 고로 사물에 미혹하지 않다. 인자(仁者)는 나도 없고 욕심도 없으므로 빈천해도 원망하지 않고, 부유해도 도리를 지켜 교만하지 않고, 욕심대로 하지 않고 겸허하므로 근심이 없다. 용자(勇者)는 마음이 든든해서 사물을 겁내지 않고, 사물에 위축되지 않고 의(義)를 지키며 생사에 임해도 겁내는 일이 없다.

지용인(智勇仁)을 이와 같이 셋으로 나누어도 사실은 다 같은 한마음에서 생겨나는 것이니 지(智) 속에도 당연히 인(仁)과 용(勇)이 있는 것이며, 인(仁)과 용(勇)이 없다면 대지(大智)라고 할 수 없다. 또한 인(仁) 속에도 지(智)와 용(勇)이 있고, 지와 용이 없으면 지인(至仁)이 아니다. 그러므로 나누면 셋이지만 합하면 오직 일심(一心)일 뿐이다.   -삼덕초(三德抄)-

극락은 이 세상에 있지 사후 세상에 있는 것이 아니다.
-석가-

피안에 건너라

많은 중생들
피안에 다다른 자 드물도다.
일체 제세간(諸世間)은
배회해서 차안(此岸)에서 논다.
이 정법율(正法律)에 있어서
능히 잘 수순(隨順)하는 자
그들만이 잘 저 생사를 걸고
건너기 힘드는 피안에 다다른다.   -잡아함경-

"세존이시여, 어떤 것이 비피안(非彼岸)이고, 어떤 것이 피안(彼岸)입니까?"라는 한 바라문의 질문에,

"사견(邪見)이 비피안, 정견(正見)이 피안이다. 사사유(邪思惟), 사어(邪語), 사업(邪業), 사명(邪命), 사정진(邪精進), 사념(邪念), 사정(邪定)이 비피안이며, 그 반대인 정견(正見), 정사유(正思惟), 정어(正語), 정업(正業), 정명(正命), 정정진(正精進), 정념(正念), 정정(正定), 이것이 피안이다."라고 말씀하였다.

이 말에서도 알 수 있듯이 피안에 마음을 두는 사람은 매우 드물다. 세상의 많은 사람들은 다만 그날 그날 먹을 것에 족하고, 즐거운 생활이 가능하면 그것으로 만족하며 살고 있다. 그리하여 현실 생활에만 안주하고 이상 생활에 눈먼 사람이 온통 세상에 가득하다.

이상의 세계, 즉 피안의 세상을 꿈꾸고 사는 사람은 좀더 좋은 일생을 추구하는 사람이며, 선의 실천자가 아닐까?

산상의 수훈(3)

　사람에게 보이려고 그들 앞에서 너희는 의(義)를 행(行)치 않도록 주의하라. 그렇지 아니하면 하늘에 계신 너희 아버지께 상을 얻지 못하느니라. 그러므로 구제할 때에 외식(外飾)하는 자가 사람에게 영광을 얻으려고 회당과 거리에서 하는 것같이 너희 앞에 나팔을 불지 말라. 진실로 너희에게 이르노니, 저희는 자기 상을 이미 받았느니라. 너희는 구제할 때 오른손이 하는 것을 왼손이 모르게 하여 네 구제함이 은밀하게 하라. 은밀한 중에 보시는 너희 아버지가 갚으시리라.

　또 너희가 기도할 때에 외식(外飾)하는 자와 같이 되지 말라. 저희는 사람에게 보이려고 회당과 큰 거리 어귀에 서서 기도하기를 좋아하느니라. 내가 진실로 너희에게 이르노니 저희는 자기 상을 이미 받았느니라. 너는 기도할 때에 네 골방에 들어가 문을 닫고 은밀한 가운데 계신 네 아버지께 기도하라. 은밀한 중에 보시는 네 아버지께서 갚으시리라. 또 기도할 때 이방인과 같이 중언(重言), 복언(復言)하지 말라. 저희는 말을 많이 하여야 들으실 줄 생각하느니라. 그러므로 저희를 본받지 말라. 구하기 전에 너희에게 있어야 할 것을 하나님 너희 아버지께서 아시느니라.

　그러므로 너희는 이렇게 기도하라. "하늘에 계신 우리 아버지여, 이름이 거룩히 여김을 받으시며, 나라에 임하옵시며, 뜻이 하늘에서 이룬 것 같이 땅에서도 이루어지이다. 오늘날 우리에게 일용할 양식을 주옵시고, 우리가 우리에게 죄지은 자를 구하여 준 것같이 우리 죄를 구하여 주옵시고, 우리를 시험에 들게 하지 마옵시고, 다만 악에서 구하여 주옵소서."

　너희가 사람의 과실을 용서하면 너희 하늘의 아버지께서도 용서하시려니와 너희가 사람의 과실을 용서하지 아니하면 너희 아버지께서도 너희 과실을 용서하지 아니하시리라.　　-마태복음-

넓게 배우고, 의문이 있으면 곧 묻고, 삼가 이를 깊이 생각
하라. -중용-

학문의 요체

배우지 않으면 사물의 도리를 알 수 없으므로, 남김없이 많은 것을 배우지
않으면 안 된다. 넓게 배워도 사물의 도리를 잘 모르면 즉시 물어서 의문을
풀어야 한다. 배워서 사물의 도리를 알았다고 해도 자신이 잘 사색해서 소화
하지 않으면 충분하다고 할 수 없다.

그러므로 신중하게 생각을 깊이 해서 그 도리를 사색(思索)해야 한다. 신
중히 생각했다면 마음에 와 닿는 점이 있을 터이니, 그것을 다시 공사(公私),
시비(是非), 선악, 경중, 전후, 진위 등을 분명하게 변별(辨別)하지 않으면
안 된다. -중용-

이상에서 말한 박학(博學), 심문(審問), 신사(愼思), 명변(明辯)의 네 가
지는 선을 얻는 데 빼놓을 수 없는 방법이다. 이와 같이 해서 선(善)을 골랐
다면 이를 실제 일상 생활에 적용해서 충실히 실천해야 한다. 성실히 실천하
는 것은 찾은 선을 잘 지키며 잃지 않기 위해서이다.

앞에 말한 네 가지에 이 독행(篤行)을 합친 다섯 가지는 선을 택해서 오래
지키기 위한 필요 불가결한 요건이며, 이것이 바로 진실한 학문인 것이다. 진
실한 학문은 박학(博學)에서 시작하여 독행(篤行)에까지 이르지 않으면 안
된다. 그 가운데 이는 하나라도 빠지면 참다운 학문이라고 할 수 없다.

현명한 사람은 한번에 이를 이루더라도, 자신은 열 번이고 백 번이고 반복
해 실시해서 이 방법을 이루면 어리석은 자라도 반드시 현명한 사람이 되고,
의리를 밝게 아는 사람이 될 수 있을 것이다.

유약(柔弱)한 자도 강한 자로 변해서 의연히 자신을 지키고 가벼이 남에게
굴하지 않는 자가 될 것이니, 하물며 총명한 자가 이렇게 하면 크게 성공한
사람이 될 것임을 의심하지 않는다. -중용-

자신이 한 일을 아니라고 거짓말하는 것은 장차 지옥에 떨어지리. -법구경-

거짓말을 하지 마라

매일매일 신문의 사회면에는 여러 가지 수뢰 사건과 횡령 사건 등 많은 부패상이 우리의 눈살을 찌푸리게 한다.

신문에 발표된 그러한 부패상은 아마도 빙산의 일각이며, 이와 같은 부패상은 많거나 적거나 어느 단체, 어느 회사에도 숨어 있을 것이다. 다만 표면화되지 않았을 뿐이라고 본다. 사건이 발각되어도 숨길 수 있는 대로 숨기고, 조사 과정에서 우선 거짓말부터 하다가 증거가 드러나면 할 수 없이 사실을 시인한다.

이런 사실은 한국 사람의 인성이 나쁘고, 한국 사람들이 거짓말을 잘 하는 사람들이기 때문에 생기는 현상은 아니다.

미국에서도 '케네디'나 '닉슨' 등 역대 대통령을 비롯하여 많은 정치가도 거짓말을 해 왔다고 한다. 다만 우리 나라와 사정이 조금 다른 것은, 증언대에 서서 선서를 하고 말할 때는 거의 거짓말을 하지 않는다는 점이다. 그것은 만일 선서를 하고 하는 말이 거짓말로 탄로가 나면 사회적으로 말살되고 마는 무서운 벌을 받기 때문이다.

그러나 우리 나라에서는 자신의 말의 진위보다 상사나 친구를 감싸는 의리가 더 중요하다고 생각해서, 상사나 친구를 위해서라면 기꺼이 거짓말도 하고 위증(僞證)도 한다는 점이 그들과 다르다.

정직한 사람이 손해를 보는 일이 없는 사회가 와야 하고, 그러한 사회를 만들기 위해서는 어떻게 하면 될 것인가?

여기서 불교에서 말하는 불망어(不妄語)의 가르침을 잘 실천해야 할 것이라고 생각한다.

외문(外聞)을 겁내지 않고 자기 양심에 충실해야 하겠다.

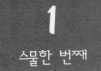

부패한 인간은 그가 즐기는 것을 결코 입 밖에 내지 않는다.
-산토 부유부-

참다운 인간

중학교 2학년 학생이 길거리에 나아가 만나는 사람들에게 다음과 같은 질문을 던졌다고 하는 텔레비전 기사를 보았다.

"아저씨(아주머니)는 왜 사세요?" 누가 감히 그 어린 학생의 마음에 흡족한 대답을 해 줄 수 있었을까? 다음은 여러 선현들의 인생훈이다.

인간의 가능성은 무한하다. 하지만 이와는 모순되게 보이지만 인간의 불가능도 무한하다.   -짐멜-

개개의 인간은 하나의 성격을 완전한 형태로 지닐 수가 없다. 그렇게 해서는 살 수가 없을 것이다. 생존하기 위해서는 사람은 잡다한 성질을 갖지 않으면 안 된다.   -괴테-

인간은 철두철미, 벗겨 맞춘 것, 섞여 바른 것에 불과하다.   -몽테뉴-

인간 소외는 근대 생활의 모든 영역에 나타나 있는 것으로서, 소외의 존재는 단지 최근 역사상의 몇 가지 우발 사건의 결과가 아니라 우리들 시대의 기본적 경향의 하나라는 것을 나타내고 있다.   -파펜하임-

불가사의한 것은 숱하게 있다. 그러나 인간만큼 불가사의한 것은 절대로 없다.   -소포클레스-

무엇이 나의 가장 신성한 의무인 것일까? 나에게 있어서 신성한 의무, 그것은 나 자신에 대한 의무이다.   -입센-

그날 그날이 일 년 중에 최선의 날이다.
-에머슨-

사람의 지혜

평범한 일을 매일 평범한 마음으로 실행하는 것이 곧 평범하지 않는 것이다.   -앙드레 지드-

마음의 논밭만 잘 개간된다면 세상의 황무지를 개간하는 것은 결코 어려운 일이 아니다.   -니노미야 손도쿠-

행진하고 있는 속에는 언제나 평범한 사람들이 있다.   -H. A. 월리스-

작은 일에 충성된 사람은 큰일에도 충성하다.   -성경-

진정으로 현명하기 위해서는 평범한 가운데서 행복하게 하는 법을 아는 것만으로는 부족하다. 최후의 시간이 되었을 때 모든 것을 냉정히 버려야 한다는 것을 알고 있지 않으면 안 된다.   -라 메트리-

사람은 멀리까지 생각이 미치지 않으면, 반드시 가까이에 우려가 있다.

-논어-

하루의 계획은 아침에 있고, 일 년의 계획은 봄에 있다.
일생의 계획은 근면에 있고, 한 집의 계획은 몸에 있다.   -월령광의-

고생 없이 얻을 수 있는 진실로 귀중한 것은 하나도 없다.   -에디슨-

동이불미(動而不迷)하라.
-손자병법-

자신을 갖는 것이 성공의 비결이다

손자병법에 이런 말이 있다.

'고지병자(故知兵者) 동이불미(動而不迷) 거이부궁(擧而不窮)', 즉 싸움을 잘 하는 명장은 군사를 동원하는 데 미리 치밀한 계획을 세운다. 아군의 병력과 적의 동태, 그리고 지형과 병사의 사기 등 모든 것을 종합해서 전적으로 이긴다는 확고한 소신이 선 다음에 군대를 움직이며, 일단 움직이기 시작하면 사소한 일에 미혹되지 않고 자신 있게 밀고 나가니, 싸움을 시작하면 곤궁에 빠지지 않고 이긴다는 뜻이다.

이 교훈은 사업을 하는 사람들도 처세훈으로 받아들일 만한 명언이다.

현대 사회에서도 어떤 사업을 시작하기 전에 미리 기초 조사를 치밀하게 한다. 자본, 경쟁 회사, 판로, 경영, 수출, 인선(人選), 앞으로의 전망 등 모든 면에 대해 사전 계획을 잘 세우고, 일단 그 사업에 착수한 뒤에는 생각지 못한 다소의 어려움이 있더라도 성공에 대한 강한 소신을 갖고 굳건하게 밀고 나갈 때 남들이 얻을 수 없는 성공을 거둘 수 있는 것이다.

조그마한 어려움이 닥쳤을 때 앞에 선 지도자가 흔들리면 그를 따르는 모든 사람들은 더욱 자신감을 잃어서, 성공할 수 있는 일도 망쳐 버리는 수가 많기 때문이다.

기업은 총칼을 맞대지 않는 전쟁이니, 그 옛날 손자가 말한 병법이 지금도 잘 부합하는 것이다.

현양두매구육(懸羊頭賣狗肉)
-후한 광무제-

양심 있는 상도의

　후한 광무제가 내린 조서 속에 있는 말로, "양두를 걸어 놓고 말고기를 팔고, 도척이 공자 말씀을 행한다."가 그 출처이다. 가게 앞에는 양의 머리를 걸어 놓았는데 실제로는 말고기 포를 버젓이 팔고, 도척이 공자의 말씀을 예사로 한다는 뜻이다.

　도척이란 유명한 춘추시대의 큰 도둑이며, 형님인 유하혜는 공자나 맹자가 격찬할 정도로 훌륭한 인물이었으나 동생인 그는 수천의 부하를 이끌고 천하를 휘저으면서 돌아다니고도 유유히 천수를 다해 사마천을 탄식시킨 사나이이다.

　강도짓하러 들어갈 때 먼저 들어가는 것은 '용'이고, 최후로 나오는 것은 '의'라 하면서 큰소리를 쳤다.

　양의 머리를 점포에 걸어 놓고 말고기를 파는 것은 그때뿐만 아니라 지금도 우리 사회에서 큰 문제가 되고 있다.

　가짜 식품 문제를 비롯해서 가짜 문제가 바로 그것이다.

　상인들이 긴 안목으로 내다보지 않고 임시 눈앞의 작은 이익에만 눈이 어두워 모든 곳에서 상도의를 잊고 있는 것이 한심스럽다.

　신용이 가장 큰 자본이라는 것을 알면 그러한 근시안적인 행동은 하지 않을 것이다.

　그래서 불신 풍조가 만연하고 서로가 서로를 못 믿는 불신 사회가 되어 가고 있다. 상인도, 공무원도, 기업인도, 기타 모든 사람들이 모두 양심을 지킬 때 비로소 밝은 사회가 이룩된다. 그 시작이 어디서부터인지 잘 알 수는 없으나, 우선 나부터 먼저 시작하면 되리라 생각한다.

가난하면 부자의 지배를 받고, 빚지면 빚쟁이의 종이 된다.
-구약성서-

가난에 대하여

가난한 사람을 억누름은 그를 지으신 이를 모욕함이다.   -잠언-

가난하다는 말은 너무 적게 가진 사람을 두고 하는 말이 아니라, 더 많은 것을 바라는 사람을 두고 하는 말이다.   -세네카-

가난은 가난하다고만 하여 결코 불명예로 여길 것이 아니다. 문제는 그 가난의 원인이다. 가난이 나태나 제멋대로의 고집, 어리석음의 결과가 아닌가를 잘 생각해 보라. 그러했을 때야말로 진실로 수치로 여겨도 괜찮을 일이다.

-플루타르크 영웅전-

가난뱅이가 제일이다. 누구도 너의 그 가난을 훔치려 하지는 않을 테니까.

-셰익스피어-

진실로 가난하다 함은 정신도 돈도 가지고 있지 못한 인간을 말함이다.

-B. 슈데르나우-

빵이 없는 자에게 정신적 자유가 무슨 소용이 있겠는가? 그것은 야심적인 이론가나 정치가에게만 가치가 있는 것이다.   -J. M. 머리-

가난한 자는 가령 진실을 말한다 해도 믿어 주지 않는다.   -난드로스-

가난의 괴로움을 면하는 길은 두 가지가 있다. 자기의 재산을 늘리는 것과 자기의 욕망을 줄이는 것으로, 전자는 우리의 힘으로 해결되지 않지만 후자는 언제나 우리의 마음가짐으로써 가능한 것이다.   -톨스토이-

왕국을 통치하는 것보다도 가정을 다스리는 쪽이 더 어렵다.
-M. E. 몽테뉴-

가정은 행복의 근원이다

자기 가정을 훌륭하게 다스리는 자는 국가의 일에 대해서도 가치 있는 인물이 된다.   -소포클레스-

가정 생활의 의존은 인간을 한층 도덕적으로 만들지만, 공명심이나 궁핍에 몰린 의존은 우리의 품위를 낮춘다.   -푸슈킨-

대리석의 방바닥과 금을 박은 담벽이 가정을 만드는 것은 아니다. 어느 집이든지 사랑이 깃들고, 우정이 손님이 되는 그런 집은 행복한 가정이다.
-A. 반 다이크-

임금이든 백성이든 자기 가정에서 평화를 찾는 자가 가장 행복한 인간이다.
-괴테-

가정의 단란이 지상에 있어서의 가장 빛나는 기쁨이다. 그리고 자녀를 보는 즐거움은 사람의 가장 성스러운 즐거움이다.   -H. 페스탈로치-

사랑 없는 가정은, 혼 없는 신체가 사람이 아니듯이 결코 가정이 아니다.
-에이브리-

모든 행복한 가정은 가족 서로가 닮아 있지만 불행한 가정은 어느 사람이나 모두 따로따로 놀고 불행하다.   -톨스토이-

가정을 잘 경영하지 못하는 여자는 집에 있어서 행복하지 않다. 그리고 집에 있어서 행복하지 못한 여자는 어딜 가도 행복할 수 없다.   -톨스토이-

1

스물일곱 번째

자기 둥지를 더럽히는 새는 비열한 새이다.
-프랑스 속담-

가족과 행복에 대하여

장인은 사위를 사랑하고 시아버지는 며느리를 사랑한다. 또한 장모는 사위를 사랑하지만 시어머니는 며느리를 사랑하지 않는다.　　-J. 라 브뤼예르-

본래 가족이 줄 수 있어야 할 근본적인 만족을 가족이 공급할 수 없다는 것이 현대의 어디서나 볼 수 있는 불행이며, 불만의 가장 뿌리 깊은 원인의 하나이다.　　-러셀-

아버지의 마음을 내 마음으로 생각하면, 내 자식이나 형의 자식이나 조금도 차이가 없을 것이다.　　-육무관(陸務觀)-

아버지가 자식을 사랑하고 자식이 어버이께 효도하며, 형이 아우를 아끼고 아우가 형을 공경하여 비록 지극한 곳에 이르렀다 할지라도 이 모두다 당연할 따름이요, 조금도 감격한 생각을 두지 말 것이다. 베푸는 이가 덕으로 자처하고, 받는 이가 은혜로 생각한다면 이는 곧 모르는 행인과 다름이 없으니 문득 장사꾼 마음에 떨어질 것이다.　　-채근담-

가족은 그날 그날의 삶을 보람있게 보낼 수 있도록 서로 격려해 주는 가장 가까운 거리에 있는 사람들이다.　　-오화섭(吳華燮)-

삭막한 세상에 '가족적'이란 말처럼 정다운 것이 없다. 타인들끼리지만 형이요, 아우요, 어머니요, 아들이라면 그보다 더 따뜻하고 아름다운 일이 어디 있겠는가? 잘못이 있어도, 서운한 일이 있어도, 한 울타리 안에서 한 핏줄기를 나눈 가족끼리는 모든 것이 애정의 이름으로 용서된다. 즐거운 일이 있으면 같이 즐기고, 슬픈 일이 있으면 같이 슬픔을 나누는 것이 가족의 '모럴'이다.　　-이어령-

32

과거를 쫓지 말고, 미래를 원하지 말고, 오직 오늘 할 일을
잘 하라.   -중부경전-

현재에 최선을 다하라

원시 불교경전 152편의 중편(中篇) 가운데 수록되어 있는 한 구절로서,
지나간 과거에 집착해서 꾸물꾸물하지 말고, 그렇다고 다가올 앞날을 미리 걱
정해서 불안해하지 말며, 오직 오늘 할 일에 최선을 다하면 그것으로서 충분
하다는 말이다.

우리들은 지나간 과거를 아무리 뉘우쳐 봐도 다시 돌이킬 수 없고, 지금부
터 일어날 만한 일을 아무리 이리저리 염려해도 아무 방편이 없다는 것을 잘
알고 있다.

수험생들에게 가끔 "머리는 써도 기(氣)는 쓰지 말라."는 충고를 하는데,
해야 될 공부는 하지 않고, 이것저것 걱정만 하고 입시의 두려움에 사로잡힌
다면 신경만 쓰고 정신만 흐려진다.

수험 공부나 시험을 앞두고 "야단났다. 야단났다." 한들 아무 진척이 없으
며, 또한 "어떻게 되겠지." 하고 태평스럽게 지내도 일은 성사되지 않는다.

사업을 하는 사람도 역시 마찬가지이다.

미국 최초의 우주비행사 존 그렌 씨가 성층권을 로켓으로 비행하고 해상에
무사히 도착한 뒤 "우리들은 오늘이 자기의 최후라는 기분으로 살지 않으면
안 된다."라고 했다.

우리들도 그와 같은 마음가짐으로 오늘을 살며, 오늘 최선을 다하면서 열심
히 살면, 오늘이 쌓여 열심히 산 내 일생이 될 것이다.

무사한 것, 이것이 가장 소중한 것이다.
-임재록(臨齋錄)-

평범함에 감사하자

중국 선가(禪家) 오종(五宗)의 하나인 임재종(臨齋宗)의 조(祖)라고 존경받는 임재(臨齋)의 말을 그의 제자인 혜연(慧然)이 기록한 책을 《임재록(臨齋錄)》이라 하며, 정식 이름은 《진주 임재혜 조선사 어록(鎭州臨齋慧照禪師語錄)》이라는 긴 이름의 책이다. 그 책은 선승(禪僧)들이 살아가는 길을 설하였는데, 무사한 하루를 지내는 것보다 더 소중한 것이 없다는 것을 설하고 있다. 우리들은 일상 생활에 타성이 붙어, 그 생활을 무사히 지탱해 주는 많은 것에 감사할 줄 모르고 불평을 하면서 산다.

전화와 전기가 탈없이 들어오고, 자동차와 기차가 무사히 달리고, 가전제품이 아무 탈없이 작동되고, 매일 원하는 음식을 배불리 먹는 것이 모두 많은 사람들의 덕택이라는 것을 잊어버리고 있다.

한때, '자혜원'에 양손과 양발이 없는 남자가 있었다. 그는 아침부터 저녁까지 입으로 타자를 치고 있었다. 그리고 입버릇처럼 하는 말은 "나는 일을 할 것이다."라고 했다. 그는 '자혜원'을 청소하는 귀가 먼 아주머니를 진심으로 동정을 했다. 그 이유를 물으니 "저 아주머니는 좋은 경치를 보아도 좋다는 말을 할 수 없고, 자기 자식에게도 다정하게 말을 걸 수 없다. 거기 비하면 나는 이와 같이 말을 할 수 있으니 얼마나 다행한가?"라고 했다.

이러한 사람들을 볼 때, 우리들은 살기에도 별로 걱정이 없고, 사지가 멀쩡하고 건강하며, 좋은 집에 좋은 옷을 입고 잘 살고 있는 것이 얼마나 고마운지를 알아야 하는데, 고마움보다는 늘 부족함과 불평을 하고 사는 편이다.

평온(平穩)하고 무사(無事)함에 감사할 줄 모르면 정말로 죄를 받을지 모른다. 욕심을 버리고 내일도 오늘같이 무사하면 그것보다 더 큰 행복이 없다는 것을 알아야 할 것이다.

자기 자신을 등불로 밝히고, 자신을 의지하며 살아라.
-열반경-

1

서른 번째

고독을 이겨라

석가(釋迦)가 82세가 되어 입멸(入滅)하기 직전에 제자인 '아난다'가 "부처님이 열반에 드시면 우리는 누구를 의지하며 살아가야 합니까?" 하며 슬퍼하니, 슬퍼하는 '아난'을 위해 설했다는 경전이 바로 열반경(涅槃經)이다.

구시가라에서 석가는 "나는 피로하다. 눕고 싶다. 저 사라쌍수 밑에 자리를 마련하기 바란다."라고 말하며, 머리를 북으로 두고 옆으로 누웠다.

'아난'은 비로소 스승의 죽음이 가까워진 것을 알고, 살짝 자리를 떠서 몰래 울면서 말하기를,

"아아, 나는 스승으로부터 배울 것이 더 많았는데, 스승은 나를 버리고 그만 가시는구나."라고 말하며, 혼자 눈물을 흘리며 울었다.

석가는 잠시도 곁에서 떠나지 않는 '아난'이 옆에 없는 것을 알고, 울어서 눈이 부은 '아난'을 옆으로 불러서 이렇게 말씀하셨다.

"내 육체는 지금 여기서 멸해도, 내 가르침은 영원히 살아 있다. 그러므로 내 육체를 보는 자가 나를 보는 것이 아니고, 나의 가르침을 아는 자가 진실로 나를 보는 자이다. 내가 없는 뒤에는, 그러한 자신과 내가 설한 가르침을 의지해서 사는 것이 좋다."

스승은 이렇게 말씀하시고 조용히 두 눈을 감았다고 한다.

선인(先人)의 좋은 가르침을 분별할 줄 아는 사람에게는 이렇게 큰 이별의 슬픔이라 할지라도 참고 견딜 수 있는 것이다.

꽃잎은 져도 꽃은 지지 않고 열매를 맺는 것이다.

도는 천성에서 나온 것이며, 도를 갖추지 않는 것은 아무
것도 없다.   -중용-

도를 떠나지 말라

하늘이 명해서 만물에 부여한 것이 성(性)이며, 그 성을 자연(自然)에 따라 행하는 것이 도(道)이다. 즉, 도는 천성(天性)에서 나온 것이므로, 만물 가운데 도를 갖추지 않는 것은 아무 것도 없다. 따라서 도는 만물이 잠시도 떠날 수 없는 것이다. 만일 떠날 수 있는 것이라면 그것은 도가 아니다.

그러므로 군자는 항상 도를 떠나지 말고, 천성이 자연에 거슬리지 않도록 힘쓸 것이며, 눈에 보이는 것이 있은 다음 경계하고 삼가는 것이 아니고, 아직 보이지 않을 때 미리 삼가고 경계한다. 또 귀로 듣는 바가 있은 다음에 비로소 두려워하지 말고, 아직 귀에 들리지 않을 때 속히 두려워해서 잠시라도 천성의 자연(自然)을 잃지 않도록 노력해야 한다.

모든 정념(情念)은 한 번 움직여서, 아직 밖으로 나가지 않고 속에 숨어 있어도 그것은 반드시 밖에서 보이는 것이며, 또한 그것이 조금만 움직여도 반드시 크게 나타나게 되는 것이다. 정념(情念)의 싹이 아직 너무 작아서 다른 사람들이 알지 못해도 자신은 마음속을 잘 알고 있으므로, 군자는 타인이 아직 모르고 자기 혼자 이를 알고 있을 때 경계하고 두려워하며, 자신의 정념(情念)이 천성(天性)에 위배되지 않도록 도(道)를 떠나지 않게 노력해야 하는 것이다.

우리들은 말을 삼가야 한다. 언행이 도(道)를 떠나지 않도록 경계하지 않으면 안 된다. 즉, 우리들의 언행이 천성(天性)인 자연에 따르도록 노력하지 않으면 안 된다. 거기에는 염려(念慮)가 밖으로 발해서, 언행이 된 뒤에 경계하고 삼가면 이미 늦는다. 염려(念慮)가 마음속에 싹틀 때, 아직 은미(隱微)할 때, 빨리 이를 경계하고 삼가지 안으면 안 된다. 사물이 밖으로 노출된 뒤에 삼가는 것은 누구나 다 할 수 있는 일이다.   -중용-

2월의 이야기

february

시간이 바로 생명이다.
-칼라일-

시간에 대하여

금년, 벌써 꿈같이 한 달이 지나가 버렸다. 세월의 무상함을 느끼며, 시간에 대해 선현들의 말을 들어본다.

시간의 가치를 바로 생각하고, 또한 시간을 엄수하는 습관을 길러라. 이 사실은 신사의 근본 교양이며, 실무가(實務家)의 필요 불가결한 소양이다. 시간을 엄수하는 것보다 더 다른 사람의 신용을 얻는 것이 없다. 내가 약속을 엄수해서 다른 사람으로 하여금 기다리지 않게 하는 것은 내 시간과 함께 타인의 시간도 존중한다는 것을 뜻한다.

그러므로 시간 엄수는 볼일이 있어 찾아오는 사람에 대해 내가 처음 경의를 표하는 방법의 하나이다. 시간의 엄수는 어떤 의미에서는 양심을 지키는 일이기도 하다. 하나의 약속은 종류를 막론하고 일종의 계약이기 때문에 이것을 이행하지 않는 자는 신용을 저버리는 동시에 부정(不正)하게 타인의 시간을 농락하며, 또한 그 품위를 저하시키는 비열한 행동인 것이다.   -스마일스-

그대가 지금 약간의 시간을 낭비하는 것은, 그것이 바로 품위와 이익을 잃어버리는 것이 된다. 여기에 반해서 그대가 약간의 시간을 유용하게 사용한다면, 반드시 큰 이익을 얻을 원인이 되는 것이다.   -체스터필드-

나폴레옹이 어느 날 부하 장병들을 만찬에 초청했는데, 약속 시간이 다 되어도 아무도 오지 않았다. 그는 시간이 되자 혼자 식사를 했는데, 식사를 마치고 식탁을 떠나려고 할 때 장병들이 왔다. 나폴레옹은 그들에게 "제군들, 식사시간은 끝났네. 각자 자기 직무에 임하기 바라네." 하면서 자리를 떠났다.

가치는 명성보다 존귀하다.
-베이컨-

올바른 가치관

자기가 그만한 힘이 없으면서도 커다란 존재라고 생각하는 사람은 거만하다. 또 자기의 가치를 실제보다 적게 생각하는 사람은 비굴하다.

-아리스토텔레스-

인간의 가치는 그 사람이 가지고 있는 진리로써 잴 수는 없다. 그 사람이 그 진리를 발견하기까지에 겪은 곤란에 의해서 재어지는 것이다.

-G. E. 레싱-

너무 싸게 구할 수 있는 것은 각별히 가치 있는 것으로는 평가되지 않는다. 모든 것에 그 가치를 부여하는 것만이 고가(高價)인 것이다.   -T. 페인-

가치란 인간인 것이며 인간 중심적인 것이기 때문에 한번 배제(排除)해 두면 영원히 그것을 포기하게 된다. 그것은 이러이러한 것이 옳다고 공언한다고 해서 되돌아오는 것이 아니다. 몇몇 사람은 그렇게 보고 있지만. 하여간 의식적이건 무의식적이건 간에 진리를 안다는 것은 좋은 일이라고 단정하는 사람을 제외한 모든 사람에게 있어서 가치란 참된 것이며, 그 이상 소중한 것이란 있을 수 없다. 그리고 이 단순한 단정을 내린다는 것이, 즉 가치에 대한 가장 획기적인 판단인 것이다.   -J. M. 머리-

여자는 훌륭한 남자를 사랑하게 됨으로써 자기 자신의 가치를 의식하지 못하게 된다. 남자는 고귀한 여성을 사랑하게 됨으로써 비로소 자기 자신의 가치를 의식하게 된다.   -W. 에센바흐-

부귀는 날개가 달렸고, 권세는 어느 날 밤의 꿈이다.
-W. 쿠퍼-

부귀에 대하여

훌륭해지고 부자가 되고 싶다는 것은, 거짓말을 하고 머리를 숙이고 아첨하고 속일 것을 결심한 것이다.   -H. 발자크-

부귀를 내 마음대로 구할 수 있다면 말채찍이라도 잡고 싶지만 마음대로 구할 수 없는 것이라면 나 하고 싶은 대로 하리라.   -논어-

거친 음식을 먹고 물을 마시며 팔베개를 베고 살아도 즐거움이 그 가운데 있나니, 불의로 얻은 부귀는 나에겐 뜬구름과 같다.   -논어-

부(富)와 귀(貴)는 사람마다 원하지만 부정으로 얻은 부귀는 누리지 말며, 빈천(貧賤)은 사람마다 싫어하지만 도의적인 빈천은 기피하지 아니하리라.

-논어-

부귀해지면 남도 어울리고, 빈천해지면 친척도 헤어진다.   -조안원-

부귀한 자리에 있을 때는 마땅히 빈천함의 고통을 알아야 하고, 젊을 때는 모름지기 노쇠함의 공통을 생각해야 한다.   -채근담-

부귀한 집은 너그럽고 후(厚)해야 하거늘, 도리어 각박함은 곧 부귀하면서 그 행실을 가난하고 천하게 함이니, 어찌 능히 복을 받으리오.   -채근담-

부귀해서 무례하고 형제간에 우애가 없는 것보다, 가난해도 효성과 우애가 있는 것이 더 좋다.   -한국 민속-

비판을 받지 아니하려거든 비판하지 말라.
-마태복음-

신상의 수훈(4)

비판을 받지 아니하려거든 비판하지 말라. 너희는 비판하는 그 비판으로 너희가 비판을 받을 것이요, 너희의 헤아리는 그 헤아림으로 너희가 헤아림을 받을 것이니라.

어찌하여 형제의 눈 속에 있는 티는 보고, 네 눈 속에 있는 들보는 깨닫지 못하느냐. 보라, 네 눈 속에 들보가 있는데 어찌하여 형제에게 말하기를, "나로 네 눈 속에 있는 티를 빼게 하라." 하겠는가? 먼저 네 눈 속의 들보를 빼어라. 그 후에 밝게 보고 형제의 눈 속에서 티를 빼리라.　　-마태복음-

누구라도 진실한 신앙과 열성을 갖고 신을 부를 때, 그 목소리는 반드시 신의 귀에 도달해서 그들이 갈망하고 바라는 것을 신으로부터 받게 되리라. 그러나 은혜를 받는 시간, 은혜의 성질 및 은혜의 분량은 모두 신의 뜻대로 하는 것이니, 기도하고 바라는 자의 뜻대로는 되지 않을 것이다. 그렇지만 그들이 바라고 원하는 것에 더욱 영광이 있고, 명예로운 것을 더 많이 신은 내려줄 것이다.　　-루트-

거룩한 것을 개에게 주지 말라. 너희 진주를 돼지 앞에 던지지 말라. 저희가 그것을 발로 밟고 돌이켜 너희를 찢어 상하게 할까 염려하라.

구하라, 그러면 너희에게 주실 것이요, 찾으라, 그러면 찾을 것이요, 문을 두들이라, 그러면 너희에게 열릴 것이니, 구하는 자마다 얻을 것이요, 찾는 이가 찾을 것이요, 두드리는 이에게 열릴 것이니라.　　-마태복음-

부모는 자애로워야 하고, 자식은 효도해야 하느니라.
-예기-

효자의 도(道)

공자께서 말씀하시기를 "효자가 어버이를 섬김에 있어 거처함에는 공경을 다하고, 봉양함에는 그 즐거움을 다하고, 병이 들 때는 그 근심을 다하고, 초상이 나면 그 슬픔을 다하고, 제사를 지냄에는 그 엄숙함을 다한다."라 하니, 이 다섯 가지를 갖춘 연후에라야 부모를 섬겼다 할 수 있다.   -예기-

맹자께서 말씀하시기를, "부모에게 불효함이 다섯이 있으니, 사지를 게을리 하여 부모의 봉양을 돌보지 않음이 그 하나요, 장기와 바둑을 두고 술 마시기를 좋아하여 부모의 봉양을 돌보지 않음이 둘째 불효요, 재물을 좋아하고 처자를 편애하여 부모의 봉양을 돌보지 않음이 세 번째 불효요, 이목(耳目)의 욕망을 따라서 부모를 욕되게 하는 것이 네 번째 불효요, 용기를 좋아하고 싸움을 하여서 부모를 위태롭게 하는 것이 다섯 번째의 불효이다."라고 했다.

-맹자-

문왕(文王)은 날마다 첫닭이 울면 일어나 세수하고 양치질하고 옷을 입고서 부모 침문(寢門) 밖에 이르러 안의 종들에게 오늘 안부를 물어서 종들이, "편안하십니다." 하면 즐거워하였고, 한낮이 되어 또 문안하고 저녁이 되어 또 문안하였다.

만약 편안하시지 않다고 하면 문왕은 반드시 얼굴에 근심을 드리우고서 나다님에 신도 바로 신지 않으며, 부왕인 왕계(王季)가 음식을 회복한 연후에도 또한 평소와 같이 하였다. 무왕(武王)이 군사를 출동시켰는데, 부왕인 문왕이 병이 있는지라 의관도 벗지 않고 봉양하여, 문왕이 밥 한 그릇을 먹을 때 무왕도 밥 한 그릇을 먹고, 두 그릇을 먹으면 자신도 두 그릇을 먹었다고 한다.

남의 책을 읽는 데 시간을 보내라. 남이 고생한 것에 의해 쉽게 자기를 개선할 수가 있다. -소크라테스-

독서법

책을 볼 때에는 반드시 단정하고 엄숙하게 고요히 앉아 마음을 가라앉히고 정신을 집중하여 성현을 대면한 듯해야 한다. 그런 뒤에 조용하게 책을 펴서 능력의 정도를 헤아려 공부할 분량을 정해야 하며, 욕심을 내어 많은 분량을 정하거나 빨리 끝마치려는 생각은 버려야 한다.

글을 읽을 때에는 천천히 느린 속도로 급하지 않도록 해야 한다. 성현의 말씀을 직접 귀로 듣는 것 같고, 성현의 행실을 직접 눈으로 보는 것 같다면, 자연히 몸과 마음이 조심스럽고 엄숙하게 되어 생각이 차분해질 것이다. 그래서 글자를 바르게 읽도록 하고 글의 의미를 제대로 파악하도록 한다. 이에 글자의 의미를 이해하고 구절의 의의를 잘 살펴서 글자와 구절을 완전히 소화할 수 있으면, 문장의 흐름을 파악하여 내용이 일관됨을 살펴본다. 문장의 조리가 자연스러우면 그 글의 전부를 총괄하여 처음과 끝을 꿰뚫어보아야 한다.

앞부분의 의미를 완전히 이해하지 못하였다면 뒷부분의 의미를 억지로 찾지 말아야 하고, 한 부분의 내용을 완전히 알지 못하였다면 다른 부분의 내용에 마음을 쓰지 말아야 한다. 다방면으로 강론하고 연구하여 의심되고 어려운 문제를 반복해 공부하도록 한다. 그래서 정밀하지 못하거나 순서를 뛰어넘는 그런 잘못은 없도록 해야 한다.

익숙하도록 읽어 의미를 깊이 이해할 수 있으면 저절로 외워지게 되는데, 외울 때에는 성현의 말씀이 모두 자신의 입으로부터 나온 것같이 하며, 성현의 생각이 모두 자신의 마음에서 우러나온 것 같이 한다. (중략) 곧 독서는 자신의 몸을 수양하여 가정을 화목하게 하고 천하를 다스릴 수 있으니, 무슨 일에든지 모두 적용할 수 있는 것이다. 이것이 바로 글을 읽는 효과일 것이다.   -이부재(李復齋), 퇴계 10세손-

말은 성벽을 쌓지 못한다.
-플루타르크 영웅전-

말을 삼가라

짧은 말에 오히려 많은 지혜(智慧)가 감추어져 있다.   -소포클레스-

놓아 버린 말은 두 번 다시 돌아오지 않는다(한번 뱉은 말은 다시 주워담을 수 없다는 뜻).   -호라티우스-

접시는 그 소리로써 그 장소에 있나 없나를 알고, 사람은 말로써 그 지식(知識)이 있나 없나를 판단할 수 있다.   -데모스테네스-

말은 날개를 가지지만 생각하는 곳으로 날아가지는 않는다.   -G. 엘리엇-

바쁜 사람과 말할 때 그 말은 될 수 있는 한 짧게 하고, 그 언어는 간단 명료하게 하라.   -워싱턴-

현명한 사람에게는 한 마디 말로 족하다. 말은 많지만 그 이상 필요가 없다.   -프랭클린-

사람은 누구나 그가 하는 말에 의해서 그 자신을 비판한다. 원하든 원하지 않든 간에 말 한마디가 남 앞에 자기의 초상을 그려놓는 셈이다.   -에머슨-

당신이 생각하는 일을 잘 검토하라. 별다른 생각 없이 한 말이 눈사태 모양으로 부피를 더하고, 드디어는 일생의 행복을 파괴해 버리는 일이 빈번히 있기 때문이다.   -E. 슈덴베르크-

말의 노예가 되지 말라.   -T. 칼라일-

사람들이 글씨 있는 책은 읽을 줄 아나, 글씨 없는 책은 읽을 줄 모른다. -채근담-

채근담(菜根譚)

중국 명(明)나라 말 홍응명(洪應明, 自誠)이 지은 책으로 이름은 송(宋)나라 왕신민(汪信民)의 소학(小學) 가운데 "딴사람이 항상 채근(菜根)을 씹을 수 있다면 백사(百事)를 이룰 수 있다."에서 따온 것이다. 명나라 말 유교적인 교양을 기초로 도교·불교를 조화시킨 재치 있는 문장으로 구성된 책들이 유행하였는데, 이 책도 그 가운데 하나로 전집 222조, 후집 135조, 총 357조의 청담(淸談)으로 이루어져 있다.

전집은 주로 사람끼리 교감하는 도(道)를 논하면서 처세훈(處世訓)과 같은 도덕적 훈계의 말을, 후집은 자연의 정취와 산 속에 은거하는 즐거움을 논하면서 인생의 철리(哲理)와 우주의 이치에 대한 것을 기록하였다. 이 인생의 철리와 우주의 이치는 유교·불교·도교를 통한 진리로 이것을 어록 형식에 따라 대구(對句)를 사용, 문학적으로 표현하여 구약성서의 지혜서나 선시(禪詩)를 읽는 듯한 깔끔한 깨달음을 후세 사람들에게까지 전해 준다.

바람이 성근 대나무 밭에 불어와 소리를 내다가도 바람이 지나가면 대는 그 소리를 더 이상 내지 않고, 기러기가 쓸쓸한 못을 지나면서 그림자를 드리우지만 기러기가 지나가고 나면 못에는 그림자가 남지 않는다.

그러므로 군자는 일이 닥치면 마음이 그제야 나타나고, 그 일이 지나가면 마음도 따라서 비게 된다. -채근담-

내가 다른 사람에게 베푼 공이 있거든 마음에 새겨두지 말고, 허물이 있거든 마음에 꼭 새겨두지 않으면 안 된다. 다른 사람이 나에게 베푼 은혜는 잊어서는 안 되고, 원망은 잊어버리지 않으면 안 된다. -채근담-

하루라도 선을 생각하지 않으면 모든 악이 절로 일어난다.
-명심보감, 장자-

명심보감(明心寶鑑)

《명심보감》은 고려시대에 어린이들의 학습을 위하여 중국 고전에서 선현들의 금언과 명구를 편집하여 만든 책으로, 원래는 명나라 범입본(范立本)이 편찬한 것으로, 상·하 2권에 모두 20편으로 분류하였는데, 고려 충렬왕 때 예문관제학을 지낸 추적(秋適)이 편찬했다고 전해지는 《명심보감초》에는 19편이 수록되어 있다. 주로 한문을 배우기 시작할 때 《천자문》을 익힌 다음 《동몽선습》과 함께 기초 과정의 교재로 사용되었다. 내용은 경서(經書)·사서(史書)·제자(諸子)·시문집 등에서 취사 선택한 것으로, 계선편(繼善篇)·천명편(天命篇) 등 20편으로 되어 있었으나, 후에 증보편·효행편속(孝行篇續)·염의편(廉義篇)·권학편(勸學篇)을 증보하여 보강한 것도 있고 팔반가(八反歌) 1편을 보강한 증보판도 있다. '명심'이란 명륜(明倫)·명도(明道)와 같이 마음을 밝게 한다는 뜻이며, '보감'은 보물과 같은 거울로서의 교본이 된다는 뜻이다.

은혜와 의리를 널리 베풀라. 인생이 어느 곳에서 서로 만나지 않으랴? 원수와 원한을 맺지 말라. 좁은 길에서 만나면 피하기 어렵다.

-명심보감, 경행록(景行錄)-

한 점의 불티도 능히 만경(萬頃)의 숲을 태우고, 반 마디 그릇된 말이 평생의 덕을 허물어뜨린다. 몸에 한 오라기의 실을 감아도 항상 베 짜는 여인의 수고스러움을 생각하고, 하루 세 끼니의 밥을 먹거든 늘 농부의 힘드는 것을 생각하라. 구차하게 탐내고 시기해서 남에게 손해를 끼친다면 마침내 10년의 편안함도 없을 것이요, 선(善)을 쌓고 인(仁)을 보존하면 반드시 후손들에게 영화가 있으리라. 행복과 경사는 대부분이 선행을 쌓는 데서 생기고, 범용(凡庸)을 초월해서 성인의 경지에 들어가는 것은 모두 진실로 얻어진다.

당신을 괴롭히고 실패하게 하는 일들은 더 큰 일을 하기 위
한 하나의 시련이라고 생각하라.   -A. 아우구스티누스-

시련과 정심(正心)

하늘에서 사람에게 큰일을 맡길 때에는 반드시 먼저 그들의 마음을 괴롭히
고 몸을 수고롭게 하고 또한 생활을 궁핍하게 하여 하는 일마다 어긋나고 틀
어지게 만든다.

이것은 그들의 마음을 움직여서 인내심을 기르게 하고, 어려운 일을 더 많
이 해낼 수 있는 능력을 길러주기 위해서이다. 따라서 사람은 어려움 속에서
도 크게 될 수 있으며, 도리어 안락함 속에서는 쉽게 타락하여 실패할 수도
있다.   -맹자-

사람은 우선 그 마음을 바르게 가져야 한다. 이를 정심(正心)이라 한다.

마음이 바르지 못하면 모든 일이 여의치 않게 된다.

마음의 노여움이 있으면 바른 마음을 얻지 못하고, 마음의 두려움이 있으면
바른 마음을 얻지 못하고, 마음의 좋아함이 그냥 있으면 바른 마음을 얻지 못
하고, 마음의 걱정하는 바를 그대로 두어도 그 바른 마음을 얻지 못한다.

마음이 없으면 재산도 모이지 않으며, 아무리 귀를 기울여도 들리지 않고
먹어도 그 맛을 알지 못한다. 정심(正心)이 곧 바른 마음이며, 수양의 으뜸이
라 할 수 있다.   -대학-

사람의 말에는 성실과 신의가 있고, 사람의 행실에는 돈독함과 정성이 함께
있어야 한다. 이렇게만 된다면 이 세상에서 이루어지지 않는 일이 없다.

만일 사람의 말에 성실과 신의가 없고 그 행실에는 돈독함과 정성이 없다
면, 이 세상에서 이루어질 일은 하나도 없으리라.   -공자-

어떠한 일이라도 중간쯤에 행복이 있다.
-영국 속담-

중화(中和)

　희노애락(喜怒哀樂)이 아직 사람의 행동에 나타나지 않은 상태를 중(中)이라 하며, 화(和)는 그러한 것이 이미 행동으로 나타나 절도에 맞음을 말한다. 중(中)은 천하의 대본(大本)이며, 화(和)는 모든 사람이 도(道)를 알게 되는 것이니, 이 중화의 덕론이 넓고 극진하게 이루어지면 세상이 안정되고 만물이 모두 순조롭게 이루어진다.　-중용-

　인간 본연의 모습은 희노애락(喜怒哀樂)이다. 그러나 그것이 나타나기 전에는 본성이 그 어느 쪽에도 치우치지 않았으니 중(中)이라 할 수 있다. 그러한 중(中)을 보다 확실하고 절도 있게 나타내는 것을 화(和)라 한다. 따라서 중화(中和)가 실현되면 나라가 안정되고 만물이 순조롭게 잘 자란다는 뜻이다.

　나라 안에는 각종 사회적 집단이 무수히 많다. 이 많은 집단은 각각의 개인으로 구성되어 있으며, 이 개인들이 활동함으로써 한 나라가 형성, 유지되고 있다. 따라서 정부는 이러한 집단과 개인의 활동과 요구를 조절과 합의로 최대 공약수를 산출하여 어느 정도의 균등한 만족으로 생을 영위해 나가도록 하는 책임을 지고 있다.

　이런 이유로 민주주의를 책임 정치라 하며, 그 책임을 다하는 정부, 즉 개인과 집단이 큰 불평 불만 없이 각자의 생활을 영위하며, 정권의 책임자가 국민을 주인으로 섬기고 공정하고 깨끗한 정치를 하면 이를 태평성대라 하며, 또는 중화가 실현된 나라라 할 수 있다.

　중화(中和)가 미치는 영향이 이처럼 광범위하고 중요하니 사람은 누구나 중화에 힘써야 하며, 단체나 정부, 특히 지도자는 누구보다도 먼저 중화에 힘써야 할 것이다.　-석근석-

손자에게도 배운다.
-한국 속담-

2

열두 번째

배움에는 상하가 없다

오직 배우는 길은 항상 그 뜻을 겸손히 하여 능함이 있더라도 능치 못한 듯하고, 배움에 기민하여 노력하되 항상 미치지 못하는 듯하여, 언제나 겸허한 마음으로 사람의 말을 받아들이고 근면한 태도로 자신을 격려해야 합니다.

그러면 닦아 얻은 바가 마치 샘물이 솟아나는 듯 끊이지 않고 흘러올 것입니다. 이에 독실하게 믿고 깊이 생각한다면 바른 도가 몸 안에 쌓여 헤아릴 수 없게 될 것입니다.

임금의 학문이 어찌 다만 수신에 그칠 수 있습니까? 배운 바를 미루어 세상을 다스리고 가르치는 것도 또한 배움의 길인 것입니다. 그러므로 자학(自學)은 스스로의 덕을 밝히는 것이며 교인(敎人)은 백성의 덕을 새롭게 하는 것입니다. 시종일관 배움에 뜻을 두어 조금도 중단함이 없으면 그 덕의 닦아지는 바가 자신도 모르는 사이에 더욱 빛날 것입니다.

그 덕이 아무리 자신도 모르는 심오한 영역에 나아갔다 하더라도 선왕들의 이루어 놓으신 법을 살펴 따르셔서 영원히 과오가 없도록 힘쓰시기 바랍니다.

임금님의 덕이 진실로 이러한 허물이 없는 데에 이르신다면, 열(悅)은 공경히 뜻을 받들어서 널리 어질고 재능 있는 사람을 찾아 구하여, 여러 가지 벼슬에 앉히겠습니다.

임금은 열(悅)의 가르침을 듣고 이어 열(悅)의 도움을 바라면서 먼저 탄식하여 말씀하셨다.

"아! 열(悅)이여! 나는 그대의 도움을 힘입음이 또한 깊었소. 나의 덕이 착하지 못함에도 불구하고 온 세상이 나를 우러러봄은, 이 모두 그대 가르침의 덕이라 생각하오. 손발을 갖춰야 사람이 되듯, 어진 신하가 보필하여야 임금도 훌륭하게 되는 것이오." -서경, 열명하-

2

열세 번째

일은 친구를 만든다.
-괴테-

삶의 지혜

정신 생활의 모든 분야에서 진실로 우수한 사람이란 항상 무엇이든지 그냥 주지 않고, 모든 것은 대상을 치르고 구축하지 않으면 안 된다는 것을 가장 잘 아는 사람을 말한다. 그들은 일을 함에 쉬워서 장해가 없는 것을 두려워하여 스스로 그것을 만들기까지 하는 것이다.   -발레리-

썩어 버리는 양식 때문이 아니라, 영원한 생명에 도달하는 양식 때문에 일하라.   -성서-

인간은 오직 노동에 의해서만 이 세상에서 차분히 살 수 있을 것이다. 그래서 노동하지 않는 사람은 언제나 불행하다.   -아우엘바흐-

고뇌도 슬픔도 일의 기쁨 앞에는 아무 것도 아니다.   -볼테르-

인간이 자기 일에 몰두하여 즐기고 있을 때만큼 사랑스러울 때가 없다. 더구나 그 기쁨뿐이 아니라 전혀 자기를 잊고 일에 몰두하고 있을 때의 그 사람의 진지한 표정도 또한 아름답다.   -라트브루흐-

스스로 일해서 얻은 빵만큼 맛있는 것은 없다.   -스마일스-

돈은 좋은 하인이기도 하지만 나쁜 주인이기도 하다.   -프랭클린-

자연은 의지할 수 있으나 자산은 의지할 수 없다.   -아리스토텔레스-

맑은 물

맑은 물 흐르는 시내, 그윽한 남산 아래
대나무가 빽빽하게 우거진 듯 소나무가 무성한 듯
여기에 형과 아우는 서로 사이좋게 지내네.
서로 시기하고 탓하는 일없이 한뜻으로.
먼 조상의 뜻 받들어 고대광실 지어 놓았으니
서쪽과 남쪽에 각각 문이로세.
예서 함께 살며 웃고 이야기하며 즐기리.
판자를 꽁꽁 묶고 흙 쳐서 벽 만드니
비바람 막아지며 새와 쥐가 이를 피하리니
군자가 여기서 편히 살게 되었네.
뜰은 평평하고 반듯하며 기둥은 쭉 곧아
추녀는 새 깃을 펼친 듯, 처마는 꿩이 날아간 듯
군자가 여기서 편하게 일을 하고 있네. (중략)
돗자리 대자리 겹쳐 깔고 천자님 편히 주무시겠네.
자다가 일어나서 내 꿈을 점쳐 보니 좋은 꿈은 무엇인가?
작은 곰 큰곰에다가 독사와 뱀 꿈도 꾸었다네.
점쟁이가 점쳐 보더니
작은 곰 큰곰은 아들 낳을 꿈이요,
독사와 뱀은 딸 낳을 꿈이라 풀이하네. (중략)
딸을 낳아서는 방바닥에 잠재우고 포대기로 덮어 주며,
실패 가지고 놀게 하니, 좋고 나쁜 것 안 바라네.
술과 밥, 제 알아서 부모님 걱정이나 끼치지 않게 하려네.

-시경-

효도란 하늘의 떳떳한 것이며 땅의 옳은 것이며, 백성의 행
실이다.   -효경-

효경(孝經)의 효(孝)

하늘은 양(陽)으로 물건을 성장시키나니 이것이 곧 아비의 도(道)요, 땅은
이것을 순하게 하여 하늘의 뜻을 승종(承從)하나니 이것이 곧 어미의 도(道)
다. 하늘은 물건을 낳고 기르는 것으로 일을 삼기 때문에 이를 떳떳한 것이라
하는 것이요, 땅은 승순(承順)하는 것을 정상으로 하는 때문에 이를 옳은 것
이라고 한다. 사람은 이러한 하늘과 땅 사이에 나서 천지의 성품을 받고 태어
난 것이니, 이야말로 자식이 제 아비를 닮는 것과 마찬가지이다.

그렇기 때문에 사람은 하늘의 성품을 받아서 자애로운 마음을 갖게 되고,
땅의 성품을 받아서 공순하는 마음을 갖게 된다. 그래서 이 자애(慈愛)와 공
순(恭順)이 바로 효도가 되는 것이다. 그렇기 때문에 효도란 하늘의 떳떳한
것이며 땅의 옳은 것이며 사람의 행실이라고 했다. 효도란 또 하늘과 땅의 정
당하고 떳떳한 데에 근본한 것으로서 이것을 사람이 취해서 행동에 옮기는 것
이다.   -효경-

효도란 제 부모를 사랑하는 것이다. 그렇기 때문에 백성들에게 서로 친하고
서로 사랑하도록 가르치는 데는 이 효도만한 것이 없다. 우애라는 것은 어른
을 공경하는 것이다. 그렇기 때문에 백성들에게 예법이 있고 순하게 되라고
가르치려면 우애만한 것이 없다. 화락(和樂)할 수 있는 것이, 즉 풍류요, 또
이 풍류는 사람의 마음을 고무시키고 움직이는 힘이 있다. 그런 까닭에 풍속
을 좋게 바꾸자면 이 풍류를 쓰는 것이 제일이다.

사람의 차서(次序)를 얻을 수 있는 것이 곧 예법이다. 예법에는 상하와 존
비(尊卑)의 구별이 있다. 그렇기 때문에 위로는 임금을 편안케 하고, 아래로
백성을 편안케 하려면 이 예법을 가져야 할 것이니, 이 세 가지는 대개 그
요점만 가지고 말한 것이다.   -효경-

인간의 존엄성

  천지 사이에 있는 만물의 무리들 가운데서 오직 사람이 가장 귀하니 사람이 귀한 까닭은 다섯 가지 인륜(人倫)이 있기 때문이다. 그러므로 맹자(孟子)께서 말씀하시기를, "어버이와 자식은 친함이 있고, 임금과 신하는 의리가 있으며, 남편과 아내는 분별이 있고, 어른과 어린이는 차례가 있으며, 벗끼리는 믿음이 있다 하시니, 사람으로서 이 오상(五常)을 알지 못하면 날짐승과 길짐승과 다를 바가 없다.

  그러므로 어버이는 인자하고 자식은 효성스러우며, 임금은 의롭고 신하는 충성스러우며, 남편은 온화하고 아내는 순하며, 형은 사랑하고 아우는 공경하며, 벗은 인(仁)을 도운 연후에야 비로소 사람이라 할 수 있다."

-동몽선습-

  이 다섯 가지 윤리는 하늘이 편 법전이요, 사람의 도리로, 본디부터 가지고 있는 바이다. 사람의 행실은 이 다섯 가지를 벗어나지 않으나 오직 효도가 모든 행실의 근원이 된다.

  그러므로 효자가 어버이를 섬김엔, 닭이 처음 울거든 세수와 양치질을 다 하고, 부모님의 처소로 가서 기운을 나직이 하고 부드러운 목소리로 옷이 더운가 추운가 묻자오며, 무엇을 잡숫고 싶은가를 묻자오며, 겨울에는 따뜻하게 해 드리고 여름에는 서늘하게 해 드리며, 저녁에는 잠자리를 정해 드리고 새벽에는 문안드리며, 외출할 때는 반드시 고하고 돌아와서는 반드시 봬오며, 멀리 나돌아다니지 않고, 나돌아다니는 데는 반드시 행방을 알리며, 감히 마음대로 몸가짐을 하지 않고, 감히 재물을 멋대로 처리하지 않는다.

-동몽선습 계몽편-

소박한 가족 생활의 즐거움에 인생의 참다운 목적이 있다.
-임어당-

중국인의 인생관

임어당(林語堂)은 중국(中國) 복건성(福建省) 출신으로 아버지는 크리스트교(敎)의 목사였다고 하며, 전통적인 중국 문화와는 거리가 먼 생활을 해야만 했었다고 한다. 이런 과거 때문에 임어당(林語堂)은 후일에 중국 문화와 전통에 대하여 남다른 깊은 관심을 갖게 되었을지도 모른다.

중국(中國)의 인도주의자들은 자기들이야말로 인생의 참다운 목적을 찾아냈으며, 그 목적을 스스로 깨닫고 있다고 믿고 있다. 중국인에게 있어서는 인생의 목적이란 사후의 세계에 있는 것이 아니므로 크리스트교의 가르침과 같이 인간은 죽기 위하여 살고 있다는 사고방식을 알 턱이 없다.

그들에게는 또한 불교의 이른바 열반(涅槃)의 세계도 없다. 그것은 열반이란 것이 너무나 형이상학적이기 때문이다. 그렇다고 해서 일이 성취되는 데서 오는 만족감도 느끼지 못한다. 왜냐하면 그것은 헛된 영광에 불과한 것이기 때문이다. 또한 그렇다고 해서 중국인은 진보를 위한 진보를 생각하는 것도 아니다. 그것은 무의미하다고 여기기 때문이다.

중국인이 독자적인 명백한 태도에 따라 결정지은 인생의 목적이란 소박한 생활, 특히 가족 생활을 향락하며 조화된 사회 관계 안에 존재하는 것이다. 중국(中國)의 어린이들이 제일 먼저 배우는 시는 다음과 같다.

담운(淡雲)은 미풍을 따라 아침내 둥둥 떠다니고
꽃향기에 취한 나는 내를 건너 마냥 걸어다녔네.
"저 들떠 있는 노인을 보라."고 사람들은 말하지만
그들은 내 마음의 행복을 알지 못하네. [주희(朱熹)]

-임어당 문집-

불리하면 삼십육계(三十六計) 주위상계(走爲上計)로다.
-자치통감-

후퇴하는 지혜

일의 형편이 불리하거나 성가신 일을 당할 때는 일단 피하여 몸을 보전하는 것이 상책이라는 말이다.

제서(齋書) 왕경칙전(王敬則傳)에 나오는 말로서, 남북조 시대의 일이다. 유유(劉裕)가 세운 송(宋)을 멸망시키고, 재(齋)를 세운 고제(高帝)는 자기 아들 무제(武帝)에게 자신이 멸망시킨 송나라처럼 왕위를 두고 싸우지 말라고 훈계했었다.

그러나 그런 당부에도 불구하고 5대 황제인 명제(明帝)는 전조(前朝)의 참극을 되풀이하여, 고제의 증손인 3대, 4대 황제를 차례로 시해하고, 즉위 과정에서 고제의 혈통 10명을 한꺼번에 살해했을 뿐만 아니라 계속해서 자기를 반대하는 사람은 가차없이 죽였다. 이렇게 되자 고제 이후의 구신(舊臣)들은 언제 명제에게 당할지 몰라 불안에 떨게 되었다.

제나라 건국의 공신인 왕경칙(王敬則)도 늘 불안했다. 명제 역시 왕경칙이 자꾸 마음에 걸렸다. 그래서 대부 장괴(張壞)를 평동장군에 임명하여 회계군과 인접한 오군(吳郡)에 파견했다. 왕경칙은 자기를 없애려 하는 일이라 짐작하고 울분하여 1만여 군사를 일으켜 수도 건강(建康)을 향해 진군하여 불과 10여 일 만에 건강과 가까운 흥성성(興盛城)을 점령했다. 도중에 병력은 10여 만으로 늘어나 있었다.

왕경칙이 모반했다는 보고를 받은 태자 보권(보卷)은 측근을 망루에 올려보냈다. 당황한 측근은 "경칙이 벌써 저만치 와 있다."고 보고했다. 태자는 허둥지둥 도망갈 준비를 서둘렀다. 이 소식을 듣고 왕경칙은 통쾌하게 웃으며, 이렇게 말했다. "단공(檀公)의 36책 중 도망가는 것이 상책이었다고 하더라. 이제 너희 부자(父子)에게 남은 것은 도망하는 길뿐이니라." 그러나 그 후 왕경칙은 관군에게 포위 당하여 목이 잘려 죽었다고 한다.　　-자치통감-

2

나라를 경영하여 백성을 모으는 것은 마치 낚시터에 고기를
모으는 이치와 같다. -태공망-

강태공(姜太公)

주나라 건국의 공신이 된 사람 중에 태공망(太公望)이란 사람이 있다. 그
의 성은 강(姜), 이름은 여상(呂尙)이라고도 하는데, 동해 근처에서 태어났다
고 한다. 그는 뛰어난 능력을 가지고 있었으면서도 만년에 이르도록 세상에
나가지 않고 시골에서 빈궁하게 살고 있었다.

어느 날 서백(西伯) 창(昌, 곧 주나라 문왕)이 사냥을 나가기에 앞서 점을
쳐보았다. 그랬더니 "천하를 얻는 데 도움이 될 만한 스승을 얻게 될 것이
다."라는 점괘가 나왔다. 사냥을 나간 서백은 이리저리 사람을 찾던 중 위수
(渭水) 가에서 낚시를 하고 있는 사람을 만났는데, 그가 바로 여상이었다. 그
의 인품에 반한 서백은 크게 기뻐하며 이렇게 말했다.

"우리 선군(先君) 태공께서 '이제 곧 성인(聖人)이 주나라를 찾아오게 되
면 주나라는 크게 일어날 것이다.'라고 하시며, 기다리시더니 당신이야말로
바로 그분이십니다."

'태공(太公)'이 '기다리던(望) 사람'이란, 이 말에서 따온 태공망(太公望)
이 이로부터 그의 이름이 되었다고 한다.

아무튼 이렇게 해서 젊은 시절 곤궁하게 살아왔던 여상은 서백 창의 군사
(軍師)로서 주나라에서 중용(重用)되고, 제(齋)나라의 제후로 봉해지기까지
하였다. 오늘날에는 그의 성을 붙여서 강태공이라고 부르며, 낚시질하는 사람
을 일컫는 대명사가 되었다.

그가 그렇게 되기까지는 열심히 학문을 닦으며, 깊은 사색으로 세상의 모든
이치를 통찰하고, 유유히 흐르는 위수(渭水) 가에서 끈기 있게 자신을 알아주
는 사람을 기다렸기 때문이다.   -사기-

선은 부처님의 마음이요, 교는 부처님의 말씀이며, 율은 부처님의 행동이니라.　-서산대사-

선(禪) · 교(敎) · 율(律)

화엄경에 이르기를 "마음과 부처와 중생, 셋의 차별이 없다." 하였다. 즉, 부처님의 마음이 우리 중생의 마음이란 말씀이다. 중생의 마음이 부처님의 마음이라면 선(禪)은 부처님의 마음이고, 교(敎)는 부처님의 말씀이고, 율(律)은 부처님의 행(行)이다.

따라서 선(禪)은 중생의 마음이며, 교(敎)는 중생의 말이며, 율(律)은 중생의 행동이기도 하다.

왜냐하면 부처님의 마음과 중생의 마음이 둘이 아니기 때문이다. 부처님의 마음과 중생의 마음이 둘이 아니므로 부처님의 말씀과 행동, 중생의 말과 행동도 둘이 아니다. 또한 부처님의 마음과 말씀과 행동은 하나이다. 말씀과 행동은 마음의 광명이며, 발로이며, 표현이며, 그림자이기 때문이다.

그러나 부처님과 중생의 마음과 말과 행동에 차별은 있다. 어떠한 차별이냐 하면 부처님은 생멸(生滅)의 모양이 없지만, 중생은 생멸의 모양이 있다. 부처님은 사선(四禪)으로서 마음의 쓰임이 처음이나 끝이 털끝 만한 빈틈도 없으시지만, 중생에게는 이 사선(四禪)이 없다.

부처님은 대자(大慈)로서 일체 중생을 어질게 사랑하시지만, 중생은 이 대자(大慈)가 없다. 부처님은 사선삼매(四禪三昧)로서 밤낮 없이 스스로 즐기시지만, 중생은 이 사선삼매(四禪三昧)가 없다.

부처님은 본래 여섯 가지 불가사의한 신통력을 즐겨서 얻었지만, 중생들은 이 신통력이 없다. 부처님은 사정(四定)으로서 법에 맞게 드러내 발표하시지만 중생은 이 사정(四定)이 없다.

그러나 부처님과 중생과는 이러한 엄청난 차별은 있으나 근본의 마음 자리는 추호의 차별도 없다.　-삼처전심-

나고 죽는 관계를 알고자 하면 물과 얼음을 비유로 설명하
리라.   -한산자-

한산자(寒山子)

한산(寒山)은 중국 당나라 때의 사람이며, 성명을 알 수 없고, 항상 천태
(天台) 시풍현(始豊縣)의 서족 70리에 있는 한암(寒巖) 깊은 토굴에 있었
으므로 한산(寒山)이라 하였다. 몸은 깡마르고 보기에 미친 사람처럼 행동을
하며, 늘 국청사(國淸寺)에 와서 습득(拾得)과 함께 대중이 먹고 남은 밥을
얻어서 대통에 넣어 가지고 둘이 서로 어울려 한산(寒山)으로 돌아가곤 하였
다. 미친 짓을 부리면서도 하는 말은 불도(佛道)의 이치에 맞으며, 또 시를
잘 하였다. 어느 날 합주자사(合州刺史)가 한암(寒巖)을 찾아와서 약과 옷을
주었더니, "도적놈아! 도적놈아! 물러가라!" 하면서 굴속으로 들어간 뒤에
는 그 소식을 알 수 없었다 한다. 세상에서 한산(寒山)·습득(拾得)·풍간
(豊干)을 삼성(三聖)이라 부르며, 또 한산을 문수보살의 재현이라 한다. 그는
많은 시를 지었는데, 한 편을 지으면 나무와 바위 위에 써 놓았다고 한다. 호
사가들이 300여 수를 모아서 후세에 남겼다.

내 한산에 산 지
일찍 몇만 년을 지내었던고?
세월에 맡겨 임천(林泉)에 숨고
한가한 대로 자재(自在)를 관(觀)하네.
쓸쓸한 한암(寒巖)에 사람의 자취 없고
흰 구름만 항시 느릿거리네.
보드란 풀로 깔개 삼나니,
푸른 하늘은 덮개 되어라.
시원스러이 돌베개 베고 누워
천지(天地)의 돌아감에 맡겨두노라.   -한산-

염불 삼매는 가장 높은 경지의 삼매이며, 수행자의 지침이다.
-보조국사-

보왕삼매론(1)

1. 몸에 병 없기를 바라지 말라.

몸에 병이 없으면 탐욕이 생기기 쉽나니, 그래서 성인이 말씀하시되, 병고로써 양약(良藥)을 삼으라 하셨나니라.

2. 세상살이에 곤란 없기를 바라지 말라.

세상살이에 곤란이 없으면 업신여기는 마음과 사치한 마음이 생기나니, 그래서 성인이 말씀하시되, 근심과 곤란으로써 세상을 살아가라 하셨나니라.

3. 공부하는 데 마음에 장애(障碍) 없기를 바라지 말라.

마음에 장애가 없으면 배움이 넘치게 되나니, 그래서 성인이 말씀하시되, 장애 속에서 해탈을 얻으라 하셨나니라.

4. 수행(修行)하는 데 마(魔) 없기를 바라지 말라.

수행하는 데 마(魔)가 없으면 서원(誓願)이 굳건해지지 못하나니, 그래서 성인이 말씀하시되, 모든 마군(魔群)으로써 수행을 도와주는 벗을 삼으라 하셨나니라.

5. 일을 꾀하되 쉽게 되기를 바라지 말라.

일이 쉽게 되면 뜻을 경솔한 데 두게 되나니, 그래서 성인이 말씀하시되, 어려움을 겪어서 일을 성취하라 하셨나니라.

6. 친구를 사귀되 내가 이롭기를 바라지 말라.

내가 이롭고자 하면 의리를 상하게 되나니, 그래서 성인이 말씀하시되, 순결함으로써 사귐을 길게 하라 하셨나니라.

염불 삼매는 가장 높은 경지의 삼매이며, 수행자의 지침이다.
-보조국사-

보왕삼매론(2)

7. 남이 내 뜻대로 순종해 주기를 바라지 말라.

남이 내 뜻대로 순종해 주면 마음이 스스로 교만해지나니, 그래서 성인이 말씀하시되, 내 뜻에 맞지 않는 사람으로서 원림(園林)을 삼으라 하셨나니라.

8. 덕을 베풀면서 과보(果報)를 바라지 말라.

과보(果報)를 바라면 도모(圖謀)하는 뜻을 가지게 되나니, 그래서 성인이 말씀하시되, 덕 베푼 것을 헌신처럼 버리라 하셨나니라.

9. 이익을 분(分)에 넘치게 바라지 말라.

이익이 분에 넘치면 어리석은 마음이 생기나니, 그래서 성인이 말씀하시되, 적은 이익으로써 부자가 되라 하셨나니라.

10. 억울함을 당해서 밝히려 하지 말라.

억울함을 밝히면 원망의 마음을 돕나니, 그래서 성인께서는 억울함을 당하는 것으로써 수행하는 문을 삼으라 하셨나니라.

이와 같이 막히는 데서 도리어 통하는 것이요, 통함을 구하는 것이 오히려 막히는 것이니, 그래서 부처님께서는 저 장애 가운데서 보리도(菩提道)를 성취하셨나니라.

요즘 세상에서도 도를 배우는 사람들이 만일 먼저 역경에서 견디어 보지 못하면, 장애에 부딪혔을 때 능히 이겨내지 못해서 법왕(法王)의 큰 보배를 잃어버리게 되나니, 슬프지 아니하랴.　　-심지통경-

군자의 삼락(三樂)

전국시대 때의 위대한 사상가로서, 공자의 사상을 계승 발전시킨 맹자(孟子)는 이렇게 말했다.

1) 양친이 다 살아 계시고 형제가 무고한 것이 첫째 즐거움이요(父母俱存 兄弟無故 一樂也),
2) 우러러 하늘에 부끄러움이 없고 굽어 사람에게 부끄럽지 않은 것이 둘째 즐거움이요(仰不愧於天 府不作於人 二樂也),
3) 천하의 영재를 얻어서 교육하는 것이 셋째 즐거움이다(得天下英才 而敎育之 三樂也).

주희(朱熹)가 쓴 《맹자집주(孟子集註)》에서는 이 대목의 해설을 각각 다음과 같이 해 놓았다.

첫 번째, 이는 모든 사람들이 깊이 원하는 바이지만, 부모 형제가 모두 무고하게 잘 살 수 있는 것은 아니기 때문에 그 즐거움을 반드시 얻을 수는 없는 것으로서, 이제 이미 얻었다면 그 즐거움은 크다.

두 번째, 사람이 자기의 사욕을 이길 수 있다면 우러러도 부끄럽지 않고 굽어보아도 부끄럽지 않아서 마음이 태연하고 몸이 편하니, 그 즐거움도 또한 매우 크다.

세 번째, 온 세상의 밝고 지혜로운 인재를 모두 얻어서 자기가 즐거워하는 것을 가지고 그를 가르쳐 기른다면, 이 전수된 도(道)를 얻은 자가 많아져서 천하의 후세에 모두 그 혜택을 입게 될 것이다. 이는 성인(聖人)이 제일 바라고 원하는 것인데, 이미 얻었다면 그 즐거움이 어떠하겠는가?

-맹자집주-

열심히 일한 날은 잠이 잘 찾아오고, 열심히 일한 일생에는
조용한 죽음이 찾아온다.   -레오나르도 다빈치-

죽음에 대하여

너는 흙에서 난 몸이니 흙으로 돌아가기까지 이마에 땀을 흘려야 낟알을 얻
어먹으리라. 너는 먼지이니 먼지로 돌아가리라.   -구약성서, 창세기-

가끔 죽음에 대하여 생각을 돌려라. 그리고 미구에 죽을 것이라 생각하라.
'어떠한 행동을 할 것인가?' 하고 그대가 아무리 번민할 때라도 밤이면 죽
을지도 모르겠다는 생각을 한다면, 그 번민은 곧 해결될 것이다. 그리하여
'의무란 무엇인가? 인간의 소원이란 어떤 것이라야 할 것인가?' 하는 것들
이 곧 명백해질 것이다. 아아! 명성을 떨쳤던 사람도 죽고 나면 이렇게도 빨
리 잊혀지는 것일까?   -소포클레스-

그대의 죽음은 우주의 질서 중의 한 토막이다. 세계의 생명의 한 부분이다.
죽음이 어디서 우리를 기다리고 있는지 알 수 없으므로 어디서든지 그것을 맞
이할 준비를 갖추어야 한다. 미리 죽음을 생각해 두는 것은 자유를 예상하는
것이다. 죽기를 배운 자는 노예의 마음씨를 씻어 없앤 자이다.
죽기를 알면 우리는 모든 굴종(屈從)과 구속에서 해방된다. 생명을 잃는 것
이 불행이 아님을 잘 이해한 사람에게는 이 세상에 불행이라는 것이 없다. 사
람들에게 죽는 법을 가르치는 자는 그들에게 사는 법을 가르치는 것이다.
-M. E. 몽테뉴-

죽음이 찾아올 때 그는 나이와 업적을 참작하지 않는다. 죽음은 이 땅에서
병든 자와 건강한 사람, 부자와 가난한 사람들을 구별 없이 쓸어간다. 그러면
서 죽음에 대비해서 살아갈 것을 우리에게 가르친다.   -A. 잭슨-

이 세상에 변하지 않고 항상 하는 것은 아무 것도 없다.
-붓타-

색즉시공 공즉시색

사리자(舍利子)여! 색(色)은 공(空)과 다르지 않고, 또한 공(空)은 색(色)과 다름이 없다. 색은 곧 공(空)이고, 공(空)은 또한 색(色)이다. 수상행식(受想行識)도 또한 이와 같다.   -반야심경-

사리자는 석가의 제자 가운데 지혜가 가장 뛰어난 사람이다. 색(色)은 형상이 있는 모든 물질을 말한다. 공(空)은 유(有)에 대해 존재를 부정하는 것이다. 그러나 무(無)와는 다르다.

매년 봄이 되면 산에 꽃은 피지만 나무를 쪼개 보아라, 그 속에 꽃이 숨어 있는가. 꽃의 존재는 공(空)이지만, 봄이면 매년 꽃이 피니 무(無)는 아니다. 눈이 오는 엄동에 꽃을 찾아도 꽃은 아무 데도 없다.

이것이 바로 색즉시공(色卽是空)이다. 그러나 아지랑이 피어오르는 봄이 오면 말라죽은 듯이 보이던 마른 가지에 화사한 꽃이 활짝 핀다. 이것이 바로 공즉시색(空卽是色)이다.

아무 것이나 항상 있다고 생각하는 것은 물론 잘못이지만, 공(空)이라고 해서 아무 것도 없다고 생각하는 것도 또한 잘못이다. 있는 듯하면서도 없고, 없는 듯하면서도 있는 것, 이것이 세간의 실상(實相)이다. 유(有)이면서 공(空)과 다름이 없는 유(有)이다. 유(有)와 다르지 않는 공(空)이다. 공(空)과 유(有)는 종이 한 장의 차이에 불과하다.

세상의 모든 현상은 생(生)해서는 멸(滅)하고, 멸(滅)했다가는 다시 생(生)한다. 이것이 우리 삶의 모습이다. 그러나 아무튼 우리들은 유(有)라고 하면 유(有)에 집착하고, 공(空)이라면 공(空)에 얽매인다. 그래서 심경에서는 그 아무 쪽에도 얽매이지 말고 실상을 보고 살라고, 공즉시색(空卽是色) 색즉시공(色卽是空)이라 했다.

2

스물일곱 번째

수신재가(修身齋家) 후 치국천하(치국天下)하라.
-공자-

수신(修身)이 근본이다

옛날에 밝은 덕(明德)을 천하에 밝히려고 하는 자는 먼저 그 나라를 다스리고, 그 나라를 다스리고자 하는 자는 그 집안부터 먼저 가지런히 하고, 그 집안을 가지런히 하고자 하는 자는 먼저 그 마음을 바르게 하고, 그 마음을 바르게 하고자 하는 자는 먼저 그 뜻을 정성스럽게 하고, 그 뜻을 정성스럽게 하려고 하는 자는 먼저 그 아는 것을 극진히 해야 할 것이니, 아는 것을 극진히 하는 것은 사물의 이치를 궁구(窮究)하는 데에 있다.   -대학-

밝은 덕을 천하에 펼친다는 큰 일도 결국 그 수단으로서 자신의 덕을 닦아 나가야 한다는 아주 가까운 곳에서부터 시작해야 한다는 것을 말하고 있다.

사물의 이치를 모두 잘 공부해서 안 다음에야 진실한 앎에 이르고(앎이 투철해지고), 앎에 이른 뒤에야 뜻이 정성스러워지고, 뜻이 정성스러워진 뒤에야 마음이 바르게 움직이게 되고, 마음이 바르게 된 뒤에야 자신의 몸에 덕(德)이 닦아진다.
자신의 몸에 덕(德)이 닦아진 뒤에야 집안이 가지런해지고, 집안이 가지런 해진 뒤에야 나라가 다스려지게 되고, 나라가 다스려지고 난 뒤에야 천하가 화평해진다.   -대학-

천하를 화평하게 하는 큰 일도 그 시작은 바로 사물의 이치를 잘 공부해야 한다는 가장 가까운 일에서 비롯되는 것임을 알아야 한다. 즉, 자기의 인격을 닦고, 자기의 수양을 높이는 것이 모든 일에 앞서 선행(先行)되어야 한다는 것이다.

신은 인내심 강한 자와 함께 계신다.
-코란-

인내심에 대하여

참을성이 적은 사람은 그만큼 인생에 있어서 약한 사람이다. 한 줄기의 샘이 굳은 땅을 헤치고 솟아 나오듯 참고 견디는 힘이 없으면 광명을 얻기 어렵다. 오늘 하나의 어려운 일을 참고 극복했다면 그 순간부터 그 사람은 강한 힘의 소유자인 것이다. 곤란과 장애물은 언제나 새로운 힘의 근원인 것이다.

-B. A. W. 러셀-

인내는 여러 가지의 쾌락의 근본이며, 여러 가지의 권능의 근본이다.

-러스킨-

어린아이는 쓰러지고 또 쓰러지고 그리고 또 쓰러지면, 쓰러지지 않으려고 걸을 수 있는 그날까지 노력하여 나쁜 점을 계속해서 고친다. 만일 성장한 인간일지라도 자신에게 있어 중요한 것을 추구하려 할 때, 어린아이의 이러한 인내와 정신 집중을 자기의 것으로 삼는다면 무슨 일이든지 성공할 수 있을 것이다.   -에리히 프롬-

토지를 경작하는 사람, 산에 오르는 사람, 새 기계를 발명하는 사람, 시인, 과학자, 기술자, 정치가 등 이런 사람들이 예로부터 오늘에 이르기까지 인내와 지구력으로 연구를 쌓고 힘을 합쳐 성대한 문화를 펼친 것이다.

-S. 스마일스-

조그만 병을 괴롭다 하며 못 참고, 조금 분한 일을 원통하다고 못 참는 것은 어리석은 일이다. 사람은 앞으로 어떠한 큰일에 부닥칠지 모르는 것인데, 그 큰일을 당해서 어떻게 감당하려는가?   -경행록(經行錄)-

겸양은 천국의 문을 열고, 굴욕은 지옥의 문을 연다.
-파스칼-

겸손에 대하여

겸손한 사람은 모든 사람으로부터 호감을 산다. 우리들은 누구나 모든 사람으로부터 호감을 사는 사람이 되고 싶어한다. 그런데 왜 겸손한 사람이 되려고 사람들은 노력하지 않는 것일까?　-톨스토이-

겸손은 사람의 칭찬을 싫어하는 것같이 보이지만 실은 더욱 완곡하게 칭찬 받기를 바라는 욕망에 지나지 않는다.　-F. 라 로슈푸코-

남의 입장에서 남을 생각하는 마음의 여유가 없는 세상에서 사람에 대한 이해란 때론 엉뚱한 방향으로 비뚤어진다. 사람은 자신의 인격의 척도로 남을 잰다. 겸손은 비굴로 오해되고 강직은 무례로 곡해된다.　-김태길(金泰吉)-

칭찬 받았을 때가 아니라 꾸지람을 들었을 때에 겸양함을 잃지 않는 사람이 있다면, 그 인간은 참으로 겸양한 것이다.　-장 파울-

지나치게 겸손한 사람을 진정으로 받아들여서는 안 된다. 특히 자기가 자기를 비꼬는 것 같은 태도를 신용해서는 안 된다. 그 배후에는 대개 허영심과 명예심의 강렬한 한 수가 감추어져 있다.　-C. 힐티-

김을 매어 잡초의 생명을 빼앗듯, 노여움은 사람의 힘을 소모시킬 뿐이다. 다만 상냥하고 어진 마음만이 커다란 보답을 받는다. 김을 매듯, 허영심도 사람을 파먹는다. 다만 겸손한 마음만이 커다란 보답을 받는다.　-J. 비트-

부자의 겸손은 빈자의 벗이 된다.　-팔만대장경-

3월의 이야기

march

m a r c h

3

첫 번째

배부르고 자유 없는 개가 되기보다, 굶주려도 자유로운 이리가 되리라. -실러-

3.1 독립선언문

오늘은 3.1절이다. 독립선언문 원문 일부를 읽으며 선현의 명복을 빌자.

독립선언서(獨立宣言書)

오등(吾等)은 자(玆)에 아조선(我朝鮮)의 독립국(獨立國)임과 조선인(朝鮮人)의 자주민(自主民)임을 선언(宣言)하노라. 차(此)로서 세계만방(世界萬邦)에 고(誥)하여 인류평등(人類平等)의 대의(大義)를 극명(克明)하고, 차(此)로서 자손만대(子孫萬代)에 고(誥)하야 민족자존(民族自存)의 정권(正權)을 영유(永有)케 하노라. 반만년(半萬年) 역사(歷史)의 권위(權威)를 장(杖)하야 차(此)를 선언(宣言)함이며, 이천만(二千萬) 민중(民衆)의 성충(誠忠)을 합(合)하야 차(此)를 포명(佈明)함이며, 민족(民族)의 항구여일(恒久如一)한 자유발전(自由發展)을 위(爲)하야 차(此)를 주장(主張)함이며, 인류적(人類的) 양심(良心)의 발달(發達)에 기인(基因)한 세계개조(世界改造)의 대기운(大氣運)에 순응병진(順應竝進)하기 위(爲)하야 차(此)를 제기(提起)함이니, 시(是), 천(天)의 명명(明命)이며, 시대(時代)의 대세(大勢)며, 전인류(全人類) 공존공생권(共存共生權)의 정당(正堂)한 발동(發動)이다. 천하하물(天下何物)이든지 차(此)를 저지억제(沮止抑制)치 못할지니라. 구시대(舊時代)의 유물(遺物)인 침략주의(侵略主義), 강권주의(强權主義)의 희생(犧牲)을 작(作)하야 유사이래(有史以來) 누천년(累千年)에 처음으로 이민족적제(異民族籍制)의 고통(苦痛)을 상(嘗)한 지금(今)에 십년(十年)을 과(過)한지라 아생존권(我生存權)의 박상(剝喪)됨이 무릇 기하(幾何)며, 심령상(心靈上) 발전(發展)의 장애(障碍)됨이 무릇 기하(幾何)며, 민족적(民族的) 존영(尊榮)의 훼손(毀損)됨이 무릇 기하(幾何)며, 신예(新銳)의 독창(獨創)으로써 세계문화(世界文化)의 대조류(大潮流)에 기여보비(寄與補裨)할 기연(機緣)을 유실(遺失)함이 무릇 기하(幾何)뇨. (이하 생략)

완전한 도는 이름을 붙일 수 없다.
-장자-

완전한 도(道)

　도(道)는 그 성질로 규정지을 수 없는 것이다. 말은 그 성질로 절대성을 설명할 수 없다. 그래서 구별이 생긴다. 그래서 외계(外界)의 한계(限界) 밖에 그것이 존재함을 성인은 알고 있으나 거기에 대해서 말을 아니한다. 외계(外界)의 한계 안에서 성인은 말을 하나 논평은 아니한다.

　옛날 사람의 지혜에 관해서는 춘추(春秋) 때 나타났고, 성인은 논평이나 해설을 아니한다. 그래서 구별이 된 가운데에서 어떤 것은 구별할 수가 없다. 해설된 것 가운데에서 해설할 수 없는 것이 있다.　　-장자-

　완전한 도(道)는 이름을 붙일 수 없다. 완전한 논평은 말을 아니 쓴다. 완전한 인자(仁慈)는 인자(仁慈)의 개별적 행위에 기울어지지 않는다. 완전한 염직(廉直)은 남을 비평하지 않는다. 완전한 용맹(勇猛)은 앞으로 밀고 나가지 않는다. 도(道)가 나타난 것은 도(道)가 아니다. 말이 논평하는 것은 그 목적에 미치지 못한다. 인자(仁慈)는 일정한 대상이 있으면 그 면모(面貌)를 잃은 것이다. 염직(廉直)은 명백하면 신(信)을 잃게 된다. 용맹은 앞으로 밀고 나간다면 아무 것도 성취할 수 없다.

　이 다섯 가지는 굳센 편견에 둘러싸여 제 방향으로 간다. 그러므로 지식은 모르는 데에서 정지하는 것이 최상의 지식인 것이다.　　-장자-

　말없이 논란(論難)되는 논평과 도(道)라고 선명(宣明)되지 않는 도(道)를 누가 아는가? 이를 아는 이는 천부(天府)에 들어간다 할 것이다. 가득 차지 않게 부어지고 아주 비지 않게 따라내되, 어째서 그렇게 되는 줄 모르는 것은 빛을 은폐하는 기술이다.　　-장자-

3

세 번째

사람의 성품은 본래 선한 것이니라.
-맹자-

성선(性善)

　인간의 본성을 선(善)으로 보는 설은 중국 전국시대의 유자(儒者)인 맹자(孟子)가 역설한 성론(性論)이다. 맹자는 모든 인간의 마음에는 본래 선에 대한 가능성이 내재(內在)되어 있다고 하여, 거기에서 우러나는 마음씨를 사단[四端, 측은지심(惻隱之心) · 수오지심(羞惡之心) · 사양지심(辭讓之心) · 시비지심(是非之心)]의 정으로 받아들였다.

　그리고 이 사단(四端)을 확대하면 인간의 선성(善性)은 인의예지(仁義禮智)의 형태로 완전히 발휘된다고 생각한 것이다. 그의 성선설은 인의예지라는 유교적 가치관에 의한 덕목(德目)의 싹틈이 인간 자연의 본성으로 내재해 있음을 말하는 것이다. 그러나 이 설은 한편으로 현실의 인간 악의 유래를 설명하는 데 어려움이 있다.

　하늘에 있어서는 명(命)이 되고, 물(物)에서는 이(理)가 되고, 인(人)에서는 성(性)이 되며, 신(身)에 깃들이어서는 심(心)이 된다. 그러나 그 실체는 모두 같다. 심(心)은 본래 선(善)한 것이며, 사려(思慮)에 나타나면 선악(善惡)으로 나누어진다.　　-정이천(程伊川)-

　일체 중생의 심성(心性)은 본래 청정한 것이며, 번뇌의 모임도 이를 더럽힐 수 없다. 이는 마치 허공을 더럽힐 수 없는 것과 같다. 심성(心性)과 공성(空性)은 같은 것이며 둘이 아니다. 중생은 심성이 맑다는 것을 모르기 때문에, 욕(欲)과 번뇌(煩惱)에 얽매이게 된다.

　여래(如來)는 여기서 큰 자비를 일으켜, 정법(正法)을 설하시는 것은 이것을 알게 하려 하심이니라.　　-대집경(大集經)-

이성은 본능을 초탈(超脫)케 할 수 있다.
-호프-

3
네 번째

이성(理性)에 대하여

인간이라는 존재는 이성(理性)이라는 것의 존재에 의해서, 인간 이외 모든 존재로부터 구별될 수 있다.　　-중국 금언-

자기 이성(理性)의 지도에 따르는 인간은 숭고한 행복을 얻을 수 있다. 이 행복이 바로 만인 공통의 것이며, 만인이 평등하게 음미(吟味)할 수 있는 것이다. 이 행복으로 향하는 길은 멀고 험준하다. 그러나 도달할 수 있다는 것은 의심할 바 없다.　　-스피노자-

인간에 있어서 이성(理性)과 정욕(情慾) 사이에 늘 내란이 일어나고 있다. 만일 인간 내부에 이성만 있고 정욕이 없다면, 혹은 정욕만 있고 이성이 없다면, 인간은 어떤 형태로든 평안을 얻었을 것이다. 그러나 그들 가운데는 이 양자가 공존하기 때문에 그는 투쟁을 면치 못하고, 한쪽과 싸우지 않으면 다른 한쪽과 화합(和合)할 수 없기 때문이다. 인간은 항상 자기분열(自己分裂)과 자기모순(自己矛盾) 속에 살고 있다.　　-파스칼-

네 몸의 등불은 눈이라 네 눈이 성하면 온몸이 밝을 것이요, 만일 나쁘면 네 몸도 어두우리라. 그러므로 네 속에 있는 빛이 어둡지 아니한가 보라. 네 온몸이 밝아 조금도 어두운 데가 없으면 등불의 광선이 너를 비출 때와 같이 온전히 밝으리라.　　-누가복음-

태양은 그치지 않는 광명을 온 세상 곳곳에 두루 보내고, 절대로 그 광명을 그치는 법이 없다. 그대들은 그대들의 이성의 광명을 이 태양 광선과 같이 모든 것에 쏟아 부어야 한다.　　-마르크스 아우렐리우스-

오늘의 명언　**71**

만사에 앞서서 그대 자신을 존경하라.
-피타고라스-

인생이란?

자기를 망각하는 정도가 클수록 나의 세계는 넓어져 간다.　　-힙펠-

나는 다른 사람과 마찬가지이고 싶다. 인간 속의 한 인간이 되고 싶다.
-웨버-

허영심이 강한 사람은 이따금 대중을 경멸하는 데도 불구하고, 대중 없이는 결국 존재할 수 없다.　　-짐멜-

명성이란 자기의 사상을 안고 자기 때문에 걸리고 마는 일종의 병이다.
-웨버-

인생이란 본래 선도 악도 아니다. 어떻게 사느냐에 따라 선의 무대가 되기도 하고, 악의 무대가 되기도 한다.　　-몽테뉴-

겸양의 미덕이라는 것을 따른다면 누구나 "저는 보잘것없는 사람입니다."라는 식의 선전을 하지 않으면 안 된다. 그렇게 되면 세상은 온통 보잘것없는 사람밖에 없는 것이 되어 멋지게 획일화가 이루어질 것이므로, 겸양의 미덕은 보잘것없는 사람에게 있어서도 안성맞춤의 발명인 셈이다.　　-쇼펜하우어-

사람은 많은 것을 바라지만 그가 필요로 하는 것은 극히 일부분이다. 인생은 짧고 인간의 운명에는 한도가 있으므로!　　-괴테-

의심은 암귀(暗鬼)를 생기게 한다.　　-열자-

정직은 최상의 방편이다.
-서양 격언-

정직에 대하여

정직은 결코 선행(善行)은 아니더라도 죄악이 아니라는 증거는 된다.

-톨스토이-

어떠한 허위(虛僞)도 그것 때문에 또 다른 허위를 만들지 않고는 못 배긴다.   -레싱-

아름다우면 아름다울수록 부인은 더욱 정직하지 않으면 안 된다. 왜냐하면 부인은 정직으로서만 자기의 아름다움으로 생겨나는 해악에 저항할 수 있기 때문이다.   -레싱-

증자(曾子)의 처가 시장에 장을 보러 나갔다. 그의 아들이 울면서 뒤를 따랐다. 어머니는 "너는 집에 돌아가 있거라. 그러면 내가 돼지고기를 사와서 삶아 줄 테니." 하면서 아이를 달래 집으로 보냈다.
처가 시장에서 돌아왔다. 그런데 돼지고기를 사오지 않았다. 이를 본 증자가 돼지를 잡아 목을 찌르려고 하였다. 처는 이를 보고 말리면서 "돼지고기를 삶아 준다고 한 것은 아이를 달래기 위해 농으로 한 말입니다."라고 하였다. 증자(曾子)는 "어린아이에게 함부로 농을 하며 거짓말을 해서는 안 되오. 어린아이는 그것을 분별할 만한 능력이 없소. 모든 것은 부모가 하는 말을 듣고 배우는 것이오. 부모의 교훈을 듣고 지식을 넓히는 것이오. 지금 아이를 속인다는 것은, 이는 아이에게 거짓말을 가르치는 것과 같은 것이오. 어머니가 아이를 속이면 아이가 어머니를 믿지 아니하게 되는데, 이는 교육의 바른 도리가 아니오."라고 하면서 결국 돼지를 잡아서 그 고기를 삶아서 아이에게 주었다.   -한비자(韓非子)-

3
일곱 번째

하늘이 명하는 것이, 그것이 성(性)이다.
-중용(中庸)-

성(性) · 도(道) · 교(敎)

하늘에서 명함이 성(性)이요, 그에 따르는 것이 도(道)이며, 도(道)를 완성하는 게 교(敎)이다. 도(道)는 잠시도 떠날 수 없나니, 마음대로 떠날 수 있는 것은 이미 도(道)가 아니다. 그러므로 사람은 보이지 않고 들리지 않는 데를 삼가고 두려워해야 한다. 숨기는 일보다 더 드러나는 일은 없고, 세밀한 일보다 더 잘 나타나는 일은 없다. 따라서 군자는 혼자 있을 때 더 근신하고 삼가야 한다.   -중용(中庸)-

하늘이 명한 성(性)이란, 고자(告子)는 "태어난 그대로를 성(性)이라 한다."고 하였으며, 왕충(王充)은 "성(性)은 태어나면서부터 되어진 것이다."라고 정의하였다. 주자(朱子)도 "성(性)은 인의예지신(仁義禮智信)의 덕을 말한다."고 가르쳤다. 맹자(孟子)는 "성(性)의 대표적인 인의예지(仁義禮智)는 결코 후천적이 아니며, 내가 태어날 때 본래부터 있는 것이다."라는 성선설(性善說)을 주장하였으며, 성(性)을 모든 윤리 도덕의 집합체로 생각하였다.

결국 성(性)은 중용에서 가장 중요한 가치로 하늘에서 명한 것으로 보았다. 성(性)에 따르는 그대로를 도(道)라 하며 이를 구체적으로 설명하면, 하늘의 명을 받아 땅 위에 태어난 사람이 태어난 그대로를 간직하며, 하늘의 이치를 실현하는 것을 말한다. 즉, 부모에게 효도하고 자식을 사랑하며 형제간의 우애가 바로 도(道)이며, 나아가 이웃을 사랑하고 나라에 충성하며 모든 생명을 아낌이 도(道)이다.

끝으로 교(敎)는 도(道)를 완성하기 위하여 교(敎)가 있으며, 따라서 '도(道)를 완성하는 것이 교(敎)'라고 하였다. 이는 도(道)에 근거하여 그 실천 수단을 말하는 것으로 교육제도 등을 말한다.

도(道)는 변하지 않는 도(道)가 아니다.
-노자(老子)-

무명(無名)이 천지의 시작이다

도(道)를 도(道)라고 할 수 있으면 진실한 도(道)가 아니다. 명(名)을 명(名)이라고 한다면 변하지 않는 명(名)이 아니다. 이름 없음이 하늘과 땅의 근원이고, 이름이 있을 때에는 만물의 어머니다. 그러므로 항상 욕망에서 벗어나는 자만이 그 미묘한 본체를 살펴볼 수 있고, 항상 욕망에 사로잡혀 있는 자는 그 순환하는 현상만을 살펴볼 뿐이다. 이 두 가지는 다 같은 근원에서 나오고서도 이름을 달리 부르지만, 둘 다 신비하고 미묘한 것이다.

-노자(老子)-

인(仁)이 도(道)이다, 예(禮)가 도(道)이다 등 어느 하나를 꼬집어 이것이 도(道)라고 할 때, 그것은 오직 어떤 한 부분에만 통용하는 도(道)이지 세계 전체를 포함해서 언제까지나 변하지 않는 진실한 도(道)가 아니다. 또 물건이 있으면 반드시 이름이 있는데, 이름이라는 것은 다른 물건과 구별하기 위해 붙여진 것으로, 백(白)이 있으면 흑(黑)이 있고, 남편이 있으면 아내가 있다. 그와 같이 이름이라는 것은 다른 물건과 상대적으로 존재하는 것이며, 갑(甲)의 이름은 을(乙)의 이름이 아니고, 을(乙)의 이름은 병(丙)의 이름이 아니다. 그러므로 인(仁)이라든가 예(禮)라고 이름하는 것도 절대로 일체를 포함해서 언제까지나 변하지 않는 것은 아니다.

그래서 언제까지나 변하지 않는 진실한 도(道)는, 이것이 도라고 꼬집어 말할 수도 없고, 또한 무슨무슨 도라고 이름도 붙일 수 없는 도가 진실한 도이다. 그 이름도 없는 도를 가령 '도(道)'라고 부른다면, 그 이름을 붙일 수 없는 도(道)가 천지만물을 낳은 근본인 것이다. 그래서 우리들은 형체도 없고 이름도 없는, 소위 무명(無名)한 곳에 오묘한 도(道)의 극치가 있다는 것을 알고 그것을 마음에 음미하지 않으면 안 된다.

3
아홉 번째

믿음, 소망, 사랑 그 중에 으뜸은 사랑이니라.
-고린도전서-

사랑에 대하여

인간 가운데 가장 완성된 인간은 모든 이웃을 사랑하고, 착한 이, 나쁜 이를 불문하고 그 모두에게 선을 행하는 인간이다.   -마호메트-

내가 내게 있는 모든 것으로 구제하고, 또 내 몸을 불사르게 내어줄지라도 사랑이 없으면 내게 아무 유익이 없느니라.

사랑은 오래 참고, 사랑은 온유하며, 투기하는 자가 되지 아니하며, 사랑은 자랑하지 아니하며, 교만하지 아니하며, 무례히 행치 아니하며, 자기의 유익을 구하지 아니하며, 성내지 아니하며, 악한 것을 생각지 아니하며, 불의를 기뻐하지 아니하며, 진리와 함께 기뻐하고, 모든 것을 참으며, 모든 것을 믿으며, 모든 것을 버리며, 모든 것을 견디느니라.

사랑은 어제까지든지 떨어지지 아니하니, 예언도 피하고 방언(方言)도 그치고, 지식도 패하리라. 우리가 부분적으로 알고 부분적으로 예언하니, 온전한 것이 올 때는 부분적으로 하던 것이 패하리라.

내가 어렸을 때는 말하는 것이 어린아이와 같고, 깨달은 것이 어린아이와 같고, 생각하는 것이 어린아이와 같다가 성장한 사람이 되어서는 어린아이와 이를 버렸노라. 우리가 이제 거울로 보는 것같이 희미하니 그때는 얼굴과 얼굴을 대하여 볼 것이요, 이제는 네가 부분적으로 아나 그때는 주께서 아신 것 같이 내가 온전히 알리라. 그런즉 믿음, 소망, 사랑 이 세 가지는 항상 있을 것인데, 그 중에 으뜸은 사랑이니라.   -고린도 전서-

남의 사랑을 받으려고 애쓰지 말라. 사랑하라. 그리고 나서 사랑 받아라.
-톨스토이-

76

간통한 여자는 자신처럼 간통한 남자나 사악한 남자 외의
남편은 못 가진다.   -고라(korah)-

간음하지 말라

부처님이 말씀하시기를, 인간 세상에서 다른 사람의 아내를 범하지 말고,
그러한 나쁜 버릇을 갖지 아니하면 오선(五善)을 얻을 수 있다.

무엇이 오선(五善)인가 하면, 첫째는 낭비하지 아니하고, 둘째는 관헌을 두
려워하지 않고, 셋째는 사람을 겁내지 아니하고, 넷째는 천상에 오를 수 있어
천상의 옥녀(玉女)를 아내로 맞고, 다섯째는 하늘에서 내려와 내세의 세간에
태어나면 단정한 부인을 얻는다.

지금 존자의 부인은 단정하고 아름다운 여인이다. 이는 모두 전생의 숙명으
로 전생에서 다른 사람의 부인을 범하지 아니하였기 때문이다. 삼가 남의 부
인을 범하는 일이 없게 하여라.   -분별선악소귀경(分別善惡所起經)-

간음하지 말라 하였다는 것을 너희가 들었으나, 나는 너희에게 이르나니 여
자를 보고 음욕(淫慾)을 품는 자마다 마음에 이미 간음하였음이니라. 만일 네
오른쪽 눈이 너로 하여금 실족(失足)케 하거든 빼어 버려라. 네 온몸 중에
하나가 없어지고, 온몸이 지옥에 던져지지 않는 것이 유익하며, 또한 만일에
네 오른손이 너로 하여금 실족(失足)케 하거든 찍어 버려라. 네 온몸 중 하
나가 없어지고, 온몸이 지옥에 던져지지 않는 것이 유익하니라. 누구든지 처
를 버리거든 이혼증서를 줄 것이라 하였으나, 나는 너희에게 이르나니 누구든
지 간음한 연고로 아내를 버리면, 이는 저로 간음하게 함이요, 또 누구든지
버린 여자에게 장가드는 자도 또한 간음함이라.   -신약 마태복음-

간통은 하나의 파산이다. 다만 보통의 파산과 다른 점은, 파산의 피해를 받
은 사람이 불명예의 피해를 입는 것이다.   -S. R. N. 샹포르-

도는 가까운 곳에 있는데도 사람들은 이를 멀리서 구한다.
-맹자-

도(道)는 가까이 있다

천지자연(天地自然)의 도(道)는 인간만이 갖는 것으로, 원래 일상 생활 아주 가까운 곳에 있다. 그런데 세상 사람들은 이것을 모르고 비천한 것이라 하며, 도리어 먼 곳에서 구하려고만 한다. 매우 어리석은 일이다. 사람들이 그 어버이를 어버이로서 사랑하고, 그들의 어른을 어른으로서 존경한다면 한 가족이 모두 화목하고 단란해서, 풍속(風俗)은 인의(仁義)가 두터워, 형벌을 내릴 필요가 없고, 천하는 자연히 선하게 다스려진다.   -맹자-

공자께서 말씀하셨다.
"도는 사람들로부터 멀리 있지 않나니, 사람들이 도를 지키려 함에 그 도가 멀리 있다면 이미 그것은 도가 아니다."

도끼자루 찍네, 도끼자루 찍네,
그 법이 쉽지 않지 !

시경(詩經)에 나오는 의미 있는 시(詩)다. 도끼자루를 잡고 찍어내면서 눈으로 슬쩍 바라보고는 오히려 멀다고 생각한다. 군자는 사람의 도(道)로 사람을 다스리다가 이루어지면 그만둔다.   -중용 13장-

도(道)는 바로 사람들의 사고와 행동 속에 있다. 다만 사람들은 자신과 함께 있는 그 도를 알지 못하고 있을 뿐이다. 따라서 도를 깨닫고 실천하는 길은 자신을 깊이 살펴보는 데서 시작해야 된다. "너 자신을 알라."는 서양 격언과 일맥 상통한다고나 할까? 이처럼 도는 가까운 곳에 존재하는 것이다.

예(禮)에 대하여

예의가 지나친 사람은 속마음이 쇠(衰)한다(예의도 지나치면 아첨이 된다).

-한비자(韓非子)-

위에 있으면서 너그럽지 못하며, 예를 행하되 공경함이 없으며, 상사(喪事)에 임하되 애도함이 없으면 보잘것없는 사람이다. -논어(論語)-

정중함도 예가 지나치면 고통이 되고, 신중함도 예가 지나치면 비겁함이 된다. 용맹에 예가 없으면 난폭하게 되며, 정직한 것에 예가 없으면 잔혹하게 된다. -논어(論語)-

임방(林放)이 예의 근본을 물었다. 공자께서 말씀하시기를, "장하다, 그 물음이여! 예는 사치함보다 차라리 검소함이 낫고, 상례(喪禮)는 형식보다 진심으로 애도해야 한다." 하였다. -논어(論語)-

법으로 이끌고 형벌로 다지면 백성들이 형벌은 모면하나 부끄러움을 못 느낀다. 그러나 덕으로 이끌고 예로써 다지면 염치를 느끼고 또한 착하게 된다.

-논어(論語)-

자리가 반듯하지 않으면 앉지 않는다. -논어(論語)-

상주 곁에서 식사함에 공자는 한번도 배부르게 먹지 않았다. 상사(喪事)에 있어 곡(哭)한 날은 종일토록 노래를 부르지 아니했다. -논어(論語)-

봄이란 봄의 출생이며, 여름이란 봄의 성장이며, 가을이란
봄의 성숙이며, 겨울이란 봄의 수장(收藏)이다.   -정도전-

봄에 대하여

봄은 이지(理智)가 아니고 감정이다.   -김억-

봄을 잡아 낚는 이는 사나이가 아니라 여자다. 여자는 사나이보다 감각이
예민하고 앞일을 재빠르게 내다보는가 보다.   -박종화(朴鍾和)-

봄은 우리에게 철학의 많은 소재를 준다. 봄은 특히 생명의 경이와 신비감
을 일으키는 계절이다. 자기 집 뜰의 조그만 화단에 꽃씨를 심으면서 우리는
생명에 관한 사색에 잠긴다. 모락모락 자라나는 아기의 맑은 눈동자와 깨끗한
웃음을 보면서 생의 신비에 경이를 느낀다. 너희 처녀가 생명의 합창을 하면
서 우리를 자연의 품으로 초대한다. 산이 있고, 물이 흐르고, 보리가 자라고,
종달새가 노래한다. 자연이라는 위대한 책을 읽어보자. 그 책에서 지혜의 말
씀을 찾아보자. 이것이 봄을 철학하는 자세이다. 생명의 신비를 공감하는 파
토스의 철학을 우리는 봄의 여신의 미소에서 배우자.   -안병욱(安秉煜)-

봄
즐거운 봄이 찾아와
온갖 꽃들이 피어날 때에
그때 내 가슴속에는
사랑의 싹이 움트기 시작하였네.

즐거운 봄이 찾아와
온갖 새들이 노래할 때에
그리운 사람의 손목을 잡고
불타는 이 심정을 호소하였네.   -하이네-

중용의 도가 최선이며, 모두가 과격한 것은 분쟁을 일으키는
원인이 된다. -플라우투스-

중용을 지켜라

군자는 중용을 실천하나 소인은 중용에 반(反)하는 행동을 한다.
군자는 중용을 실천함에 있어서 그때 그때의 사정이나 주위 환경에 맞게,
적절하게 행동한다. 그러나 소인은 중용과 반대되는 체면이나 염치 또는 주위
사람들에게 거리낌없이 제멋대로 행동한다. -중용(中庸)-

중용(中庸)의 덕은 지극한 미(美), 지극한 선(善)이며, 이 이상의 것은 없
다. 그러나 본래 우리들 인간이 갖고 있는 천부(天賦)의 것이므로, 행하는 데
그다지 어려운 것은 아닌데도 세상의 교육제도가 쇠퇴하니 백성이 분기(奮起)
해서 중용(中庸)을 행하는 자가 없어졌다. 그래서 이를 행하는 자가 적어진
지가 이미 오래다. -중용(中庸)-

공자께서 말씀하시기를, "중용의 도가 제대로 행하여지지 않는 이유를 내가
알겠도다. 총명한 사람은 지나치고, 어리석은 사람은 지혜가 없어서 총명에
미치지 못한다. 중용의 도(道)가 밝혀지지 못하는 이유를 내가 알겠도다. 현
명한 사람은 지나치고 못난 사람은 그에 미치지 못한다. 사람은 누구나 먹고
마시기는 하나 그 맛을 아는 사람은 매우 드물듯이, 사람은 누구나 중용의 도
를 떠날 수가 없는데도 그것을 알고 지키는 사람은 매우 드물다."라고 하셨
다. -중용(中庸)-

오래 살기를 소망한다면 중용의 길을 밟아라. -M. T. 키케로-

사람은 결코 죽음을 생각해서는 안 된다. 다만 삶을 생각하라. 이것이 참된 신앙이다.   -B. 지드 레일리-

신앙에 대하여

자신에게 신앙이 없다는 것을 안다면, 그것은 인간이 이 세상에서 빠져들 수 있는 가장 깊고 위험한 상태에 빠져들어 있다고 생각하는 것이 좋다.

-톨스토이-

목이 마른 사람이 있었다. 물을 구하기 위해 오래도록 헤매다가 큰 연못가에 다다랐다. 그러나 물을 보고 앉아 있을 뿐 물을 마시려 하지 않았다. 옆에 있던 사람이 그것을 보고 말하기를 "그대, 목이 말라 물을 구하여 여기까지 왔는데, 어찌 물을 마시지 않는가?" 그가 대답하기를, "만일 이 물을 다 마실 수 있다면 마시겠는데, 이 물은 너무 많아 내가 도저히 다 마실 수 없소. 그래서 마시지 않는 것이오." 이 말을 들은 옆에 있던 사람은 크게 웃었다.

어떤 사람이 부처님의 가르침을 듣고, 그것을 모두 다 알 수 없으므로 그 가르침을 듣지 아니하고, 그것을 배우지 않으며, 또한 생각하지 않는다고 한다면, 그것은 물을 마시지 않는 사람의 경우와 같이 어리석은 일이다.

-베이유 경-

물을 구하는 사람이 오래도록 땅을 팠으나 마른 흙만 나올 뿐 물은 나오지 않았다. 그러나 계속 끈기 있게 한 곳을 파 들어가니 결국 습기 있는 흙이 나오고 물기가 보였다.

도를 구하는 것도 또한 이와 마찬가지이다. 경(經)에 귀를 기울이지 않고, 수행을 열심히 하지 않는 자는 도(道)에서 멀어지고, 부처님의 지혜를 얻기 어렵다. 그러므로 경(經)을 열심히 공부하고, 의(義)를 사유(思惟)하는 자는 곧 도(道)에 가까이 다가가는 사람이 된다.   -법화경(法華經)-

널리 배워서 뜻을 독실하게 하며, 간절히 묻고 가까운 것부
터 생각하면 인이 저절로 그 가운데 있다.   -논어(論語)-

인(仁)에 대하여

인을 베풀면 거기서부터 인자(仁者)가 생겨난다.   -소포클레스-

인이라는 것은 먼저 고난을 겪고 난 뒤에 얻게 되는 것으로, 그래야 인이라
고 할 수 있다.   -논어(論語)-

자기에게 이겨 예(禮)에 돌아온 것을 인으로 삼는다. 일단 자기에게 이겨
예에 돌아오면 천하가 인으로 돌아온다.   -논어(論語)-

사마우(司馬牛)가 인에 대해 물었다. 공자께서 말씀하시기를, "인자(仁者)
는 말함을 어려워한다." 사마우가 다시 물었다. "말함을 어려워하면 인이라
이르리까?" 공자께서 대답하시기를, "행함이 어렵거늘 어찌 말이 어렵지 아
니하랴."   -논어(論語)-

사람에게는 인이 물과 불보다 더 중요한 것이다. 나는 물과 불을 밟고 죽는
사람은 보았으나 인을 밟고 죽는 사람은 보지 못했다.   -논어(論語)-

군자는 밥 먹는 사이에도 인을 어기지 않으며, 위급한 순간에도 반드시 인
에 머무르며, 넘어지는 순간에도 인에 근본을 두어야 한다.   -논어(論語)-

널리 사랑한다. 이것을 인이라고 한다.   -한유(韓愈)-

인이 불인(不仁)을 이기는 것은 물이 불에 이김과 같다.   -맹자(孟子)-

인이란 인간 본심의 완전한 덕이다.   -주자(朱子)-

선으로서 악에 이겨라.
-로마서-

사랑의 힘

사랑이 적으면 적을수록 사람은 고뇌의 아픔을 더욱 뼈저리게 느낀다. 여기에 반해 사랑이 많으면 많을수록 고통의 괴로움은 적다. 인생은 매우 합리적이다. 그 전 활동은 오직 사랑 속에만 나타나고, 모든 고뇌의 가능성을 제거한다. 고통의 쓰라림, 그것은 인간 생활을 세계의 생활과 결부시키는 사랑의 사슬을 끊으려고 시도할 때 경험하는 그러한 괴로움에 지나지 않는다.

-톨스토이-

"아아, 당신이 '스토우' 부인이십니까?" '링컨' 대통령은 자기 앞에 선 작고 가냘픈 부인을 내려다보았다. '스토우' 부인이란 저 유명한《엉클 톰스 케빈》이라는 책의 저자이다. 부인은 그 책 속에 노예들의 비참한 참상을 그려서, 전 미국인의 도의심에 호소했고, 그 결과는 남북전쟁 발발에 직접적인 한 동기가 되게 한 사람이다.

"정말 놀랐습니다. 나는 '스토우'라고 하면, 그 문장과 같이 불을 토하는 것처럼 놀라운 정력과 박력이 있는 분이라고 생각했는데, 만나고 보니 바람에도 날아갈 만한 연약한 분이시군요."

"대통령 각하! 각하께서는 잘못 알고 계십니다.《엉클 톰스 케빈》을 쓴 사람은 제가 아닙니다. 신께서 친히 쓰신 것이며, 나는 다만 기계적으로 움직였을 뿐입니다."

한 사람은 펜으로, 한 사람은 총으로 신의 신성한 성전(聖戰)에 참여한 위대한 두 사람은 백악관에서 잠시 동안 환담을 하며 즐거운 시간을 보냈다. 부인이 '링컨' 곁을 떠날 때, 방문 기념으로《엉클 톰스 케빈》초판본을 선물로 드렸는데, 그 표지에 다음과 같이 썼다.

'사랑이 있는 곳에 신이 있노라.'라고.

결혼 전에는 두 눈을 크게 뜨고 보라. 그리고 결혼 후에는 한쪽 눈을 감아라.   -T. 풀러-

결혼에 대하여

이상적인 결혼은 눈먼 여자와 귀머거리의 결혼을 말한다.   -팔만대장경-

혼인은 만복(萬福)의 근원이요, 생민(生民)의 시작이다.   -자사(子思)-

결혼은 상반(相反)의 협력관계이다. 그러한 상황하에서는 불가피하게 구심력과 원심력이 항상 작용하고 있게 마련이다. 결혼 성공의 척도는 구심력이 어느 만큼 지배적인가에 달려 있다.   -J. M. 울시-

행복한 결혼이 되려면 남편은 귀머거리이고, 아내는 장님이어야 한다.
-R. 태버너-

동양인들은 먼저 결혼하고 그리고 사랑으로 발전하는 데 비해 서양인은 먼저 사랑에 빠지고 그리고 결혼을 한다고 동양 사람들은 지적한다. 동양인들의 순서가 더 좋은 결과를 낳고 있다는 것은 많은 서양인들의 상상 이상인 것 같다.   -E. 해프만-

결혼해서 행복하게 사는 사람들이란, 결국 결혼도 인간의 다른 모든 제도에 비해 유별나게 더 좋거나 나쁜 것도 없다는 것을 알아차린 사람들이다. 그리고 더 중요한 것은 그들이 자기 자신과 배우자를 크게 기대하지 않고, 있는 그대로 받아들이는 것을 익힌 사람들일 것이다.   -E. 해프만-

결혼 생활은 모든 문화의 시작이며, 정상(頂上)이다. 그것은 난폭한 사람을 온화하게 하고, 교양이 높은 사람에게는 그 온정을 증명하는 최상의 기회이다.
-괴테-

배필에게 욕하는 동물은 인간뿐이다.
-L. 아리오스트-

부부(夫婦)에 대하여

부부를 붙들어매는 끈이 오래 계속되려면, 그 끈이 탄력성이 있는 고무로 되어 있지 않으면 안 된다.   -A. F. 프레보-

애정이 없는 결혼은 비극이다. 그러나 전혀 애정 없는 결혼보다 더 나쁜 결혼은 애정은 있으나 한쪽만 있을 때, 정절(貞節)은 있으나 한쪽만 있을 때, 그리고 부부의 감정에 있어 한쪽만 짓밟힘을 당할 때이다.   -와일드-

악처를 가진 남자에겐 악마가 필요하지 않다.   -A. G. L. 레만-

신이 인간을 만드셨다. 그런데 고독함이 부족하다고 생각되어 더욱 고독을 느끼게 하기 위하여 반려자(伴侶者)를 만들어 주셨다.   -P. 발레리-

세상을 살아가기 위해 우리는 누구나 무장을 하고 있으며, 또한 그것은 필요한 것이다. 그러나 굳게 결합된 부부 사이에서는 갑옷으로 무장할 필요는 없다.   -A. 모로-

부부란, 그것을 구성하는 두 사람의 인간 중에서 낮은 쪽의 수준으로 생활하는 것이다.   -A. 모로-

부부가 싸움을 하는 것은 서로 말할 것이 아무 것도 없기 때문이다. 그것은 두 사람에 대하여 시간을 없애는 한 가지 방법인 것이다.   -몽테를랑-

아내가 없는 남자는 몸체가 없는 머리이고, 남편이 없는 여자는 머리가 없는 몸체이다.   -장 파울-

들을 귀가 있는 자는 들으라.
-마가복음-

해변의 수훈

예수께서 다시 바닷가에서 가르치시니 큰 무리가 모여들거늘 예수께서 배에 올라 바다에 떠 앉으시고 온 무리는 바다 곁 육지에 있더라. 예수께서 여러 가지를 비유로 가르치시니 그 가르치시는 중에 저희에게 이르시되, 들으라 씨를 뿌리는 자가 뿌리러 나가서 뿌릴세, 더러는 길가에 떨어질 때 새들이 와서 먹어 버렸고, 더러는 흙이 얕은 돌밭에 떨어지매 흙이 깊지 아니하므로 곧 싹이 나오나 해가 돋은 후에 타져서 뿌리가 없으므로 말랐고, 더러는 가시떨기에 떨어지매 가시가 자라 기운을 막으므로 결실치 못하였고, 더러는 좋은 땅에 떨어지매 자라 무성하여 결실하였으니 삼십 배와 육십 배와 백 배가 되었느니라 하시고, 또 이르시되 들을 귀 있는 자는 들으라 하시니라.

예수께서 홀로 계실 때에 함께 한 사람들이 열두 제자로 더불어 그 비유들을 묻자오니 이르시되, 하나님 나라의 비밀을 너희에게는 주었으나 외인에게는 모든 것을 비유로 하나니 이는 저희로 보기는 보아도 알지 못하며 듣기는 들어도 깨닫지 못하게 하여 돌이켜 죄 사함을 얻지 못하게 하려 함이니라 하시고, 또 가라사대 너희가 이 비유를 알지 못할진대 어떻게 모든 비유를 알겠느뇨. 뿌리는 자는 말씀을 뿌리는 것이니라.

말씀을 길가에 뿌렸다는 것은 이들이니 곧 말씀을 들었을 때에 사탄이 즉시 와서 저희에게 뿌린 말씀을 빼앗는 것이요, 또 이와 같이 돌밭에 뿌렸다는 것은 이들이니 곧 말씀을 들을 때에 즉시 기쁨으로 받으니 그 속에 뿌리가 없어 잠깐 견디다가 말씀을 인하여 환난(患難)이나 핍박(逼迫)이 일어나는 때에는 곧 넘어지는 자요, 어떤 이는 가시떨기에 뿌린 자니 이들은 말씀을 듣되 세상의 염려와 재리(財利)의 유혹과 기타 욕심이 들어와 말씀을 막아 결실치 못하게 되는 자요, 좋은 땅에 뿌렸다는 것은 곧 말씀을 듣고 받아 30배 60배 100배의 결실을 하는 자이니라.　　　-마가복음-

웃음은 전 인류의 수수께끼를 푸는 공통의 열쇠이다.
-칼라일-

밝은 삶

너무 심한 자기의 기질, 성질에 교착되어서는 안 된다. 우리들의 최상의 재능은 온갖 습관에 적응될 수 있는 것이라야 한다.　　-몽테뉴-

너는 남들에게 잘 보이고 싶은가? 그렇다면 너의 장점을 남에게 얘기해서는 안 된다. 그리고 너의 단점을 남에게 보여서도 안 된다.　　-파스칼-

악마는 인간의 모습이나 마음과 비슷하게 만들어진 것이다. 그리고 신도 또한 마찬가지이다.　　-도스토예프스키-

악은 필요하다. 만일 악이 존재하지 않는다면 선도 또한 존재하지 않는다. 악이야말로 선의 유일한 존재 이유인 것이다.　　-A. 프랑스-

악의 근원을 이루는 것은 돈이 아니라 돈에 대한 사랑이다.　　-스마일스-

만일 선행이 어떤 일 때문에 행하여진다면 그것은 벌써 진정한 선행이 아니다.　　-톨스토이-

나쁜 열매를 맺는 좋은 나무는 없고, 또한 좋은 열매를 맺는 나쁜 나무도 없다.　　-성서-

우리를 피로하게 하는 것은 사랑이나 죄악 때문이 아니라 지나간 일을 돌이켜 보고 탄식하는 데서 온다.　　-앙드레 지드-

절제는 최상의 약이다.　　-영국 속담-

눈에 보이지 않지만 우리들의 일거 일동을 아는 자가 둘이
있다. 즉, 양심과 신이다.   -영국 속담-

양지(良知) 양능(良能)

맹자께서 말씀하시기를 "사람이 배우지 않고도 자연스럽게 잘 하는 것이 양
능(良能)이고, 별로 생각하지 않고도 스스로 잘 알고 깨닫는 것이 양지(良
知)이다. 가령 아무리 어린아이라도 그 양친을 사랑하지 않는 경우가 없는데,
이것이 바로 양지(良知) 양능(良能)인 것이다. 그 아이가 조금 자라면 자기
형제를 사랑할 줄 모르는 경우가 없는데, 이것이 또한 양지(良知) 양능(良
能)이다. 부모를 비롯하여 친족을 사랑하고 친하는 것은 인(仁)의 행위이며,
형을 비롯하여 윗사람을 공경하는 것은 의(義)의 행위이다. 요순(堯舜)의 왕
도(王道)도 별것이 아니다. 오직 이 부모를 공경하고 어른을 존경하는 마음,
즉 양지(良知) 양능(良能)을 천하에 펼친 것에 불과하다."라고 하셨다. 인재
(仁齋)는 "양(良)은 자연의 선이며, 양지(良知) 양능(良能)이란 모든 일, 성
(性)이 자연스럽게 나타나 공부할 것이 없는 것을 말한다."라고 했다. 즉, 타
고난 천부적인 선(善)이며, 익힘에 의해서 생겨나는 것이 아니라 타고난 지능
(知能)을 말하는 것이다.   -맹자(孟子)-

나면서부터 아는 것이 양지(良知)이다. 두세 살 난 아기도 부모를 사랑할
줄 모르지 않고, 조금 나이 들어서 형을 공경할 줄 모르는 아기는 없다. 이와
같이 사람이 배우지 않고도 잘 아는 것을 양지(良知) 양능(良能)이라 한다.
이것은 인의예지(仁義禮智)의 지(智)와 같은 것이며, 천성이다. 배워서 알
수 있는 것도 또한 양지(良知)가 있기 때문이다. 나면서부터 양지(良知)가
없다면 배운들 무엇을 알 수 있겠는가? 학문의 길은 지(智)를 넓혀 가는 공
부이다. 학문의 요점에는 두 가지가 있다. 지금까지 모르던 것을 배워서 아는
것이 그 첫째요, 이미 알고 있는 것을 굳게 지키고 실천하는 것이 그 둘째다.
행하지 않으면 아무리 알고 있어도 아무 소용이 없다.   -오상훈(五常訓)-

영혼은 사멸함이 없다. 항상 그들의 첫 주소를 버리고 새
주소를 찾아서 자기의 주소로 삼는다.   -P. N. 오비디우스-

영(靈)에 대하여

미혹과 공포 속에 자신의 생활을 낭비하지 말라. 현재 이 한순간의 의무의
수행이 여기에 따르는 많은 시간 내지 시대에 대한 최상의 준비라는 것을 알
고 인생사(人生事)에 최선을 다하라.

미래의 상태는 현재를 사는 우리들에게 항상 환상과 같이 생각되리라.

가장 중요한 것은 생의 길이가 아니라 깊이이다. 생활의 지속이 문제가 아
니라, 영혼의 모든 숭고한 활동이며, 시간 밖으로 영혼을 초약(超躍)시키는
것이 중요하다. 완전한 생활에 몰입해 있을 때, 우리들은 시간 문제를 도외시
한다.   -에머슨-

죽음에 임한 최후의 순간에 영혼은 육체를 이탈한다. 그렇다면 육체를 떠나
는 것과 동시에 시간과 공간을 단절한 일체의 본원(本原)과 동일하게 되는
것일까? 또는 다시 한계를 갖는 다른 형태로 이주(移住)하는 것일까? 우리
들은 알 수가 없다. 우리들이 아는 것은 오직 하나, 사후에 육체는 자신을 살
리고 있던 것에서 버림받아 오직 관찰의 대상인 한 물질이 되고 만다는 것이
다.   -톨스토이-

어떤 영혼이 육체가 죽음에 이르자 승천했다. 그랬더니 온몸이 상처투성이
고 고름이 가득하며, 추악하고 무섭게 생긴 한 여자가 영혼 앞에 불쑥 나타났
다. "너는 도대체 누구인가? 무슨 볼일이 있어 그렇게 더럽고 추악한 모습으
로 이런 곳에서 서성이고 있는가?" 하고 영혼이 물으니, 그 상처투성인 무서
운 여자가 대답하기를, "나는 당신의 행위(行爲)입니다."라고 했다.

    -페르시아 우화-

3
스물네 번째

참회는 새로운 생활의 일부에 지나지 않는다.
-L. 비트겐슈타인-

참회(懺悔)에 대하여

참회하는 자에게 그 전의 죄과에 대해서 생각하게 하지 말라. -탈무드-

과실을 부끄러워하라. 그러나 과실을 참회하는 것은 부끄러워하지 말라.
-루소-

어젠가 나는 농사꾼의 초가집 작은 창을 들여다본 일이 있었다. 그때 마침 한 윤락녀가 열심히 기도를 올리고 있는 것을 보았다. 그 뼈저린 회한의 눈물과 신성한 기도는 문학보다도 훨씬 강하게 나를 움직였다. -톨스토이-

다른 사람에게 참회해 버리면 당장은 자기의 죄를 잊지만, 대개 상대되는 사람은 그것을 안 잊는다. -니체-

이승에서 뉘우치고 저승에서 뉘우치고, 악을 행한 사람은 두 곳에서 뉘우친다. "나는 악을 행했다."는 생각에 번민하고, 죄를 받아 더욱 크게 괴로워한다. -법구경(法句經)-

배부른 다음에 음식을 생각하면 맛이 있고 없음의 구별이 사라지고, 색을 쓴 다음에 음사(淫事)를 생각하면 사내 계집의 좋고 나쁨이 다 끊어진다. 그러므로 사람이 항상 일 뒤의 뉘우침으로써 일 앞의 어리석음을 깨뜨리면 그 본성이 바로잡힐 것이요, 움직임이 바르지 않음이 없으리라. -채근담-

남의 불행을 가엾게 생각하는 마음에서 인(仁)이 생겨난다.
-맹자(孟子)-

사단설(四端說)

사람은 누구에게나 남의 불행을 그냥 보고 있을 수 없는 마음이 있다. 요순(堯舜) 이래의 선왕들에게도 역시 남의 불행을 그대로 보고 있을 수 없는 이러한 마음이 있었다. 그러한 마음 때문에 백성의 불행을 그대로 방치할 수 없어, 좋은 정치가 행해졌다.

이와 같이 정이 많은 마음으로 정이 깊은 정치를 한다면, 천하 만민은 자연 귀복(歸服)해 갈 것이며, 따라서 천하를 다스리는 것이 손바닥 위에 두고 굴리는 것보다 더 쉬워질 것이다.   -맹자(孟子)-

앞에서 사람에게는 남의 불행을 좌시(坐視)할 수 없는 마음이 있다 했는데, 왜 그런 것일까? 지금 그 이유를 설명해 본다.

가령 어떤 어른이 어린아이가 막 깊은 우물에 빠지려고 하는 것을 본다면, 누구라도 놀라고 당황하며 불쌍한 생각이 들어 아이를 구하고자 할 것이다. 그것을 그냥 보고만 있는 사람은 없을 것이다. 이때 그 사람의 마음에 아이를 구함으로써 그 아이의 부모에게 대가를 바라겠다는 마음은 없을 것이다. 또 아이를 구했다고 친구와 마을 사람들로부터 칭찬과 명예를 얻으려는 천한 마음도 없을 것이다. 또는 구하지 않았다는 이유로 평판이 나빠질까 두려워 구하는 것도 아닐 것이다. 전적으로 불쌍하다고 생각되기 때문에, 득실과 이해 타산 없이 무조건 아이를 구하게 될 것이다.

이상에서 미루어 본다면 사람의 불행을 동정하고 불쌍하게 생각하지 않는 사람은 없다는 것이다. 같은 논법으로 불의(不義)와 불선(不善)을 부끄럽게 생각하지 않는 사람도 없을 것이다.   -맹자(孟子)-

자신의 마음속에 있는 사단(四端)의 착한 마음을 가꾸고 기르라. -오상훈(五常訓)-

사단설(2)

사람에게 인의예지(仁義禮智)의 사단(四端)인 측은(惻隱), 수오(羞惡), 사양(辭讓), 시비(是非)의 마음이 있는 것은, 마치 사람에게 사지(四肢)가 있는 것과 같다. 그런데 이 사단이 있는 이상 인의예지의 행동을 못 할 이 없건만, 스스로 이를 행할 수 없다고 하는 것은 필경 자기 자신을 할 수 없는 자라고 낮추어 버리기 때문이다.

그리고 또한 자기가 섬기고 있는 군주(君主)에 대해, "우리 군주는 이를 실천할 만한 사람이 아니다."라고 하며 전혀 인의예지의 실행을 권하지 않는 것은, 역시 할 수 있는 것을 굳이 할 수 없는 것으로 단정하고, 자기의 군주를 욕되게 하고 있는 것이다. 모든 사람의 마음에 있는 이 사단(四端)의 정신을 모든 분야에 넓혀서 실천할 수 있는 것이라는 것을 알아야 한다.

그것을 알고 그 정신을 충실히 넓혀간다면, 그 정신의 힘찬 것, 그 결과가 미치는 곳이 끝이 없으며, 마치 불이 처음 붙는 것을 끄지 않고 바람을 부쳐 잘 타게 하면 넓은 들과 높은 산도 모조리 태우는 것과 같이, 또한 샘의 물이 솟아나 큰바다에 이르지 않으면 그치지 않는 것과 같으리라.

만일 이 사단(四端)을 충분히 확충(擴充)해서 인의예지(仁義禮智)의 사덕(四德)을 천하에 베푼다면, 넓고 큰 사해(四海)도 다스릴 수 있으나, 만일 그렇게 하지 않는다면 비록 부모와 같이 가까운 사람도 흡족하게 받들 수가 없을 것이다. -맹자(孟子)-

이 일장은 성선설(性善說)로서 가장 특색이 있는 글이다.

오래 살 것을 바라거든 중용의 길을 밟아라.
-M. T. 키케로-

중용의 정신

　운동(運動)의 지나침과 부족함은 모두 사람의 건강을 해치고, 지나친 과식(過食)과 지나친 소식(小食)은 모두 사람의 건강을 해치는 것으로서, 적당한 운동과 적당한 섭식(攝食)은 건강과 강장(强壯)을 가져와서 이를 오래 보전하고 또한 증가시키는 원인이 된다. 절제와 용기, 혹은 기타 모든 덕목에 있어서도 이와 같다.

　즉, 모든 위험을 두려워하고 모든 것에 놀라며 간담이 크지 않은 것은 비겁한 자이다. 이에 반해서 어떤 일에도 놀라지 않고, 모험을 감행하는 자는 어리석은 자이다. 그렇다면 모든 향락을 취해서 하나도 남김없이 모두 누리고자 한다면 파렴치한 사람이 되고, 이에 반해 쾌락적인 것은 모든 것을 다 피하려 한다면 너무 딱딱한 사람이 되어 매정한 사람이 된다.

　그러므로 절제와 용기를 잃는 사람은 과불급(過不及)에 빠져들게 되는 것이니, 이를 보전하고 완전하게 하는 것이 곧 중용(中庸)의 정신이다. 모든 덕목(德目)의 발생과 증진도, 퇴락(頹落)과 발생의 원인도, 원래 같은 행동에서 유래된 것이므로, 개개의 행동의 결과는 근본적으로 다른 것이 아니다.

　그 보기를 들면, 강건(剛健)함과 같은 것이 이 예이다. 즉, 강장(强壯)은 많은 것을 먹고 많은 일을 하는 것에서 비롯되는데, 이렇게 하는 사람을 가장 강건한 사람이라 한다.

　덕에 있어서도 마찬가지다. 쾌락을 삼가면 절제가 되고, 절제하는 사람이 되면 이를 가장 잘 삼갈 수 있다. 용기와 덕에 있어도 이와 마찬가지이다. 사람이 만일 수양을 쌓아서 모든 공포에서 벗어나서 대담하게 이를 처리하면 용감하게 되고, 용감하게 되면 가장 대담하게 모험을 하게 된다.

-아리스토텔레스-

경례를 항상 잊지 말라. 사람의 상하를 아는 사람이 사람을
안다.   -순자(荀子)-

예(禮)에 대하여

사람에게 예(禮)라는 것이 있기 때문에 천지(天地)도 잘 화합해서 아무런
변이(變異)가 없고, 일월(日月)도 예(禮)가 있으므로 항상 밝으며, 춘하추동
의 질서도 절(節)을 바꾸지 않고, 성신(星辰)도 질서 정연하게 가는 길을 어
기지 않으며, 강하(江河)의 흐름도 항상 정한 길을 흘러가며 범람하지 않고,
우주간의 모든 것이 모두 제 갈길 대로 잘 나아가며, 사람의 감정도 좋아하는
것과 싫어하는 것이 그 정도를 넘지 않고, 희노(喜怒)의 정도도 적당하게 조
화를 이룬다.

그래서 아래에 있을 때는 잘 따르고 순종하며, 또 윗자리에 오르면 불공평
없이 매우 공명(公明)하게 행동해야 하며, 만물 모두의 변화를 다스려 조금도
흐트러짐이 없게 해야 한다. 이것이 모두 예(禮)가 있기 때문에 가능한 것이
며, 만일 예(禮)가 없고 예를 버린다면 결국 멸망하는 길밖에 없다. 진실로
예(禮)의 공덕은 지극히 크고 위대하다.   -순자-

공자가 주공묘(周公廟)에 들어가 제향(祭享)을 올릴 때, 일일이 사람들에
게 물어서 행했다. 어떤 사람이 그것을 비꼬아 "누가 저 추(鄒)나라의 공자를
예를 아는 사람이라 하는가? 대묘(大廟)에 들어가 일일이 사람에게 묻는 것
을 보니 예를 모르는 것 같다."라고 하였다.

공자(孔子)께서 그 말을 듣고, "이와 같이 경의를 표하며, 비록 알고 있는
것이라도 사람에게 일일이 묻고 행하는 것이 예(禮)이다."라고 했다.

-논어(論語)-

3

스물아홉 번째

말을 많이 하면 자신이 한 말의 노예가 된다.
-T. 칼라일-

말을 많이 하지 말라

사람은 지식이 적은 사람이 말을 많이 한다. 많이 아는 사람은 입을 다물고 가만히 있다. 그런 현상이 일어나는 것은, 지식이 적은 사람은 자기가 알고 있는 모든 것을 아주 중요한 사실로 알고 그것을 모든 사람에게 알리고 싶기 때문이다. 그러나 많은 지식을 갖고 있는 사람은 자기가 지금 알고 있는 것보다 더 많은 것을 알아야 한다는 것을 알기 때문에, 다른 사람이 꼭 필요할 때만 자신의 지식을 발표하고, 물음을 받지 않을 때는 말을 않고 가만히 있다.   -루소-

그대를 경계하건대, 그대는 말을 많이 하지 말라. 다언(多言)은 많은 사람들이 모두 싫어하는 바이다. 가령 말을 삼가지 않으면, 재앙과 고통은 이 말에서 비롯된다. 사람을 이리저리 착하다고 칭찬하고 악하다고 욕한다면, 남도 나를 멀리하고 욕하니 따라서 내 몸에 화와 욕을 불러오게 한다.

-소학(小學)-

공자(孔子)가 능변과 다변(多辯)을 싫어하는 것은 선발된 말들의 무게 때문이다. 그는 가볍고 매끄러운 언어사용으로 인해 만물이 약해지는 것을 두려워한다. 망설임과 신중, 말을 하기 전의 시간과 말하고 난 후의 시간도 함께 중요하다.

간격을 두고 질문을 하고 대답을 하는 리듬에는 말의 가치를 높여주는 중요한 면이 있다. 궤변가들의 재빠른 구변이나 열심히 주고받는 말의 유희를 그는 싫어한다. 재빠른 대답이 아니라 책임을 구하는 말의 침잠(沈潛)이 중시된다.   -E. 케네디-

세상의 행과 불행은 새끼처럼 서로 엉켜 있다. 그 어느 한
면만 보지 말고 살자.   -청남(靑南)-

한 마음 고쳐 보자

옛날, 어느 절 앞에 '울보 할매'라는 노파가 있었다. 비가 와도 울고, 날씨
가 좋아도 울며, 매일 울고만 산다.

그 모습을 본 절의 노스님이 하도 이상해서 "도대체 그대는 왜 항상 울기
만 하는가?" 하고 물었다. 할머니는 "내게 아들이 둘이 있습니다."

"그러면 좋지 않은가? 힘이 되고 의지할 바 있으니 좋을 텐데, 울기는 왜
우는가?"

"그런데 스님, 한 아들은 짚신 장사를 하고, 한 아들은 우산 장사를 하는
데, 날씨가 좋으면 우산 장사를 하는 아들이 장사가 안 되어 밥도 못 먹고
살 것을 생각하니 불쌍하고, 비가 오면 짚신 장사를 하는 아들이 짚신이 팔리
지 않아 고생할 것을 생각하니 불쌍해서 견딜 수가 없습니다."

과연 그렇게 생각하면 일생 울고만 살 수밖에 없다.

그래서 스님은 노파에게 다음과 같이 말을 했다.

"세상의 일이란 마치 새끼가 서로 엉켜서 꼬여 있는 것같이 복과 화가 서
로 엉키어 따르고 있다. 세상의 이치에는 행복만 있는 것도 아니고, 불행만
있는 것도 아니다. 그대는 불행 쪽만 생각하며, 행복 쪽을 생각하지 않고 사
니 매일 울고만 살아왔다. 한 마음 고쳐 생각해 보아라. 날씨가 좋으면 짚신
장사하는 아들이 장사가 잘 되어 신바람이 나고, 비가 오면 우산 장사하는 아
들 가게에 손님이 몰려들어 많은 돈을 벌게 될 터이니 신바람이 날 것이다.
이렇게 생각을 고쳐 보면, 비가 오면 올수록 즐겁고, 날씨가 좋으면 좋을수록
기쁠 것이다."

할머니는 그 말을 듣고, "너무나 고맙습니다. 내가 왜 지금까지 그것을 몰
랐을까?" 하면서, 그때부터 매일 웃으며 행복한 일생을 보냈다고 한다.

-전래 우화-

사람이 자신 내면에 잠재한 더러움을 모르면 진여(眞如)를 알 수 없다. -중아함경-

내면의 더러움을 알라

진여(眞如)는 실상(實相)이라고도 하며, 우주만유(宇宙萬有)에 잠재한 상주불변(常住不變)의 본체를 말한다. 인간은 지수화풍(地水火風) 네 가지 원소의 합으로 이루어졌으므로, 불완전한 존재이며, 그 때문에 무명(無明)과 번뇌(煩惱)가 생겨 마음이 때묻어간다.

그러나 우리들의 마음은 원래 우주만유(宇宙萬有)에 넓게 상주(常住)하는 불변한 본체(本體)인 진여(眞如)임에는 틀림없다. 그런데 어리석고 천한 사람은 자기 마음속에 있는 더러움을 모르고, 또 자기 마음이 원래 진여(眞如)라는 것도 모른다.

그러나 현명한 사람은 자기 마음에 더러움이 있는 것은 사람으로서 당연한 것이므로, 그것을 잘 알고 있는 것과 동시에 또한 자기 마음이 원래 진여(眞如)였다는 것을 알아 계율(戒律)을 지키고, 정진(精進)하며, 마음의 더러움을 씻고, 진여(眞如) 속에 살려고 마음을 쓰는 것이다. 또 다른 무리의 사람은 위 두 사람 중간에 존재한다. -중아함경(中阿含經)-

'소크라테스'는 대머리에다 얼굴 색은 검고, 코는 낮으며, 미간에 깊은 골이 있어 흉하게 보이는 등 결코 아름다운 용모는 아니었다.

어느 날 관상을 보는 사람이 '소크라테스'를 보고 "악을 가슴에 숨기고, 악덕(惡德)에 깊이 빠져 있는 자이다."라고 했다. 그의 친구는 이 말을 듣고 관상가(觀相家)를 욕하려 했는데, '소크라테스'가 말리며, "내 마음은 관상가가 하는 말과 같이 실로 흉악함에 차 있다. 단지 내가 이를 잘 이겨서 행동으로 나타나지 않을 뿐이다. 관상가는 결코 틀린 말을 하지 않았다."라고 말했다. -소크라테스-

4월의 이야기

april

좋은 친구를 만든다는 것은 큰 자본을 얻는 것과 같다.
-C. 레만-

친구와 사귈 때

　횡거(橫渠) 선생이 말씀하시기를, "지금 세상의 친구 사이를 보건대, 서로 듣기 좋은 말을 하며 비위를 맞추고, 어깨를 치고 옷깃을 잡으며 의기 투합했다고 하고 있다. 그러나 한번 성나는 일이 있으면 노여움이 더욱 가해져 서로 등을 돌리고 만다. 그러나 진정한 친구 사이라는 것은 서로 겸손하며, 영원히 변치 않는 친한 교재를 말하는 것이다. 그러므로 친구 사이는 서로 경(敬)을 으뜸으로 삼고, 매일 친분이 두터워져 서로 마음을 허락해서 자신에게 많은 이익이 있는 결과를 만든다. 경(敬)으로서 교재를 하면 서로 신실(信實)한 마음으로 충고도 하고 지도도 하기 때문이다."라고 했다.　　-소학(小學)-

　친구에게는 세 가지 법이 있다. 첫째는 과실이 있으면 즉시 잘못을 고치라고 간(諫)한다. 둘째는 기쁜 일이 있으면 함께 깊이 기뻐한다. 셋째는 괴로움이 있으면 함께 나누며 헤쳐나간다.　　-인과경(因過經)-

　벗으로서 아무런 도움이 되지 못하는 인간은 언제 너의 적이 되어 너를 해칠지 모른다.　　-겔러르트-

　인간이 좋은 벗을 갖느냐, 악우(惡友)를 갖느냐 하는 것이, 그 사귀는 벗에 따라 그의 일생이 좋던가 나쁘게 되던가 하는 것이 일반적인 것처럼 알려져 있다. 그러나 그것은 자기가 오르는 사다리를 항상 타인의 손에 맡겨, 그가 쥐고 있게 하는 의지 박약자의 경우이다. 단호한 결심을 하는 사람은 벗의 충고는 경청하지만, 진실로 복종하는 것은 속으로부터 끓어오르는 의지와 자각이 명령하는 소리뿐이다.　　-무솔리니-

내가 행한 대로 돌려 받는다.
-출요경(出曜經)-

4
두 번째

악인(惡因) 악과(惡果)

부처님이 말씀하시기를 "악인(惡因)이 현인을 해치는 것은 하늘을 향해 침을 뱉는 것과 같은 것이다. 침은 하늘에 다다르지 않고, 도리어 자기 얼굴에 떨어지고 만다. 바람에 거슬려 먼지를 털면 먼지는 멀리 날아가지 않고, 도리어 자신에게 날아와 자기 몸을 더럽힌다. 현자를 해치지 말라. 현자를 해치면 화는 반드시 자신을 멸하게 될 것이다."   -사십이장경-

부처님께서 말씀하시기를, "어떤 사람이 내가 무상의 도를 지키고, 대인자(大仁慈)라 하며, 다른 사람도 나와 똑같이 깨닫게 하려 한다는 말을 듣고, 일부러 찾아와서 나의 선행을 보고 질투를 하며 방해하려고 욕을 했다. 그러나 내가 아무 말 없이 가만히 있으니, 한참 욕을 퍼붓고 욕하는 것을 그쳤다.
그래서 그에게 묻기를, '네가 선물을 갖고 누군가를 찾아가서 주려고 했는데, 그 사람이 결코 받지 않는다면 그 선물은 다시 네게 돌아오는가, 그렇지 않는가?' 하고 물으니 그는 '그것은 내게 돌아옵니다.'라고 했다.
그래서 내가 그에게 말을 하기를 '지금 너는 나의 선행을 방해하려고 욕을 했으나, 내가 너의 욕을 받지 아니했다. 그러니 그 욕은 다시 네게 돌아간 것이다. 네가 내게 한 화는 도리어 네 머리 위에 떨어진 것이 아닌가? 그것은 마치 메아리가 소리에 대답하듯, 그림자가 물체와 떨어지지 않는 것처럼, 모두 네 몸 위로 되돌아간 것이다. 그러므로 형상과 그림자가 일체(一體)이며 떨어지지 않는 것같이, 또 소리와 메아리가 동일한 것과 같이, 네가 나를 욕하면 그것은 너 자신이 너를 욕하는 것과 같은 것이다. 네가 다른 사람에게 가하려던 해악(害惡)은 너로부터 떠날 수가 없다. 삼가 그런 악행을 해서는 안 된다.'라고 했다."   -사십이장경-

오늘의 명언   **101**

나라가 혼미해야 충신이 나온다.
-노자-

대도가 폐해지니 인의가 있다

허무(虛無)의 대도(大道) 중에는 인간도 물체도 모두 그 경지를 초월해서 자연 그대로 살아가므로, 거기에는 인위적으로 만든 도덕을 행할 필요조차 없으며, 무위자연(無爲自然)대로 살아가면 된다. 그래서 인(仁)과 의(義)를 주장하고 이를 행할 필요가 없으며, 인위적 도덕을 넘어선 절대의 도(道)대로 살아가면 되는 것이다. 그런데 이 절대의 무위대도가 잘못되어 세상에서 행해지지 않을 때 비로소 인의(仁義)라는 것이 생겨나야 하는 것이다. 무위(無爲)가 망가져 유위(有爲)의 세상이 된 것이다. 잘 생각해 보면 인의라는 것이 존재한다는 것이 아름다운 것처럼 생각되지만 사실은 절대 무위의 대도가 사라졌기 때문에 할 수 없이 인의를 시끄럽게 주장하며, 세상의 질서를 바로 잡으려는 것에 불과하다. 즉, '대도(大道)가 폐(廢)해지니 인의(仁義)가 있는 것이다.' 또 우리들은 선(善)은 좋은 것이고 위(僞)는 나쁘고 싫은 것이라고 생각하는데, 잘 생각해 보면 선악도 각자 그 마음으로서 판단하는 주관적인 심리작용이다. 거기에서 선악 진위(眞僞)가 생기게 되는 것이니, 사람이 지혜를 굴리기에 따라 큰 위선도 생기고 선도 생겨나는 것이다. 만일 사람들에게 인위적인 지혜가 없다면 거기에 사기는 생겨나지 않는다. 진위를 분별하는 지혜를 없앨 때 위선은 자취를 감출 것이다. 무지(無智)로 돌아가 무위자연(無爲自然)대로 산다면 선도 없고 악도 없고, 진실로 자연의 도(道) 그대로가 된다. 즉, '지혜가 생겨나므로 위선(僞善)이 있다.'   -노자-

다른 보기도 다 마찬가지이다. 집이 가난하고 불행해야 효자가 나온다. 집에 근심 걱정이 없고 부모가 모두 건강하면 그대로가 좋은데, 거기 효자가 할 일이 아무 것도 없다. 그래서 항상 모자라고 부족한 점이 있어야 그 부족한 점을 채우려고 반대되는 상황이 일어나는 것이다.

처세의 교훈

어떤 사람이 학교를 갓 졸업한 자기의 아들을 친구인 발명왕 '에디슨'에게 데려갔다. "에디슨군, 이 아이는 내 아들일세. 이번에 학교를 갓 졸업하고 사회에서 일을 하게 되었다네. 무엇인가 좋은 충고를 해주게." '에디슨'은 고개를 끄덕이며 그 청년과 악수를 했다. 그리고 벽에 걸린 커다란 시계를 가리키며 "절대로 시계를 보지 말라. 이것이 젊은이에게 주는 나의 충고이다."라고 했다.

적어도 자기가 한 일을 완수하려는 자는 모든 것을 잊고 전심전력 정진해야 할 것이다. 빨리 돌아가고 싶다, 많이 일하는 것은 손해다 하는 등의 생각을 하면서 시계바늘만 쳐다보고, 바늘이 늦게 돌아간다고 마음을 쓴다면 절대로 성공할 수 없다는 것이다.   -에디슨-

사람의 일생은 마치 무거운 짐을 지고 먼길을 가는 것과 같다. 급하게 서둘지 말라. 부자유한 것이 당연한 것이라 생각하면 부족함이 없고, 마음에 소망이 생기면 궁핍했을 때를 생각해라. 참고 견디는 것은 무사장구(無事長久)의 기초이며, 노여움을 적으로 생각해라.

이길 것만 생각하고, 지는 것을 생각하지 않으면 그 화가 몸에 닥쳐온다. 자신을 책(責)할지언정 남을 책하지 말라. 부족한 것은 과한 것보다 더 낫다.

-덕천가강 유훈-

벼랑길 좁은 곳에서는 한 걸음 멈추어 다른 사람으로 하여금 먼저 가게 하라. 맛좋은 음식은 삼분(三分)을 감하여 다른 사람이 먹도록 사양하라. 이는 곧 인생을 사는 가장 안락한 법의 하나이다.   -채근담-

4
다섯 번째

돈을 벌고자 한다면 돈을 쓰지 않으면 안 된다.
-플라톤-

돈과 삶의 지혜

돈을 빌리지도 말라. 꾸어 주지도 말라. 빚은 검약의 칼끝을 무디게 하고, 꾸어준 돈은 자칫하면 원금을 잃고 또 그 친구도 잃는다.   -셰익스피어-

가난이라는 것이 그다지 괴로운 것이 아니라고 깨달았을 때, 비로소 자기의 부(富)를 마음껏 즐길 수가 있다.   -세네카-

눈물을 흘리며 빵을 씹어 보지 않은 자는 인생이 무엇인지 말할 자격이 없다.   -세네카-

사람들은 모두 자기 배고픈 것은 알아도, 남이 배고픈 것은 잘 모른다.

-탁암-

학문 없는 경험은 경험 없는 학문보다 낫다.   -서양 격언-

백문(百聞)은 불여일견(不如一見)이다.   -한서-

친구 없이는 살 수 있어도 이웃 없이는 살 수 없다.   -스코틀랜드 속담-

모른다는 구실은 결코 우리들의 책임을 소멸시키지 않는다.   -라스킹-

그대가 그대 자신에 대하여 관심을 갖고 있는 것처럼 남들이 그대에 대하여 그만큼 관심을 갖고 있다고는 결코 기대하지 말라.   -러셀-

성공하는 사람은 송곳처럼, 어느 한 점을 향하여 일한다.   -보비-

건강을 유지하는 것은 우리들에게 주어진 가장 큰 의무이다.
-스펜서-

건강 유지

건강은 귀중한 것이다. 그리고 유일무이한 것이다. 사람들은 이것을 획득하기 위해서 시간과 돈과 많은 노력을 제공할 뿐만 아니라, 그 생명까지 제공하고 있다. 왜냐하면 건강이 없어지면 생명 그것마저 권태를 느끼게 되고, 우리들에게 매우 이롭지 못하기 때문이다. 쾌락, 지혜, 학문 및 덕업(德業)도 건강이 없어지면 위축되고 소멸해 버린다.   -몽테뉴-

콘티뉴스는 누구라도 20세 이상이 되는 사람은 자기 신체에 대해 무엇이 유익하고 무엇이 유해한가 하는 것을 알아, 자기가 자기를 책임져야 할 것이며, 의사나 약사의 도움 없이 스스로를 잘 조절해 나가야 한다고 말했다.
그는 이 말을 아마도 소크라테스로부터 배운 것인지 모른다. 소크라테스는 그의 제자들에게 가르치는 중요한 과제의 하나로, 각자의 건강에 주의하라고 하며, 사려분별이 있는 인간이 운동과 식사문제에 주의해서 무엇이 자기에게 좋고, 무엇이 자기에게 나쁜 것인가 하는 것을 의사 이상으로 잘 알아야 한다고 했다.   -몽테뉴-

다식(多食)과 건강은 동행하지 못한다.   -포르투갈 속담-

어떤 사람은 자기 이빨로 자기의 무덤을 판다.   -영국 속담-

어떻게 세상이 변해 가치관이 전도되더라도 건강은 선(善), 불건강은 악(惡)이라는 관념만은 변하지 않는다.   -이병주-

삼정승 부러워 말고, 내 몸 튼튼한 것 좋아해라.   -한국 속담-

어리석은 사람의 칭찬을 받는 것이 가장 큰 수치이다.
-개목초(開目抄)-

명성을 탐하지 말라

불경에 사십이장경(四十二章經)이라는 경전이 있다. 이 경전은 중국 후한(後漢)의 효명제(孝明帝)가 어느 날 꿈속에서 금인(金人)을 본 것이 인연이 되어, 사자(使者)를 서역 월지국(月支國)에 보내 경전을 가져와서 번역한 불경이다.

불교에서는 가끔 명성(名聲)을 구하기에 성급한 어리석음을 경계하고 있다. 명성이라고 하는 것은 허명(虛名)이고 실체가 없는 것이며, 오직 매스컴이 떠들어서 세상 사람 입에 오를 뿐이다.

그런데도 불구하고 당사자는 그것이 마치 자기 자신의 참모습인 줄 착각하고, 자기가 세상에서 가장 유명한 사람이라고 득의에 차서 그 이름을 뽐낸다면 너무나 어리석은 일이라고 말하고 있다.

확실히 유명하다고 주변에서 많은 사람이 칭찬하고, 관심을 가지며 유명하다고 떠들어대면 우쭐대고 기분이 좋을지 모르나, 거기에 타서 유명한 체하고 있는 중에 나태와 아만심(我慢心)이 생겨나 그 구렁에서 벗어나지 못하는 지경에 이르고 만다.

한번 거기에 빠져 버리면 무엇이든 남의 앞에 서기를 좋아하고, 남의 칭찬과 주목을 끌기 위해 자기 능력 이상의 일과 분수 이상의 짓을 하게 되어 결국 남의 비난을 받고, 욕을 먹고, 끝에는 파멸하고 만다.

처음부터 착실하고 조용하게 사는 것보다 결과는 더욱 못하게 된다. 그러므로 어리석은 사람에게 칭찬을 받아 좋아하는 것은 그를 칭찬하는 어리석은 사람보다 더 어리석은 사람이 되는 것이다.

이렇게 경고하는 말을 잘 음미해서, 자기 소신대로 바르게 살아나가는 것이 좋다는 것을 알아야 할 것이다.

어릴 때는 혈기가 정해지지 않을 때니, 경계할 것은 색(色)
에 있다.   -논어(論語)-

색욕(色慾)을 삼가라

공자께서 말씀하시기를, "소년 시절에는 경험도 적고 생각도 모자라고, 또한 혈기도 안정되지 못하므로 외부 유혹에 빠져들기 쉽다. 그리하여 한번 유혹에 빠져들면 평생 후회할 만한 일을 저지르게 되어 자신과 가문을 망하게 하는 수가 많다. 그런 유혹 가운데서도 가장 경계할 것이 여색(女色)이다."라고 했다.   -논어(論語)-

부처님께서 말씀하시기를, "애욕(愛慾)에는 재욕(財慾), 색욕(色慾), 탐욕(貪慾), 명욕(名慾), 수욕(睡欲) 등이 있으나, 그 가운데 색욕(色慾)만큼 무서운 것이 없다. 색욕은 아주 커서 다른 어떤 욕망과도 비교가 되지 않는다. 그러나 이렇게 커다란 욕(欲)이라도 그것이 하나뿐이라는 것이 불행 중 다행이다. 색욕과 같이 커다란 욕(欲) 때문에 사람들이 몸을 망치고 수행의 길을 그르치고 있는데, 만일 이 색욕과 같은 욕이 하나 더 있다면 바른 길로 나가기란 거의 불가능할 것이다. 그러므로 수행을 가로막는 장애로서 색욕 하나만 있다는 것은 그래도 다행한 일이다."라고 했다.   -사십이장경(四十二章經)-

색정(色情), 색욕(色慾)을 삼가지 않으면 놀랄 만한 큰 병을 일으켜 드디어 죽음에 이르는 수도 있다. 세상에 요절(夭折), 요사(夭死)가 많은 것은 이러한 원인 때문에 생겨나는 것이 대부분이다. 그러므로 색욕(色慾)이 불과 같이 일어날 때는 한 생각 바꾸어, 큰 병에 걸린 때를 상상하는 것이 좋다. 그래서 자기가 죽을 수밖에 없는데, 그 원인이 색욕(色慾)을 삼가지 아니한 탓에 있다, 이렇게 생각하면 색욕도 즉시 사라지고 싸늘한 재와 같은 마음이 될 것이다.   -채근담(菜根譚)-

나의 행동이 도리에 어긋나지 않는다면, 세상 사람들이 무엇이라 하든 마음 쓸 일 없다.   -익헌전집(益軒全集)-

모함과 명예 훼손

'사람들이 나를 모함도 할 것이다.'라고 항상 조심하며 살자. 만일 내게 허물이 있다면 그들이 말하는 것은 옳다. 그렇다면 그들을 원망하지 말고 내 행동을 고치고 반성을 해야 한다. 만일 그들의 말이 사실무근한 모함이라면, 그들의 말은 전부 거짓이다. 말이 거짓이라면 내 몸에 해가 없을 뿐만 아니라 도리어 수행과 정진에 도움이 된다. 그러므로 모함을 받는 것도 반드시 내게 손해만 가져오는 것은 아니다. 그런 것처럼 나를 칭찬하는 것도 반드시 내게 이익을 가져온다고 말할 수 없다.   -원동악(原東岳)-

콜롬부스가 신대륙을 발견하고 스페인에 돌아가자 많은 사람들이 열광하며 그를 맞이하였으나 그 가운데는 반감을 가진 사람도 적지 않았다. 어느 날 많은 부자들이 그를 초청해서 만찬을 열었다. 술이 몇 차례 돌자 한 사람이, "배를 타고 끈기 있게 항해하면 어딘가 육지에 부딪치게 되는데, 그것이 뭐 그리 대단한 일이라고 이렇게 야단들인가?"라고 말하면서 껄껄 웃었다.

콜롬부스는 아무 말도 않고 가만히 듣고 있다가 조용히 일어서서 상 위에 있는 삶은 계란을 들고, "여러분! 누구라도 이 계란을 똑바로 세워 보십시오."라고 말했다. 여러 사람들이 해 보았으나 계란은 구르기만 할 뿐 아무도 세울 수가 없었다. "그러면 내가 해 보겠습니다."라고 말하며, 콜롬부스는 계란을 테이블에 탁 쳐서 껍질을 깨고, 그 깬 곳을 밑으로 해서 세웠다. 사람들은 "바보 같은 짓! 그렇게 세우면 누가 못 세울까!" 하고 비웃었다. 그때 콜롬부스는 "그렇습니다. 이처럼 쉬운 일도 지금 여러분들은 아무도 못 했습니다. 무슨 일이든 다른 사람이 하는 것을 보면 매우 간단한 일로 생각되는 법입니다."라고 말했다. 사람들은 이 말을 듣고 모두 그에게 박수를 보냈다.

-콜롬부스-

적을 알고 나를 알면 백전 백승한다.
-손자병법(孫子兵法)-

지(智)는 큰 보물이다

사람 몸에는 커다란 보물이 하나 있다. 이것을 지(智)라고 한다. 마음이 밝아지는 것은 모든 일에 선악(善惡), 시비(是非), 정사(正邪)를 분별할 수 있는 지(智)가 있기 때문이다. 만일 사람의 몸에 지(智)가 없다면 천지에 해가 없고, 사람에게 이목(耳目)이 없고, 어두운 밤에 등불이 없고, 집에 주인이 없고, 군대에 대장이 없는 것과 같다. 아무리 천품(天稟)을 잘 타고났다 해도, 마음이 어둡고 지(智)가 없다면 행(行)할 바른 도리를 몰라 함부로 행동하다가 반드시 허물을 많이 저지르게 된다. 모든 일에 선악(善惡)을 분별하지 못한다면 내 몸을 온전히 보전하기 어렵다. 그러므로 사람이 지닌 커다란 보물은 지(智)이다. 그 보물을 구하는 것이 도(道)이다. 좋은 스승과 벗을 구해서, 그 가르침을 받고 학문을 닦아 책을 읽고 넓게 보고 많은 것을 듣고, 깊이 생각해서 내 마음의 도리를 구하고, 이로서 마음을 열고 지(智)를 밝게 해야 한다. 나의 지에 자만과 교만이 생기지 않게 해라. 내가 교만하면 내 지(智)를 잃게 된다. 견문을 넓게 하고, 마음에 사안(思案)을 깊게 하는 것이 지(智)를 구하는 도(道)이다.　　-오상훈(五常訓)-

논어에 지자(智者)는 사물에 미혹하지 않고, 인자(仁者)는 쓸데없는 근심을 하지 않고, 용자(勇者)는 두려워하지 않고, 지(知)와 인(仁)을 지킨다고 했다. 중용(中庸)에는 지인용(智仁勇)을 삼덕(三德)이라 했다. 모두 지(智)를 중요시하는 말이다. 대학(大學)에는 격물치지(格物致知)를 먼저 해서 만물의 도리를 알고 나서, 나의 지(智)를 여는 데 힘쓰라고 했다. 군자의 학(學)은 무엇보다 행하는 것을 소중하게 생각하지만 우선 알지 못한다면 행(行)을 할 수 없다. 마음이 어둡고 선악을 분별할 수 없다면 도를 행할 수 없기 때문이다.　　-오상훈(五常訓)-

태어난 것은 모두 죽는다. 석가도, 달마도, 고양이도.
　　　　　　　　　　　　　　　　　-일휴선사(一休禪師)-

죽음을 의식할 필요는 없다

　　로마의 시인 '프로페르티우스'는 다음과 같이 말했다. "그대들은 죽는 법을 몰라도 그것은 결코 근심할 필요가 없다. 자연(自然)은 때가 되면 그대들에게 그것을 가르쳐 줄 것이다. 자연은 정확하게 그 역할을 수행하니, 그대들은 조금도 염려할 필요가 없다."

　　그리고 이어서 "그런데 사람들은 죽음에 관심을 갖고, 두려워하고, 또한 어떻게 죽음이 닥쳐오는지 헛되이 알려고 한다. 갑자기 사망하는 것이 바로 고통이 없는 것이며, 오래도록 죽음의 공포에서 헤매는 것은 오히려 견디기 어려운 것이다."라고 말했다.　　　　　　　　　　-몽테뉴 《수상록》-

　　나는 이웃 농부 가운데 어떻게 죽음에 임하고 죽음의 순간에 대처할 것인가 미리 생각하며 걱정하는 사람을 하나도 못 보았다. 자연은 그가 죽는 순간까지 죽음에 대해 생각하지 말라고 가르치고 있다. 그러나 그들은 '아리스토텔레스'보다 더 의연한 자세로 죽음에 임한다. 그 철학자들은 죽음의 무거움과 죽음에 대한 장구한 기간 중의 명상 등 이중의 무게로 압박을 받아왔기 때문이다. 그러므로 '줄리어스 시저'의 의견은, "그런 생각 하지 않고 살다가 맞이하는 죽음이 가장 편안한, 그리고 가장 행복한 죽음이다."라고 했다. "어떤 사건이 일어나기도 전에 거기에 집착해서 걱정하고 슬퍼하는 사람은 필요 이상으로 고통스럽고 슬픈 법이다."라고 '세네카'는 말하고 있다.

　　죽음에 대한 상상과 고통은 오로지 우리들의 호기심에서 일어나는 것이다. 자연의 정명(定命)을 예상하고 또한 정돈(整頓)하기를 바라기 때문에, 우리들은 이와 같이 자신을 해롭게 하는 생각에 사로잡히는 것이다. 건강이 좋을 때도 음식이 목을 통과하지 않을 정도로 죽음의 공포를 생각하며 이마를 찌푸리는 것은 의사뿐이다.　　　　　　-몽테뉴-

나는 양심을 굽히고 일을 은폐할 수 없다.
-루터-

양심의 소리에 귀기울여라

절대로 병에 걸리지 않는 강한 신체는 없다. 아무리 써도 다 쓰지 못할 정도로 많은 돈을 가진 부자도 없다. 아무리 모함해도 절대로 무너지지 않는 높은 권력도 없다. 이 세상 모든 것은 변하는 성질을 갖고 있으며, 잠시 잠깐 동안에 변천하고 만다.

그러므로 이러한 것들에게 내 생명을 의탁한 사람은 항상 불안하고 쫓기며, 하루도 편할 날 없이 다투어야 하고, 항상 마음의 여유를 갖지 못할 것이다. 그리고 절대로 자기가 바라는 것을 다 얻지 못하고 늘 불만 속에 살아갈 것이다. 그런데 오직 하나 양심만이 난공불락의 요새보다 더 안전하다.

그런데 왜 우리들은 이 양심을 약하게 만들려고 애쓰는 것일까? 왜 우리들은 정신적인 기쁨을 얻을 수 없는 일에만 종사하며, 우리들의 정신에 만족과 기쁨을 주는 일에는 생각을 돌리지 않는 것일까?   -에픽테토스-

그대의 양심을 상하게 하는 일을 하지 말라. 진실과 일치하지 않는 말을 하지 말라. 이와 같이 행하면 그대는 그대 생애의 사명을 다 완수할 수 있다. 어떤 사람이라도 그대의 의지를 폭력과 강압으로 좌우할 수는 없을 것이다. 그대의 양심은 도적도 훔쳐갈 수 없고, 폭군도 앗아갈 수 없다.

바른 도리에 맞지 않는 것을 탐하지 말라. 많은 사람들이 하는 데 따라 나의 행복을 구하지 말라. 우리들이 살아가는 참다운 방법은 많은 사람들이 하는 대로 따르는 것이 아니라, 자신만이 인식할 수 있는 내적법칙(內的法則)과 합치되는 삶을 사는 것이다.   -아우렐리우스-

진실로 충신(忠信)한 말은 표면상 아름답지 않다.
-노자(老子)-

신언(信言)은 아름답지 않다

　진실로 충신(忠信)한 말은 표면상 아름답지 않다. 말에 진실한 신(信)이 있으면 그것으로 족하다. 굳이 그것을 아름답게 꾸미려 할 필요는 없다. 표면상 듣기 좋고 아름다운 기교로 꾸민 말은 내용이 없고 텅 비어 있으며, 진실하지 않다. 그리고 진실로 선(善)한 사람은 말이 적다. 행(行)은 선(善)을 목적으로 한다. 입과 혀로 이를 수식할 필요가 없다. 그들과 더불어 말을 많이 하는 사람은 오직 입으로 지껄일 뿐 행(行)은 옳지 못하다.

　또 진실로 도(道)를 아는 사람은 내부에 절대의 일(一)을 안고 무위(無爲)의 도(道)를 이루고 있을 뿐, 이것도 알고 저것도 아는 등 잡다한 것을 넓게 아는 일없이 단지 지식학문(知識學文)의 영역을 넘어 무지(無知)의 세상에 달해 있는데, 이것이 바로 명백한 진지(眞知)이다. 사물의 이치는 천차만별이지만 그 궁극의 이치는 하나이므로, 근본 현리(玄理)를 알면 문 밖에 나가지 않고도 천하를 알 수 있다. 그러나 작은 지식을 쫓아 개개의 물리를 넓게 아는 자는 도리어 유현(幽玄)의 깊은 도리를 모른다.

　성인은 이와 같이 내면에 절대의 도를 안고 있으므로 아무 것도 마음에 담아두지 않는다. 성(聖)을 끊고 의(義)를 버리며, 인(仁)을 끊고 의(義)를 버린다. 이와 같이 쌓아두는 일이 없으므로, 만물은 모두 자아와 일체가 되어 무한의 내용을 소장한 사람이 된다.

　그러므로 성인은 그가 소유하는 것에 사심이 없고, 모두 남을 위해 행(行)하므로 자신은 더욱더 많은 것을 소유하게 되고, 모두를 남에게 줌으로써 자신은 더욱더 많을 것을 얻게 된다. 천도(天道)는 오직 무위무심(無爲無心)이며, 이(利)를 주는 곳이 없다. 이(利) 한 곳이 없으므로, 만물에 이(利)하지 않는 곳이 없다. 성인의 도(道) 역시 하늘의 도와 마찬가지로 무위무심이다.　　-노자(老子)-

적이라도 친구 이상 내게 유익할 때도 있다.
-톨스토이-

평지설교

　예수께서 눈을 들어 제자들을 보시고 가라사대, "가난한 자는 복이 있나니 하나님의 나라가 너희 것임이요, 이제 주린 자는 복이 있나니 너희가 배부름을 얻을 것임이요, 이제 우는 자는 복이 있나니 너희가 웃을 것임이요, 인자를 인하여 사람들이 너희를 미워하며 멀리하고 욕하고 너희 이름을 악하다 하여 버릴 때에는 너희에게 복이 있도다. 그날에 기뻐하고 뛰놀라. 하늘에서 너희 상이 큼이라. 저희 조상들이 선지자들에게 이와 같이 하였느니라. 그러나 화가 있을지어다, 너희 부유한 자여! 너희는 너희의 위로를 이미 받았도다. 화 있을진저, 너희 이제 배부른 자여! 너희는 주리리로다. 화 있을진저, 너희 이제 웃는 자여! 너희가 애통하며 울리로다. 모든 사람이 너희를 칭찬하면 화가 있도다. 저희 조상들이 거짓 선지자들에게 이와 같이 하였느니라. 그러나 너희 듣는 자에게 내가 이르노니, 너희 원수를 사랑하며, 너희를 미워하는 자를 선대하며, 너희를 저주하는 자를 위하여 축복하며, 너희를 모욕하는 자를 위하여 기도하라. 네 이 뺨을 치는 자에게 저 뺨도 돌려 대며, 겉옷을 빼앗는 자에게 속옷도 금하지 말라. 무릇 네게 구하는 자에게 주며, 네 것을 가져가는 자에게 다시 달라지 말며, 남에게 대접을 받고자 하는 대로 너희도 남을 대접하라. 너희가 만일 너희를 사랑하는 자를 사랑하면 칭찬 받을 것이 무엇이뇨? 죄인들도 사랑하는 자를 사랑하느니라. 너희가 만일 선대하는 자를 선대하면 칭찬 받을 것이 무엇이뇨? 죄인들도 이렇게 하느니라. 너희가 받기를 바라고 사람들에게 빌리면 칭찬 받을 것이 무엇이뇨? 죄인들도 의수히 받고자 하여 죄인에게 빌리느니라. 오직 너희는 원수를 사랑하고 선대하며, 아무 것도 바라지 말고 빌리라. 그리하면 너희 상이 클 것이요, 또 지극히 높으신 이의 아들이 되리니, 그 은혜를 모르는 자와 악한 자에게도 인자로우시니라." 　-누가복음-

체라반타카여! 그대의 어리석음을 두려워하고 슬퍼하지 말라!
-증일아함경-

자기의 어리석음을 알라

이 이야기는 원시 불교경전인 '증일아함경(增一阿含經)' 속에 나오는 이 야기이다. 부처님의 제자 가운데 '체라반타카'라는 좀 어리석고 모자라는 사람이 있었다.

그는 태어날 때부터 머리가 나쁘고 부족해서, 주위 사람들로부터 늘 "바보! 바보! 체라반타카!" 하며 놀림감이 되었다. 그러나 그들의 말에 성을 내지 않고 그저 웃고만 있는 그는 마음씨 곱고 성품이 정직하였다. 이를 본 석가는 그에게 "체라반타카여! 그대의 어리석음을 두려워하고 슬퍼하지 말라."라고 격려한 다음 "나는 먼지를 털어 버린다."라는 간단한 문구를 암기시키고, 승원(僧院)의 안과 밖을 깨끗하게 청소하도록 하였다.

그는 그가 외운 간단한 말을 이른 아침부터 밤늦게까지 외우면서 "나는 먼지를 털어 버린다." "나는 먼지를 털어 버린다."라고 반복해 말하며, 열심히 청소를 하다가 드디어 다른 현명한 제자들과 마찬가지로 깨달음을 얻을 수가 있었다고 한다.

불도(佛道)는 머리로 아는 것보다 몸 전체로 실천한다는 이 전통은 지금도 살아 있다. 그래서 불도수행(佛道修行)에서는 '첫째 청소, 둘째 수행, 셋째 학업'이라 하며, 학문과 독경(讀經)보다 주변의 정리 정돈과 청소를 먼저 할 것을 강조하고 있다.

그와 같은 것이 만족스럽게 되지 않는 사람이 어찌 진실한 학문을 하고, 도를 깨달을 수 있겠는가 하는 것이다.

자기 주변의 일들을 원만하게 정돈할 수 없는 현대인은 자신의 어리석음을 모르고 경전에 있는 말만 외우며 깨달으려고 하는데, 그들은 어리석다고 놀림받은 저 '체라반타카'의 행(行)을 본받아야 할 것이다.

늘 반성하라

증자(曾子)는 공자의 제자로, 이름은 삼(參), 자는 자여(子輿)라고 한다. 그가 말하기를 "나는 항상 다음의 세 가지를 적어놓고 나 자신을 반성한다." 라고 했다.

첫째, 남을 위해 일했을 때 진심으로 그 일을 했나 안 했나를 반성해 본다.

둘째, 친구와 사귈 때 불신한 행동을 했나 안 했나를 반성해 본다.

셋째, 선생님으로부터 배운 것을 잘 익혔나 안 익혔나를 반성해 본다.

-논어-

맹자께서 말씀하시기를, "만일 사람을 사랑해도 저쪽에서 전혀 친하려 하지 않을 때는 그를 원망하지 말고 자신의 사랑이 부족한 것이 아닌가 반성을 한다. 또 사람들을 다스려도 잘 다스려지지 않을 때는 사람들을 미워하지 말고 자신의 지혜를 되돌아보는 것이 좋다. 또 사람을 예(禮)로 대해도 상대방의 태도에 반응이 없을 때, 예를 모르는 사람이라고 원망하기 전에 먼저 자신의 경(敬)이 부족하지 않았는가를 뒤돌아본다.

이와 같이 자신의 행하는 바가 생각대로 되지 않을 때는 언제라도 나를 뒤돌아보고 그 원인을 찾는 것이 더 좋다. 이렇게 하면 반드시 그 몸이 바르게 되고, 그 몸이 바르게 되면 천하는 반드시 귀복(歸服)하게 된다. 시경(詩經)에도 '오래도록 나는 천명(天命)에 어긋나지 않는 행동을 해서, 많은 복을 얻게 되었다.'라고 되어 있는데, 그 말은 위에서 설명한 말을 줄여서 한 말에 불과하다."라고 했다.   -맹자(孟子)-

애욕 때문에 사람의 번뇌가 생겨난다.
-논어(論語)-

애욕(愛慾)을 떠나라

부처님께서 말씀하시기를, "인간은 다섯 가지 근본 욕망인 오욕(吾欲), 즉 색욕(色慾), 식욕(食慾), 수면욕(睡眠欲), 명예욕(名譽欲), 재욕(財慾)을 안고, 도(道)를 보지 않는 것은 마치 맑은 물을 손으로 휘저으면 물이 일렁여 사람들이 바라보아도 그 그림자를 볼 수 없는 것과 같다. 물이 흐려지면 아무도 그 그림자를 발견할 수는 없다. 그와 마찬가지로 사람은 오욕으로 마음을 휘저어, 마음이 흐려지면 도(道)를 발견할 수가 없다. 그대들 사문(沙門)이여, 애욕(愛慾)은 버리지 않으면 안 된다. 애욕이라는 때가 없어지지 않으면 도(道)를 볼 수가 없다."라고 하셨다.　　-사십이장경(四十二章經)-

부처님께서 말씀하시기를, "애욕에 빠진 자는 불을 들고 바람을 향하는 것과 같아서, 불은 즉시 손앞에까지 타들어 와서 큰 화상을 입게 된다. 그와 같이 애욕은 자신과 자신의 몸을 파멸로 이끌어간다."라고 하셨다.

-사십이장경(四十二章經)-

부처님께서 말씀하시기를, "재물과 색(色)에 마음이 끌리는 것은 마치 칼끝에 꿀이 발려 있어 한번 핥아 볼 가치도 없는 것이지만, 어린아이가 꿀을 핥아 혀를 다치는 것과 같은 것이다. 그러므로 재(財)와 색(色)은 비교할 바 없이 위험한 것이다."라고 하셨다.　　-사십이장경(四十二章經)-

부처님께서 말씀하시기를, "사람에게 애욕(愛慾)이 있으므로 번뇌(煩惱)가 생겨난다. 만일 애욕(愛慾)을 떠나 버리면 무엇을 근심하고, 무엇을 두려워하랴. 그 근원인 애욕을 버리면 모든 번뇌는 자연히 사라진다."라고 하셨다.

-사십이장경(四十二章經)-

인(仁)을 당해서는 스승에게도 양보하지 않는다.
-논어(論語)-

인(仁)이란?

공자께서 말씀하시기를 "사람의 기질에는 강(剛)이라 하여, 매우 강해서 무엇에도 굴하지 않는 것이 있고, 의(毅)라 하여 인내력이 강하며 지조를 지키는 것이 건실한 것이 있다. 목(木)이라 하여 용모가 질박(質朴)하고 수식이 없는 것이 있고, 눌(訥)이라 하여 말을 하는 것이 서툴고 우직한 것이 있다. 이 네 가지는 모두 질(質)이 아름답고 인(仁)에 가까운 것이다."라고 했다.

-논어-

부귀는 모든 사람이 다 바라는 바이지만, 도(道)로서 이를 얻지 않았다면 그것은 부끄러운 일이며, 참다운 부귀(富貴)의 자리에 있다고 할 수 없다. 빈천은 모두가 싫어하는 바이지만, 빈천을 얻을 만한 나쁜 일을 저지르지 않고 이를 얻었다면, 빈천한 경우에 안주하며 떠나지 않는다.

군자를 군자라고 하는 것은 본심인 인(仁)의 덕(德)을 잃지 않기 때문이다. 만일 불의의 부귀를 탐하고 원하지 않는 빈천을 싫어한다면, 이는 이미 인(仁)을 잃고 마는 것이니 어찌 군자라고 일컬을 수 있으리오.

군자는 밥을 먹는 잠깐 사이에도 인(仁)에 어긋나는 일을 하지 않는다. 급하고 일이 바빠 마음이 안정되지 않을 때도 환란(患亂)을 만나 표류하며, 몸이 위태로울 때도 인(仁)을 잊는 법이 없다.   -논어-

공자(孔子)께서 말씀하시기를, "주인과 손님과 친구 사이에는 서로 양보하는 것을 귀하게 생각한다. 하물며 스승에 대해서는 모든 것을 겸양(謙讓)하지 않으면 안 된다. 그러나 인(仁)을 행하는 데는 결코 겸양해서는 안 된다. 용맹정진(勇猛精進)해서 속히 이를 행하여야 한다. 이것이 바로 스승의 가르침을 받드는 바른 행동이다."라고 하셨다.   -논어-

세 사람이 길을 가면 그 가운데에는 반드시 내 스승이 있다.
-논어(論語)-

자신을 타인의 거울에 비춰라

우리들 모든 사람들은 다른 사람 속에 자신을 비춰보는 거울을 갖고 있으며, 그 거울로서 자기의 모든 죄악과 결점과 온갖 나쁜 것을 확실하게 볼 수가 있다. 그럼에도 불구하고 우리들 대부분은 이런 경우, 거울 속에 보이는 것이 자기 자신이 아니라 다른 것이라는 가정아래 거울을 향해 짖어대는 개와 마찬가지 행동을 하고 있다.   -쇼펜하우어-

어리석은 사람이 현명한 사람으로부터 배우는 것보다 더 많은 것을 현명한 사람은 어리석은 사람으로부터 배운다.

옛날 어느 탄금가(彈琴家)는 그의 제자들에게 건너편에 살고 있는 형편없는 연주가의 연주를 자주 들려주었는데, 그 부조화(不調和)와 맞지 않는 박자를 싫어하도록 가르치기 위해서였다고 한다.

가장 말을 잘 하는 언변가보다 촌뜨기가 하는 말이 내 발언법을 개선해 준다. 성인들의 바보스러운 모습이 항상 나를 경계해 주는데, 이는 예리하게 찌르는 물건이 그냥 문지르는 것보다 더 나를 흥분시키기 때문이다.

-몽테뉴 《수상록》-

세 사람 정도가 무엇인가 일을 할 때면 그 가운데 반드시 내가 스승으로 배울 만한 사람이 있다. 착한 일을 하면 그것을 배워서 실천하고, 착하지 않은 일을 하면 나는 그런 일을 해서는 안 된다고 스스로 돌아보며 불선(不善)에서 멀리한다. 선(善)도 불선(不善)도 모두 나의 스승이다.   -논어(論語)-

친구를 사귀는 유일한 방법은 스스로가 그 사람의 친구가
되는 데 있다.   -에머슨-

친구와 사랑

사람의 애정이라는 것은 남을 압박하는 권력적인 것을 띠게 되면 즉시 매력
을 잃고 만다.   -모파상-

스스로 괴로워하거나 남을 괴롭게 하거나, 그 어느 쪽이 없이는 연애라는
것은 존재하지 않는다.   -앙리 드 레니에-

사랑하면서 사랑 받지 못하는 것은 확실히 괴로운 일이기는 하지만 사랑을
하지 않는데도 사랑 받는 것에 비하면 아무 것도 아니다.   -쿠르틀린-

사랑 받는 것은 타오르는 것이다. 사랑한다는 것은 끊김이 없는 기름으로
밝혀지는 것이다. 사랑을 받는 것은 망하는 것이며, 사랑한다는 것은 망하지
않는 것이다.   -릴케-

인간적인 사랑의 최고의 목적은 종교적인 사랑과 마찬가지로 사랑하는 사람
과 하나가 되는 것이다.   -보부아르-

사랑은 아낌없이 준다.   -톨스토이-

친구에게 속는 것보다 친구를 믿지 않는 것이 더욱 부끄러운 일이다.
    -F. 라 로슈푸코-

친구란 당신에 대하여 모든 것을 알고 있으면서도 당신을 좋아하는 사람이
다.   -앨버트 하버스트-

왕생은 쉬운 것이지만 사람의 마음에 의심이 있어 잘 얻지
못한다.   -중아함경-

믿으면 구원받는다

"어떤 사람이 독 묻은 화살을 맞아 견디기 어려운 고통을 받을 때 그 친족
들은 곧 의사를 부르려고 했다. 그런데 그는 '아직 이 화살을 뽑아서는 안
되오. 나는 먼저 화살을 쏜 사람이 누구인지를 알아야 하오. 성은 무엇이고
이름은 무엇이며 어떤 신분인지를 알아야겠소. 그리고 그 활이 뽕나무로 되었
는지 물푸레나무로 되었는지, 화살은 보통 나무로 되었는지 대나무로 되었는
지를 알아야겠소. 또 화살 깃이 매 털로 되었는지 독수리 털로 되었는지, 아
니면 닭털로 되었는지 먼저 알아야겠소.'

이와 같이 말한다면 그는 그것을 알기도 전에 온몸에 독이 번져 죽고 말
것이다. 세계가 영원하다거나 무상하다는 이 소견 때문에 나를 따라 수행한다
면 그것은 옳지 않다. 세계가 영원하다거나 무상하다고 말하는 사람에게도 생
로병사와 근심 걱정은 있다.

또 나는 세상이 무한하다거나 유한하다고 단정적으로 말하지는 않는다. 왜
냐하면 그것은 이치와 법에 맞지 않으며, 수행이 아니므로 지혜와 깨달음으로
나아가는 길이 아니고, 열반의 길도 아니기 때문이다.

그러면 내가 한결같이 말하는 법은 무엇인가? 그것은 곧 괴로움과 괴로움
의 원인과 괴로움의 소멸과 괴로움을 소멸하는 길이다. 어째서 내가 이것을
한결같이 말하는가 하면, 이치에 맞고 법에 맞으며 수행인 동시에 지혜와 깨
달음의 길이며 열반의 길이기 때문이다. 너희들은 마땅히 이렇게 알고 배워야
한다."

부처님께서 이렇게 말씀하시니 말룽카를 비롯하여 여러 비구들은 기뻐하면
서 받들어 행했다.   -중아함경(中阿含經)-

인간은 환경에 의존하지 인간에 의존하는 것이 아니다.
-헤로도토스-

환경의 선택

원래 굽게 자라는 쑥도 곧게 자라는 삼밭 속에 날 때는 자연스럽게 똑바로 자란다. 또 난(蘭)과 같은 방초(芳草)의 뿌리를 지(芷)라 하며, 그 높은 향기를 완상(玩賞)하지만 만일 이를 뇨(尿) 속에 담근다면 군자도 곁에 두지 않으려 하고, 일반인도 가까이 두지 않는다. 근본적으로 그 질이 바뀌어진 것이 아니고 그것을 담고 있는 것이 더러운 것이기 때문이다.

그러므로 도(道)에 마음을 둔 사람은 반드시 자기가 사는 곳을 골라 살아야 하고, 고향을 떠나 수행을 할 때는 반드시 선비 곁을 찾아 도(道)를 묻고, 좋지 못한 곳에 거처를 정하거나, 아무 곳에나 발을 들여놓아서는 안 된다. 이는 옳지 못한 곳에서 몸을 피해, 중정(中正)의 도(道)에 가까이 가려 하는 것이다. 모든 것이 생겨나는 데는 그것이 생겨나는 근본 원인이 있다. 사람에게 영욕(榮辱)이 다가오는 것도 결코 우연이 아니고, 그것은 그 사람이 쌓아올린 덕에 따라 다가오는 것이다.

한두 가지의 예를 들어보면, 짐승의 살이 썩으면 거기에 구더기가 생겨난다. 물고기가 죽어서 썩으면 벌레가 생겨난다. 이것은 모든 것이 생겨나는 데는 그 원인이 있다는 것이다.

그리고 사람이 태만에 흘러 자신을 잊고 있으면 반드시 화근이 닥쳐온다.

-순자(荀子)-

풍년에는 젊은 사람들이 대체로 선량하고, 흉년에는 젊은 사람들이 대체로 포악한데, 이것은 하늘이 내려준 천성(天性)의 재질이 이렇듯 때에 따라서 다르기 때문이 아니다. 다만 흉년에는 사람들의 마음이 궁핍 속에 빠지기 때문에 포악해지는 것이다. -맹자(孟子)-

검(儉)은 할 일을 다하며 아끼는 것이고, 인(吝)은 할 일을
안 하고 아끼는 것이다.

수입 이하로 살아라

사람은 자기의 수입 이하로 살도록 노력해야 한다. 대체로 이 일의 실천은
정직하게 되는 근본적인 요소이다. 만일 사람이 자신의 수입 이하로 살아간다
면, 그는 남의 이마에 흘린 땀을 빼앗아서 부정직(不正直)하게 살지 않게 된
다. 오직 자신의 쾌락만을 위해 다른 사람의 처지를 생각하지 않는 자가 금전
의 진실한 용법(用法)을 알게 되는 것은 대체로 때가 지나 시기적으로 늦게,
돌이킬 수 없게 된 때일 것이다.

이와 같이 결단성이 없는 사람은 원래 아낄 줄 모르는 성품이지만 뒤에는
매우 야비한 짓까지 서슴지 않게 된다. 그들은 그들의 돈을 모두 낭비해 버리
고, 내일의 수입을 믿고 수표를 남발하다가 산과 같이 많은 재산을 모두 탕진
해서 자유 독립인으로서의 구실을 못하게 된다.   -스마일스-

부자가 되는 것도, 가난하게 되는 것도 우연이 아니며, 부자가 되는 데는
그럴 만한 원인이 있고 가난하게 되는 데도 그럴 만한 원인이 있다. 사람들은
돈은 모두 부자에게 모인다고 생각하지만 그렇지가 않다. 검소하고 노력하는
곳에 돈은 모이게 되는 것이다.

100원을 버는 사람이 100원을 쓰며 산다면, 부자가 될 수도 없고 가난해
질 수도 없다. 100원을 버는 사람이 80원으로 살고 70원으로 살 때 부
(富)는 그에게 모이고 재산은 불어난다. 100원을 버는 사람이 120원으로
살고 130원으로 살 때 가난해지는 원인이며, 재산은 그의 곁을 떠난다.

인생은 오직 분수대로 살아가는가 아닌가에 달려 있다.

얼음은 물위에 있고 물보다 차다.
-순자(荀子)-

배우고 익히자

한때 내가 하루 종일 생각에 잠겨 있었던 일이 있었는데, 아무 소용없는 일이었다. 그것보다는 잠시라도 무엇인가 배우는 편이 더 좋았다. 어느 때인가 발돋움을 하고 멀리를 바라본 일이 있었는데, 그보다는 높은 곳에 올라 먼 곳을 바라보는 것이 더 시야가 넓어진다. 또 높은 곳에 올라 손짓을 하면 내 팔이 길어진 것이 아니지만, 먼데 있는 사람이 더 잘 볼 수 있다.

또 바람이 부는 쪽을 등지고 소리를 지르면 소리가 더 빨라진 것은 아니지만, 멀리서도 확실하게 들린다. 차나 말을 타고 가는 사람은 팔다리가 수고를 하지 않고도 천리 길을 쉽게 갈 수가 있다. 배나 뗏목을 타면 수영을 잘 못하는 사람이라도 쉽게 넓은 강을 건널 수가 있다.

군자는 태어날 때부터 보통 사람과 다른 것이 아니다. 그런데 한쪽은 보통 사람이 되고 또 한쪽은 군자가 되는 것은, 군자는 다른 것의 힘, 즉 학문수양 (學問修養)의 힘을 이용하기 때문이다. -순자(荀子)-

학문이라는 것은 하지 않아도 되는 것이 아니다. 절대로 하지 않으면 안 되는 것이다. 학문을 하지 않고 태어난 대로는 아무 것도 안 된다. 학문을 함으로써 나쁜 성품을 바꾸어 좋은 쪽으로 만들어 나갈 수가 있다.

청색(靑色)은 남(藍)에서 취한 것이지만, 남(藍)과는 비교할 수 없을 정도로 푸르고 고운 색이다. 얼음은 본래 물에서 생겨났지만 물보다 더 차고 물위에 있다. -순자(荀子)-

4
스물다섯 번째

남자는 일하고 생각한다. 그러나 여자는 느낀다.
-C. G. 로제티-

남(男)과 여(女)에 대하여

남자와 여자는 두 개의 악보이다. 그것 없이는 인류의 혼의 악기는 올바르게, 그리고 충분한 음조로 소리를 내지 못한다.   -마도지나-

남자에게 귀중한 것은 사랑하는 여자이다. 남자는 모두 행복과 고민을 여자로부터 끌어낸다. 이에 대하여 여자는 모든 것에 싱거운 맛, 매운맛, 단맛을 친다.   -J. 샤르돈-

사소한 일은 남자가 여자에게 양보하고, 큰일에 대하여는 남자가 억세기를 여자는 바란다.   -H. M. 몽테를랑-

남자는 늘 여자의 첫째 애인이 되고 싶어 하지만 그것은 어리석은 허영심이다. 여자는 보다 더 빈틈없는 본능을 갖고 있다. 여자가 바라는 것은 남자의 마지막 애인이 되는 것이다.   -와일드-

어머니는 20년만에 소년을 한 사람의 사나이로 만든다. 그러고 나면 딴 여자가 나타나 20분만에 그 사나이를 바보로 만들어 버린다.   -프로스트-

남자에 대한 일은 타인도 알 수가 있다. 그러나 여자에 대해서는 타인은 거의 짐작조차 못 한다.   -H. 레니에-

여자는 자기를 웃긴 남자 이외에는 거의 생각해 내지 않고, 남자는 또한 자기를 울린 여자 이외에는 생각해 내지 않는다.   -H. 레니에-

뜻을 세우는 데는 늦었다는 법이 없다.
-볼드윈-

뜻을 세워라

영국의 정치가 '볼드윈'은 부잣집 자녀로 태어나 대학을 졸업하고 부친이 경영하는 회사에 근무하게 되었으며, 뒤에 그 회사의 중역이 되었다.

40세가 되었을 때 부친이 돌아가셨으므로, 부친의 기반을 업고 대의원에 출마하려 했다. 그랬더니 친구들이 하는 말이, "그만두게나. 다 늦게 그까짓 것 해서 무엇하겠나. 자네 연배의 사람들은 이미 차관이 되고 장관이 되어 있는데……."라고 하며 모두 그의 출마에 반대했다.

"아니, 내가 정치가가 되려는 것은 입신 출세를 위해서가 아니네. 내게는 아버님의 유산이 남아 있네. 그러니 먹고사는 생활에는 조금도 부족함이 없네. 그래서 지금부터는 조금이라도 나라를 위해 일을 하고 싶어서라네."

그러자 그의 친구들은, "그건 알고 있네. 그러나 마흔 살은 너무 늦다는 말이네." 그랬더니 그는 친구들에게 결연(決然)하게 말하기를 "사람이 뜻을 세우는 데는 늦고 이름이 없는 것이네."

그리하여 그는 소신대로 출마해서 대의원이 되었고, 그의 재능이 인정되어 보수당의 총재가 되고 수상의 인준까지 받게 되었다.

공자께서 말씀하시기를 "나는 15세에 학문에 뜻을 두었고, 30세에 입장 (立場)이 섰으며, 40세에는 미혹(迷惑)하지 않게 되었다. 그리고 50세에 천명(天命)을 알게 되었고, 60세에는 듣기만 하면 알게 되었으며, 70세가 되자 마음 움직이는 대로 행해도 도덕율(道德律)에 어긋나지 않게 되었다." 라고 하셨다.   -논어(論語)-

야생마를 길들이면 다른 말 길들이기는 쉽다.
-소크라테스-

도덕은 안식을 싫어한다

소크라테스의 처는 그 성품이 매우 우매하고 포악해서 자주 고결한 남편을 모욕했던 사실은 세상 사람들이 잘 아는 바이다. 어느 날 친구가 소크라테스에게 "왜 저런 여자와 결혼했는가?" 하고 물으니 소크라테스는. "마술(馬術)에 능하게 되려면 길들이지 않는 야생마를 골라서 타야 한다네. 야생마를 잘 탈 수 있게 된다면 다른 말을 타는 것은 매우 쉬운 일이지. 내가 만일 우리 집사람을 잘 다루고 견딘다면 아마도 천하에 다루기 힘든 사람은 아무도 없을 것이네."라고 대답했다고 한다.　　　　-소크라테스-

철학자는 말한다. 영혼을 편안한 곳에 두고 그 기분을 좋게 하면서, 도덕을 사념하는 것으로는 부족하다. 우리들의 결심과 지혜를 운명 위에 두어도 아직 부족하다. 우리들은 스스로 나아가 이들을 실증할 기회를 구하지 않으면 안 된다.

나쁜 일을 저지르는 것은 너무나 쉽고 천한 일이다. 조금의 위험도 따르지 않을 때 선행을 하는 것은 당연한 일이다. 그러나 큰 위험이 따를 때 선을 행하며 굴하지 않는 것은 도덕적으로 완숙한 사람이 아니고서는 할 수 없는 일이다. 도덕은 항상 안식을 싫어하고 늘 위험과 고난을 동반하고 있다.

자연의 순탄한 상태가 그대로 이루어지는 완만한 내리막길은 진실한 도덕의 길이 아니다.

진실한 도덕은 험준하고 위험한 길을 가는 선구자와 같이, 운명이 그 갈 길을 방해하는 외적인 고난과 싸우지 않으면 안 되고, 또한 왕성한 육정(肉情)과 신체상의 결함이 그 진로를 저지하는 것과 같은 내적인 고난을 동반하는 데서 오는 것이다.　　　-몽테뉴-

천재란 노력의 결과이다.
　　　　　-알렉산더 해밀턴-

노력하라

천재의 진상을 깊이 살펴보면 대부분 노력의 결과라는 것을 알 수 있다. 유명한 천재 변호사 '데모데네스'는 준비 없이 한번도 즉석 연설을 한 일이 없었다. '워싱턴' 대통령의 재무부장관이던 '알렉산더 해밀턴'은 "사람들은 나를 보고 천재라고 하는데, 나는 천재라는 것은 오직 공부하고 노력하는 데서 온다고 본다. 내가 어떤 일을 하려 할 때는 사전에 충분히 연구하고, 주도 면밀한 준비를 한 다음 이를 발표하는데, 사람들은 그 결과만을 보고 천재라고 한다."라고 했다.　　　-알렉산더 해밀턴-

사위대한 사람은 단번에 그와 같이 높은 곳에 뛰어오른 것이 아니다. 동반자들이 밤에 단잠을 잘 적에 그는 일어나서 괴로움을 이기고 일에 몰두 햇던 것이다. 인생은 자고 쉬는 데 있는 것이 아니라 한 걸음 한 걸음 걸어 나가는 속에 잇다.　　　-R. 브라우닝-

아침 일찍 일어나 할 일을 하라. 옛말에 하루의 계획은 아침에 있다고 했다. 아침부터 게으름을 피우면 하루의 일이 잘 되지 않는다. 그래서 아침에 일어나는 시간을 보고 그 집이 흥할 것인가 망할 것인가 하는 것을 안다고 옛사람들은 말을 했다.

밤에도 열심히 공부를 하라. 밤은 조용하기 때문에 사색과 궁리를 하기에 매우 좋다. 열심히 공부하지 않고, 노력하지 않는 것이 보통 사람이 군자를 따르지 못하는 원인이다. 노력하지 않고 모두를 얻으려 하는 것은 의지가 약하다는 것을 뜻하고, 모든 것은 대가를 치른 다음 얻어진다는 것을 깨닫는 것은 성공의 큰 비결이다. 여가도 일한 뒤에 얻어져야 즐거우며, 매일 놀고만 있으면 즐거운 휴가는 없다.　　　-스마일스-

4

돈과 사랑은 사람을 철면피로 만든다.
-P. N. 오비디우스-

돈에 대하여

돈을 갖지 않고 지내는 것도 돈을 버는 것과 같은 노고와 가치가 있다.

-J. 르나르-

돈을 벌려고 하면 돈을 써야 한다.　　-T. M. 플라우투스-

친구에게 돈을 꿔주는 사람은 벗과 돈 양쪽 모두를 잃는다.　　-A. 프랑스-

돈이란 끝판에 가서는 항상 사람을 우울하게 한다.　　-J. D. 샐린저-

인생은 바다, 뱃머리는 돈이다. 돈이 없으면 제대로 살아갈 수가 없다.

-G. R. 베크헤를린-

돈은 천하를 돈다. 다만 언제나 이쪽은 제쳐놓고 도는 것이 마음에 걸린다.

-I. S. 투르게네프-

다만 금전 때문에 결혼하는 것보다 더 나쁜 것이 없고, 다만 애정 때문에 결혼하는 것보다 더 어리석은 것이 없다.　　-S. 존슨-

자기 주머니 속의 적은 돈이 타인의 주머니 속의 대금보다 낫다.

-M. 세르반테스-

악의 근원이 되는 것은 돈 그 자체가 아니라 돈에 대한 애착 그것이다.

-스마일스-

인간이 갖고 있는 한 가지 가치는 수치이다. 수치 있는 인간은 쉽게 죄악에 떨어지지 않는다. -호메로스-

부끄럽게 살지 말자

제(齋)나라 사람 가운데 처와 한 사람의 첩을 거느리고 사는 사람이 있었다. 그 남편이 외출하고 돌아올 때면 항상 고기와 술을 배부르게 먹고 돌아오자, 그 처가 "누구와 함께 드셨나요?" 하고 물었다. 그럴 때마다 남편은 함께 먹고 마신 사람이 모두 최고로 부귀한 사람들이라고 대답했다.

처는 이상하게 생각하고 첩에게 "우리 남편은 외출하면 항상 고기와 술을 배부르게 먹고 오는데, 누구와 함께 먹었냐고 물으면 항상 상대는 모두 훌륭한 사람들이라고만 대답한다네. 그렇지만 지금까지 한번도 신분이 높은 사람이 찾아온 일은 없었네. 도대체 남편이 어디를 가는지 내일은 몰래 따라가 봐야겠네." 하며 아침 일찍 일어나 몰래 남편을 미행했다. 그런데 재나라 수도를 다 돌고도 들르는 데가 없었고, 함께 이야기하는 사람도 없었다.

그러다가 동문 밖 공동묘지로 가서, 묘 앞에서 제사 지내는 사람에게 재물 남은 것을 얻어먹고 모자라면 다른 묘를 찾아가서 같은 짓을 하고 있는 것이었다. 그것이 남편이 배불리 먹는 비밀이었다.

처는 그것을 보고 집으로 돌아와 첩에게 본 대로 이야기하며, "남편이란 우러러보고 살 사람이어야 하는데, 내 남편은 이렇게 비열한 일만 하고 있으니……, 일생을 걸고 존경할 만한 남편이 못 된다는 것은 매우 부끄러운 일이네." 하며 첩과 함께 울고 있었다. 그것도 모르는 남편은 득의 만만하게 돌아와 전날과 같이 지체 높은 사람과 술을 나누고 왔다고 거짓말을 했다.

맹자께서 말씀하시기를, "군자의 눈으로 보면, 세상 사람들은 부귀와 이익을 구하기 위해 행동하는 모양이 대부분 이 재나라 사람과 비슷하며, 그늘에 숨어서 하는 추악한 일들은 그들의 처와 자녀들이 본다면 모두 부끄러워서 울 만한 일을 하고 있다."라고 하셨다. -맹자(孟子)-

5월의 이야기

may

m   a   y

5

첫 번째

살인하지 말라. 살인하는 자는 심판을 받게 되리라.
-마태복음-

성내지 말라

아리스토텔레스의 말에 의하면 "노여움은 가끔 도덕과 용기의 무기가 된다."고 한다. 그 말이 사실인지는 몰라도 이 학설에 반대하는 사람은 다음과 같이 말한다. "노여움은 기묘한 용법을 갖는 무기이다. 다른 일체의 무기는 인간이 이를 사용하는 것이지만, 이 무기는 무기가 우리들을 사용하는 것이다. 이 무기는 우리들 손으로 마음대로 할 수 없고, 저편이 우리를 자유롭게도 하고, 저편이 우리들을 지배하는 것이므로, 우리들이 그들을 지배할 수는 없다."라고 한다.   -몽테뉴-

로마의 현인 세네카는 말하였다. "분노에서 자신을 억제하는 가장 좋은 방법은 무럭무럭 고개를 쳐드는 분노를 느끼는 것과 동시에 몸을 가만히 움츠리고 아무 짓도 하지 않는 것이다. 걸어서도 안 된다. 움직여도 안 된다. 말해서도 안 된다. 만일 육체와 혀에 자유를 주면 분노는 순식간에 불붙어 끌 수도 없게 된다. 분노에서 자신을 억제하기 위해서는 다른 사람이 불같이 화를 내고 있는 모습을 조용히 관찰하는 것도 좋다."라고 했다.

타인을 관찰하며 분노에 차 있는 그들이 어떤 모습인가를 살펴보면, 그들은 아귀와 같이 흉한 모습을 하며, 고래고래 고함을 지르며 날뛰는 취한(醉漢)과 야수(野獸) 같은 모습을 하며, 그들의 천박하고 분별없는 말을 들으면 자기는 저렇게 보기 흉한 모습으로 전락되지 않기를 바라는 마음이 솟아날 것이다. 그 생각을 잊지 말고 기억하는 것이 좋다.   -톨스토이-

노여움은 성난 말과 같다. 나가는 방향 일직선으로 달리며, 그 앞에 가로놓인 모든 것을 해치고, 드디어는 자신도 해를 입게 된다.   -셰익스피어-

진실로 인(仁)에 마음을 두면 악(惡)은 없다.
-논어(論語)-

인(仁)에 대하여

　공문(孔門) 제일의 높은 제자인 안연(顏淵)이 도(道)의 최상이라는 인(仁)을 행하는 도(道)를 묻자 공자는 다음과 같이 대답하였다.

　"인은 마음의 전덕(全德)이며 하늘이 준 바른 도(道)이다. 하늘이 준 바른 도(道)가 형상으로 나타나서 중정(中正)을 이룬 것이 예(禮)이다. 그러나 인(仁)은 사욕(私慾) 때문에 무너지기 쉬운 것이다. 그래서 자기 사욕을 극복하고 예(禮)로 돌아가는 것이 인(仁)을 행하는 방법이다. 인(仁)은 천하 모든 사람 마음에 똑같이 구비되어 있는 것이기 때문에, 정성을 들어 하루라도 사욕(私慾)을 이기고 예로 돌아간다면, 또한 천하의 사람이 모두 각자의 인(仁)을 행하려고 노력한다면, 인(仁)을 행하는 효과는 클 뿐만 아니라 빨리 이루어질 것이다. 이와 같이 인(仁)을 행하는 것은 각자 자기 자신의 수행에 따른 것이며 타인이 가져다주는 것이 아니다." 안연(顏淵)은 공자의 말씀을 듣고, 하늘이 준 바른 도리와 사욕(私慾)에 관해서 잘 알았으므로, 아무 의심도 없어서 즉시 반문하기를, "자기를 이기고 예로 돌아가는 수행(修行)의 방법을 가르쳐 주십시오."라고 했다. 공자께서 말씀하시기를, "일신(一身)의 동작이 예에 벗어나는 것을 내 자신의 마음으로 금지하지 않으면 하늘에서 받은 바른 도(道)가 소실되고 마니, 예에 벗어난 색(色)을 보려 할 때, 반드시 마음에서 금지하고 보지 말도록 해라. 예에 어긋난 소리를 들으며 할 때, 반드시 마음으로 금지하고 듣지 않도록 해라. 예에 벗어나는 말을 하려 할 때, 반드시 마음으로 금지하고 말하지 않도록 해라. 예에 어긋나는 일로 움직이려 할 때, 반드시 마음으로 금지하고 움직이지 않도록 해라. 예에 어긋나는 모든 것은 다 사욕(私慾)이다. 마음으로 이를 금지하는 것은 이를 모두 이기는 것이다. 사욕(私慾)에 이겨 일거일동 모두 예에 합당하게 되면 곧 인(仁)이 행해진 것이다."라고 하셨다.　　-논어(論語)-

좋은 결혼은 있지만 즐거운 결혼은 좀처럼 없다.
-라 로슈푸코-

사랑과 가정에 대하여

때묻지 않은 청춘남녀의 첫사랑은 어디까지나 정신적인 방향을 취하는 것이다. 이성 속에서 선(善)과 미(美)를 감각적으로 인정하는 것을 자연은 바라는 것 같다.   -괴테-

사랑은 홍역과 같다. 나이가 들어 걸릴수록 중증이 된다.   -제럴드-

사랑을 하지 않으면 사람의 진실은 알지 못한다. 사람의 비애는 이로 인해 알 수 있다.   -고가-

대부분의 사람들은 사랑의 문제를 사랑한다는 문제, 즉 사랑할 수 있는 능력의 문제로 보기보다는 주로 사랑 받는 문제로 파악하고 있다. 그래서 이러한 사람들에게 있어서는 어떻게 사랑 받게 되는가, 또 어떻게 사랑스럽게 되는가가 문제가 되는 것이다.   -E. 프롬-

사랑은 미움의 불을 끄는 것보다도 더 많은 불을 지핀다. 그리고 인간은 세월이 감에 따라 더 선량해진다.   -E. W. 윌콕스-

사랑은 남자에게 있어서는 생애의 한 이야깃거리에 지나지 않지만 여자에게 있어서는 일생의 전부이다.   -스탈 부인-

왜 미인은 언제나 보잘것없는 남자와 결혼할까? 그것은 현명한 사람은 미인과 결혼하지 않기 때문이다.   -서머셋 몸-

효제(孝悌)의 이덕(二德)은 인(仁)을 행하는 근본이다.
-논어(論語)-

양심의 소리에 귀기울여라

공자의 제자인 유자(有子)가 말씀하시기를, "사람은 원래 부모에게 효도하고 형에게 순종하는 성품을 갖고 태어났으며, 윗사람에게 거역하며 도리에 어긋난 행동을 즐기는 사람은 없다. 윗사람에게 도리에 벗어난 일을 즐겨 하지 않는 사람은 윗사람에게 거역하고 다투지 않는다. 학업에 뜻을 둔 사람은 먼저 힘써 기초를 닦아야 한다. 근본이 확립(確立)되면 도(道)는 자연히 생겨난다. 위에서 말한 효제(孝悌)의 두 가지 덕목은 인(仁)을 행하는 근본이 될 것이다."라고 했다.   -논어(論語)-

맹자(孟子)께서 말씀하시기를 "인(仁)의 실체는 부모를 잘 공경하는 데 있다. 의(義)의 실체는 형을 따르는 데 있다. 지(智)의 실체는 이 두 가지를 잘 알고 잊지 않는 데 있다. 예(禮)의 실체는 위 두 가지를 잘 알고 적절하게 행하며 넘치지도 모자라지도 않게 실천하는 데 있다. 악(樂)의 실체는 이 두 가지를 주악(奏樂)하며 즐기는 데 있다. 그리고 이 두 가지를 주악(奏樂)하며 즐기면, 이를 실천하려는 마음이 마치 초목이 봄을 맞아 싹이 돋아나듯 마음 속 깊은 속에서 생겨난다. 실천하려는 생각이 마음속에 생겨나면, 이를 그치려 해도 그칠 수 없다. 그치려 해도 그칠 수 없게 되면, 그 행하는 바는 무의식중에 모두 효제인의(孝悌仁義)의 행(行)이 되고, 또한 어째서 내가 그렇게 행하게 되었는지도 모른다. 마치 음악을 즐기는 사람이 그 선율에 따라 손과 발을 움직이며 자신도 모르게 춤추고 있는 것과 같이, 모두가 자연 발생적으로 생겨나게 되는 것이다."라고 했다.   -맹자(孟子)-

어린이야말로 조금도 오염 받지 않은 위대한 자연이며, 원체이다. -김광섭-

어린이 헌장

대한민국 어린이 헌장

어린이는 나라와 겨레의 앞날을 이어나갈 새 사람이므로, 그들의 몸과 마음을 귀히 여겨 옳고 아름답고 씩씩하게 자라도록 힘써야 한다

1) 어린이는 인간으로서 존중하여야 하며, 사회의 한 사람으로서 올바르게 키워야 한다.
2) 어린이는 튼튼하게 낳아 가정과 사회에서 참된 애정으로 교육하여야 한다.
3) 어린이에겐 마음껏 놀고 공부할 수 있는 환경을 마련해 주어야 한다.
4) 어린이는 공부나 일이 몸과 마음에 짐이 되지 않아야 한다.
5) 어린이는 위험할 때에 맨 먼저 구출하여야 한다.
6) 어린이는 어떠한 경우에라도 사용하는 대상이 되어서는 안 된다.
7) 굶주린 어린이는 먹어야 한다. 병든 어린이는 치료해 주어야 하고, 신체와 정신에 결함이 있는 어린이는 도와주어야 한다. 불량아는 교화하여야 하고, 고아와 부랑아는 구호하여야 한다.
8) 어린이는 자연과 예술을 사랑하고 과학을 탐구하며, 도의를 존중하도록 이끌어야 한다.
9) 어린이는 좋은 국민으로서 인류의 자유와 평화의 문화 발전에 공헌할 수 있도록 키워야 한다.

한국에서 어린이에 대한 사회적 관심이 나타난 것은 1922년 서울 천도교의 소년회를 중심으로, 어린이 운동의 선구자인 소파 방정환의 지도아래 5월 1일을 기념일로 제정하여 어린이들의 민족정신을 함양함에 노력하였다. 1939년에 일제의 억압으로 한때 중단되었다가 1945년 8.15 해방과 함께 다시 소생하여 1946년 5월 5일을 어린이 날로 개정하였다.

죽음을 바라는 자는 가련하다. 그러나 죽음을 두려워하는 자
는 더욱 가련하다.   -독일 속담-

죽음을 두려워 말라

죽음! 그것은 육체에 있어서의 가장 큰 최후의 변화이다. 우리들 육체에
일어나는 변화는 우리가 모두 이미 경험한 바이고 또한 지금도 경험하고 있
다. 우리들은 태어날 때 하나의 고깃덩이였다. 다음에 젖을 먹는 유아였고,
차츰 머리털과 이빨이 났으며, 그것이 빠지고 새로운 영구치가 났다. 그런가
하더니 잠시 뒤 백발이 되고 대머리가 되었다.

이 사실이 바로 그것이다. 그리고 그 모든 변화를 우리는 두려워하지 않는
다. 그런데 왜 이 최후의 변화만을 겁내는 것일까? 이 최후의 변화 뒤에 자
신의 몸에 어떤 일이 일어났는가를 아무도 우리들에게 말해 준 사람이 없기
때문이다. 만일 어떤 사람이 우리들 곁을 떠나 어디론가 가서 소식이 끊어졌
다고 한다면, 누구라고 그 사람의 이야기를 할 때 그가 죽었다고는 하지는 않
을 것이다. "그는 소식이 없다."라고 말할 것이다. 죽은 사람에 대해서도 이
와 같은 말을 할 수가 있다.

사후(死後)에 우리들 몸에 어떠한 일이 일어나는가를 모른다는 사실은 태어
나기 이전에 우리들에게 어떠한 일이 있었던가를 모르는 사실과 같으며, 또한
알 필요도 없으므로 우리들에게 알 지혜가 주어지지 않았다는 것을 알아야 한
다. 우리들이 알고 있는 단 하나의 사실은 우리들의 생명은 육체의 변화에 달
려 있는 것이 아니고 이 육체 속에 잠시 깃들어 존재하는, 즉 이 육체 속에
살고 있는 정신적인 존재인데, 이 정신적 존재는 시작도 없고 끝도 없으며,
시공(時空)을 초월한 절대의 존재라는 것을 알아야 한다. 그러므로 그 정신적
존재에는 남도 없고 죽음도 없는 것이다.   -톨스토이-

사신(死神)이 온다는 것보다 더 정확한 사실은 없고, 그가 언제 오는가 하
는 것보다 더 부정확한 것은 없다.   -독일 격언-

5

일곱 번째

자기가 갖고 있는 것 이상을 바라지 않는 자는 부자이다.
-시세로-

청렴과 지족(知足)

제(齋)나라에 유회혜(劉懷惠)라는 군수가 있었다. 어느 날 한 사람이 찾아와 햅쌀 한 섬을 선물했다. 유회혜는 이것을 받아들이는 것이 아니라 자신이 먹던 보리밥을 내다 보여 주며 말했다. "내 먹을 것은 넉넉하다. 이것을 가지고 나를 복잡하게 만들지 않았으면 좋겠다."   -사문유취(事文類聚)-

공자(孔子)의 손자인 자사(子思)가 위(衛)나라에 있었을 때의 이야기이다. 그는 학덕은 높았으나 이루 말할 수 없이 가난한 생활을 하고 있었다. 이를 보다 못한 전자방(田子方)이라는 사람은 여우 겨드랑 밑의 흰털로 만든 가장 좋은 옷을 선사하려 했다. 그러나 자사가 그런 선물을 받으려 하지 않을 것을 미리 안 자방은 심부름꾼에게 "전자방은 사람에게 무엇을 빌려주면 잊는 버릇이 있고, 사람에게 물건을 주면 버리는 것이나 마찬가지로 생각하는 사람입니다."라는 말을 전하게 하였다.

그러나 역시 자사는 그것을 받지 않았다. "이쪽은 남아 돌아가는데 당신은 가지고 있지 않으니, 유무 상통하자는 것뿐입니다." 하고 애원하듯이 말했으나 자사는 끝내 거절하였다. "쓸데없이 사람에게 물건을 줄 바에는 도랑 속에 버리는 것이 낫다는 말을 듣고 있습니다. 저는 확실히 가난합니다만 그래도 아직 내 몸으로 도랑을 삼고 싶지는 않습니다."   -사문유취(事文類聚)-

안회(顏回)는 가난했어도 오히려 즐거이 지냈다. 이에 공자는 찬탄하여 "참으로 어질구나, 안회여! 한 개의 도시락밥을 먹고 한 잔의 표주박 물을 마시고 누항에 삶에 남들은 그 걱정을 견디지 못하는데, 안회는 이를 즐기니 매우 어질구나."라고 말했다.   -논어(論語)-

남의 눈을 하나 찌르면 자기 눈도 하나 찔린다.
-함무라비 법전-

복수에 대하여

눈은 눈으로, 이는 이로, 손은 손으로, 발은 발로, 화상은 화상으로, 상처는 상처로, 멍은 멍으로 갚아야 한다.　-구약성서 출애굽기-

복수하고 싶을 때에는 모욕만으로 끝내라.　-코란-

복수는 비열한 인간의 희열이다.　-유베날리스-

누가 한 눈을 찌르면 그의 눈도 하나 찔러 주면 된다는 것은 잘못이다. 죄를 범한 자는 자기가 준 고통 이상으로 고생해야 한다.　-아리스토텔레스-

복수하는 방법을 터득하려면 인내하는 법부터 터득해야 한다.　-볼테르-

복수를 하려고 생각하는 자는 고의로 자기의 상처를 그대로 둔다. 그렇게 하지 않는다면 상처는 완전히 아물 것이다.　-F. 베이컨-

복수는 개인의 일이며, 벌은 신의 일이다. 사회는 양자의 중간에 있다. 징벌은 사회보다 이상의 것이며, 복수는 사회보다 이하의 것이다.　-위고-

가장 고귀한 복수는 관용이다.　-H. 본-

적을 미워하고 복수하려는 것은 약하기 때문이며, 마음을 가라앉혀 원수를 갚으려고도 하지 않는 것은 게으르기 때문이다.　-J. 라 브뤼예르-

불은 쇠를 단련시키고, 역경은 사람을 단련시킨다.
-세네카-

역경(逆境)에 대하여

중국 명나라 말기의 사람인 홍자성(洪自誠)은 유교를 비롯하여 불교, 도교
의 가르침을 총망라해서 다음과 같은 인생훈(人生訓)을 만들었다.

"일이 뜻대로 되지 않을 때는 자기보다 더욱 불우한 사람을 살펴보면 자기
의 불행을 이겨나갈 수 있고, 태만한 마음이 생길 때는 자기보다 더 뛰어난
사람이 노력하고 있는 것을 생각하면 스스로 노력하고자 하는 마음이 생긴
다."라고 했다.

네덜란드의 저명한 화가 '고흐'는 평생 몸이 약해 중병을 앓으면서 제자의
도움으로 그림을 그리다가 결국 불운을 견디지 못하고 권총으로 자살을 하고
말았다. 그러자 그의 친구인 '고갱'은 "내가 '고흐'의 덕을 본 것은 그 사람
덕택으로, 내게 괴로운 일이 있을 때 나보다 더 불우한 사나이가 있다는 것을
생각하며 위안을 받아 온 것이다."라고 술회하고 있다.

그도 불우한 사람이었으나 자기의 불행을 다른 사람의 불행과 비교하며 역
경을 이겨나간 것이다. 몹시 괴로울 때는 자기보다 더 불우한 사람의 처지를
생각하는 것이 좋다.

못난 사람일수록 잘 되면 자만심으로 부풀어오르고, 역경에 처하면 자멸한
다.   -에피쿠로스-

역경에 처해 있다고 슬퍼하지 말며, 성공했다고 지나치게 기뻐하지 말라.
이 두 가지를 항상 마음에 새겨두어라.   -호라티우스-

모든 역경은 희망에 의해서 극복된다.   -메난드로스-

인생을 사랑하는가. 만일 사랑한다면 시간낭비를 말라. 시간은 인생을 구성하는 중요한 요소이기 때문이다.   -프랭클린-

촌음(寸陰)을 아껴라

도간(陶侃)이 항상 사람들에게 말하기를, "하(夏)의 우왕(禹王)은 성인이면서 한 치의 시간도 아꼈다. 많은 사람들은 당연히 일 분의 시간이라도 아껴야 하는데, 왜 노닥거리고 놀기만 하며 일을 하지 않고 술에 빠져 있는가? 그래서는 안 된다. 살아서는 그 시대에 이익을 주고, 죽은 뒤에는 그 이름을 남기는 것이 마땅하니, 몸을 아끼지 말고 헌신해야 할 것이다."라고 했다.

-소학(小學)-

나는 오직 한번만 이 세상 길을 통과하고 있다. 그러므로 나는 누구에게도 할 수 있는 친절을 다해서 지금 베푼다. 이를 지연시키거나 태만하지 않는다. 나는 다시 이 길을 지나는 일이 없으므로, 기회는 오직 한번뿐이기 때문이다.

-아우렐리우스-

시간을 낭비하는 버릇을 바로 고쳐라. 시간의 낭비는 그대를 곧 실패하게 만들고 말 것이다. 해야 할 일을 우선 먼저 하고, 그 다음에 쉬어라. 업무를 다 하기 전에 미리 쉬지 말라.

인생은 마치 군대의 행진과 같아서, 선봉(先鋒)이 질서 정연하게 나가지 않으면 후속 부대는 혼란에 빠져들고 만다. 이와 같이 사람은 일을 처음 시작할 때 가장 엄격하고 규칙적으로 착수하지 않으면 곧 두뇌의 혼란을 일으켜, 뒤에는 도저히 수습할 수 없는 지경에 이르고 만다.   -스콧-

일생(一生)이란 말은 '한 번 산다'라는 뜻이다. 우리 인생에 두 번이라는 것은 없다. 모두가 오직 한 번뿐이다. 그러므로 촌음을 아껴 한 번뿐인 인생을 소중하게 음미하며 살아라.   -청남-

놀고먹을 수 있다고 일하지 않고 노는 것은 죄악이다.
-톨스토이-

근로 정신

노동같이 인간을 숭고하게 만드는 것은 없다. 노동을 멀리하고서 우리는 인간으로서의 가치를 보전할 수 없다. 무위도식하는 사람이 외모에 신경을 많이 쓰는 것은 그들이 노동을 하지 않기 때문이다. 그들은 그렇게 신변의 조건을 갖추지 않으면 다른 사람들로부터 멸시 당한다는 것을 알고 있기 때문이다.

-톨스토이-

누구도 인생 사업에 특권과 우월권을 갖고 있지 않으며, 가질 수도 없다는 것, 또한 우리들이 할 일은 무한하고 끝이 없다는 것을 알아야 한다. 그리고 의심할 바 없는 가장 큰 책무(責務)는 자기의 생활 및 타인의 생활을 위해 자연과의 투쟁에 참가해야 한다는 사실이다.   -톨스토이-

노동은 신의 저주가 아니라 축복이다. 신이 인간에게 땅을 지배하고 변용하도록 하신 것은 인간의 지성과 노력에 의해 창조적인 신의 행위를 계속해 나가기 때문이다.   -요한 바오로 2세-

노동은 인간의 창작력을 늘리고 찬양하는 것이며, 노동의 기술상의 의의만이 아니라 정신적인 의의도 있는 것이다.   -요한 바오로 2세-

사람은 일하기 위해 이 세상에 태어난 것이다. 다만 명상하고 느끼고 꿈꾸기 위해 존재하는 것은 아니다. 모든 사람은 그의 능력에 따라 그가 하고 싶은 일을 할 때 가장 빛나는 것이다.   -T. 칼라일-

마음이 곧 부처이니라.
-보리달마-

달마대사

　달마대사는 중국 선종(禪宗)의 초조(初祖)이다. 인도 남천국 향지국(香至國)의 셋째 왕자로 태어났다. 어릴 때에는 보리다라(善提多羅)라고 불렀다. 영특한 재기와 훌륭한 성품을 타고났다. 그의 아버지인 향지국 왕은 불교에 대한 많은 이해를 갖고 있었다.

　어느 날 인도 선종의 제27대조인 반야다라 존자가 향지국에 이르렀더니, 국왕이 좋은 보배 구슬을 존자에게 드렸다. 존자는 왕자들의 재질을 시험하려고 다음과 같이 물었다. "둥글고 밝은 이 구슬에 맞설 만한 것이 있겠는가?" 첫째와 둘째 왕자가 대답하기를 "이 세상에서 다시없는 보배요, 값을 따질 수 없는 밝은 구슬입니다."라고 하였다. 이어 셋째 왕자인 보리다라가 대답하기를 "이것은 세상 구슬입니다. 이것이 제일이라 할 수 없습니다. 모든 보배 가운데 법보(法寶)가 제일입니다. 이것은 세상의 빛입니다. 어떻게 제일이 될 수 있겠습니까? 모든 빛 중에는 슬기의 빛이 제일입니다. 이 구슬은 세상의 밝음일 뿐입니다. 이것이 어떻게 제일이 되겠습니까? 모든 밝음 가운데서 마음의 밝음이 제일입니다. 이 구슬은 빛을 내지만 스스로 비치지는 못합니다. 반드시 슬기의 빛을 빌려야 이 빛을 분별할 수 있습니다. 이것을 분별할 수 있어야 그것이 구슬이라는 것을 알게 됩니다. 구슬이라는 것을 알게 되면 보배라는 것을 밝힐 수 있습니다. 만일 구슬을 분별한다면 구슬이 스스로 구슬이라 못합니다. 구슬이 스스로 구슬이라 못하면 지혜의 보배를 빌려서 세상의 구슬을 분별합니다. 보배가 스스로 보배라 못하면 반드시 지혜의 보배를 빌려서 법보(法寶)를 밝힙니다."라고 하였다.

　7세의 어린 왕자가 이와 같이 어른도 미치지 못할 현명한 대답을 하자 존자는 "너는 모든 법을 통달하였다." 하며 달마(達磨)라는 이름을 지어 '보리달마'라고 부르게 되었다.　-삼처전심-

5

열세 번째

학문의 길은 흐트러지기 쉬운 마음을 불러모아 다스리는 데 있다. -맹자(孟子)-

방심하지 말라

　사람은 누구나 자기가 기르는 닭이나 개가 멀리 달아나면 그것을 불러오려고 온갖 힘을 다 쓰지만, 정작 자기의 본심(本心)이 어디론가 달아났을 때는 그것을 다시 불러들이려고 하지 않는다. 정말로 한심스러운 일이다. 학문의 길은 다른 데 있는 것이 아니다. 오직 이 방심(放心)을 찾아서 되돌려놓는 데 있다.　　-맹자(孟子)-

　마음은 끝없는 예로부터 지금과 조금도 다르지 않아서 전혀 나고 죽은 적이 없는지라, 나지도 않고 없어지지도 않으며, 늘지도 않고 줄지도 않으며, 더럽지도 않고 깨끗하지도 않으며, 좋지도 않고 나쁘지도 않으며, 오지도 않고 가지도 않으며, 옳고 그름도 없으며, 남자와 여자의 모습도 없으며, 중과 속인, 늙은이와 젊은이의 모습도 없으며, 성인도 없고 범부도 없으며, 부처도 없고 중생도 없으며, 증득(證得)할 것도 없고 닦을 것도 없으며, 인(因)도 없고 과(果)도 없으며, 힘도 없고 모양도 없는 것이 마치 허공과 같아서 취할 수도 없고 버릴 수도 없느니라.
　산이나 강이나 석벽(石壁)이라도 장애하지 못하며, 들고나고 가고 옴에 자재(自在)하고도 신통하니라. 온갖 괴로움과 더러움의 산을 벗어나며 생사의 바다를 건너니니 온갖 업이 이 법신(法身)을 구속하지 못하느니라. 이 마음은 미묘하여 보기 어려우니라. 이 마음은 물질의 모습과는 같지 않나니 이 마음이 곧 부처이니라. 사람들은 모두가 보고자 하지만 이 광명 가운데서 손을 흔들고 발을 움직이는 일이 항하의 모래 같되, 물어 보면 전혀 대답치 못함이 마치 허수아비 같나니, 모두가 자기의 수용(受用)이거늘 어찌하여 알지 못하는가? 마음을 닦는 것이 곧 모든 것의 근본이니라.　　-달마 혈맥론-

144

동과 정이 순환할 때 마음의 눈이 열려 진리를 볼 것이다.

-진무경(陳茂卿)-

도산서원의 현판

夙興夜寐箴(숙흥야매잠 : 일찍 일어나서 밤에 잘 때까지의 가르침. 도산서원 정교당)

닭이 울 때 일어나면 생각이 차차 일어나게 되니, 어찌 그 동안에 마음을 고요하게 정돈하지 않으리오. 때로는 과거의 허물을 반성하며, 혹은 새로 얻은 것을 생각해서 절차와 조리를 분명하게 알아두어라. 근본이 서게 되면 새벽에 일찍 일어나서 세수하고 빗질하고 의관을 단정히 하고 앉아 얼굴빛을 가다듬고, 이 마음 이끌기를 마치 돋아오는 해와 같이 하면 엄숙하고 가지런해져 마음이 맑고 고요해질 것이다. 이때에 책을 펴서 성현을 대하게 되면 공자께서 자리에 계시고, 안자(顔子)와 증자(曾子)가 앞뒤에 계실 것이다. 성현의 말씀을 고분고분 공손히 듣고 제자들의 문변하는 것을 반복하여 참고하고 바로잡을 것이다. 일이 이르면 응하고, 곧 가르침을 시험해 본다. 천리(天理)가 혁연(赫然)하여질 것이니, 항상 눈을 여기에 두어라. 일에 응하고 나면 곧 생각이 모아질 것이니, 마음을 고요하게 하여 정신을 모으고 잡념을 버려라. 동(動)과 정(靜)이 순환할 때 오직 마음이 이것을 볼 것이니, 고요할 때는 복종하고 움직일 때는 살피며, 정신을 두셋으로 나누지 말라.

글을 읽다가 여가를 틈타서 간간이 휴식을 하여 정신을 가다듬고 성정(性情)을 휴양하여 날이 저물고 사람이 권태로워지면 어두운 탁기(濁氣)가 쉽게 들어오니 재계(齋戒)하여 정신을 명랑하게 하여라. 밤이 오래 되면 잠드는데, 손을 가지런히 하고 발을 모으며 사유를 하지 말아야 심신이 자리잡고 머무를 것이다. 생각을 이렇게 하고 밤낮으로 꾸준히 노력하여라.

위의 잠(箴)은 남당(南塘) 진무경(陳茂卿)이 지어서 자신을 경계한 내용의 글인데, 도산서원 정교당에 있다. 시대는 달라도 학문하는 사람의 마음에 등불이 된다.

나의 학문과 이론, 아직 한 권의 반야심경에 못 미친다.
-이한(李翰)-

반야심경

　반야심경(般若心經)은 수많은 경 중에서도 가장 짧은 경이며, 본문은 불과 262자에 불과하고, 제목을 포함해도 272자뿐이다. 그런데도 불교의 여러 교파에서뿐만 아니라 유교(儒敎)나 신도(神道), 무속(巫俗)에서도 반야심경을 열심히 읽고 있는 실정이다.

　홍법대사(弘法大師)도 "반야심경은 단 한 장의 종이에 쓸 수 있는 경이다. 그리고 14행이면 족하다. 실로 간결하고 요긴하며, 짧지만 그 뜻은 너무나 심오하다."라고 평하셨다.

　당나라의 이한(李翰)이라는 학자도 반야심경을 읽고 "나의 학문과 이론, 아직 한 권의 반야심경에 못 미친다. 불교, 정말로 그 뜻이 깊도다."라는 말을 남겼다. 이한은 대단한 학자이며, 문장가였고 이론가였으나, 결국 자기의 학문이 한 권의 반야심경에도 못 미친다고 하였으며, 불교는 정말로 심오하다고 실토하였다.

　사람들에게 가장 쉽고 가장 유익하게 읽은 책은 무엇인가? 하고 물어 본 적이 있었다. 그랬더니 어떤 사람이 말하기를, 그것은 반야심경이라고 말했다.

　지금 우리들이 보통 봉독하는 반야심경은 현장법사의 번역본이지만 현재 남아 있는 반야심경의 번역본은 모두 일곱 가지가 있다. 그 중 가장 보편적인 것이 현장법사의 것이다. 현장법사는 26세 때 중국을 떠나 인도로 갔으며, 거기서 많은 공부를 한 뒤 불경을 갖고 돌아왔는데, 그때 그의 여행기가 바로 유명한 '대당서역기'이다.　　-청남-

꿈꾸는 힘이 없는 자는 사는 힘도 없다.
-E. 톨러-

꿈에 대하여

　꿈의 스토리에는 독특한 매력이 있다. 그것은 우리를 매혹시키고, 우리에게 영감을 불어넣어 주는 한 폭의 그림과도 같다. 꿈을 일컬어 우리는 분명히 "영감을 받듯 꿈이라는 그림을 본다."라고 하든가, "우리는 틀림없이 영감을 받은 것이다."라고 말할 수 있겠다. 그러나 꿈 얘기를 남에게 할 때 우리는 보통 자신의 꿈의 이미지로서 남에게까지 그 영감을 옮겨 주지는 못한다. 꿈은 전개의 가능성을 안은 사상이 되어 우리의 마음을 스쳐간다.

-L. 비트겐슈타인-

　꿈으로 잠이 지탱되는 경우가 가끔 있다. 그렇다면 우리는 꿈 때문에 잠이 이루어지지 않는 경우도 있다는 것을 기억해 둬야 한다. 꿈의 환각이 납득이 가는 목적을 달성시키는 일이 때때로 있다면 우리는 꿈의 환각이 반대의 작용을 할 때도 있다는 사실을 계산에 넣어야 한다. 프로이트의 '다이내믹한 꿈의 이론'은 존재하지 않는다. 꿈에 관해서 오해하기 쉬운 점은 그것이 우리 생활에서 일어나는 일들과 인과관계가 있다는 점에서가 아니다. 도리어 꿈은 스토리의 일부로서 기능하고 있으며, 특히 그 부분이 생생하기 때문에 나머지 부분이 희미하게 보인다는 점에서이다. -L. 비트겐슈타인-

　공자께서 일찍이 말씀하시되, "내가 꿈에 주공(周公)을 뵙지 못한 지가 오래구나."라고 했으니, 대개 꿈은 사람의 정신에 만유(漫遊)한 것이지 형체의 시킴은 아닌 것이다. 공자가 꿈에 주공을 본 것은 평소에 주공의 도를 마음속에 두어서 행한 까닭에 그 정신이 저절로 상감(相感)해서 꿈에 나타난 것이다. -현정론(顯正論)-

도덕이란 사람과 사람 사이에 일어나는 규범이다.
-톨스토이-

선악의 기준

도덕이란 사람과 사람이 상대할 때 생겨나는 덕목이다. 만일 여기 어떤 사람의 배가 난파해서 무인도에 혼자 상륙했다면 그 사람에게는 아침부터 저녁까지 예의니 도덕이니 마음 쓸 것이 하나도 없다. 거짓말을 하려 해도 상대가 없으니 할 수 없고, 물건을 훔치려 해도 임자 있는 물건도 없고 훔칠 물건도 없다. 죄악을 저지르려 해도 저지를 죄악도 없다. 다만 온갖 지혜를 짜내어 기갈과 추위를 막는 연구만이 그가 할 최선의 길이며, 그 방법과 수단은 문제가 되지 않는다.

그러므로 도덕이란 사람과 함께 어울려 살기 위한 가르침이니, 무엇을 선이라 하고 무엇을 악이라 하는가 물으면, 남에게 그들이 좋아하지 않는 짓을 하지 않는 것이 선(善)이고, 이에 반하는 것이 악(惡)이라고 할 수 있다. "내가 하기 싫은 일은 남에게도 강요하지 말라." 하는 말은 옛 성인의 가르침이며, 이를 도(道)라고 한다.

어떠한 사기꾼도 남에게 사기 당하는 것을 좋아하지 않고, 남의 물건을 훔치는 도둑도 자기 물건을 도둑맞는 것을 좋아하지 않는다. 자기는 악을 범하면서도, 남은 내게 악을 범하지 말라고 바는 것은 사기꾼도 도둑도 다 같다. 이와 같이 남에게 피해를 주지 않고, 남이 싫어하는 짓을 하지 않는 것이 선이라는 것은 누구나 다 아는 일이다. 사기꾼이나 도둑도 아는 일이니 일반 사람이 모를 리 없다.

이와 같이 선악의 기준은 명백하니, 천하의 사람은 모두 도덕의 스승이라 해도 과언이 아닐 것이다. 그러나 사회는 혼란하고 분쟁은 끊이지 않고, 사물의 도리를 자세히 살펴 잘 아는 사람이 적다. 알고 있으면서도 행하지 아니하고, 나는 행하지 않으면서도 남은 행하기를 바라고 있기 때문에 사회에는 늘 어두운 곳이 있는 것이다. -복택전집(福澤全集)-

행동이 언어를 동반할 때, 거기에는 한층 더 높은 권위와 효력을 수반하게 된다.   -몽테뉴-

언행 일치

　말과 행동은 별개의 것이다. 우리들은 설교와 그 설교를 하는 설교사를 분명하게 구분해서 생각할 필요가 있다. 목사의 비행을 보고 그것 때문에 교회의 진리마저 저버리려 하는 사람은 모자라고 어리석은 사람이다. 진리는 그 증명을 다른 곳에서 이어 오고, 그래서 만물이 혼돈 속에 빠져들게 되는 것이다. 도덕성이 바른 사람도 허위진술을 할 때가 있고, 악인도 자기는 믿지 않지만 가끔 진리를 말할 때도 있다. 실천과 언어의 일치는 진실로 아름다운 조화이다.

　행동이 언어를 동반할 때, 거기에는 한층 더 높은 권위와 효력을 수반하게 된다는 것을 나는 믿어 의심치 않는다. '뉴더미스'는 어느 철학자가 군사문제를 논했을 때 그 말을 듣고 이렇게 말했다. "그 말은 매우 좋지만, 그 말을 말한 인물은 신용할 수가 없다. 왜냐하면 그의 귀는 아직까지 군고(軍鼓) 소리를 들은 적이 없기 때문이다."

　'클레메오네스'는 어느 연설가가 용기(勇氣)에 대해 연설하는 것을 듣고, 웃음을 터뜨렸는데 그 사람이 듣고 노하니, "그 말을 하는 사람이 제비라면 나는 실소(失笑)할 것이다. 그러나 매라면 나는 기꺼이 그 말을 경청할 것이다."라고 했다.

　생각건대 옛날의 서책이라도 저자가 충심으로 생각하고 말한 내용이라면 독자는 깊은 감명을 받을 것이다. 나는 도덕과 실행을 논한 책도 그 저자가 어떤 인물인가 하는 것을 생각해 보지 않은 적이 한 번도 없다.

　스파르타의 장관이 어느 날, 방탕아가 인민에게 좋은 교훈을 주고 있는 것을 보고 그의 말을 그치도록 명령했다. 그리고 덕이 있는 다른 사람을 골라 그 방탕아에게 설교를 배워, 그로 하여금 선전하게 했다.   -몽테뉴-

집이 가난하면 좋은 처를 생각한다.
-사기-

사랑과 이성에 대하여

남성의 욕망은 격렬하지만 일시적이다. 한번 충족되면 즉시 사그라진다. 한편 여성이 그의 포로가 되는 것은 대개 연애 후에 있어서이다.   -보부아르-

보통 여자는 애인의 팔 속에서 흥분하여 애정에 반응을 나타내는 것이 당연하다. 그러나 여성의 성질이 이렇게 되어 있는 관계로, 말하자면 우연히 지나치다가 관계를 맺지 않도록 경계하지 않으면 안 된다.   -슈르츠-

골치 아픈 것은, 우리들은 여자와 함께 잘 살 수도 없지만 여자 없이는 더욱 살 수 없는 일이다.   -바이런-

남자에게는 오늘 하루만의 바람기에 지나지 않는 것에 여자는 그 일생을 바친다.   -모리아크-

남자의 애정은 그가 육체의 만족을 얻은 순간부터 눈에 띄게 저하된다. 어떤 여자라도 다른 여자라면 그가 소유하던 여자보다 더 많은 매력이 있는 것처럼 생각되어 그는 변화를 열망하게 된다. 이에 반해 여자의 애정은 이 순간부터 증대한다.   -쇼펜하우어-

남자 병 중의 하나, 자기 멸시라고 하는 남자의 병에는 현명한 여자에게 사랑 받는 것이 가장 확실한 요법이다.   -니체-

만족이 없는 여자의 마음은 사치를 요구한다. 하지만 남자를 사랑하는 여자는 마룻바닥에서도 잘 수가 있다.   -모로-

지옥이 무너지는 날이 바로 이 세상이 극락 정토를 완성하는 날이다.   -이기선-

지옥으로 가자

　피할 수 있으면 피하고픈 죽음의 그림자. 하지만 때가 되면 예고도 없이 잊지 않고 찾아오는 반갑지 않은 손님이 내 혈육과 이웃을 알지 못할 곳으로 데려간다. 무엇인가에 쫓겨 하루하루 종종걸음치며 살다가 문득 부음을 듣고 상가를 찾게 되면 어쩔 수 없이 죽음을 만나야 한다. 허망하고 무상함을 느끼지 않을 수 없다.

　이런 죽음을 극복하기 위한 인류의 노력이 오늘에 이르렀고 또 내일도 계속될 것이다. 죽음의 문화, 역설적이지만 가장 인간이 인간다운 세계일 수 있다. 사회가 변하고 인간의 의식이 변하면 죽음에 대한 의식도 따라 변하게 마련이다. 삶과 죽음은 빛과 그늘이요, 동전의 양면과 같은 존재이기 때문이다.

　오늘날 현대 과학이 펼치는 우주관 속에서는 지옥이 존재를 찾을 수는 없다. 하나 정신분석학에서 말하듯이 인간의 마음속이란 헤아릴 수 없는 깊이를 지니고 있으므로, 그곳에선 지옥과 극락은 존재하고 있다고 볼 수 있겠다. 찰나찰나 스쳐 가는 마음의 작용, 그리고 우리의 행동이 바로 우리 자신의 삶을 엮어가고 있다.

　개인과 사회는 서로 뗄 수 없는 사이이다. 낱낱의 개인의 행위가 모여 이 사회를 이루고 있기에 이 사회를 지옥으로 떨어뜨릴 수 있는 것도 개인이요, 이 사회를 극락으로 가꿀 수 있는 것도 개인이라 하겠다.

　지옥이 존재하는 한 극락이 있을 수 없다. 마지막 지옥 중생을 구제하기까지 자신의 성불을 뒤로 미루며, 어둠의 세계를 몸소 찾아 나선 지장보살의 크나큰 행원(行願). 자, 우리 모두 지옥으로 갑시다. 지옥이 무너지는 날이 바로 이 세상이 극락정토를 완성하는 날이므로 !   -이기선-

서산대사의 유훈(遺訓)

조선 중기의 승려인 서산대사의 속성은 최씨(崔氏), 이름은 여신(汝信), 자는 현응(玄應), 호는 청허(淸虛), 별호는 백화도인(白華道人)·서산대사(西山大師)·풍악산인(楓岳山人)·휴정(休靜) 등이며, 승려·승군장(僧軍將)으로 잘 알려진 분이다. 그가 우리에게 남긴 글 가운데 다음과 같은 시가 있다.

> **생야일편부운기(生也一片浮雲起) 사야일편부운멸(死也一片浮雲滅)**
> **부운자체본무실(浮雲自體本無實) 생사거래역여연(生死去來亦如然)**

> 이 세상에 태어남이란 한 조각의 뜬구름이 일어남과 같은 것이고,
> 또한 죽는 것이란 그 한 조각의 뜬구름이 멸하는 것과 같은 것이다.
> 뜬구름 자체는 본래 실체(實體)가 있는 것이 아니니
> 나고, 죽고, 가고 옴이 다 이 뜬구름같이 부질없는 것이다.

위와 같이 해석한다면 인생은 너무나 덧없는 것이고 비관적인 것이며, 살맛이 안 난다. 이 위대한 선현은 우리에게 이렇게 염세적으로 살라고 가르치지 않았다. 모든 불교의 게송이 다 그렇듯, 문자를 넘어선 본뜻은 뒤에 숨어 있다. 그 참뜻은 다음과 같다.

'인생에 있어 무엇보다도 소중한 것이 바로 생사(生死)이다. 이 생사는 하늘에 잠시 일어났다가 어디론가 사라져 버리는 뜬구름처럼 아무 것도 아닐진대, 생사보다 더 비중이 약한 것, 즉 사랑이니 돈이니 명예니 권력이니 등등은 더욱 아무 것도 아니다. 그러므로 그런 것에 마음 쓰지 말고 큰 안목으로 행복하게 살아라.' 하는 교훈이다.   -서산대사-

민간요법에 대하여

어느 민족에게나 그 민족 고유의 민간요법이 있게 마련이다. 그것은 까마득한 옛날부터 오랜 세월 동안 그 민족이 병마와 싸워 오면서 축적해 온 경험의 산물이다. 때문에 그것은 그 민족의 체질적 특성과 생활 환경을 잘 반영하고 있다.

민간요법은 과학에 의해 분석되고 검증된 것은 아니지만 오랜 경험에 의해 시행 착오를 겪으면서 확인되어 입에서 입으로 전해져 내려온 것이다. 따라서 나름대로의 튼튼한 근거를 가지고 있으며, 실제로 현대 의학에 의한 치료나 값비싼 약재보다 훨씬 더 신통한 효과를 내는 경우도 많다.

우리의 민간요법도 마찬가지이다. 이것은 우리 선조들이 이 땅에 뿌리박고 살아오면서 온갖 질병과 싸워온 경험의 산물이다. 그것이 치료의 대상으로 하고 있는 것들은 대개가 우리 선조들이 가장 흔히 앓아온 질병들이며, 사용하는 재료도 이 땅의 산천에서 가장 쉽게 구할 수 있는 것들이다.

또 민간요법은 전문가에 의한 치료가 아니고 일반 가정에서 사용되어 온 치료법인 까닭에 사용법이 지극히 간단하다. 가장 흔히 앓는 질병, 값싸고 쉽게 구할 수 있는 재료, 간단한 사용 방법은 민간요법의 특징이다.

우리의 몸은 이 땅의 긴 역사와 더불어, 이 땅의 풍토 이 땅의 기후에 잘 적응되어 왔다. 바로 '신토불이'라는 말이 이를 대변해 주고 있다. 자신의 건강과, 가족과 이웃의 건강을 잘 지키기 위해 조상 대대로 이어온 민간요법에 눈을 돌려보자.   -가서원-

5

스물세 번째

나는 누구인가 ? 왜 태어났는가 ? 어떻게 살아가야 할 것이
며, 어떻게 죽을 것인가 ?   -자경(滋鏡)-

윤회(輪廻)

윤회(輪廻)란 불교 용어로 자주 사용되지만, 불교만의 사상은 아니다. 기원
전 5~6세기의 그리스 철학자 플라톤이나 피타고라스 등도 "영혼은 불멸이고
인간뿐이 아니라 동물이나 식물로서 바꾸어 태어나고 전세로부터 현세, 그리
고 내세로 유전(流轉)한다."라고 했다. 더욱 거슬러 올라가서 1~2세기 전에
인도의 우파니샤드 철학에서도 온갖 윤회설이 설명되고 있다.

어느 설이든 전세의 선악 행위에 의해 다음의 세대는 천국 또는 지옥 등의
세계에 태어나고 업(행위)과 보(결과)와의 인과관계가 계속되는 한 윤회 또한
되풀이된다고 되어 있다. 이런 사상은 불교뿐 아니라 갖가지의 종교에 채택되
고 있지만, 그것에 머무르지 않고 이 지구, 대우주를 지배하는 진리인 것이
다.

인간은 육체라는 물질을 바탕으로 하는 생물이다. 그러나 인간 그 자체를
물질로써 정의하는 것은 불가능하다. 왜냐하면 사람은 생각한다, 고뇌한다, 혹
은 상상한다는 마음을 갖고 있기 때문이다. 말하자면 우주의 개념을 낳은 것
은 다름 아닌 인간의 마음이기 때문이다.

이런 육체와 마음(영혼)이 합쳐져 인간이라는 존재가 태어나는 것인데, 그
럼 죽음을 맞았을 때는 대체 어떠한 상태가 되는 것일까 ? 육체는 당연히 그
생명 활동을 정지한다. 호흡과 심장의 박동이 멎고 뇌파가 사라지며, 각종의
반응이 소실된 육체는 이를테면 고깃덩어리가 되어 화장이 된다.

그러나 영혼은 육체를 이탈하여 영계(靈界)로 간다. 육체는 죽어도 영혼은
죽는 일없이 독자의 존재로써, 이 우주 공간 속에서 살아 있는 것이다. 그리
하여 또 다른 생명으로 형체를 바꾸어 영원히 되살아나며, 윤회를 되풀이하는
것이다.   -자경(滋鏡)-

어버이를 사랑하는 사람은 남을 미워하지 않고, 어버이를 존경하는 사람은 남에게 오만하지 않다.   -효경(孝經)-

효는 백행(百行)의 근본이다

부모는 이 세상에 오로지 두 분뿐인데, 그 섬김에 있어서는 늘 형제가 서로 미루고, 아이를 양육함에 있어서는 비록 열이 된다 해도 혼자 맡는다. 늘 아이에게는 배부르고 따뜻한가를 묻지만, 부모의 배고프고 추운 것은 마음에 두지 않는다. 애당초 먹을 것과 입을 것을 자식에게 빼앗겼는데도 묻지 않는다.

-명심보감(明心寶鑑)-

우리의 부모들은 우리들의 어린 시절을 꾸며 주셨으니, 우리는 그들의 말년을 아름답게 꾸며 드려야 한다.   -A. 생텍쥐페리-

어떤 사람이 공자께 물었다. "선생님은 어찌하여 정사에 참여하지 아니하나이까?" 공자께서 말씀하셨다. "경서(經書)에 이르기를 오직 효도하며 형제와 우애함이, 즉 정사를 시(施)함이라 하니, 이 또한 위정(爲政)이요, 어찌 참정만을 위정이라 하겠는가?"   -논어(論語)-

오늘날에는 효(孝)라 하면 부모를 먹여 살릴 수 있다는 것을 의미하는데, 개와 말까지도 다 먹여 살려 주는 사람이 있으니, 공경하지 않는다면 짐승을 기르는 것에 지나지 않는다.   -논어(論語)-

신체(身體) 발부(髮膚)를 부모로부터 받아 이를 조금도 훼손하지 않음은 효의 근본이다.   -효경(孝經)-

효자의 지고(至高)는 어버이를 존경하는 것 이상으로 큰 것이 없다.

-맹자(孟子)-

친구도 형제도 없는 사람은 팔에도 손에도 힘이 전혀 없다.
-이탈리아 속담-

형제의 도리

형제는 부모의 분신이며, 함께 그 기혈(氣血)을 받고 있다. 어릴 때 부모는 한 손에 형을, 다른 팔에 동생을 안고 간다. 아이는 부모의 옷깃을 잡고, 혹은 치마꼬리를 잡고 부모를 따라간다. 한 솥의 밥을 먹고, 한 이불 속에서 잠을 자고, 형이 입던 옷을 동생이 물려 입는다. 같은 것을 배우고 함께 공부하러 같은 곳으로 간다. 그러므로 도리를 어기고 상도(常道)를 어지럽히는 자도 어릴 때는 서로 친하고 사이가 좋다.　　　-소학(小學)-

나이를 먹어 장년이 되면 각자 처자식을 거느리게 되는데, 그러면 그 처자식에게 애정이 옮겨가서, 덕성(德性)이 돈독한 사람이라도 형제간의 우애가 점점 엷어지지 않는 사람은 드물다.　　　-소학(小學)-

형수(兄嫂)와 제수(弟嫂)는 본래 타인이므로 형제에 비하면 그들의 정의는 얕고 엷다. 지금 그 형수와 제수로 하여금 형제간의 사이를 돈독케 하는 역할을 시킨다면 이는 마치 네모난 그릇에 둥근 뚜껑을 덮는 것과 마찬가지로 그들의 애정은 반드시 일치하지 않을 것이다. 오직 형제 사이의 애정, 형이 동생을 사랑하는 마음과 동생이 형을 따르는 존경의 마음이 깊으며, 그 처자들에게 마음을 빼앗기지 않는 자만이 형제간의 정을 깊게 지킬 수 있다.

-소학(小學)-

형제는 몸은 달라도 기운을 같이 타고났으니, 비록 조그마한 분함이 있더라도 근친의 우애를 패하지 않는 것이 좋다.　　　-권근(權近)-

지자(知者)는 미혹하지 않고, 인자(仁者)는 근심하지 않는다.
-논어(論語)-

인(仁)에 대하여

마음에 덕이 있는 자는 반드시 그 말이 밖으로 나가 좋은 말이 된다. 그러나 좋은 말을 하는 자가 반드시 덕이 있다고 말할 수 없다. 인자(仁者)는 마음속에 사심(私心)이 조금도 없고, 오직 의(義)에만 따르니 반드시 용(勇)이 있다. 용(勇)이 있는 자는 반드시 인자(仁者)가 아니다. 밖으로 나타난 것만으로 인간을 판단해서는 안 된다.   -논어(論語)-

지자(知者)와 인자(仁者)는 스스로 차이가 있다. 지자(知者)는 사리에 통달하고, 그 마음은 물이 흘러 그치지 않는 것같이 움직이니, 그가 좋아하는 것은 물에 있다. 인자(仁者)는 의리에 안주하고, 그 마음은 중후(重厚)해서 움직이지 않으며, 흐트러지지 않으므로 종용하다. 또 지자(知者)는 모든 일이 뜻대로 되는 것을 즐겨하고 근심 않으며, 인자(仁者)는 무욕(無慾)하고 마음에 괴로움이 있으니 무병 장수한다.   -논어(論語)-

사람이 미혹한 것은 이(理)를 보는 것이 밝지 않기 때문이다. 지자(知者)는 이(理)를 보는 것이 밝으므로 미혹하는 일이 없다. 사람에게 수심이 있는 것은 자기의 사욕(私慾)이 근심을 하고 있기 때문이다. 인자(仁者)는 사심사욕(私心私慾)이 없어, 자연 의리에 안주하고 있으니 빈천도 환난도 그를 괴롭히지 못한다.

그래서 근심하지 않는다. 사람이 무엇을 겁내는 것은 정기(正氣)가 부족하기 때문이다. 용자(勇者)는 기(氣)가 도의(道義)에 부합되기 때문에 강건해서 아무 것도 겁내는 것이 없다.   -논어(論語)-

창조는 투쟁에서 생겨난다. 투쟁 없는 곳에 인생은 없다.
-비스마르크-

인생은 투쟁이다

인생은 한 판의 투쟁이다. 이런 말을 하면 현대인들은 웃을지 몰라도 나는 아무래도 그렇게밖에 생각되지 않는다. 그러나 내가 말하는 뜻은 사람과 사람의 투쟁만을 뜻하는 것은 아니다. 인간과 인간을 연결하는 무한한 사랑의 힘도 알고 있다. 그러나 인간과 인간과의 관계는 서양에서 말하는 연대(連帶)라고 하는 그런 천박한 것이 아니고, 우주간에 존재하는 유일무이한 일체(一體)라고 보고 있다. 이런 관점을 갖고 있으면서도 인생을 처음부터 끝까지 투쟁이라고 보고 있는 것이다.

우리들은 음식을 얻기 위해서도, 일자리를 얻기 위해서도 항상 투쟁하지 않으면 안 된다. 그뿐만이 아니고 더위와 추위와도, 질병과도 싸우지 않으면 안 된다. 그러므로 언제라도 무엇과도 싸우지 않으면 안 된다. 이 싸움을 중지했을 때는 생활의 타락이며, 이 싸움을 끝냈을 때는 죽음을 맞이했을 때이다. 자연을 개척하는 연구도 투쟁이며, 발명을 하려 애쓰는 것도 일종의 투쟁이다. 신앙을 설교하는 사람도, 교화하는 사람도 역시 투쟁이다. 노인을 돕고 어린이를 보호하는 것도 투쟁이다.

이것을 다른 말로 나타내면, 인생은 노력하는 무대(舞臺), 아니 노력 그 자체라고 할 수 있다. 이것 이외에 인생(人生)은 없다고 생각한다. 그 증거로 인생의 쾌락과 만족을 구하는 자가 그것을 구하려고 아무리 노력해도 그가 구하는 쾌락의 만족은 오지 않는다. 분투와 노력! 그것이 모든 것과의 투쟁 위에 있을 때, 쾌락도 얻어지는 것이다. 더 쉽게 말하면 분투 노력이 바로 쾌락인 것이다. 그러므로 아무 일도 하지 않고 놀고먹는 상태는 그 처지가 바로 불행이며 불안이며 불쾌(不快)이다. 다시 강조하건대 노력이 인생이다. 인생은 투쟁이다.   -장도융이(長島隆二)-

여성의 쾌활성은 지서의 대신이다.
-C. S. 몽테스키외-

사랑과 여성

남자는 내버려두어도 저절로 남자가 되지만 여자는 남자가 포옹하고 키스를 할 때마다 점점 여자로 되어간다.　　-엘리스-

영리한 여자와 질투심이 많은 여자는 각기 상이한 전혀 별개의 사람이다. 그래서 아무리 영리한 여자도 동시에 질투심이 많은 여자가 되는 수가 있다.
-도스토예프스키-

말없는 보석이 산 인간의 말보다도 흔히 여자의 마음을 움직이는 것이다.
-셰익스피어-

여자들은 자기들에 대해 퍼뜨리는 거짓말은 몹시 싫어하지만 자기들이 퍼뜨린 거짓말은 허락해 주기를 원한다.　　-레니에-

남자들은 증거에 의해 판단한다. 여성은 정에 의해 판단한다. 여성이 사랑하지 않을 때, 그녀는 이미 지독한 판단을 내리고 있는 것이다.　　-실러-

세상은 여자를 부엌이나 침실에 가두어 두면서 그 시야나 전망이 좁다고 해서 놀린다. 날개를 잘라놓고 날지 못한다고 한탄한다. 만일 여자에게 미래를 터 준다면 그녀는 현재 속에 있지 않을 것이다.　　-보부아르-

이 여성이 만일 남자였다면 틀림없이 친구로 선택되었으리라고 생각되는 여자가 아니라면 절대 아내로 선택해서는 안 된다.　　-J. 주베르-

창조는 투쟁에서 생겨난다. 투쟁 없는 곳에는 인생도 없다.
-비스마르크-

중절(中節) 중화(中和)

중(中)이란 우리가 지닌 천명(天命)의 품(성품)을 그대로 간직하여 나가는 것을 뜻하며, 어떤 일이든지 알맞게 하는 것을 뜻하고 절대로 어느 한쪽으로 기울어지지 않는, 사심 없이 공정한 마음을 말한다.

이는 대학(大學)에서 말한 명덕(明德)과 같은 뜻이다. 우리가 흔히들 말하는 무아지경(無我之境), 도통지경(道通之境)이니 하는 말은 바로 중(中)을 취한 경지를 뜻하는 것이다.

절(節)과 화(和)는 중(中)에 나아가는 절차와 과정을 뜻한다. 우리 인간에게는 칠정(七情)이 있는데, 각자 자기의 감정 관리를 잘 해서 즐거울 때나 슬플 때나 그 정도가 지나쳐서 극과 극에 달하지 말고 알맞게 자기의 마음을 조절하는 것을 화(和)라고 한다.

가정의 화목과 화합, 부부간의 화락(和樂), 세계의 평화 등을 말할 때 쓰이는 화(和)가 바로 이런 것을 뜻하는 것이며, 자기의 할 일을 절차에 맞게 다하며, 마음을 모아 하나로 가지는 것을 뜻하는 말이다.

그러므로 이를 종합해서 결론적으로 말하면, 중(中)이란 하늘로부터 받은 성품 그대로를 간직하는 것을 뜻하며, 화(和)는 이 성품을 우리 생활의 절도에 맞게 나타내는 것을 말한다.

그래서 우리들이 이 중절(中節)과 중화(中和) 속에서 살아간다면 성현 군자의 삶이 될 것이요, 신선과 같은 사람이 된다고 하겠다. 따라서 모든 사람은 다 중절(中節)과 중화(中和)의 정신을 가지려고 힘쓰고 노력해야 하겠다.

-중용(中庸)-

곡즉전(曲則全), 왕즉직(枉則直), 폐즉신(敝則新), 소즉득(小則得), 다즉혹(多則惑)이라. -노자(老子)-

굽으면 다한 것이다

나무가 굽어 있으면 재목으로 쓸모가 없으므로 어떤 목수도 그 나무를 탐내지 않는다. 굽은 나무는 쓸모가 없으므로 천수를 다 할 수 있다. 곡(曲)은 천연자연(天然自然)으로 굽은 것을 말하고, 왕(枉)이란 인위적으로 굽힌 것을 말한다. 인위적으로 굽힌 것은 사람이 다시 펴서 재료로 쓸 수 있다. 도(道)의 세계는 자연적인 곡(曲)의 세계이며, 인위적인 왕(枉)의 세계가 아니다.

다음에 움푹 파인 땅에는 모든 물이 흘러들어, 일체를 포용해서 남음이 없다. 스스로 겸양하며 뽐내지 않으며, 웅덩이를 더 낮고 깊게 하면 모두가 거기로 모여든다. 또 모든 물건은 망가진다는 운명을 면할 수 없고, 망가지면 새것으로 바꾸지 않을 수 없다. 새로 생겨난다는 것은 망가지는 데서 생겨난다. 이것이 폐즉신(敝則新)이다.

다음에 우리들의 지혜를 적게 하고 배움을 그치고, 소위 소욕지족(小欲知足) 절학무위(絶學無爲)일 때, 거기에서 무한한 허무(虛無)의 도를 체득할 수가 있다. 즉, 소즉득(小則得)이다. 여기 반해서 우리들의 지식을 풍부히 하고, 많은 것에 욕심을 낼 때, 환언하면 오직 외적인 것을 추구해 갈 때, 그 사람은 어디까지 가도 안심과 만족은 없고, 마음의 안정도 없으며, 항상 미혹 속을 헤매게 된다. 이것이 다즉혹(多則惑)이다.

그러므로 진실로 성인이 되려면 절대 허무(虛無)의 도를 안으로 안고 생활하며, 천하 사람의 모범이 되고 법이 되라. 단, 성인은 스스로 천하의 법이 되려고 그 행을 천하에 과시하는 법이 없다. 다른 것과 다투는 마음 없이 무위무용(無爲無用)인 곡(曲)의 생활을 할 때 진실로 안전하게 그 몸이 보전되고, 천수를 다해서 그 몸을 본래 태어난 근원인 허무(虛無)의 도(道)인 세계로 되돌릴 수가 있는 것이다.   -노자(老子)-

곡즉전(曲則全). **왕즉직**(枉則直), **폐즉신**(敝則新), 소즉득
(少則得), **다즉혹**(多則惑)이라.   -노자(老子)-

논어(論語)

　《논어(論語)》는《중용(中庸)》과 함께 사서(四書) 중의 하나이며, 유교의
근본 문헌이고 중국 최초의 어록(語錄)이기도 하다.

　고대 중국의 사상가 공자(B.C. 551~479)의 가르침을 전하는 가장 확실
한 옛 문헌으로, 공자와 제자들간의 문답을 주로 하고, 공자가 수시로 한 발
언과 행적, 그리고 제자들의 발언 등 인생의 높은 교훈이 되는 말들이 간결하
고 함축성 있게 기록되어 있다.

　논어의 주된 사상은 한 마디로 인(仁)자의 해설이라고 하겠다. 그래서 논어
전편에 인(仁)자가 무려 105번이나 반복해서 나오는 것을 봐도 알 수 있다.
공자는 인(仁)을 근본 바탕으로 해서 윤리관을 확립하였던 것이다. 논어 20
편을 통해서 교육, 정치, 사회 등 여러 가지 문제가 거론되고 있지만 그 구심
점은 모두가 인(仁)에다 두고 있다.

　또 논어는 앞에서 설명한 대로 공자와 제자들 사이에 오고간 대화로 되어
있으므로 제자들의 이름이나 지식 정도, 제자들의 성격과 특성 등을 잘 알 수
있는 근거가 되기도 한다.

　논어 속에 나오는 제자의 이름만도 32명이나 된다. 논어 20편의 내용은
모두가 하나하나 떨어진 단편적이고 분리된 문장으로 구성되어 있으나, 그 하
나하나가 다시없이 귀중한 금과옥조이며, 온갖 풀과 꽃이 만발하여 백화 난만
한 봄을 이루듯 찬연히 빛나는 공자의 인간상과 유교의 꽃을 피우고 있다.

　그러므로 논어는 정신의 책이고, 도덕의 책이고, 정치의 책이며, 또한 내세
의 책이 아니고 현세의 책이며, 신의 책이 아닌 인간의 책으로서 유교를 인식
하는 데나 공자를 아는 데 없어서는 안 될 귀중한 경전이라 할 수 있다. 그
래서 현대의 젊은 세대를 향해서 이 소중한 경전인 논어를 읽어보라고 충심으
로 권하는 바이다.　　-김진규-

夏

6월의 이야기

june

오늘 할 일을 내일로 미루지 말라.
-드반느-

처세훈

느긋하고 마음 편하게 절약하며 돈을 아껴라. 검약(儉約)하는 법은 자유분방하게 되는 마음을 참는 것이다. 이 세상에 손님으로 왔다고 생각하면 아무 근심도 없다. 아침 저녁 식사의 맛이 없더라도 칭찬하며 먹어라. 원래 손님은 좋고 나쁘다고 말하지 않는 법이다. 오늘을 보내면서, 자손과 형제들에게 늘 인사하고, 사바세계의 나그네로서 항상 감사하며 살아라.　　-정종(政宗)-

루이 15세 시대의 재무부장관이었던 '아놀드 드반느'는 사무를 민활히 처리하는 것으로 유명했으며, 한편으로는 극장에 가서 느긋하게 연극도 자주 관람했다. 어떤 사람이 "각하는 바쁘신 몸인데도 이렇게 한가롭게 연극을 관람할 여유가 있으십니까?" 하고 물으니, 그는 "그렇소, 내가 이렇게 여유 있게 관람할 수 있는 것은, 오늘 할 일을 내일로 미루지 않기 때문이오."

우리는 일생(一生)이라는 말을 곧잘 쓴다. 그런데 그 뜻을 잘 생각해 보면 한 번 산다는 뜻이다. 즉, 인생이란 '일회성(一回性)'라는 뜻이다.

생일은 매년 다가오는 듯하지만 잘 생각해 보면 23세의 생일은 내 일생에서 오직 한 번뿐이다. 6월 1일은 매년 있지만 내 일생에서 금년의 6월은 단한 번뿐이다. 밥은 매끼마다 먹지만 바로 오늘 아침에 먹는 밥은 내 일생에오직 한 번뿐이다.

이와 같이 우리 인생에 무엇이든 절대로 두 번이라는 것은 없다. 그렇게 생각하면 모든 것이 소중하고 아쉬울 뿐이다. 늘 우리는 한 개뿐인 구슬을 그때 그때 쓰고 있는 것이다. 그러므로 우리들은 매일 하는 모든 일에 애착과 감사하는 마음을 갖고 보람있게 대처하면서 살아야 하겠다. 모두가 한 번뿐이므로 낭비를 한다거나 헛되이 보내서는 안 된다.　　-권영한-

진실로 부자는 아무 쓸모가 없다. 있다면 그의 재산을 흩어 버리는 것이다. -베이컨-

노상의 교훈

어떤 관원이 물어 가로되, "선한 선생님이여, 내가 무엇을 하여야 영을 얻으리까?" 예수께서 이르시되, "네가 어찌하여 나를 선하다 일컫느냐? 하나님 한 분 외에는 선한 이가 없느니라. 네가 계명을 아나니, '간음하지 말라, 살인하지 말라, 도적질하지 말라, 거짓 증거하지 말라, 네 부모를 공경하라.' 하였느니라." 여쭙되, "이것은 내가 어려서부터 다 지키었나이다." 예수께서 이 말을 들으시고 이르시되, "네가 오히려 한 가지 부족한 것이 있으니, 네게 있는 것을 다 팔아 가난한 자들에게 나눠 주라. 그리하면 하늘에서 보화가 네게 있으리라. 그리고 와서 나를 좇으라." 하시니, 그 사람이 큰 부자인 고로 이 말씀을 듣고 심히 근심하더라.

예수께서 저를 보시고 가라사대, "재물이 있는 자는 하나님의 나라에 들어가기가 어떻게 어려운지, 약대가 바늘귀로 들어가는 것이 부자가 하나님의 나라에 들어가는 것보다 쉬우니라." 하신대, 듣는 자들이 가로되, "그런즉 누가 구원을 얻을 수 있나이까?" 가라사대, "무릇 사람이 할 수 없는 것을 하나님은 하실 수 있느니라." 베드로가 여쭙되, "보옵소서, 우리가 우리의 것을 다 버리고 주를 좇았나이다." 이르시되, "내가 진실로 너희에게 이르노니, 하나님의 나라를 위하여 집이나 아내나 형제나 부모나 자녀를 버린 자는 금세에 있어 여러 배를 받고 내세에 영생을 받지 못할 자가 없느니라." 하시니라.

-누가복음-

부(富)를 얻는 길은 많다. 그러나 그 십중팔구가 바르지 않다. 검약(儉約)은 최선의 길의 하나이다. 그러나 전혀 해가 없는 것은 아니다. 이는 사람으로 하여금 넓게 베풀고, 자비로운 마음 펴는 것을 방해하기 때문이다.

-베이컨-

6

세 번째

많은 사람은 충고를 받지만 그로부터 이득을 보는 것은 현명한 사람뿐이다.   -푸불릴리우스 시루스-

충고에 대하여

꿀을 상처에 바르면 아프고 쑤시듯, 진심에서 우러나온 건전한 충고는 부드럽게 위로하지 아니한다면 불행한 사람들을 분개시킨다. 단것은 입에 맞고 거슬리지 않으므로 달갑다고 시인은 말하지만, 백성에 대한 충고는 그와 같이 해야 한다. 염증이 생긴 눈이 어두운 것을 좋아하고 강한 빛을 싫어하듯, 불행을 당한 도시는 그것이 가장 필요한 때에도, 또는 자칫하면 돌이킬 수 없는 과오를 범하기 쉬운 때에도 솔직한 충고를 듣는 고통을 참는 힘이 없다.

-플루타르크 영웅전-

어떤 이가 물어 가로되, 어려운 일은 어떤 것인가? 자기 자신을 아는 것이다. 그러면 쉬운 일은 어떤 것인가? 남에게 충고하는 것이다.   -탈레스-

충고는 남이 모르게, 칭찬은 여러 사람 앞에서.   -푸불릴리우스 시루스-

충고해 달라고 하는 것은 십중팔구 칭찬의 말을 기대하고 있는 것이다.

-J. A. 콜린스-

충고는 눈과 같아, 조용히 내리면 내릴수록 마음에 오래 걸리고, 마음에 먹혀 들어가는 것도 깊어진다.   -C. 힐티-

충고는 좀처럼 환영받지 못한다. 더욱이 충고를 가장 필요로 하는 사람이 항상 그것을 경원(敬遠)한다.   -P. D. S. 체스터필드-

보다 낳은 충고는 늙은이에게 들어라.   -포르투갈 격언-

인생의 목적은 행위이지 사상이 아니다.
-칼라일-

6

네 번째

젊음과 인생

현명한 사람은 한 번의 인생으로 충분하지만 어리석은 사람은 영원한 생명을 주었다 하더라도 그것을 어떻게 쓰면 좋을지 모를 것이다.　　-솔제니친-

너는 인생이란 무엇이라 생각하느냐고 묻는다. 이것은 마치 인삼은 무엇이라 생각하느냐고 묻는 것과 마찬가지이다. 인삼은 인삼인 것이다. 이 이상 아무도 알지 못하고 있다.　　-체호프-

인생이란 실로 어이없는 존재이다. 우리들은 모두 이놈에게 어디까지나 몰리어 다니고 있다. 사물은 있는 그대로이다. 내향적으로 생각하든, 외향적으로 생각하든 사물의 성질은 다름이 없다.　　-고흐-

젊었을 때 우리는 배우고, 나이 들어 우리는 이해한다.　　-N. E. 에셴바흐-

생명이란 자아(自我)를 뜻한다. 인간이란 자아라는 뜻이다. 그것은 우선 나 자신이 살아 있음으로써 증명될 것이다.　　-순자-

사람은 살지 않으면 안 된다. 살기 위해서는 싸우지 않으면 안 된다. 이름을 날려야 한다. 돈은 벌어야 한다. 목숨을 건 승부는 해서 이겨야 한다.
-도쿠도미 아시바나-

사는 기술이란 하나의 공격 목표를 정하고 거기에 힘을 집중시키는 것이다.
-모로-

6

다섯 번째

인간의 소질은 모두 같다. 다만 환경이 차이를 낳을 따름이다. -G. C. 리히텐베르크-

환경에 대하여

자기편에서 될 수 있는 대로 환경을 지배하지만 환경으로부터는 될 수 있는 한 지배당하지 않는다. 인간의 최대의 가치는 모름지기 그런 곳에 있는 것이다.   -J. W. 괴테-

환경은 약한 자를 지배하지만 현명한 자의 목적을 달성시키는 수단이 되기도 한다.   -F. 베이컨-

환경! 내가 환경을 만드는 것이다.   -나폴레옹-

청년들은 어느 곳이든 자리를 잡고 적응한다. 그러나 노인들에게는 부인들처럼 알맞는 환경이 필요하다.   -R. W. 에머슨-

사람은 흔히 자기가 처해 있는 상태를 환경의 책임으로 믿고 불평을 한다. 나는 환경이라는 것을 믿지 않는다. 이 세상에서 성공하는 사람들이란 자기가 원하는 환경을 찾아내는 사람들이다. 그리고 발견하지 못하면 자기가 만들면 그만이다.   -G. B. 쇼-

무엇이든지 최종적인 것은 없다. 우리들은 언제나 환경으로부터 배워야 한다.   -N. 레닌-

사람의 목적은 소득이 아니라 환경과 더불어 성장하고, 또 환경과 결합됨으로써 자기의 의식을 실현하고 또 확대해 가는 데 있다.   -R. 타고르-

충성심을 품지 않고 사는 것은 수치스러운 일이다.
-R. W. 에머슨-

충성심에 대하여

나는 나라에 바칠 이 몸이 오직 하나뿐이라는 것이 유감일 따름이다(독립전쟁시 뉴욕에서 스파이로 활동하다가 영국군에게 잡혀 교수형을 당하기 직전에 한 말). -N. 헤일-

이익보다 강한 것이 있다. 그것이 충성심이다. -가스통 드 레피스-

잘 섬기는 것이 주인 될 자격을 기르는 것이다. -푸블릴리우스 시루스-

많은 자유국가가 자유를 상실하였습니다. 우리 나라에도 그런 날이 올지 모릅니다. 만일 그렇게 된다면 이 나라가 나의 자랑스러운 훈장(勳章)이 되기를 바랍니다. 내가 제일 마지막으로 도망을 쳐서가 아니라, 결코 도망을 치는 일이 없을 것이기 때문입니다(스프링필드에서의 연설 중에서). -A. 링컨-

진리의 신에 대한 충성은 다른 모든 충성을 능가한다. -M. K. 간디-

충(忠)이란 제가 할 수 있는 바를 다하는 것을 이름이요, 성(誠)이란 있는 힘을 다해서 일한다는 뜻이다. -조지훈-

사심 없는 애국 충정이 자연스럽게 국민들의 마음으로부터의 협력을 얻을 수만 있다면 못할 일이 없을 것이다. -류달영(柳達永)-

사람의 타고난 성품은 본래 착하다.
-맹자(孟子)-

맹자의 사상

　맹자(孟子)의 중심 사상은 인의(仁義)라고 할 수 있다. 공자께서 부르짖은 인(仁)이 사람이 가져야 할 착한 마음이라고 한다면, 의(義)는 이 착한 마음을 어떻게 행동으로 옮겨 갈 수 있는가에 대해서 말한 것이라고 하겠다.

　맹자는 도학적(道學的)인 면에서 성선설(性善說)을 주장하여 인간의 본성(本性)은 원래 착한 것이라는 것을 밝혔으니, 이는 맹자의 독창적인 것으로 사람의 마음을 순화(醇化)시키는 데 매우 공이 컸으며, 한 학설로서 완벽하게 정립(定立)하여 많은 학자들의 공감을 얻었다.

　이는 저 유명한 사단론(四端論)에서 찾아볼 수 있다. 정치적으로는 왕도정치(王道政治)를 주장하였다. 전국시대의 혼란을 수습하고 이상적인 사회를 건설하려는 일념에서 열국을 순방하며 제창한 것이 바로 이 왕도정치 이념이었다. 왕도정치란 인의(仁義)를 바탕으로 하고 백성을 근본으로 하는 민본주의 위에 이상적인 사회건설을 목표로 하고 있다.

　이 왕도정치는 우(禹), 탕(湯), 문무왕(文武王) 등 삼왕(三王)이 정치하던 방법이라고 할 수 있는데, 그 대강을 살펴보면 다음과 같다.

첫째, 정전제도(井田制度)를 실시해서 항산(恒産)을 함으로써 백성의 생활을 안정시키고 나라를 부강하게 만들었는데, 경작자의 몫이 9, 세납(稅納)이 1의 세법을 마련하여 백성들의 부담을 가볍게 하였다.

둘째, 형법을 가볍게 하였다.

셋째, 도덕교육을 강화하여 윤리질서를 확립시켜 밝은 사회건설을 하였다.

　맹자는 사서(四書) 중에 하나인 책의 이름으로도 통하는데, 중국 전국시대의 사상가로 이름을 가(軻)라고 하였으며, 공자를 숭배하고 사숙하였으며, 공자의 손자인 자사(子思)의 제자이다.

습관이란 참으로 음흉한 여선생이다. 그것은 천천히 우리들
내부에 그 권력을 심는다.   -M. E. 몽테뉴-

습관에 대하여

나는 한때 한 거지 소년을 불러 하인으로 삼았는데, 그는 이전 생활로 돌아
가고 싶은 일념으로 내가 주는 급료와 일자리를 버리고 결국 도망가 버렸다.

그 뒤 쓰레기통에서 음식 찌꺼기를 찾아 먹는 자를 발견했는데, 그를 달래
고 윽박질러도 그 생활을 버리려 하지 않았다. 거지도 부자와 마찬가지로 자
기들 나름대로의 생활을 즐기고 그 생활을 버리려 하지 않는다. 이것은 모두
습관의 결과이다. 습관은 그가 바라는 대로 우리들을 어떤 모양의 인간으로도
만들어 내고, 또한 우리들을 어떤 변화와 환경에도 적응시킨다.

이것이 바로 습관이 우리들에게 가르쳐 주는 커다란 교훈이다. 이 사실을
피타고라스는 "우리들은 최상의 것에 우리의 몸을 의탁하지 않으면 안 된다.
그렇게 하면 곧 그것이 우리가 가장 하기 쉽고 편한 것이 된다."라고 했다.

-몽테뉴-

소크라테스가 어느 날 그의 친구로부터, 그의 처가 긁어대는 욕설과 바가지
를 잘도 참고 견딘다는 말을 들었을 때, "물레방아 도는 소리를 늘 들어 습
관이 된 사람과 같다."라고 대답했다.   -몽테뉴-

청소년을 교육하고 훈련해서 도의를 잘 지키는 습관을 갖게 하는 것이 중요
하다는 것은 더 이상 말이 필요 없다. 청소년기에는 습관이 만들어지기 가장
쉬운 시기이며, 한번 만들어진 좋은 습관은 일생을 통해 변하지 않는다. 습관
은 나무껍질에 글자를 조각하는 것과 같아서, 나무가 자람에 따라 그 문자도
따라서 커지는 것이다.   -스마일스-

천부의 명덕(明德)을 그대로 간직하고 살아가는 사람, 이들을 성인이라고 한다.   -맹자(孟子)-

명명덕(明明德)

명명덕(明明德)이란 말은 경전의 진수요, 대학(大學)의 근본 정신이라고 할 수 있다. 문장의 뜻은 '밝은 덕을 밝힌다.'라고 하나, 도학적(道學的)으로 해설하면, "사람은 원래 밝은 본성(本性)을 갖고 태어났으나 물욕(物慾) 때문에 그 본성이 흐려지는데, 이것을 본성대로 다시 밝게 한다."라는 뜻이다. 사람은 저마다 지극히 착한 천부의 성품을 갖고 태어났다는데, 이를 일컬어 맹자의 성선설(性善說)이라고 한다. 또 어떤 학자는 이것을 천지만물과 합일(合一)되는 커다란 인(仁)이라고도 하였다. 아무튼 모든 사람은 명덕(明德), 성선(性善), 인(仁)을 다 풍부히 가지고 있다고 한다. 그런데 이 명덕(明德)을 어떻게 발휘하는가에 따라서 그 사람의 사람됨이 다음과 같이 구별된다고 할 수 있다.

천부의 명덕을 그대로 간직하고 살아가는 사람, 이들을 성인이라고 한다. 사대 성인은 모두 이런 사람들이다. 명덕을 80% 이상 갖고 있는 사람을 현인(賢人)이라고 하고, 명덕을 60% 이상 갖고 있는 사람을 선비라고 하며, 명덕을 50% 이하로 가지고 있는 사람을 범인(凡人), 즉 보통 사람들이다. 이들은 항상 공부하고 연구해서 더욱 명덕을 많이 밝히도록 노력해야 할 사람들이다. 사람의 마음의 거울에 먼지가 끼면 명덕(明德)을 밝힐 수 없으니, 이 마음의 거울에 먼지를 제거하는 것이 우리의 직접적인 교육 목표라고 할 수 있다.

그러므로 명명덕(明明德)이란, 많은 덕을 길러서 모든 사람이 추앙하는 성인의 근본 정신과 합치하는 것이며, 밝은 정치, 어진 정치를 하는 훌륭한 군왕이 되는 근본 정신이라 할 수 있다. 그리고 밝은 마음, 곧 심성을 깨끗하게 하는 교육적인 뜻도 내재하고 있다. 우리 모두 이 명명덕을 마음에 새겨서 정신적인 지주로 삼고 실천해 나아가도록 해야겠다.   -김진규-

강에서 물고기를 보고 탐내는 것보다 돌아가서 그물을 짜는 것이 옳다. -예악지(禮樂志)-

실천하라

조석으로 선(善)을 생각해도 선행을 하지 않으면 착한 사람이라고 할 수 없고, 주야로 악(惡)을 생각해도 악행(惡行)을 하지 않으면 악인(惡人)이라고 할 수 없다.

그러므로 사람은 도를 닦고 마음을 닦는 공부도 중요하지만, 작은 선(善)이라도 몸 가까운 곳에서 실천하는 것은 더욱 중요하다. 선심(善心)이 일어나면 즉시 이를 실천에 옮겨라. 부모가 있는 자는 부모를 받들고, 자식이 있는 자는 자식을 양육하라. 걸인(乞人)을 보고 불쌍하게 생각하거든 즉시 먹을 것이나 옷을 베풀어라. 나쁜 일을 하고 내가 잘못했다고 생각하면서도 고치지 않으면 아무 소용이 없고, 불쌍한 사람을 보고도 베풀지 않으면 아무런 공이 없다. 그래서 나는 도(道)를 실천하는 하는 것을 소중히 생각한다. 세상의 모든 일은 실천이 없으면 이루어지는 것이 없다.

예를 들면, 배추벌레를 일부러 찾으려 해도 찾을 수 없다. 그러나 배추를 갈면 저절로 생겨난다. 물벌레를 찾으려 해도 찾아볼 수 없다. 그러나 물통에 물을 담아 놓으면 저절로 생겨난다. 지금 여기에 파리를 모으려 해도 절대로 모이지 않는다. 그러나 밥풀을 놓아두면 반드시 모여든다. 이 도리를 알고 실행에 힘써라.   -예악지(禮樂志)-

잘난 사람은 다른 사람이 아니라 자기가 할 수 있는 일을 한 사람이다. 그런데 범인(凡人)들은 할 수 있는 일을 하지 않고, 할 수 없는 일만 바라보고 있다. 내가 할 수 있는 정도의 일은 때를 놓치지 말고 하라. 그것으로 사람은 충분한 것이다. 인생의 불행은 자기가 할 수 있는 일을 하지 않는 데 그 근원이 있다.   -R. 로랑-

부자가 반드시 행복한 것은 아니다

가난은 싫다. 집에 재산이 없어 남의 신세를 지는 것은, 첫째 독립할 수 없을 뿐만 아니라 여러 가지 불편을 이루 다 말로 표현할 수 없다. 가난 때문에 사람 자체도 어리석어지고, 인상까지 달라지는 경우가 많다. 속담에 "404가지 병 중에서 가난보다 더한 것은 없다."라고 하는 말도 결코 과언이 아니다. 그래서 가난을 면하고 부귀 안락한 몸이 되려고 하는 것이 모든 사람의 꿈이고 또한 소망이지만, 이 꿈이 만족하게 이루어진 사람은 드물다.

그런데 지금 부자가 된 사람을 가난한 사람과 비교해, 부유한 자는 그 재산만큼 행복하고 즐거운가 하고 따져 보면 절대로 그렇지가 않다. 가난의 고통은 끝이 없고 자살을 할 정도로 괴로운 것이지만, 부자의 기쁨은 이렇게 한없이 극에 달할 정도로 좋은 것은 아니다. 사유재산의 효력은 오직 빈고(貧苦)를 없애고 몸과 마음을 편안하게 하는 데 그치지, 그 이상 일신에 직접적인 효과는 없다.

부자는 입는 옷을 여러 벌 장롱 속에 간직하고 있지만 실제로 다 입는 일은 없고, 가끔 그 옷을 보고 홀로 만족하고 있을 뿐이다. 수입이 2백만 원인 사람과 5백만 원인 사람의 고락(苦樂)을 따져 보면, 둘 다 먹고사는 데 걱정이 없으니 일상 생활에는 큰 차이가 없다.

호화스럽고 사치를 하는 사람이 가령 1년에 천만 원, 또는 5천만 원을 쓴다고 한들, 5천만 원을 쓰는 사람이 천만 원을 쓰는 사람에 비해서 다섯 배의 즐거움과 행복이 있는 것은 아니다. 뿐만 아니라 때로는 그 쾌락에 동반되는 일종의 허무감과 고통에 사로잡히게까지 된다.

그러므로 의식(衣食)에 부족함이 없는 이상 평안과 행복은 반드시 부(富)에 달려 있는 것이 아니니, 스스로 군자다운 자신의 장점을 돌아보면서, 유유자적(悠悠自適)하게 살 것이다.　　　-시세로-

암탉이 수탉보다 더 소리 높여 우는 집은 불길하다.
-영국 속담-

재가(齋家)

　사마온공(司馬溫公)이 말씀하시기를, "무릇 일가의 가장은 반드시 선왕(先王)이 정한 예(禮)와 국가의 법률을 삼가 지켜서, 많은 젊은이와 노비를 잘 통솔하고, 그 자녀와 비복(婢僕)에게는 능력에 따라 일을 맡기고, 그 일을 잘 수행하라고 독려하며, 재물을 사용할 때는 이익되는 곳에 쓰되, 수입을 고려해서 지출하며, 집에 저장된 양식과 저축을 생각해서 자녀와 노비의 의복과 음식, 관혼상제 등에 써야 한다. 지출을 할 때는 적소에 하며, 필요 없는 낭비를 줄이고, 각자 형편에 맞는 보수를 주며, 사치와 허영을 버리고, 항상 천재지변(天災地變) 등 재난에 미리 대비해서 저축을 해 두어야 한다."라고 했다.　-소학(小學)-

　가정의 미풍을 일컫는 말은 여러 가지 많지만, 그 중에 가장 중요한 것은 가족이 서로 단란하고, 서로 허물을 묻어 주는 것이다. 자녀가 어머니에게 말을 하면 어머니는 이를 아버지에게 말하고, 아버지가 자녀에게 하는 말을 어머니도 알아서, 아주 특별한 사업 이야기가 아니라면 온 가족이 비밀 없이 마음을 열어놓고 사는 것이 가장 중요하다. "이것은 내 생각인데, 아버지에게 말하지 말아라.", "이것은 내 독단적 결정인데, 어머니에게 말하면 안 된다."라는 등의 말을 한다면 그 내용이 좋고 나쁨을 떠나 이미 가족간에 벽이 생기고, 계략이 생겨 자녀 교육상 매우 이롭지 못하다.　-가도훈(家道訓)-

　집을 다스리는 데는 인(忍)자를 으뜸으로 삼아라. 내 집이 가난해도 참고 이겨나가며, 남에게 구차하게 빌리지 말라. 군자라면 내 마음에 차지 않는 일이 많을 것이다. 모두 참고 나가야지 그렇지 않으면 친구가 없어질 것이다.

-가도훈(家道訓)-

훌륭한 어머니 밑에 훌륭한 자식이 난다.
-영국 속담-

맹자의 어머니

　맹자(孟子)를 성인으로 기른 맹모(孟母)의 현명한 교육관을 알아본다. 우리는 흔히 삼천지교(三遷之敎)니, 단기지훈(斷機之訓)이니 하는 말들을 쓰는데, 이 말의 어원은 실로 맹자의 어머니가 맹자를 가르친 방법에서 유래되었다. 맹자의 집은 처음에 공동묘지 근처에 있었는데, 어린 맹자가 항상 보는 것이라고는 무덤을 파고 상여를 메며, 사람을 장사지내는 것이었다. 그래서 그도 늘 그런 흉내를 내는 놀이를 하며 놀았다. 이를 본 맹자의 어머니는 그곳이 자식을 기를 곳이 못 된다고 판단하고 시장가로 이사를 갔다. 시장가로 이사간 다음부터 맹자는 장사하는 사람의 흉내를 내며 놀았다. 역시 그곳도 자식 키울 곳이 아니라고 판단한 어머니는 서당이 있는 근처로 이사를 갔다. 그랬더니 이번에는 글공부를 하고 예절을 익히는 흉내를 냈다. 그 후 그곳에 정착해 살면서 맹자를 교육시켜 마침내 큰 학자가 되었다.

　이와 같이 맹자 어머님이 자녀교육을 위하여 세 번 집을 옮겨서 교육을 시켰다고 해서 맹모삼천(孟母三遷)이라는 말이 생겼다. 맹자가 조금 자라자 맹자 어머니는 어린 아들을 일정 기간 먼 곳에 있는 스승 댁으로 보내 그곳에서 유학시켰다. 그러나 집이 그리워진 맹자는 중도에 집으로 돌아왔다. 때마침 어머니는 베를 짜고 있었는데, 예고 없이 돌아온 아들을 보고 "학업을 중도에 파하고 돌아오는 것은 마치 베를 짜다가 칼로 허리를 자르는 것과 같다." 하며, 칼을 들어 베틀의 베를 끊어서 맹자를 경계하였다. 깊이 잘못을 깨달은 맹자는 다시 공부하던 곳으로 되돌아가서 기한을 마칠 때까지 더욱 열심히 공부를 했다.

　이를 단기지훈(斷機之訓)이라 한다. 맹자의 어머니는 현모(賢母)로서 역사적으로 유명하다. 이와 같이 훌륭한 어머니의 가르침이 있었기에 맹자(孟子)는 공자(孔子) 다음가는 성인이 되었던 것이다.

아무리 작은 악(惡)이라도 이를 행하면 안 된다.
-소학(小學)-

작은 일도 삼가라

천리나 되는 제방도 작은 개미구멍으로 무너지고, 백 척 높은 집도 작은 불씨로 다 타버린다. 요(堯)임금이 경계하여 말씀하시기를 "전전긍긍(戰戰兢兢)하며 종일토록 근신하고 삼가라." 하셨다. 사람은 큰산에 부딪쳐 넘어지는 법이 없고, 오히려 발 앞에 굴러다니는 작은 돌을 차고 넘어진다. 이와 같이 사람은 작은 일을 가벼이 보다가 일을 그르쳐 후회하는 수가 많다. 작은 병이 올 때 대수롭게 생각하지 않다가 병이 위중한 다음에는 의원을 찾아가고 편작(扁鵲)과 유부(俞跗) 같은 명의가 와도 고칠 수 없다.　　　-회남자(淮南子)-

촉(蜀)의 소열황제(昭烈皇帝)가 막 숨이 끊어지려 할 때, 다음 군주가 될 선(禪)을 불러 말하기를, "악한 일은 아무리 작아도 이를 행하면 안 된다. 선한 일은 아무리 작아도 이를 행하지 아니하면 안 된다."라고 하였다. 악(惡)에 따른다는 것은 무너지는 것과 같은 것이므로, 아무리 작은 악이라도 두려워해야 하고, 선(善)은 반드시 쌓아서 이루어지는 것이므로, 아무리 작은 선이라도 이를 행하지 않으면 안 된다.　　　-소학(小學)-

열 마디 말 가운데 아홉 마디가 맞더라도 반드시 기이하다고 칭찬하지 않으면서도, 한 마디 말이 맞지 않으면 허물이 한꺼번에 몰려든다. 열 가지 꾀 가운데 아홉 가지가 성공하더라도 공으로 돌리지 않으나, 한 가지 꾀라도 이루어지지 않으면 비난하는 말이 사방에서 일어난다. 그러므로 군자는 차라리 침묵할지언정 함부로 떠들지 않고, 차라리 못난 체할지언정 재주를 부리지 않는다.　　　-채근담(菜根譚)-

청춘은 온갖 것이 모두 실험이다.
-스티븐슨-

젊음과 인생

생명이 있는 한 희망은 있는 것이다.   -세르반테스-

매일을 그대를 위한 최후의 날이라고 생각하라. 이렇게 하면 생각지도 않던 오늘을 얻어 기쁨을 맛볼 것이다.   -호라티우스-

우리들의 최대의 영광은 한 번도 실패하지 않는 것이 아니라, 쓰러질 때마다 일어나는 데 있다.   -골드 스미스-

희망에 사는 사람은 항상 젊다.   -청남-

희망은 영원히 인간의 가슴에 들끓는다. 인간은 언제나 현재가 행복한 것이 아니라 언제나 이제부터 행복해지는 것이다.   -A. 포프-

희망에 살라 ! 희망에 살라 ! 가련한 사람들이여 !
죽음의 슬픔도 언젠가는 사라지고, 지병도 언젠가는 나아지며, 지옥의 책고 (責苦)도 영원히 계속되는 것은 아니다.   -위고-

배우는 것은 뜻을 세우는 것보다 먼저 되는 일이 아니다.   -왕양명-

인내는 희망을 갖기 위한 기술이다.   -보브나르그-

인생은 짧고 예술은 길다. 기회는 지나가기 쉽고 경험은 의심스러우며, 판단은 어렵다.   -히포크라테스-

책 속에 고래등같은 기와집이 숨어 있다.

-진종황제-

독서(讀書)에 대하여

독서하는 아름다운 모습을 우리 어른이 솔선하여 자녀들에게 보여 주어야 할 것이다. 독서를 위해서는 양서의 선택이 중요하다. 현대 사회를 인구 폭발, 지식 정보의 폭발 및 과학 기술의 폭발이라고 하는데, 우리는 곧 3대 폭발시대에 살고 있다. 이 가운데서 지식 정보는 가속화되어 발전하고 있다. 어제의 지식이 오늘에 와서는 아무 쓸모 없는 것으로 변하는 세상인지라 평생교육의 정신으로 계속해서 독서를 통한 지식을 습득하지 않는다면 변화하는 새 시대에 따라갈 수가 없게 되는 것이다.

고로 우리는 독서를 생활화했을 때 교육은 물론이고 자신의 생활이 새로워져서 마침내 창조적이고, 뜻 있는 생애를 살아갈 수가 있는 것이다. 책 속에는 지혜가 있고 진리가 있으며, 새로운 지식이 있어서 생활의 방편이 되기 때문이다. 우리는 책을 통해서 위대한 인격을 만나고 벗을 만나서 즐거운 시간을 가지게 되는 것이다. 이 책 속에는 마침내 직장도 벼슬도 숨어 있고, 권력과 재물과 부귀영화가 다 숨어 있다고 하겠다. 책 속에 부귀영화가 있다는 말은 다음과 같은 뜻이다.

송대(宋代)의 진종황제가 권학문을 남겼는데, "집을 부하게 하려고 좋은 논밭을 살 필요가 없다. 책을 읽어 출세하면 많은 국록(國祿)을 받으니, 책 가운데 스스로 벼슬과 녹봉이 숨어 있다."라고 했다. 또 책을 읽어서 벼슬을 하면 좋은 집에서 살 수 있으니 책 가운데 스스로 고래등같은 집이 숨어 있다는 뜻이다. 뿐만 아니라 아내를 맞이하는 데도 걱정할 것이 없다. 공부를 많이 하여 출세를 하면 어진 안내도 얻을 수 있으니 책 가운데 얼굴이 구슬같이 아름다운 미인이 숨어 있다는 뜻이다. 책을 가까이 한다는 말은 열심히 공부한다는 뜻이니 자고로 성공하고 훌륭한 사람이 되려면 책 속에서 많은 지식을 찾아야 하고, 이 속에서 우리 생활의 모든 것을 찾아야 한다.

인생문제를 해결하려면 먼저 자기 바느질 그릇을 정돈해라.
-칼라일-

편안한 인간

어떤 부인이 '칼라일'에게 편지로 고민을 말하며, 그 해결책을 물어오자 그는 이렇게 말했다. "우선 자기 바느질 그릇 속에 헝클어진 실이 없나 조사해 보고, 있다면 실패에 잘 감으시오. 또 장롱 속에 정리하지 않고 넣어둔 옷이 없나 조사해 보고, 있다면 차곡차곡 잘 넣으시오. 이와 같이 매일의 생활을 잘 정돈해 간다면 괴로운 인생문제도 해결될 것입니다."   -칼라일-

이 우주 속에 우리 지구의 존재는 망망대해의 밥풀 한 알보다 더 적을 것이다. 우리 인간도 이 밥알 위에 낫다가 죽는 존재로, 나는 이유도 모르고 또한 죽는 이유도 모르고 살고 있으며, 어디서 와서 어디로 가는지도 모른다. 5, 6척의 몸에 불과 100년의 수명도 얻기 어려우니, 하루살이가 아침에 낫다가 저녁에 죽는다고 하지만 인간의 수명과 비교해서 별로 큰 차이가 없다. 벼룩과 개미의 키를 비교한다 해도 코끼리의 눈으로 보면 별것이 아니고, 일분 일초를 다툰다 해도 100년 세월에서 본다면 별것이 아니다. 무한한 우주로 견주어 본다면 일월도 지구도 아주 작은 존재이니, 하물며 인간과 같이 무지 무식한 존재는 더욱 보잘것없는 작은 벌레보다 못한 존재이다. 그런데 그런 인생이 부귀귀천, 영고성쇠 운운하며 심신을 고달프게 하는 것은 마치 개미집의 개미가 폭풍이 다가오는 것을 모르는 것과 같고, 여름에 뛰노는 메뚜기가 겨울이 오는 것을 모르는 것과 같다. 이미 이 세상에 태어났다면, 너무 어렵게 생각하지 말고 인생 일장을 받은 대로 성실하게 잘 살다가 가야 한다. 50, 60의 수명도 길다고 생각하고 부모에게 효도하고, 부부 사이 화목하며, 자손을 잘 돌보고, 사회에 공헌하며, 생애에 한 점 오점을 남기지 않도록 살아가는 것이 한 알의 밥알로 아니 만물의 영장으로서 자랑스러운 일이다. 한판 연극이지만 연극이라 생각하고 하면 마음 편안한 법이다.   -복옹백화-

나는 하루 일을 하지 않으면 하루 먹지 않는다는 주의다.

-백장선사-

일을 하라

노경(老境)에 들어선 백장선사가 밭에 나가 일을 하는 것을 본 대중들이 선사의 괭이를 감추었다. 그랬더니 그날부터 선사는 전혀 음식을 들지 않았다. 단식 3일이 되자 대중들도 선사의 뜻을 알고 괭이를 제자리에 갖다놓았다. 그랬더니 선사는 뒤뜰에 밭을 일구고, 식사를 권하니 이번에는 절을 들었다. 괭이를 감춘 사람이 "왜 식사를 하지 않으셨습니까?" 하고 물으니, "나는 하루 일을 하지 않으면 하루 먹지 않는다는 주의(主義)이네." -백장선사-

근로하면 착한 마음이 나고, 편안하면 교만한 마음이 일어나는 것이 인정(人情)이다. -정도전-

노동이 집안으로 들어오면 빈곤은 도망쳐 나간다. 그러나 노동이 잠들어 버리면 빈곤이 창으로 뛰어 들어온다. -R. 라이니크-

노동을 사랑하라. 양식을 위해서 노동할 필요가 없는 사람도 건강을 위해서는 필요한 것이다. 그리고 노동은 신체에 좋을 뿐만 아니라 정신에도 좋다.

-W. 펜-

전능하신 하느님께서 먹기만 하고 일은 하지 말아야 하는 부류의 인간을 지으셨다면 그 인간은 입만 있고 손은 없었을 것입니다. 그리고 또 다른 부류로 일만 해야 하고 먹지는 못하게 되어 있는 인간을 지으실 의도가 계셨다면 그 인간은 손만 있고 입은 없었을 것입니다. -A. 링컨-

노동이란 인간이 사회에 제공하는 가치 있는 모든 것으로 이해되어야 한다.

-E. 프롬-

지나치면 모자람만 못하다.
-논어(論語)-

지나치지 말라

자장(子張)과 자하(子夏)는 모두 공문(孔門)에 들어온 인품 높은 사람인데, 두 사람의 재질(才質)은 서로 달랐다. 그래서 자공(子貢)이, 이 두 사람의 이름을 들어 "자장과 자하는 어느 쪽이 더 낫고, 어느 쪽이 못합니까?" 하고 물었다.

공자께서는 "그들이 말하는 것, 행하는 것을 보니 자장은 항상 중용을 지나치고, 자하는 항상 중용에 미치지 못한다."라고 했다. 자공은 공자의 말을 잘 이해 못 하고 지나친 것이 좀더 좋다는 생각이 들어 거듭 묻기를, "그렇다면 자장이 좀더 낫은 편입니까?" 하니, 공자께서 말씀하시기를, "학문의 도는 중용에 머무는 것을 귀하게 생각한다. 중용에 미치지 못하는 것은 부족한 것이지만 중용을 넘어선 것도 또한 옳지 못한 것이니, 다같이 중용을 이루지 못한 것이다."라고 하셨다.   -논어-

세간에서 미덕이 지나쳐도 아무런 패가 없다고 주장하는 사람은 단지 말장난을 하는 사람이다. 왜냐하면 미덕이라도 한 번 과도하게 되면 그것은 미덕이 아니기 때문이다. "사람이 만일 그의 지혜 또는 그 덕행을 필요 이상으로 밀고 나간다면, 지자(知者)도 지자가 아니고, 선자(善者)도 선자가 아니다."라는 것은 철학상의 미묘한 생각이다.

사람이 미덕을 사랑하기에 더욱 강하게, 또한 선행을 좋아하기에 도를 넘치는데 이는 잘못이다. 이 세상에는 지나친 것은 미치지 못한 것보다 못할 때가 있다. 과도한 친절은 받는 이에 부담이 되고, 지나친 동정은 받는 이에게 모욕감을 안겨 준다. 그래서 무엇이든 정도에 맞게 하는 것이 가장 좋은 것이다.   -몽테뉴-

가장 큰 효도는 자신의 몸을 잘 지니고 자신의 허물로 말미암아 부모에게 시비가 없게 하는 것이니라. -우암 송시열-

6
스무 번째

여훈(女訓)

우암(尤庵) 송시열 선생의 《계녀서(戒女書)》 선행록(善行錄)에, "중국 진나라의 유명한 효자인 왕상(王祥)과 삼국시대 오(吳)나라 사람인 맹종(孟宗)은 부모님께서 병환에 계셔 겨울에 죽순과 잉어를 구하거늘, 맹종은 대밭에 가서 우니 죽순이 눈 속에서 자라나고, 왕상은 물가에 가서 우니 얼음이 터져 잉어가 뛰어나왔다고 한다.

또 중국 춘추시대 진나라 사람 극결(郤缺)은 밭을 매고 그 아내와 점심밥을 먹으려 할 때, 아내 밥을 눈 위에 들어올려 높은 손님 대접하듯 하였더니, 마침 그곳을 지나던 귀한 손이 그 광경을 보고 착하고 기특하게 여겨 그 지아비를 벼슬을 시켰다고 한다.

또 맹자는 어릴 적에 이웃집에서 돼지 잡는 것을 보고는 어머님께 그 돼지를 왜 잡는가 물으니 어머님께서 농담으로 대답하여 이르시되 너 먹이려 한다 하시고 이윽고 우시며 말씀하시더니, 어린 자식을 속이는 것이 옳지 않다 하여 즉시 돼지고기를 사서 아들에게 먹이셨다고 한다.

네가 미성하여 출가하니 늦도록 내 곁에 두어 가르치지 못하고 남의 집에 보내니 행세 인사와 매사를 어찌할 줄 모르는 고로 갑갑하고 민망하여 여러 가지 소견으로 세세하고 구차히 경계하여 이르니 부디 뼈에 새기고 마음에 적시어서 이 책을 일 삭 곧 한 달에 두세 번씩 보아 잊지 말라. 곁에 두어 크고 작은 허물에 경계할 줄 안다면 마음이 범연코자 하여도 오히려 범연할 수 없으리라.

여자가 부모에게 할 수 있는 가장 큰 효도는 자신의 몸을 잘 지니고 자신의 허물로 말미암아 부모에게 시비 없게 하는 것이니라. 네 비록 나의 곁을 떠나 있으나 나의 슬하에 있어 나의 말을 듣는 듯하여라. 부디 명심하라."고 우암 선생께서 말씀하셨다.

오늘의 명언 **183**

용이 용을 낳고 봉이 봉을 낳는다.
-우암 송시열-

태교(胎教)

　"예전에 부인이 자식을 임신하여 잠을 잘 때는 몸을 기울게 하지 않으며, 앉을 때도 치우쳐 앉지 않으며, 설 때에는 한쪽 발로 기울게 서지 않으며, 사특한 음식을 먹지 않으며, 바르게 썰지 않은 것은 먹지 않으며, 반듯한 자리가 아니면 앉지 않으며, 눈으로는 사특한 빛을 보지 않으며, 귀로는 음란한 소리를 듣지 않으며, 밤이 되면 소경으로 하여금 시경(詩經)을 외우고, 바른 일을 말하게 하였다. 이와 같이 하여 자식을 낳으면 용모가 단정하고 재능이 남보다 뛰어나게 될 것이다.

　다시 말해서 여자가 임신한 기간 동안 가져야 할 몸가짐, 즉 태교에 관한 내용이다. 요즘 생각으로 보면 불합리한 내용도 있으나 임신 중에는 모든 행실을 바르게 하고 항상 좋은 일, 좋은 말, 좋은 음악만을 들으면서 즐겁게 지내야만 태아에게 좋은 영향을 끼친다는 데는 이의가 없을 것이다.

　옛날 대선비들은 태어나던 날로부터 죽는 날까지 이같이 정대(正大)한 기운을 평생 지키고 행하셨는데, 어찌 열 달 행하기를 수고롭다 하겠는가? 이 일을 행하고 행하지 못하는 것이 모두 마음먹기에 달렸으니 심지가 굳센 사람은 능히 행하기가 쉬우리라.

　그러므로 용이 용을 낳고 봉이 봉을 낳는 것은 이치에 당연함이니 아무래도 어진 부인은 이치를 깨닫기도 쉽고 행하기도 주저하지 않을 것이로다.

　아무리 옛사람의 일이라도 이같이 착하고 장한 일은 요즘 사람이라고 본받지 않을 수 없다. 이와 같이 행하여 훌륭한 자녀를 낳으면 산모도 장하려니와 이 말을 전한 사람 또한 영광이니 부디 잊지 말고 행할지라." 이렇게 우암(尤岩) 송시열 선생은 《계녀서(戒女書)》에서 말씀하셨다.

국가 존망의 위기를 보면 천명을 받은 것같이 생각하라.
-안중근 의사-

호국정신

평생 나라를 위하는 마음은 오늘 같은 어려움을 이겨내는 데 달려 있다. 비록 저들이 우리를 구원하지 않더라도 내 감히 죽음으로서 나라의 은혜를 보답하지 않으랴.　-안홍국(安弘國)-

사나이 대장부로 세상에 태어나서 적을 무찌르려 의지를 쌓았더니 이제야 뜻한 대로 좋은 때를 만났구나. 때가 영웅을 만드는가? 영웅이 때를 만나는가? 북쪽바람 차기도 하나 내 피는 뜨겁구나. 쌓였던 원한을 한번 털어놓으면 어김없이 꼭 도적을 잡으리라. 우리 동포 형제자매들아, 이 공업(功業)을 잊지 말라. 만세, 만세, 만세. 대한독립 만만세.　-안중근 의사-

국가 존망의 위기를 보면 천명을 받은 것같이 생각하고, 이익을 보면은 먼저 정의를 생각하라. 하루라도 책을 읽지 아니하면은 입 속에 가시가 생길 것이다.　-안중근 의사-

한국 사람의 혼은 독립 자주의 혼이요, 동족 애호의 혼이요, 크게 의로운 명분의 혼이요, 일치 단결의 혼이요, 건설 개척의 혼이요, 세계 평화의 혼이요, 내 몸을 불살라 죽으면서도 정도를 이루는 혼이다.　-이준 열사-

나라가 무사할 때는 공경(公卿)들의 말도 기러기 털보다 가볍게 생각하고 나라에 큰 일이 있을 때는 필부의 말도 큰산보다 무겁게 여겨야 한다.
　-이색 선생(李穡 先生)-

하늘이 알고, 신이 알고, 내가 알고, 네가 안다.
-양사은(楊士彦)-

수신(修身)

사람은 첫째로 사람됨의 근본 바탕을 배워야 하며, 둘째로 공명한 것을 숭상해야 하고, 셋째로 온갖 욕심을 막아야 하고, 넷째로 그 맡은 일을 부지런히 해야 하고, 다섯째로 온갖 학문을 넓게 배우고, 여섯째는 친척들과 화목하게 살아야 한다.   -이심원(李深源)-

비록 시골의 초가집에서 살더라도 올바른 일을 행하면 복된 일이 오래가고 진실로 그렇지 않으면 비록 수고롭게 성을 쌓더라도 또한 이로울 것이 없을 것이다.   -의상조사-

검소한 사람은 스스로 절약을 일삼는 까닭으로 항상 여유가 있고 남을 도와줄 수가 있으나, 사치하는 사람은 씀씀이가 많은 사람으로 항상 모자라서 남에게 인색하다.   -이덕형(李德馨)-

몰래 황금을 가져와 선물로 바치는 사람에게 받지 않겠다고 하자 "아무도 보는 이가 없으니 받으시오."라고 하자, "하늘이 알고 신이 알고, 내가 알고 네가 안다."라고 하며, 그 잘못을 타일러 돌려보냈다.   -양사은(楊士彦)-

벼슬하는 사람은 백성을 사랑하고 나라와 사회를 위하여 힘써 일하고 청렴결백하고 검소하고 깨끗하고 몸가짐을 잘 단속하고 부지런하고 삼가 조심하고 법도를 잘 지킬 것이니라.   -윤증(尹拯)-

신이 듣건대 여자는 두 남편이 없고 신하는 두 임금이 없다고 하오니, 고향으로 돌아가게 하여 신이 두 나라 임금을 섬기지 않으려는 뜻을 이루게 하소서.   -길재(吉再)-

평화로운 세상은 조정이 근본이 되고 조정의 근본은 임금의
마음에 달려 있다.   -권충재(權冲齋)-

좋은 정치

염치를 아는 마음을 길러 흐린 풍속을 깨끗하게 하고, 형정(刑政)을 밝게
하여 백성의 삶을 보전하게 하고 학술을 창조하여 선비의 기풍을 떨치게 해야
한다.   -서애(西厓)-

충재(冲齋) 선생이 경상감사로 임명되었을 때 중종(中宗)이 당부하여 말씀
하시되, "영남지방은 요즘 흉년으로 인하여 백성들이 굶주리고 사방으로 흩어
져서 헤맨다 하니 경은 진심으로 백성들을 안정시켜라."라고 하였다.

이에 충재 선생께서 대답한 말씀으로써, "사방의 근본은 조정에 달려 있고,
조정의 근본은 임금의 한 마음에 달려 있습니다."라고 한 글에서 평화로운 세
상은 조정이 근본이 되고, 조정의 근본은 임금의 마음에 달려 있다고 하여 임
금의 선정을 권했다.   -권충재(權冲齋) 선생-

"나라에 기강이 있는 것은 마치 몸에 혈맥이 통해 있는 것과 같다. 몸에
혈맥이 없으며 기가 통하지 않는 데가 있고, 나라에 기강이 없으면 법령이 행
하지 않는 것이 있다."라고 하였다.

이 말은 나라를 다스리는 데는 기강이 중요하다는 뜻으로 이를 몸의 혈맥에
비유하여 설명하고 있으며, 조선조 개국공신으로 이름이 높은 조준(趙浚) 선
생이 남기신 글이다.   -조준(趙浚)-

6

스물다섯 번째

일이 재미있으면 인생은 낙원이다. 일이 의무라면 인생은
지옥이다.   -고리키-

사회에 대한 의무

심산유곡에 은둔하는 시선이라면 몰라도, 사람 사는 사회에서 먹고 자고 하
는 사람은 자신의 몸을 유지하고 일가를 꾸려나가는 동시에 함께 사는 사람들
에 대한 의무를 성실하게 실천하지 않으면 안 된다.

나는 독립되고 자유로운 몸이며, 하나도 주지 않고 하나도 받지 않겠다, 라
고 한다면 동포들과 아무런 인연이 없는 듯이 생각되지만, 다른 사람이 저술
한 책을 읽고, 다른 사람이 발명한 기기를 사용하여 큰 이익을 얻고 있으니,
암암리에 많은 사람들의 혜택을 받고 있는 것이 된다. 자기 집의 실화(失火)
로 이웃집을 불태우고, 자기 식구의 전염병을 남에게 감염시키는 등은 고의적
인 것은 아니더라도 타인의 재산을 뺏고, 타인을 죽이는 결과가 된다.

이와 같이 인간은 이웃과 사회에 이렇게 깊게 연관되어 있으므로, 내가 신
선이 아니고 사회 여러 사람들과 깊은 관계를 맺고 살고 있다는 것을 안다면,
체력을 단련해서 우선 일신과 자기 가정을 다스리고, 몸이 가루가 되어도 남
의 신세를 지는 일이 없도록 하고, 항상 공부를 게을리 하지 말고, 보는 시야
를 넓히고, 사회 공동의 이익을 소중히 생각하고, 사업을 할 때도 간접적으로
세상을 이롭게 하는 직업을 택하도록 한다.

도박으로 딴 돈은 술을 마셔도 아깝지 않다 해도 그 돈은 남에게 이익을
주며 얻은 돈이 아니고, 자선가가 주는 돈으로 생계를 꾸려 나간다 해도 그
돈은 남을 이롭게 해서 번 돈이 아니니 문명인이 즐겨 받을 것이 못된다.

산업사회가 발달하면 물건을 파는 사람도 사는 사람도, 사람을 고용하는 사
람도 고용 당하는 사람도 함께 이익을 봐서 명랑 사회가 되어, 직접적으로 은
혜를 베푸는 사람 없이, 간접적으로 혜택을 입는 사람이 많아진다. 이것이 바
로 문명사회의 윤리이니 이웃과 더불어 힘써 열심히 살아야 한다.

-복옹백화-

188

무위(無爲)의 존재는 모두 유약(柔弱)하기 때문에 윗것이
된다.   -노자-

강한 것은 부러진다

사람이 갓 태어났을 때 뼈는 부드럽고 근육도 연하다. 그런데 사람이 죽은
다음에는 뼈는 단단하고 근육은 굳어진다. 나무와 풀도 또한 마찬가지며, 땅
에서 금방 나온 떡잎일 때는 유연하지만, 말라죽은 다음에는 수분이 증발해서
단단해져 버린다. 그러므로 사람이나 초목이나 유연한 것은 생명이 왕성한 것
이고, 단단하고 굳은 것은 죽음의 속하는 것이다.

이 이치는 모든 것에 다 통하는 원리이며, 병사(兵事)에 있어서도 강한 군
대는 강한 것을 믿고 교만해서, 천하 통일을 해야 된다는 등의 엉뚱한 생각을
하며, 힘으로 사람을 굴복시키는 것이 진실로 사람을 굴복시키는 방법이 아니
라는 것을 깨닫지 못한다. 천하의 백성이 모두 그 밑을 떠난다면 아무리 군대
가 강해도 도저히 최후의 승리를 거둘 수 없게 된다.

또 나무가 강하고 튼튼한 줄기와 뿌리를 자랑하고 있을 때 폭풍우가 불어닥
치면 부러지고 만다. 그러나 강가의 연한 갈대는 아무리 강한 바람이 불어도
바람 따라 휘어질 뿐 부러지지는 않는다. 그러므로 하늘은 기(氣)를 품고 위
에 있고 땅이 형(形)을 이루어 아래에 있는 것과 같이, 무위(無爲)의 존재는
모두 유약(柔弱)하기 때문에 윗것이 되고, 유위(有爲)한 것은 강대하기 때문
에 아래에 존재하게 되는 것이다.   -노자(老子)-

늘그막의 질병은 모두가 젊었을 때 불러들인 것이요. 쇠퇴한 후의 재앙은
모두가 번성했을 때에 지은 것이다. 그러므로 성하고 가득 찬 것을 지니고 누
릴 때 더욱 조심해야 한다.   -노자(老子)-

6
스물일곱 번째

성낸다는 것은 타인의 죄과에 대한 보복을 자신의 몸에 하는 것이다. -호프-

분노는 진리를 말살한다

타인에 대한 자신의 분노를 어떤 경우에라도 절대로 옳다고 생각해서는 안 된다. 또한 어떤 사람이라도 폐품(廢品)과 같이 무용한 존재라고 생각하거나 말해서는 안 된다. -톨스토이-

이 세상에 분노만큼 그 사람의 바른 판단력을 흐리게 하는 것은 없다. 만일 재판관이 자신의 분노로서 죄인을 처벌했을 때, 그 재판관을 사형에 처해도 아무도 동정하는 사람이 없을 것이다. 그와 같이 세상의 부모들과 교육자가 성을 내면서 그들의 자녀와 제자를 매질하거나 욕을 하는 것도 용서받을 수 없는 일이다. 이와 같은 일은 교정이 아니라 복수와도 같은 행위이다. 아이들에 대한 질책은 의사가 환자에게 주는 치료약과 같다. 우리들은 환자에게 목소리를 높이거나 분노하는 의사를 용인할 것인가? -몽테뉴-

분노는 자신에 대해 좋아하고 아첨하는 감정이다. 그것이 부당한 원인 때문에 일어났을 경우에, 상대방이 정당한 변명을 해도 진실과 무죄에 대해서 계속 성을 내고 있을 때가 얼마나 많았던가? 한 예를 들면, '파이소 장군'은 매우 덕 있는 인물이었으나, 어느 날 식량 증발을 위해 출동했다가 홀로 돌아온 병사를 보고 그의 동료를 암살하고 왔다고 크게 노하며 즉시 사형을 명했다. 그 병사가 단두대에 오르기 직전 죽은 줄만 알았던 동료가 돌아오자 전군(全軍)은 모두 기뻐했다. 그래서 사형집행인도 너무나 좋아서 두 사람을 장군 앞으로 데려가며, 그도 좋아할 것이라고 생각했다. 그러나 그 사태는 정반대였다. 그는 수치와 자존심 때문에 더욱 성을 내며, 한 사병은 이미 사형 명령이 내려졌으니 사형이고, 길을 잃은 사병은 무단 이탈이니 사형, 사형집행인은 명령불복이라고 해서 세 사병 모두를 사형시키고 말았다. -몽테뉴-

190

교언(巧言) 영색(令色)에 인자(仁者)는 적다.
-논어(論語)-

인(仁)에 대하여

맹자께서 말씀하시기를 사람은 누구나 다 참지 못하는 마음이 있다. 곧 측은한 마음은 인(仁)의 단서가 되고, 부끄러워하고 미워하는 마음은 의(義)의 단서(실마리)가 되고, 자기를 뒤로하고 남에게 양보하는 마음은 예(禮)의 단서가 되고, 옳고 그름을 따지는 마음은 지(智)의 단서가 된다. -맹자(孟子)-

교언(巧言)은 상대방의 비위를 거슬리지 않고 듣기 좋게 하는 말이며, 영색(令色)이란 얼굴빛을 부드럽게 하고 상대방 마음에 들게 행동하는 것이다. 이런 데만 마음을 쓰는 사람에게 인자(仁者)는 적다. -논어(論語)-

자공(子貢)이 묻기를, "만일 어떤 사람이 널리 은혜를 베풀어 천하의 백성을 구한다면, 그 덕을 무엇이라 하겠습니까? 인(仁)이라 할 수 있습니까?" 공자께서 대답하시되, "인(仁)이란 어찌 성인의 덕이 있어야, 천자의 자리에 있어야 비로소 행할 수 있는 것일까? 옛날 요순(堯舜)과 같이 큰 성인도 쉽게 할 수 없다고 늘 근심한 일이다.

이와 같이 어려운 일을 하지 않으면 인(仁)이 아니라고 생각한다면 인(仁)은 더욱 얻기 어려워진다. 인자(仁者)는 남과 나를 동체(同體)로 보는 것이다. 내가 서려 할 때 동시에 남도 세우고, 내가 달(達)하려 생각하면 남도 달(達)하게 하려 생각하는 것이다. 인자(仁者)의 마음은 항상 이와 같으므로, 인(仁)을 구할 때 넓게 백성에게 베풀고, 많은 중생을 구제하는 고상한 일을 하게 되는 것이다. 가까이 내 마음이 욕심 나는 것으로 미루어, 다른 사람의 마음을 살펴, 다른 사람이 바라는 것도 또한 이러하다는 것을 알고, 자기가 욕(欲)하는 것을 감추고, 타인의 바람을 이루게 해 주는 것, 그런 것이 바로 인(仁)이다."라고 하셨다. -논어(論語)-

생명이 있는 한 희망은 있는 것이다.
-세르반테스-

희망과 인생

고귀한 일은 모두 처음에는 '불가능한 일'로 보인다.　　-칼라일-

오직 미래를 구축하는 것만이 과거를 심판할 권리가 있다.　　-니체-

미래가 어떤 것이었든 또 어떤 사태가 일어나든, 희망을 조금이라도 잊지 않도록 유의하도록 하자. 희망을 갖는다는 것은 하나의 덕이다.　　-위고-

희망이 없으면 노력도 없다.　　-새뮤얼 존슨-

완전은 하늘의 척도이며, 완전하려는 희망은 인간의 척도이다.　　-괴테-

만일 앞으로 인류가 계속 살아가려고 한다면 그것은 인류가 단순히 살아왔기 때문에 그렇게 되는 것이 아니라, 자기가 계속 살려고 희망하기 때문에 비로소 그렇게 되는 것이다.　　-사르트르-

청춘은 안전 확실한 증권을 사서는 안 된다.　　-콕토-

불가능을 원하는 사람을 나는 사랑한다.　　-괴테-

인간은 불가능한 것을 기도하지 않으면 권태를 느낀다.　　-아랑-

청춘시절에 온갖 어리석음이 없었던 사람은 중년이 되면 아무런 힘도 지니지 못할 것이다.　　-모터마 콜린스-

왕자(王者)보다 더 귀한 것이 삼락(三樂)이다.
-맹자(孟子)-

삼락(三樂)에 대하여

희(喜)란 마음속에서부터 간직하고 느껴져서 그 기쁨이 밖으로 나오는 마음 작용으로, 자신이 혼자 학문을 연구하여 그 어떤 경지에 갔을 때 그 희열, 그것은 본인이 아니면 맛볼 수가 없고, 자신이 스스로 찾고 만들어야 하는 기쁨이다.

낙(樂)이란 밖에서부터 어떤 사물에 부딪쳐서 생기는 그 즐거움이 마음 안으로 들어가 즐거움을 불러일으키는 것이다. 이를테면 좋은 음악이 우리의 귓전을 자극시켜서 마음속으로 들어가 화(和)를 가져오게 하는 것 등 형이하학(形而下學)의 세계에서 형이상학(形而上學)으로 옮아가는 것, 곧 외부에서 내부로 들어가는 마음의 작용이다.　　-맹자-

맹자가 세 가지 즐거움에 대해 말씀하였다.

"군자는 세 가지 즐거움이 있으니 천하 부호도 이 세 가지 즐거움에 들어 있지 않다. 부모가 다 생존해 계시고 형제가 모두 무고한 것이 첫째 즐거움이요, 위로 우러러보아서 하늘에 한 점 부끄럽지 않고 아래로 굽어보아도 사람에게 조금도 부끄럽지 않는 것이 둘째 즐거움이요, 천하의 우수한 영재(英才)를 얻어서 이들을 교육하는 것이 셋째 즐거움이니, 군자는 이 세 가지 즐거움을 가지고 있으나 천하에 왕노릇 하는 것은 이 삼락(三樂)에 들어 있지 않다."라고 말씀하셨다.

결국에 있어서 왕자(王者)가 되어 천하를 호령하고 무한한 부귀와 영화를 누리는 것이 또한 남자의 바람직한 일이요 즐거움이겠지만, 군자의 삼락(三樂) 속에는 들어갈 수 없는 것이다. 삼락(三樂) 속에 살아가는 자, 왕자(王者)보다도 더 고귀한 존재라고 하니, 우리는 이 삼락(三樂)을 가지기 위해 노력하여야 하겠다.　　-맹자삼락(孟子三樂)-

夏

7월의 이야기

july

7
첫 번째

선비는 자기를 알아주는 사람을 위해 목숨을 바친다.
-한국 속담-

사람을 부리는 법

사람을 잘 다루고, 사람의 마음을 사서 심복인 부하로 만드는 데는 달리 특별한 방법이 있는 것이 아니다. 오직 각자의 소질과 능력에 맞는 자리에 각자를 배치하는 것이다. 예를 갖출 필요도 없고, 허리를 굽힐 필요도 없고, 친절하지 않아도 좋다. 그러나 몰인정해서는 안 된다. 굳이 비위를 사려고 하다가는 오히려 멸시 당하게 될지언정 절대로 심복이 되지 않는다.

옛사람들의 "선비는 자기를 알아주는 사람을 위해 목숨을 바친다."라는 말은 만고의 명언이다. 나를 욕해도 좋다, 꾸지람해도 좋다, 오직 나의 장점을 알고 나의 능력과 소질을 살릴 수 있는 곳에 배치해서 써준다면 선비는 그것으로 만족한다.

돈을 많이 받지 않아도 좋고, 좋은 음식을 대접받지 않아도 좋다. 세상에는 성나는 일도 많지만 무시당하는 것보다 더 성나는 일은 없다. 나를 신용하고 분에 맞는 일을 책임져 주면, 나를 알아주는 사람을 위해 사명을 바치는 것이 남자이다.   -계월전집-

만사를 자기에게 복종시키려 하면, 먼저 너 자신을 이성에 복종시켜라.

-L. A. 세네카-

지배하기 전에 먼저 복종하는 것을 배워라.   -솔론-

상대를 이쪽에서 복종시키는 것보다도 이쪽에서 눈치보아 잘 하는 편이 때로 지름길이며, 유익하다.   -J. 라 브뤼예르-

196

신 앞에서는 모든 사람이 다 평등하다.
-웰링턴-

연석의 수훈

안식일에 예수께서 바리새인의 한 두령 집에 떡 잡수시러 들어가시니 저희가 엿보고 있더라. 주의 앞에 고창병 든 한 사람이 있는지라, 예수께서 대답하여 율법사들과 바리새인들에게 일러 가라사대, "안식일에 병 고쳐 주는 것이 합당하냐, 아니하냐?" 저희가 잠잠하거늘, 예수께서 그 사람을 데려다가 고쳐 보내시고, 또 저희에게 이르시되, "너희 중에 누가 그 아들이나 소가 우물에 빠졌으면 안식일에라도 곧 끌어내지 않겠느냐?" 하시니, 저희가 이에 대하여 대답지 못하니라.

청함을 받은 사람들의 상좌 택함을 보시고 저희에게 비유로 말씀하여 가라사대, "네가 누구에게나 혼인 잔치에 청함을 받았을 때에 상좌에 앉지 말라. 그렇지 않으면 너보다 더 높은 사람이 청함을 받은 경우에 너와 저를 청한 자가 와서 너더러 '이 사람에게 자리를 내어 주라.' 하리니, 그때에 네가 부끄러워 말석으로 가게 되리라. 청함을 받았을 때에 차라리 가서 말석에 앉으라. 그러면 너를 청한 자가 와서 너더러 '벗이여 올라 앉으라.' 하리니, 그때에야 함께 앉은 모든 사람 앞에 영광이 있으리라."

무릇 자기를 높이는 자는 낮아지고, 자기를 낮추는 자는 높아지리라. 또 자기를 청한 자에게 이르시되, "네가 저녁이나 베풀거든 벗이나 형제나 친척이나 부한 이웃을 청하지 말라. 두렵건대, 그 사람들이 너를 도로 청하여 네게 갚음이 될까 하라. 잔치를 배설하거든 차라리 가난한 자들과 병신들과 저는 자들과 소경들을 청하라. 그리하면 저희가 갚을 것이 없는 고로 네게 복이 되리니, 이는 의인들의 부활시에 네가 갚음을 받겠음이니라." 하시더라.

-누가복음-

나를 낳으신 분은 부모이고, 나를 아는 사람은 포숙(鮑叔)이다. -관중(管仲)-

벗에 대하여

벗에는 네 가지 등급이 있다. 첫째는 꽃과 같은 벗, 둘째는 저울과 같은 벗, 셋째는 산과 같은 벗, 넷째는 땅과 같은 벗이다.

꽃과 같은 벗이란 좋을 때는 얼굴을 나타내고 어려울 때는 숨어 버린다. 부귀를 보고 따르고 빈천하면 사라져 버린다. 이런 벗을 꽃과 같은 벗이라 한다. 저울과 같은 벗이란 물건이 무거우면 머리를 숙이고, 물건이 가벼우면 머리를 쳐든다. 무엇을 주면 다가오고 주지 않으면 멀리하는 친구를 저울과 같은 친구라 한다.

산과 같은 친구란, 가령 한라산과 같은 친구다. 짐승과 새들이 여기 모여들며 번영과 발전이 있다. 귀하며 사람을 번성하게 하고 부귀를 함께 즐기는 벗을 산과 같은 벗이라 한다. 땅과 같은 벗이란, 땅에는 온갖 곡식이 자라고 온갖 보물이 다 묻혀 있다. 항상 도와주고 늘 은혜를 베풀어주는 고마운 벗을 땅과 같은 벗이라 한다.   -패경(孝經)-

사람은 인생을 살아감에 따라 새로운 친구를 만들지 않으면 곧 고립에 빠진 자신을 발견하게 되리라. 우정은 끊임없이 손질을 하면서 지켜야 한다. 우정을 나태와 침묵으로 죽여 없어지게 하는 것은 현명하지 못한 일이다. 그것은 확실히 권태스러운 역정(歷程)의 가장 큰 위안 중의 하나를 의식적으로 던져 버리는 것이 된다. 나는 새로운 지기(知己)를 만들지 않는 날들은 모두 잃어 버린 것으로 간주한다.   -S. 존슨-

친구로서 아무 역할도 못하는 남자는 언제 적이 되어 그대에게 해를 끼칠는지 모른다.   -E. 르하르트-

청춘은 인생에 단 한번밖에 오지 않는다.
-롱펠로-

청춘과 인생에 대하여

소년은 늙기 쉽고 학문은 달성하기 어렵다. 한 치의 광음(光陰)도 경솔히 하지 말라.   -주희-

이 지상에서는 할 일이 많다. 서둘러라.   -베토벤-

청춘을 늦게 맞이하는 사람은 오래도록 젊음을 그대로 간직할 수 있다.

-빅토르 위고-

타인의 행복을 부러워하는 것은 어리석은 일이다. 그런 것은 아무 소용도 없다. 행복이라는 것은 잘 나오려 하지 않는다. 주문해도 나오지 않으면, 나는 나의 몸에 맞추어서 행복을 꾸미려고 노력했다고 본다.   -앙드레 지드-

일은 인간 행복 중 하나의 큰 요소이다. 아니 단순한 도취가 아닌 진정한 행복감은 일 없이는 절대로 주어지지 않는다.   -칼 힐티-

남을 위해 일한다는 것은 어릴 때부터의 나의 최대의 행복이었고, 즐거움이었다.   -베토벤-

행복이란 스스로 족하다고 하는 사람의 것이다.   -아리스토텔레스-

진정으로 현명하려면 평범한 속에서 행복하게 사는 것을 아는 것만으로는 부족하다. 최후의 시기가 왔을 때, 모든 것을 냉정하게 버리는 것을 알고 있지 않으면 안 된다.   -라 메트리-

7

천명(天命)은 언제나 한결같지 않게 나타나 우리에게 나타나 보여 주는 것이니, 그대 잘 생각하고 바로 보도록 하라.

서경(書經)

오경(五經) 중에 하나인 서경(書經)은 중국 상고시대의 정치 기록이다. 고대에도 제도상으로 사관(史官)이 있어서 나라 안에 일어나는 모든 정치적 상황이나 사회 변동, 문물제도 등을 낱낱이 문자로 기록하였다.

따라서 옛 서(書)라 일컬었으며, 때로는 왕조(王朝)의 이름을 앞에 붙여서 우서(虞書), 하서(夏書) 등으로 일컫기도 하였다. 한대(漢代) 이후에는 상서(尙書)라 일컬었는데, 상(尙)은 상(上)과 통하는 말이며, '상대(上代)의 서(書)'라는 뜻이라고 한다. 송대(宋代)에 와서 다시 서경(書經)이라고 불리게 되었다.

서경의 중심 사상은 '윤집궐중(允執厥中)'이며, 중국 역사의 할아버지라고 할 수 있는 경전이다. 위대한 역사가 사마천(司馬遷)이 중국 상고사를 쓸 때 전적으로 서경의 기록을 의존했다고 한다.

뿐만 아니라 서경은 중국 문학사에서 산문의 할아버지라 부르기도 할 뿐만 아니라, 중국 사상의 원조(元祖)라고도 한다. 유가(儒家)의 덕치주의(德治主義), 도가(道家)의 무위주의(無爲主義), 묵가(墨家)의 숭검비천명주의(崇儉非天命主義), 법가(法家)의 법치주의(法治主義)들의 근본 사상들을 모두 이 서경 속에서 찾아볼 수 있다.

서경 주서(周書) 강고(康誥) 속에 다음과 같은 구절이 있다.
"천명(天命)은 언제나 한결같지 않게 나타나 우리에게 나타나 보여 주는 것이니, 그대 잘 생각하고 바로 보도록 하라."라는 말이 있다. 이 말은 대학(大學)에서도 인용하고 있는데, 어떤 일이라도 최선의 노력과 부단의 정성으로 나아간다면 하늘은 무심하지 않고 도와준다는 것이다.

한 번 뱉은 말과 한 번 던진 돌은 다시 불러들일 수 없다.
-영국 격언-

말은 신중히 하라

어리석은 사람은 입을 다물고 침묵을 지키는 것이 가장 좋다. 그러나 이 사실을 알면 벌써 그 사람은 어리석은 사람이 아니다. -톨스토이-

공자께서 말씀하시기를, "말을 함부로 하며 삼가지 않은 것은, 자기가 한 말에 대해 책임을 지지 않기 때문이다."라고 하셨다. -맹자(孟子)-

군자는 말을 삼가고 쓸데없는 말을 하지 않는다. 사람이 묻지도 않는데 이것저것 말을 하는 것은 오(傲)라고 하며, 하나를 묻는데 둘을 대답하는 것을 찬(囋)이라 한다. 오(傲)도 좋지 않다. 찬(囋)도 좋지 않다. 군자는 마치 종(鍾)과 같이 질문을 받으면 비로소 입을 열고, 그 말하는 것은 울리는 소리와 같이 두드리면 울리고, 두드리지 않으면 울리지 않는다. 하물며 이쪽에서 스스로 미리 입을 여는 일은 절대로 없다. -순자(荀子)-

능변(能辯)의 첫째 요건은 진실, 둘째는 양식, 셋째는 우려, 넷째는 기회다. 그리고 처음 세 가지는 아무라도 조금은 할 수 있다. -W. 템플-

공자가 능변을 싫어하는 것은 선발된 말들의 무게 때문이다. 그는 가볍고 매끄러운 언어사용으로 인해 말들이 약해지는 것을 두려워한다. 망설임과 신중, 말을 하기 전의 시간과 말하고 난 후에 시간도 함께 중요시된다. 간격을 두고 질문을 하고, 대답을 하는 리듬에는 말의 가치를 높여 주는 중요한 면이 있다. 궤변가들의 재빠른 구변이나 열심히 주고받는 말의 유희를 그는 싫어한다. 재빠른 대답이 아니라 책임을 지는 진실된 말을 공자는 요구한다.
-E. 카네기-

어린이와 술 취한 사람은 진실을 말한다.
-영국 격언-

소년 소녀

가라사대 "진실로 너희에게 이르나니, 너희가 돌이켜 아이들과 같이 되지 아니하면 결단코 천국에 들어가지 못하리라. 그러므로 누구든지 이 어린아이와 같이 자기를 낮추는 이가 천국에서 큰 자니라." -마태복음-

아동은 인간생활의 초보로, 독립된 완전한 인간으로 성장해 가는 준비 기간에 있자만 아동을 단지 인생의 일부, 즉 성인의 부속품으로 봐서는 안 된다. 완전한 한 인격체로서 아동을 바로 보호하고 바로 교육해 나가야 할 것이다. -페뎅-

아이들은 과거도 미래도 생각하지 않고 오직 현재만을 즐기는데, 이것은 어른들이 잘 하지 않는 일이다.

소년에게는 두 가지 임무가 있다. 하나는 그저 소년으로서 소년임을 만끽하는 것이고, 다른 하나는 어른으로 성장하는 일이다. -H. C. 후버-

우리들이 언제나 소년기와 똑같은 생각을 하고 느낄 수 있도록 생애를 통해서 노력하지 않으면 안 된다는 확신은 충실한 조언과도 같이 나의 인생 항로에 힘을 주었다. 나도 세상이 성숙한 인간으로 보아주는 그런 것이 되는 것에 본능적으로 반항했다. -A. 슈바이처-

아아, 어린이들이여, 순박한 외모 밑에 무궁한 심령을 안고 있는 너희들! 너희들은 지금도 천국의 성품을 지니고 있는 철인(哲人)들이로다. 너희들은 말하지도 듣지도 않고 영원한 신비를 읽는다. -워즈워드-

호연지기(浩然之氣)는 항상 정의와 인도(人道)를 겸비하고
있다.   -맹자(孟子)-

호연지기(浩然之氣)

공손축(公孫丑)이 묻기를, "감히 물어 보건대, 그렇다면 선생께서는 고자
(告子)에 비해서 어떤 점이 더 능하십니까?" 맹자께서 대답하시되, "나는
남이 말하는 것을 잘 알아듣는다. 그리고 또 나는 호연지기(浩然之氣)를 기
른다. 이 지언(知言)과 양기(養氣) 두 가지는 아직 고자(告子)에게는 없는
것인데, 나는 이 두 가지를 수행함으로써 의심도 없고, 두려움도 없는 부동
(不動)의 마음을 얻은 것이다." 그러자 공손축은 이 두 가지를 충분히 알 수
가 없어서 다시 물었다. "감히 다시 묻습니다. 그 호연지기(浩然之氣)란 어
떤 것입니까?" 맹자께서 말씀하시되, "호연지기는 말로써 표현하기 어려운
데, 그 기(氣)란 위없이 광대하며, 위없이 강건(剛健)한 것이며, 바른 도리로
서 이를 기르고, 이를 해치는 일이 없다면 이 기(氣)는 더욱 확산되어 천지간
에 충만해지고, 하늘을 우러러 한 점 부끄럼 없는 자유로운 대활동(大活動)
도 할 수 있다. 그리고 이 기(氣)는 항상 정의와 인도(人道)를 겸비하고 있
다. 다시 말하면 이 기(氣)는 도의라는 것과 상관해서 함께 있으며, 절대로
떨어져 존재하지 않는다. 그러므로 도의에서 떠나 버리면 이 기(氣)는 빛을
발휘 못하고, 천지에 부끄럼 없는 큰 활동을 할 수 없다. 즉, 호연지기(浩然
之氣)와 도의(道義)라는 것은 떨어질 수 없는 관계에 있는 것이다. 이 기
(氣)의 발생을 논한다면, 우리들이 거듭 거듭 속에서 도의를 실행하고, 그 도
의가 많이 쌓인 다음 자연히 생겨나는 것이며, 절대로 일시적인 의(義)가 외
부에서 다가와 그것을 행하니 즉시 이 기(氣)가 생겨난다고 하는 그런 간단한
것이 아니다. 그래서 우리들의 행동에 도의(道義)가 결여되고, 마음에 좋지
않는 점이 생겨나면 이 호연지기는 시들어 버리고, 아무 활발한 활동을 할 수
없게 된다. 즉, 마음속에 도의를 거듭 행한 결과 이 호연지기를 얻을 수 있는
것이니, 도의가 마음속에 있지 않으면 안 된다."라고 하셨다.   -맹자(孟子)-

화랑도의 정신은 한민족 고유의 전통과 이념의 발로로서 지금도 우리 피 속에 살아 있다.

화랑도

화랑도는 조직과 수양을 통하여 독특한 기질과 기풍을 지녔다. 즉, 위로는 국가를 위하고 아래로는 벗을 위하여 죽으며, 대의(大義)를 존중하여 의에 어긋나는 일은 죽음으로써 항거하고, 국가를 위하여 용감히 싸우다가 전사함을 찬양하며, 오직 앞으로 나갈 뿐 뒤로 물러섬을 부끄럽게 여겨 적에게 패하면 자결할망정 포로됨을 수치로 아는 등 장렬한 기백과 씩씩한 기상을 함양하였다.

화랑도는 그 독특한 무사도로 유명하다. 삼국사기에 의하면 이 시기에는 화랑뿐 아니라 낭도나 일반 명사들까지 국가를 지키기 위해서는 목숨을 아끼지 않는다는 무사도 정신으로 가득 차 있었으며, 화랑 출신의 장군들이 모범을 보였다. 660년 김유신(金庾信) 장군 인솔 아래 백제를 공격할 때 신라군의 사기를 드높인 화랑 관창(官昌)·반굴(盤屈)의 용맹과 672년 김유신의 아들인 화랑 원술(元述)이 석문전투(石門戰鬪)에서 당(唐)나라 군사와의 싸움에서 보여 준 용맹함은 널리 알려져 있다.

진평왕 때 원광법사(圓光法師)가 제정한 세속오계(世俗五戒)는 신라 화랑의 지도이념을 대표하고 있다. 충(忠, 事君以忠)·효(孝, 事親以孝)·신(信, 交友以信)·용(勇, 臨戰無退)·인(仁, 殺生有擇)의 5계 가운데 그들이 특히 소중하게 여긴 덕목은 충과 신으로서, 이것은 시대적으로 화랑도의 제정부터 삼국통일까지가 신라 역사상 국난기였던 것과 관련이 깊다. 화랑도는 삼국 항쟁이 치열하게 전개되기 시작한 진흥왕 때 제정되어 삼국통일을 이룩할 때까지 크게 활기를 띠었다.

시대는 바뀌었어도 나약해진 우리 청소년들에게 기존의 많은 교육 단체들이 화랑정신을 계승해서 씩씩하고 의로운 사람으로 교육해 나가야 하는 것이 바람직하다.　　-청남-

사람은 두 가지 교육을 받는다. 첫째 남에게 받는 교육, 둘째는 자신에게 하는 교육으로 이것이 더 중요하다. -기폰-

자득(自得)하라

사람은 남에게 배워서 익히는 것이 보통이지만, 도저히 남으로부터 배울 수 없는 것이 가끔 있다.

어느 절의 동자가 매일 두부를 사러 가는데, 가는 길가에 이상한 영감이 지켜 서서 "동자님, 오늘은 어디를 갑니까?" 하고 묻곤 했는데, "시장에 갑니다." "왜 갑니까?" "두부 사러 갑니다." "그러면 지나가시오."라고 말하며, 그 문답이 끝나지 않으면 절대로 통과시키지 않곤 했다. 매일 두부를 사러 가는데 그때마다. "동자님, 오늘은 어디를 갑니까?" 하고 묻고, "시장에 갑니다." "왜 갑니까?" "두부 사러 갑니다." "그러면 지나가시오."를 어김없이 반복했다. 매일 매일 똑같은 말을 되풀이하다 보니 동자는 귀찮은 생각이 들어 스님에게 이 사실을 모두 고했다. 그리고 "무슨 좋은 방법이 없습니까?" 하고 물었다. 그랬더니 스님은 "좋다, 그러면 내가 좋은 방법을 일러주마. '동자님, 어디에 갑니까?' 하거든 '서쪽으로 갑니다.'라고 대답하여라. '왜 서쪽으로는 가는가?' 하면, '서쪽은 정토이니까 갑니다.'라고 대답하여라." 하였다.

동자는 좋은 것을 배웠다고 매우 기뻐하며, 다음날 두부를 사러 가는데, 영감이 또 "동자님, 어디를 갑니까?" "오늘은 조금 달라요." "그러면 어디에 갑니까?" "오늘은 서쪽으로 가요." "서쪽에는 왜 갑니까?" "서쪽에 극락정토가 있으니까요." "동자님 참 좋겠네. 극락정토에는 왜 갑니까?" 동자는 그만 말문이 막혀 "두부를 사러 가요."라고 했다. 극락에 두부를 사러 간다는 것은 아무리 생각해 봐도 좀 우습다.

이와 같이 남에게 배우는 것은 한계가 있으며, 자기 스스로 깨닫지 않으면 안 되는 일이 우리에게는 너무나 많다. 자기 가슴에서 나오는 것, 그것은 바로 수양의 힘에서 비롯되는 것이다. -수양삼매-

자재할 수 없는 사람은 진실한 강자라고 할 수 없다.
-피타고라스-

희망과 행복

지배하거나 복종하지 않고, 그러면서도 무엇이 될 수 있는 사람만이 진정 행복한 사람이다.   -괴테-

갈망은 행복이다. 행복으로서의 포만(飽滿)은 갈만(渴滿)의 최후의 순간이다.   -니체-

행복을 추구하는 것도 중요하지만 행복을 누릴 자격이 있는 사람이 되는 일이 더욱 중요하다.   -I. 칸트-

천국으로 행하는 길은 어느 곳에서 시작해도 모두 마찬가지다.   -이생-

사람은 행복할 때 그에게 행복을 부여한 미덕을 잊지 않도록 하여야 한다.
-모로-

행복한 날에는 즐기고, 재앙이 있는 날에는 생각하라. 신은 이 두 가지를 섞어서 내려 보내셨다.   -성서-

이 세상에 있는 그대로의 것으로 만족하고 생을 즐기기 위해서는 우리들은 무엇보다도 둔감하고 눈앞을 분간하지 못하는 바보가 될 필요가 있다.
-모파상-

개인적인 행복은 본성이 깊은 사람에게는 항상 어떤 애수와 결부되어 있다. 이것은 행복이 완전히 옳은 것이 아니라는 것을 암시한다.   -헤겔-

생각날 때가 일을 착수할 가장 좋은 적기이다.
-사명대사-

생각날 때가 적기

"생각날 때가 일을 착수할 가장 좋은 시기이다."라는 말은 성공의 비결을 가르친 명언 중의 명언이다. 생각이 나자마자 즉시 그 일을 착수하면 일에 흥미가 있고, 몸이 고달파도 피로한 줄 모른다. 그래서 일의 진척도 빠르다. 그러나 생각날 때 시작하지 않으면, 당시의 열정과 흥미는 사라지고, 다시 시작하려는 계기가 좀처럼 생겨나지 않는다. 성공을 한 뒤에도 즉시 착수한다는 정신을 잊어서는 안 된다. 그래서 어떤 회사에서는 사규를 정해서 "우편물은 즉시 회답하라."라고 했다고 한다.

일을 한다는 것은 종자를 뿌리는 것과 같아서, 한 번 시기를 놓치면 다시 뿌릴 수 없다. 헤라클레스는 "그대는 같은 강물에서 두 번 다시 목욕할 수 없다."라고 했다. 강물은 흘러 쉬지 않으니 같은 물이 없고, 시간은 지나가서 다시 돌아오지 않으며, 일의 흥미도 원기도 열정도 한 번 지나가 버리면 다시 돌아오지 않는다는 말이다.

'W. 롤리'는 짧은 시간에 많은 일을 성취한 사람이다. 그 비결을 사람들이 묻자, 그는 "무엇이든 해야 할 일은 즉시 하는 것이다."라고 했다. 이 말은 평범하면서도 그 뜻이 매우 깊다.

내일도 매화꽃은 피어 있으리라 생각하지만, 밤에 불어닥친 바람으로 모두 저버릴 수도 있다. "쇠는 달 때 두드려라." "마른풀은 해가 났을 때 베라."라는 말들은 모두 시기를 놓치지 말고 적기에 일을 시작하라는 교훈들이다. 예로부터 대인(大人)들이나 호걸들은 모두 한 치의 시간을 아끼면서 열심히 노력한 사람들이다.

시간을 지키면 근면한 습성이 생기고, 또한 책임을 다하며 의무를 중히 여기는 단서가 되고, 나아가 입신출세하는 계기가 된다.

내 덕이 부족해서 네가 이렇게 불행하게 된 것이다.
-진묵대사-

악승(惡僧)을 좇지 않음

조그마한 암자에 스승과 그의 제자 두 사람이 있었다. 한 사람은 수행을 열심히 하고 암자에 이익되는 일이면 무엇이든 몸을 아끼지 않고 열심히 했다. 다른 한 사람의 중은 계행(戒行)을 잘 지키지 않고 술을 많이 마시며, 세속의 사람과 다름없는 짓을 했다.

어느 날 절의 기물을 내다 파는 것을 본 착한 중은 그 중에게 충고를 했는데도 말을 듣지 않자 주지승에게 말하기를, "저 중을 쫓아내지 않으면 암자에 이롭지 못한 일이 많이 생길 것입니다."라고 하니, 주지는 "조사를 해 보지." 하며, 그를 불러 엄히 충고를 하고 그냥 내버려두는 것이었다. 그러다가 어느 날 그 중이 불구(佛具)를 훔쳐서 판다는 말을 듣게 된 착한 중은 다시 주지에게 가서 "악승(惡僧)이 이번에는 불구(佛具)를 훔쳐서 팔았답니다. 제가 아무리 충고를 해도 듣지 않고, 또한 주지스님께서도 그대로 방치하시니, 이대로 가다가는 무슨 재앙이 이 암자에 미칠지 모릅니다. 그러니 저 사람을 쫓아내지 않으시면 부득이 제가 이 암자를 떠날 수밖에 없습니다."라고 했다.

그러자 주지는 눈에 가득 눈물이 맺히며, "그렇다면 그대 원대로 떠나게. 그대는 우리 암자를 떠나 어디를 가더라도 이미 도를 닦은 훌륭한 승려로서 높이 대우받으며 잘 살 수 있겠지만, 저 악승(惡僧)은 내 곁을 떠나면 즉시 죄를 지어 잡히는 몸이 될 것이네. 그렇게 되면 내 덕도 보람이 없어지고, 또한 한 사람의 제자를 잃게 되는 것이라네. 그러므로 잠시 더 내 곁에 두고, 더 시간을 가지고 그를 훈계하면 좋은 사람이 될 것이라고 생각하네. 그때가 올 것을 즐겁게 기다리며, 그를 곁에 두는 것이라네."

이 말을 전해들은 악승(惡僧)도 스승의 높은 덕에 감화되어 곧 마음을 고쳐 좋은 수행자가 되었다고 한다.   -승방야화-

物욕은 이성을 눈멀게 해서 진가 이상의 대가를 지불케 한다. -프랭클린-

7

열네 번째

과용하지 말라

내가 7세 되던 어느 휴일, 무슨 일이 있어 약간의 동전을 얻게 되었다. 내가 곧장 완구점으로 달려가는데, 길가에서 다른 아이들이 재미있게 피리를 부는 것을 보게 되었다. 그래서 나는 있는 돈을 다 주고 피리 하나를 샀다. 그 피리를 즐겁게 불면서 돌아오는데, 친구들이 내게 피리 값을 물었다. 내가 지불한 피리 값을 말하니 그들은 모두 웃으며, "너는 보통 피리 값의 4배나 주었다." 하며 놀려댔다. 그 말을 들으니 나도 아깝고 분한 생각이 들어 피리를 샀던 즐거움은 어느새 억울하고 분한 생각으로 바뀌고 말았다.

그런데 이 일은 오래도록 내 기억에 남아 평생을 두고 매우 좋은 교훈을 주었다. 꼭 필요한 물건이 아닌 다른 물건을 볼 때마다 "피리를 산 것같이 고액을 지불하지 말자."라 하며, 그 돈을 저축하게 되었다.

어른이 되어 사회에 나가 많은 사람들의 행동을 볼 때, 이같이 피리를 사기 위해 너무나 많은 돈을 지불하는 사람들을 많이 보게 된다. 사교계에서 교제할 때 허영을 부리기 위해, 그의 양심과 자유와 도덕과 나아가 그의 친구까지 희생을 하는 사람들을 보고, 그자들도 피리를 사기 위해 고액을 지불하고 있구나 하는 생각이 들었다.

대중의 인기를 얻으려 정치계에 분주하며, 자신의 산업을 버리고 드디어 영락의 경지에 빠지는 자들도 역시 피리 값을 너무 많이 지불하는 사람이다. 행복한 생활을 던져 버리고, 남을 사랑하는 자비심도 버리고, 오직 일편단심 돈을 모으려는 수전노를 보고 나는 불쌍한 사람아 너는 피리 값을 너무나 많이 지불하고 있구나 하는 생각을 한다. 인간 불행의 대부분은 탐욕 때문에 사물을 분수없이 많이 취하려 하는 데서 비롯된다. 피리가 욕심나서 정당한 값을 물을 틈도 없이 과다한 대가를 지불하게 된 것은 욕심 때문에 이성이 흐려졌기 때문이다. -프랭클린-

유월절 수훈(1)

"너희는 마음에 근심하지 말라. 하나님을 믿으니 또 나를 믿어라. 내 아버지 집에 거할 곳이 많도다. 그렇지 않으면 너희에게 일렀으리라. 내가 너희를 위하여 처소를 예비하면 내가 다시 와서 너희를 내게로 영접하여 나 있는 곳에 너희도 있게 하리라. 내가 가는 곳에 그 길을 너희가 알리라."

도마가 가로되, "주여, 어디로 가시는지 우리가 알지 못하거늘, 그 길을 어찌 알겠사옵나이까?"

예수께서 가라사대, "내가 곧 길이요, 진리요, 생명이니, 나로 말미암지 않고는 아버지께로 올 자가 없느니라. 너희가 나를 알았다면 내 아버지도 알았으리로다. 이제부터는 너희가 그를 알았고 또 보았느니라."

빌립이 가로되, "주여, 아버지를 우리에게 보여 주옵소서. 그리하면 족하겠나이다."

예수께서 가라사대, "빌립아, 내가 이렇게 오래 너희와 함께 있으되, 네가 나를 알지 못하느냐? 나를 본 자는 아버지를 보았거늘 어찌하여 아버지를 보이라 하느냐? 나는 아버지 안에 있고 아버지는 내 안에 계신 것을 네가 믿지 아니하느냐? 내가 너희에게 이르는 말이 스스로 하는 것이 아니라 아버지께서 내 안에 계셔 그의 일을 하시는 것이니라. 내가 아버지 안에 있고 아버지께서 내 안에 계심을 믿으라. 그러지 못하겠거든 행하는 그 일을 인하여 나를 믿으라. 내가 진실로, 진실로 너희에게 이르노니, 나를 믿는 자는 나의 하는 일을 저도 할 것이요, 또한 이보다 큰 것도 하리니 이는 내가 아버지께로 감이니라. 너희가 내 이름으로 무엇을 구하든지 내가 시행하리니, 이는 아버지로 하여금 아들을 인하여 영광을 얻으시게 하려 함이니라. 내 이름으로 무엇이든지 내게 구하면 내가 시행하리라."   -요한복음-

내가 너희를 사랑한 것같이 너희도 서로 사랑하라.
-요한복음-

유월절 수훈(2)

내가 참 포도나무요, 내 아버지는 그 농부라. 무릇 내게 있어 과실을 맺지 아니하는 가지는 아버지께서 이를 제해 버리시고, 무릇 과실을 맺는 가지는 더 과실을 맺게 하려 하여 이를 깨끗케 하시느니라. 너희는 내가 일러준 말로 이미 깨끗하였으니 내 안에 거하라. 나도 너희 안에 거하리라. 가지가 포도나무에 붙어 있지 아니하면 절로 과실을 맺을 수 없음같이 너희도 내 안에 있지 아니하면 그러하리라.

나는 포도나무요 너희는 가지니 저가 내 안에, 내가 저 안에 있으면 이 사람은 과실을 많이 맺나니, 나를 떠나서는 너희가 아무 것도 할 수 없음이라. 사람이 내 안에 거하지 아니하면 가지처럼 밖에 버리어 말라지나니 사람들이 이것을 모아다가 불에 던져 사르느니, 너희가 내 안에 거하고 내 말이 너희 안에 거하면 무엇이든지 원하는 대로 구하라. 그리하면 이루리라.

아버지께서 나를 사랑하신 것같이 나도 너희를 사랑하였으니 나의 사랑 안에 거하라. 내가 아버지의 계명을 지켜 그의 사랑 안에 거하는 것같이 너희도 내 계명을 지키면 내 사랑 안에 거하리라. 내가 이것을 너희에게 이름은 내 기쁨이 너희 안에 있어 너희 기쁨을 충만하게 하려 함이니라.

내 계명은 곧 내가 너희를 사랑한 것같이 너희도 서로 사랑하라 하는 이것이니라. 사람이 친구를 위하여 자기 목숨을 버리면 이에서 더 큰 사랑이 없나니, 너희가 나의 명하는 대로 행하면 곧 나의 친구라. 이제부터는 너희를 종이라 하지 아니하리니, 종은 주인의 하는 것을 알지 못함이라. 너희를 친구라 하였노니 내가 내 아버지께 들은 것을 다 너희에게 알게 하였음이니라.

-요한복음-

법은 재산가에게는 도움이 되어도 무일푼인 자에게는 항상
괴로움이다.   -J. J. 루소-

법의 정신

법과 규정은 항상 침체하는 경향이 있다. 벽시계와 마찬가지로 가끔 청소하
고, 밥을 주고, 정확한 시간에 맞춰져야 한다.   -H. W. 비처-

국민이 지지하지 않는 법률을 집행하려면 우리는 구치소도 부족하고 경찰력
도 부족하며 법정도 부족할 것입니다.   -H. H. 험프리-

법률은 자기 보존의 본능에서 생긴다.   -R. G. 잉거슬-

악법이라도 실제로 적용이 된다면 해석이 구구한 좋은 법보다 소용에 닿는
다.   -나폴레옹 1세-

대량 살육 시대의 세계대전이 아니라 민족자결 시대의 세계의 법질서를 우
리는 갈망합니다.   -J. F. 케네디-

법이 없으면 적게는 행동이 게을러지고 크게는 사치하는 습관이 생겨 이를
각각 절제할 줄 모를 것이다. 그러므로 위에서 법이 있으면 백성들이 저들의
행동을 절제할 줄 알게 되며, 백성들이 저들의 행동을 절제할 줄 알게 되면
자연 법을 범하지 않게 되는 것이다.   -공자-

하나의 법규가 사람의 이익에 직접 대립하고, 더구나 인격을 자체 부정하고
생존권을 억압하는 것이라면, 그 법규에 대하여 그리스도 신자는 반대하지 않
을 수 없고, 단호히 거부하지 않을 수 없습니다.   -요한 바오로 2세-

열심히 도는 물레방아는 얼어붙을 틈도 없다.
-한국 속담-

근로정신

근로(勤勞)하지 않는 인간은, 부자도 가난뱅이도 강한 자도 약한 자도 모두 쓸모 없는 것들뿐이다. 어떠한 인간이라도 자신의 손을 놀리는 진정한 노동을 배우지 않으면 안 된다. 근로(勤勞)를 통해서만이 순수한 최상의 희열을 맛볼 수가 있는 것이다. 근로 후의 휴식과 이 희열은 노동이 심하고 힘들수록 더 큰 것이다.   -톨스토이-

열심히 일을 하라. 근로를 불행으로 생각하지 말라. 또한 근로한다고 칭찬 받으려는 생각도 하지 말라.   -마카스 아레우스-

나무꾼이 깊은 산에 올라 나무를 하는 것은 나무가 좋아서가 아니다. 숯을 만드는 사람이 깊은 산에서 숯을 굽는 것은 숯이 좋아서 숯을 만드는 것이 아니다. 나무꾼도 숯쟁이도 그 일만 열심히 하면, 쌀도 산으로 올라오고 바다의 생선도 들의 채소도, 술도 기름도 스스로 산으로 올라오기 때문이다. 실로 기기 묘한 것이 세상일이다.   -선방야화-

진실로 종교적인 이해와 순수한 덕성이 이마에 땀을 흘리며, 스스로 빵을 얻지 않고 무위도식하는 계급 속에 있다는 사실은 매우 불행한 일이다.
-존 러스킨-

우리가 너희 가운데서 규모 없이 행하지 아니하며, 누구에게서든지 양식을 값없이 먹지 않고 오직 수고하고, 애써 주야로 일함은 너희 아무에게도 누를 끼치지 아니하려 함이니, 우리에게 권리가 없는 것이 아니요, 오직 스스로 너희에게 본을 주어 우리를 본받게 하려 함이니라.   -데살로니가 후서-

인간의 오복 가운데 장수하는 것이 첫째이다.
-서경(書經)-

오복(五福)

오복(五福)에 대한 출처는 《서경(書經)》 주서(周書) 〈홍범편(洪範篇)〉에 나오는 문장으로 원문을 열거하면 다음과 같다.

"오복(五福)은 일왈수(一曰壽)요, 이왈부(二曰富)요, 삼왈강녕(三曰康寧)이요, 사왈유호덕(四曰攸好德)이요, 오왈고종명(五曰考終命)이니라."

첫째는 천수를 누리는 행복이다. 이 수(壽)야말로 오복의 가장 근원적인 것이라 하겠다. 이 수가 있지 않고는 나머지 네 가지 복을 누리거나 가질 수도 없다.

둘째, 부는 상당한 저축을 하며 안락한 생활을 하는 행복을 말한 것이다. 물론 큰부자는 하늘이 낳아야 한다는 말도 있으나, 자급 자족으로 평안한 생활을 하며, 남을 도울 수 있는 생활이면 이 복이 구비되었다고 하겠다.

셋째, 강녕(康寧)은 평생을 살아가는 동안에 신체가 건강하고 무병하여 언제나 깨끗하며, 마음에 불안이 없이 즐겁게 살아가는 것을 말한다. 나이가 많아도 건강하며, 무병으로 깨끗하게 살고 있는 노부부가 함께 해로하는 것을 볼 수가 있는데, 이를 두고 말한 것이다.

넷째, 유호덕(攸好德)은 호덕을 가지는 것이다. 이 좋은 덕을 가지려면 자기 일생 동안 앞일을 계획해서 덕을 쌓아야 한다. 곧 많은 공부를 해야 한다. 고로 이 호덕은 아무나 되는 것이 아니다. 평생을 두고 갈고 닦아야 한다. 성인 또는 현인의 위에 있는 사람이 이 호덕을 가졌다고 하겠다. 오복은 모두 어렵고 귀한 것이라고 하지만, 이 호덕이 가장 누리고 가지기 어려운 것이다.

다섯째, 고종명(考終命)은 일생의 계획을 세워서 제명대로 살다가 마치는 것으로, 우리는 흔히 자기가 받아온 천명을 살지 못하는 일이 많다. 불의의 사고로 생명을 잃는 일없이 자기가 설계한 일생의 계획 그대로 살다가 최후를 마치는 것을 말한다. -서경(書經)-

어떠한 불행도 마음먹기에 따라 눈 녹듯 사라진다.
-보조국사-

육극(六極)

서경 홍범편(洪範篇)에 오복에 상대되는 육극(六極)이라는 것이 있는데, 극(極)이라 하는 것은 화를 말하며, 인생의 불행을 말하는 것이다. 그 원문은 다음과 같다.

"일왈흉단절(一曰凶短折)이요, 이왈질(二曰疾)이요, 삼왈우(三曰憂)요, 사왈빈(四曰貧)이요, 오왈악(五曰惡)이요, 육왈약(六曰弱)이니라."

첫째는 재난을 만나 갑자기 죽는 것을 말하는 것이며, 자기 명대로 살지 못하고 30세 전에 죽거나 60세 전에 죽는 것을 말한다.

둘째는 아주 몹쓸 불치의 병이 들어서 신음하는 것을 말한다.

셋째는 근심하는 일이다. 집안일이나 세상일에 항상 마음으로 근심하며 살아가는 사람은 이 또한 불행한 사람이다. 사람의 천성이란 태어날 때부터 근심과 걱정을 하도록 타고 난 것인지 몰라도 언제나 사물을 부정적으로 보며, 근심만 하며 사는 사람이 있다.

넷째는 가난한 것으로 생활이 빈곤한 것도 극히 불행한 일이다. 예로부터 가난한 것은 하늘도 나라 상감도 어찌할 수가 없다고 한 말처럼 본래부터 가난을 타고난 사람은 불행하다는 것이다.

다섯째는 모질고 추악한 용모를 말한 것인데, 추한 외모로 생활하는 것도 틀림없이 불행한 일이다.

여섯째는 심신이 허약한 것이다. 병은 없으나 몸이 허약하여 아무 일도 못하는 것으로 자기 임무를 달성하지 못하니, 이는 인생이 불행한 자이다.

이상과 같은 것이 육극(六極)인데, 그 어느 것 하나도 우리가 바라는 것이 아니다. 그러나 만일 원치 않는 이 육극(六極)이 내게나 내 가족에게 다가왔을 때는 이를 천명으로 받아들이고 마음으로 극복해 나가야 하겠다.

-서경(書經)-

오늘의 명언   215

이 세상에서 가장 듣기 좋은 소리는 내 자손의 책 읽는 소리다. -한국 속담-

가정의 세 가지 소리

공자님 말씀에 "가정에 있어서 아버지는 아버지로서 그 임무를 다하고, 아들은 아들의 임무를 다하며, 형은 형의 임무를, 동생은 동생으로서 그 임무를 다하며, 남편은 남편으로서 임무를 다하며, 부인은(아내와 주부) 부인으로서 그 임무를 다하면 그 집안의 가도(家道)가 바로잡히게 될 것이니, 이와 같이 가정의 구성원들이 자기의 책임과 임무를 다하게 되면 천하의 모든 일도 다 해낼 수가 있을 것이다."라고 하셨다.

그리고 성현들은 한 가정이 행복하게 잘 발전해 나가려면 다음의 세 가지 소리가 항상 들려야 한다고 했다.

첫째, 어린아이의 웃음소리가 들려야 한다.

어린아이의 희희낙락한 웃음소리는 행복과 평화의 소리이다. 고래로 무자식이 상팔자라고 억지를 부리는 궤변도 있으나, 어린이는 희망의 새싹이요, 인생의 푸른 새싹이며, 한 나라의 미래를 걸머질 중요한 인재이니, 그들이 밝고 티없이 자라야 가정과 사회와 국가의 앞날에 희망이 있다.

둘째, 책 읽는 소리가 들려야 한다.

책 읽는 소리는 곧 공부하는 소리이다. 공부하는 소리 대신 싸우는 소리, 나쁜 향락에만 젖어 가는 소리만 들린다면 그 가정은 불행이요, 파탄으로 전락하게 될 것이다.

셋째, 일하는 소리가 들려야 한다.

온 집안 식구가 단합하여 일하는 가운데 그 가정은 번영하고 건전한 가정이 형성되는 것이다. 하루라도 일하지 아니하면 먹지 아니한다는 말과 같이 노동하는 가운데 가족의 단합과 건강과 협동심이 생겨 끈끈한 정이 더욱 두텁게 생겨나는 것이다.

큰 고통은 빨리 사라지고, 오래 계속되는 고통은 그다지 크지 않다. -에피쿠로스-

고통과 고난

마음이 괴로운 상태에 있을 때에는 신을 제외하고는 아무에게도 그것을 말하거나 하소연해서는 안 된다. 침묵을 지키고 꾹 참아내는 것이 필요하다. 그렇지 않으면 고뇌는 다른 사람에게로 옮아가서 그 사람을 괴롭힐 것이다. 그리고 당신 자신 속에서 그 고뇌는 다 타버리고 말 것이다. 고뇌, 그 속에만이 조금씩이라도 완성을 향하여 가까워질 수 있는 기회나 문제가 들어 있다고 생각하는 것은 힘있는 도움이 된다. 사람이 노동에 열중하면 근육이 아픈 줄도 모르게 된다. 그러나 노동을 하지 않는 사람은 조금만 아파도 곧 아프다고 소리칠 것이다. 그와 같이 자기의 덕성의 완성을 인생의 중요한 목적으로 알고 있는 사람들이 예사로 견디는 불운이라도 정신적인 수양을 쌓지 못한 사람들이 경험하게 되면 곧 괴롭다고 비명을 지르는 것이다. 고통의 감각을 괴로워하지 말라! 고통과 고뇌는 우리의 육체를 유지하는 데 없어서는 안 될 조건이다.   -톨스토이-

우리는 매일 먹고 또 잠을 자지만 지치지 않는다. 왜냐하면 굶주림과 수면이 새로 오기 때문이다. 만약 평화와 행복만이 계속된다면 우리의 정신은 당장 지쳐 버리고 말 것이다. 고통은 정신의 양식이다. 사람에게 고통이 없다면 극히 무능력한 상태가 오고 말 것이다.   -B. 파스칼-

고통이 남기고 간 것을 맛보라! 고난도 지나고 나면 감미롭다.   -괴테-

만약 이 세상에 고통이 없다면 죽음이 모든 것을 깎아 없애 버릴 것이다. 나에게 상처가 고통을 주지 않는다면 나는 그것을 고치려고도 하지 않을 것이며, 그로 인하여 죽고 말 것이다.   -H. 클라이스트-

콩 심은 데 콩이 나고, 팥 심은 데 팥이 난다.
-한국 속담-

자강불식(自彊不息)

자강불식(自彊不息)이란 천도(天道)의 운행하는 원리를 말한 것이며, 문장의 뜻은 '스스로 강(彊)하여 쉬지 아니한다.'라는 뜻이다.

곧 대자연은 항상 함이 있어서 지공무사(至公無私)하게 돌아가고 있다. 사람도 이와 같은 자연의 성질을 닮아서 언제나 쉬지 않고 부단한 노력을 하고 정성과 인내로서 꾸준히 나아간다면 광명이 찾아온다는 뜻이기도 하다. 자강불식(自彊不息)으로 살아가는 삶, 대자연을 벗한 성인의 경지에서 살아가는 자라고 여겨진다.   -주역(周易)-

《주역》내용 중에 공자께서 '적선지가(積善之家)는 필유여경(必有餘慶)하고 적불선지가(積不善之家)는 필유여앙(必有餘殃)하나니……'라 하셨다.

"착한 일을 많이 쌓는 집에는 반드시 경사가 남음이 있고, 그 반대로 착하지 못한 일을 쌓아 가는 집에는 반드시 재앙이 남음이 있다."라는 뜻이다.

이 문장 속에 담긴 공자의 본은 착한 일을 한 결과로 경사가 찾아온다는 뜻이며, 그 반대로 착하지 못한 일을 한 결과는 반드시 재앙이 찾아온다는 당연한 일은 천지의 정의(正義)요, 지극히 당연한 이치이며, 거짓 없는 사물의 원리라는 것이다.

현대를 살아가는 사람들은 흔히들 착한 일은 하지 않고 경사와 좋은 결과만을 기대하는 경우가 많다. 뿐만 아니라 어떤 사람들은 사회질서를 자기 나름대로 자기에게만 편리하도록 해석해서 자기의 모든 행위를 합법화시키고 있는 사람도 있다. 그리고서 경사와 복을 받으려고 하지만 결코 그런 사람에게는 근본적인 경사는 찾아가지 않는다. 진정한 행복과 경사를 얻으려면 무엇보다도 '착한 일'이 선행되어야 하는 것이다.   -주역(周易)-

남의 단점을 말하지 말고, 자기의 자랑을 하지 말라.
-최원(崔瑗)-

남을 비난하지 말라

남을 비난하는 것은 항상 옳지 않다. 왜냐하면 누구라도 자기가 비난하려고 하는 사람 마음속에 일어난 일과, 일어나고 있는 일을 정확하게 알지 못하기 때문이다.　-톨스토이-

남의 단점을 말하지 말고 자기 자랑을 하지 말라. 남에게 베풀고는 삼가 생각지 말고, 남에게 받은 일은 절대로 잊지 말라. 세상 명예를 쫓지 말고 오직 인을 행하라. 마음속에 충분한 생각을 한 다음 행동하라.　-최원(崔瑗)-

우리들은 자주 남의 일을 이러쿵저러쿵 비판을 한다. A를 선인(善人)이라 하고, B를 악인(惡人)이라 하며, C를 어리석은 사람, D를 현명한 사람이라 한다. 그러나 그래서는 안 된다. 인간은 강물과 같이 항상 유동(流動)하며, 매일 같은 존재가 아니다. 어리석었던 사람이 현명해지고, 사악했던 사람이 선량해지고, 또한 그 반대로 선했던 사람이 악하게 될 수도 있다. 그래서 인간을 판결할 수 없다. 그대가 판단을 내렸을 때, 그 대상인 사람은 벌써 다른 사람으로 변해 버렸기 때문이다.　-톨스토이-

만일 그대가 자신의 결점을 기억하고, 그 결점을 교정하려 생각한다면 남을 비판하는 따위의 일은 생각지도 않을 것이다. 또한 그런 생각을 할 틈도 없을 것이다.　-톨스토이-

남을 심판하지 말라. 내가 심판 받지 않기 위해서이다. 그대가 심판하는 심판으로 그대도 심판 받고, 그대가 재는 저울로 그대도 재어진다. 어찌하여 형제들 눈 속에 있는 티끌을 보면서도 자기 눈 속에 있는 들보는 보지 못하는가? 그대 눈 속에 들보가 있는데 어찌 형제들에게 눈 속에 티끌을 뺀다고 할 수 있겠는가?　-마태복음-

그대가 만일 인내를 배웠다면 많은 공적을 올린 것이라고
생각해라. -괴테-

인내하라

인내(忍耐)란 참는다는 뜻으로, 견인불발(堅忍不拔) 또는 백절불굴(百折
不屈)이라는 말로도 표현되는데, 이는 모두 인내를 다른 말로 표현한 내용이
다.

사람의 사업은 무엇이든 가만히 있어서 되는 일이 없다. 길가에 저절로 오
곡이 익을 리 없고, 저절로 돈이 열리는 나무는 없다. 예로부터 큰 일을 이룬
사람은 모두 이 인내의 덕을 잘 살린 사람들이다.

인내의 힘은 개인을 호걸과 범인으로 만들고, 나라는 부국과 빈국(貧國)으
로 만든다. 인내의 힘이 요구되는 것은 모든 것이 순조로운 때가 아니라 무엇
인가 잘 되지 않을 때 필요하다. 이렇게 어려울 때, 그 어려움을 이겨나가지
못하는 실체는 외포(畏怖), 타지(他志), 염권(厭倦)의 세 가지 때문이다.

외포(畏怖)란 사업에 실패할 때 일어난다. 심지가 약한 사람은 처음에는
인내력이 있으나, 한 번 기울기 시작하면 외포의 마음이 생겨 인내력을 잃고
만다. 그러므로 인내력을 가지려면 이 외포의 마음부터 없애야 한다.

타지(他志)란 뜻을 다른 곳으로 돌려서 바꾸는 것을 말한다. 예를 들면 콜
롬부스가 미 대륙을 발견할 때, 가도 가도 끝없는 항해를 포기하고 다른 데로
뱃머리를 돌렸다면 그와 같은 영광은 얻지 못했을 것이다. 그러므로 인내력을
관철하려면 이 타지도 배격해야 한다.

끝으로 염권(厭倦)이란 끊기가 없는 것을 말한다. 염권성이 있는 사람은
대체로 재주가 많은 사람인데, 그 뜻을 오래 밀고 나가면 반드시 좋은 결과를
얻을 수 있는 데도 불구하고, 염권 때문에 그 일을 중도에서 중단하여 성공을
못 한다. 염권은 많은 고통과 장애 때문에 생기는데, 인내는 바로 이런 것을
극복해 나가는 것이니, 염권을 일으켜서는 일을 이룰 수가 없다. 이상 세 가
지를 없애지 않고서는 인내할 수 없고 성공하기도 어렵다. -서촌(西村)-

돈은 최선의 종이요, 최악이 주인이다.
-F. 베이컨-

빌리지 말라

빚쟁이는 주인보다 더 잔혹하다. 주인은 신체를 속박하지만, 빚쟁이는 체면을 손상하고 위의(威儀)를 없애 버린다.   -워고-

"거짓말은 채무의 등을 탄다."라는 말이 있다. 채무자는 빌린 돈의 기한을 연기하기 위해 온갖 구실을 만드는데, 그 때문에 여러 가지 거짓말을 하게 된다는 뜻이다. 건전한 결심을 실천하려는 사람에게 최초의 빚을 갚는 것은 그다지 어렵지 않다. 그런데 쉽게 처음 빚을 갚으면, 두 번째, 세 번째의 빚을 질 유혹에 빠져 불행한 채무는 늘 따라다니게 되고, 결국 빚 때문에 몸의 자유를 잃게 되고, 아무리 노력해도 빚에서 벗어날 수 없게 된다.

부채의 제1보는 허언(虛言)의 제1보와 같다. 부채가 부채 다음에 이어지는 것은 허언(虛言)이 허언(虛言) 뒤를 이어서 오는 것과 같다. 한번 이에 빠져들면 거의 벗어나지 못한다.

화가 '헤이든'은 그의 일기에서 "여기 부채와 책임은 시작되고, 나는 오늘까지 여기서 탈피할 수가 없다. 금후 내 생명이 있는 날까지 벗어날 수가 없을 것이다."라고 했고, 그의 자서전에 금전문제에 대한 그의 번뇌가 격렬하게 정신을 압박해서 화가로서의 노작(勞作)을 불가능하게 했으며, 항상 굴욕감 속에서 벗어나지 못하였음을 기술하고 있다. 그가 군에 입대하려는 한 청년에게 말한 충고에서, "남에게 돈을 빌릴 형편이라면 어떠한 환락도 하지 말라. 절대로 돈을 빌리지 말라. 그것은 타락이다. 나는 절대로 돈을 빌리지 말자고 하면서도, 돈을 빌렸기 때문에 내 모든 것이 거기에 묻혀 버렸다. 빚은 나의 모든 것을 빼앗아가고 말았다. 그러니 어떤 경우에라도 돈을 빌리지 말라."

-스마일스-

심신을 함부로 굴리지 말고, 제 잘난 체하지 말고, 말을 함부로 하지 말라.   -퇴계-

퇴계의 가르침

몸가짐을 공손히, 인을 맡으면 공경히, 남과의 사귐은 경건하게 하라.

배우는 사람은 모름지기 심신을 수련해야 한다.

안전하여 엄숙한 것이 경(敬)의 근본이다.

고요히 마음을 가다듬어 동요하지 않음이 마음의 근본이다.

선비가 의리를 말함은 농부가 농사일을 말하는 것과 같다.

책을 볼 때는 대의에 따라 그 맛을 즐겨야 한다.

낮엔 읽은 것을 밤에 반드시 사색하라.

진리가 가까이 있는데도 사람들은 알지 못한다.

알면서 실천하지 않는 것은 참된 앎이 아니다.

스스로의 힘으로 실천하지 않는 것은 자포자기와 같다.

일상 생활에서의 언동에 보편 타당성이 있으면 잘못이 없다.

무릇 사람에게 사사로운 뜻이 생기는 것은 사려가 없기 때문이다.

 빼앗을 수 없는 뜻과 꺾이지 않는 기상과 흐르지 않는 앎을 늘 지니도록 하라.   -퇴계-

도의 근본은 하늘에서 나왔으나, 이는 모두 사람 마음속에 갖추어져 있는 것이다.   -퇴계-

퇴계의 가르침(2)

군자는 모름지기 선비의 본분과 문명의식을 지키며, 청렴하고 맑은 마음으로 욕심을 적게 하라.

옛사람이 형을 섬기기를 마치 엄부 섬기듯 했다. 나들이할 때 모시기에도 자제의 도리를 다하였다.

부부는 인륜의 시초며 만복의 근원이다. 비록 지극히 친밀한 사이지만 또한 지극히 바르고 삼갈 자리이다.

언제나 도의심을 길러 선비를 키워야 찬다. 이것이 오늘의 급선무이다.

학문에 게으르면 근심하여 격려하였고 부추겨 교화하기를 한결같이 정성으로 하였다. 그리하면 교훈을 받는 사람이 감격하여 분발하지 않을 수 없다.

제자를 가르칠 때 먼저 그 사람의 뜻이 어떠한가를 살폈는데, 능력에 따라 가르쳤다. 입지를 가장 중요시하여, 스스로 근독(謹篤)함으로써 인격 실현이 되도록 하였다.

사람들이 질문을 하면 비록 하찮은 말이라도 반드시 잘 생각하였다가 답하고, 아무 생각 없이 곧장 대답해서는 안 된다.

의리가 무궁하기 때문에 학문의 길 또한 무궁하다. 인심은 악에 물들기 쉬우므로 반성하고 고치는 것이 급선무이다.   -퇴계-

신체 발달이 중요하다

부모가 자식을 사랑하고 양육하는 것은 지극히 당연한 하늘의 도리이며 또한 의무이다. 아기가 금방 태어났을 때 사람들은 동물과 달라, 그 몸 자라는 것에 정성을 다해서 젖을 먹이고, 옷을 입히고, 따뜻한 곳에서 재우고, 외부의 온갖 위험으로부터 보호한다. 그리하여 신체가 어느 정도 틀이 잡히면 서서히 정신교육을 시작하게 되는데, 이때의 교육은 별것이 아니고 집안에서 가족끼리 말을 가르치고, 비굴하지 않고, 잔혹하지 않고, 거짓말하지 않고, 활발한 사람이 되도록 생활 속에서 자연스럽게 가르친다. 그러다가 7, 8세가 되면 학교에 보내서 조직적인 교육을 받게 하는데, 이때 부모가 꼭 알아야 할 일은 신체는 인간에게 가장 소중한 재산이라는 것이며, 어떤 경우에도 정신을 너무 과로시켜 신체 발육에 장애가 오게 해서는 안 된다는 것이다.

장님은 청각이 매우 발달했다고 한다. 즉, 눈의 활동까지 귀가 대신하기 때문이다. 지금 신체와 정신의 활동은 양자가 서로 상대되며, 정신에 과중한 부담을 주면, 신체의 발달은 자연스럽게 위축된다는 사실은 너무나 분명한 일인데, 부모들은 물론이고, 교육 전문가조차 가끔 잊고 있다. 그래서 어려서부터 어려운 것을 아이들에게 가르쳐 어린이의 마음을 피로하게 만들고, 여러 가지 사실을 암기시키고, 어려운 기계를 조작시키며, 그것을 잘 하면 부모는 만족하고 좋아하고 있다. 그렇게 하면 무지갯빛처럼 고와야 하는 아이들의 피부는 빛을 잃고, 식욕도 없어지고, 성장도 늦어지고, 내장이 약해져 병에 대한 저항력도 떨어진다. 지금처럼 이렇게 극성스러운 어머니의 조기교육열 속에 아이들이 죽지 않고 살아남는 것이 이상할 정도이다. 몸이 허약하고 건강을 잃는다면 아무리 지식이 많아도 아무 쓸모가 없다. 그러므로 나는 신체가 완전히 성숙한 다음에 집중적으로 교육하고, 어린이에게는 신체 발달 정도에 맞게 부담 없는 교육을 시켜야 된다고 생각한다.   -복옹백화-

인생은 항해이다. 목표를 세워 달려라.
　　　　　　　　　　　　　　　　-세네카-

목표를 정하라

　기마(驥馬)는 하루에 천리 길을 달릴 수 있다고 하나, 비록 둔마(鈍馬)라도 10일간 열심히 달리면 기마가 달려간 길을 따라갈 수 있다. 그것은 천리를 가야 한다는 목표가 있기 때문이다. 지금 아무 목표도 없이, 달릴 필요도 없는 곳을 달리고, 끝없이 멀리까지 일없이 간다면 힘만 들뿐, 기마를 따라갈 수 없을 것이다. 그것은 목표가 없기 때문이다.

　그러므로 한 목표를 세우고 계획을 세워서 시작하면 비록 천리 길은 멀지만, 빠르거나 늦는다는 차이는 있어도 도달하지 못하지는 않을 것이다. 세상 길을 가는 많은 사람들은 어떻게 그 길을 가고 있을까?

　이와 같이 확고한 목표도 없이 그저 일없이 달리고, 방향도 모르고 달리고 있지나 않을까? 혹은 어떤 목적을 갖고 달리고 있을까? 물론 확실한 목표를 갖고 달리지 않으면 안 될 것이다.　　　-장자(莊子)-

　저 바다를 항해하는 자를 보라. 하늘에 구름이 가득 덮이고 물길이 아득하며 망망한 데도 결국 목적지에 도달하게 되는 것은 나침반에 의거해서 일정한 목적지로 방향을 잘 잡기 때문이다. 지금 세상에서 청운의 꿈을 안고 공부하는 청년들을 볼 때, 해외로 유학을 떠나는 자도 있고, 의학을 공부하는 자도 있고, 예술을 공부하는 자, 공학을 공부하는 자 등, 실로 다양한 것을 배우고 있는 것이 보인다. 그러나 그들이 목표로 하는 곳에 도달하여 성공한 자는 그 중 일부에 지나지 않는다. 그것은 그들이 나침반을 이용해서 일정한 방향으로 열심히 달리지 않고, 갈팡질팡 방향을 자주 바꾸기 때문에 때로는 풍랑을 만나고, 때로는 급류를 만나 목적지까지 갈 수 없기 때문이다. 젊을 때부터 확고한 목표를 세워 일념으로 거기 도달하려고 노력하면 비록 인생은 짧아도 도달 못하지 않을 것이다.　　　-토옥홍(土屋弘)-

술이 생각해 내는 것은 아무 것도 없다. 떠들어댈 뿐이다.
-세네카-

술을 삼가라

옛날에는 가주(家酒)만 있었는데, 우(禹)왕 때 의적(儀狄)이라는 자가 처음으로 술을 만들었다. 우(禹)는 이를 마셔 보고 맛이 달다 하며, "후세에 이 술 때문에 나라를 망치는 자가 생겨날 것이다." 하며, 그때부터 의적을 멀리하고 가까이 하지 않았다.　　　-십팔사략(十八史略)-

술을 마시는 자에게는 여섯 가지 잃는 것이 있다. 첫째는 재산을 잃는다. 둘째는 건강을 잃는다. 셋째는 다투고 싸우게 된다. 넷째는 악명을 남기게 된다. 다섯째는 이성을 잃고 포악하게 된다. 여섯째는 지혜를 잃게 된다.

　　　-장아함경(長阿含經)-

술 때문에 오락을 얻는 것은 사실이지만 오락은 반드시 행복을 동반하지 않으며, 어떤 철학자는 오락과 행복은 서로 상반된 것이라는 주장까지 한다. 그래서 사람들은 행복을 얻기 위한 것을 생의 목표로 하고 있지만, 결코 오락을 탐하지 않는다. 어떤 사람은 술로 시름을 달래고 마음을 달랜다고 하지만, 술이 마음의 시름을 일시적으로 달래주기는 하지만 결국에는 난폭과 야만적인 행동에 빠져들게 할 염려가 있다.

어떤 사람은 술로 인해 교재를 원활히 할 수 있다고 말하나, 술은 예절을 깨뜨리기 쉽고 결코 진정한 교재는 술로 이루어지는 것이 아니다. 어떤 사람은 대화를 원활하게 한다고 하지만, 술로 인해 나오는 말들은 농담에 가까울 뿐 진실로 무게 있는 말은 나오지 않는다. 가끔은 술 때문에 정신이 고무되어 용기를 내게 하는 수도 있으나, 술의 힘을 빌려 용기를 내는 것은 비열하고 의지(意志)가 약한 자이며, 진정한 용자(勇者)가 아니다.　　　-보즈웰-

夏

8월의 이야기

august

august

8
첫 번째

이 무릎은 하나님 이외에 다른 어떤 것 앞에서 꿇지 않는다.
-나폴레옹-

수치를 알라

맹자께서 말씀하시기를, "수치를 안다는 것은 사람에게 매우 중요한 일이다. 왜냐하면 수치를 아는 사람은 성인의 경지까지 도달할 수 있기 때문이다. 그리고 수치를 모르는 사람은 짐승과 다름없는 곳에 떨어지고 만다. 항상 임기응변의 변명만 하는 사람은 도대체 수치라는 것을 모르고 산다. 이와 같이 수치라는 것은 사람에게 매우 중요한 관계가 있는데도 불구하고, 다른 사람에게 여러 가지 나쁜 영향이 미친다는 것을 알면서도 수치스러운 일을 예사로 하는 사람은 그의 일생이 남보다 못하고 값없는 삶이 될 것이다."라고 하셨다.   -맹자(孟子)-

나폴레옹이 사관학생 시절 사소한 잘못으로 교칙을 위반했다. 교장은 곧 그를 불러, "그대는 교칙을 위반했다. 그러므로 벌을 받아야 한다. 오늘 저녁 식사 때 식당 복도에서 무릎을 꿇고 식사를 해라."고 했다. 그러자 나폴레옹은, "교장 선생님, 그 짓은 할 수가 없습니다." "왜 못 하겠다는 건가?" "제가 어릴 때 어머니께서는 저를 안고 늘 '나폴레옹아, 너는 하나님 이외에 다른 곳에서는 절대로 무릎을 꿇어서는 안 된다.'라고 말씀하셨습니다. 다른 벌을 내려 주십시오." 그리하여 나폴레옹은 다른 무거운 벌을 기꺼이 받았다.
-나폴레옹-

맹자께서 말씀하시기를, "수치가 사람에게 미치는 영향은 매우 크다."라고 하셨다. 선비가 수치를 모르면 선비라고 할 수 없다. 옛날 선비는 죽을지언정 수치스러운 일은 당하지 않겠다고 했고, 수치를 선비의 최대의 부끄러움으로 알았으며, 몸을 죽일망정 수치스러운 일은 당하지 않으려 했다. 그래서 죄가 있어 죽음을 당할 때 스스로 자결하는 길을 택했고, 손발을 묶여 끌려가는 것을 죽음보다 싫어했다.   -사도요론-

군자는 반드시 홀로 있을 때 삼간다.
-대학(大學)-

혼자 있을 때 삼가라

소인(小人)은 혼자 있을 때 반드시 좋지 않는 일을 저지르고, 어떠한 악행도 못하는 일이 없다. 이와 같은 소인이라도 군자 앞에 나오면, 그래도 일말의 양심이 있어 자신의 행동을 부끄럽게 생각하고, 자기의 옳지 않은 점은 감추고 좋은 점만 나타내려고 한다. 그것은 소인도 하늘로부터 명덕(明德)을 받고 있다는 증거이다. 다만 사리사욕 때문에 그 명덕(明德)이 잠시 구름에 가려 흐려졌을 뿐이다.

소인들은 이와 같이 항상 불선(不善)을 저지르면서 자신의 이익과 공덕을 얻으려고 생각하지만 그것은 매우 잘못된 생각이다. 다른 사람이 나를 볼 때 나의 겉면만 보는 것이 아니라 내 깊은 속까지 모두 꿰뚫어보고 있기 때문이다. 아무리 감추려 해도 감추어지지 않는다. 감출 수 없는 것이라면 소인들은 자기의 불선(不善)을 감추려고 노력할 필요가 없을 것이다. 사람의 마음속에 있는 성(誠)은 나타내려 하지 않아도 자연스럽게 나타난다. 그것은 불선(不善)을 안고 있는 소인들이 그것을 감추려 해도 감추어지지 않고 자연스럽게 나타나는 것과 꼭 같다.

그러므로 소인들이 잔재주를 부려 불선(不善)을 감추려 하는 것은 아무 소용이 없는 일이다. 그것보다는 차라리 홀로 있을 때 삼가며, 자신을 속이지 않는 공부가 꼭 필요하다. 그래서 "군자는 반드시 홀로 있을 때 삼간다."라는 말이 생겨났다.   -대학(大學)-

많은 사람들이 보고, 많은 사람들이 주목하는 것은 반드시 바른 비판을 받게 된다. 그러므로 소인이 살면서 불선(不善)을 저지르고, 군자가 홀로 있을 때 더욱 삼가면, 거기에 대한 세상 사람들의 많은 비판은 절대로 잘못 판단하지 않는다.   -대학(大學)-

커다란 기쁨은 커다란 고통과 마찬가지로 말이 없다.
-W. M. 새커리-

기쁨에 대하여

사람들은 이름 있고 지위 있음이 즐거운 줄만 알고, 이름 없고 지위 없는 즐거움이 참인 줄은 모른다. 사람들은 주리고 추운 것이 근심인 줄만 알고, 주리지 않고 춥지 않은 근심이 더욱 심한 줄은 모른다.　　　-채근담(菜根譚)-

사람들은 마음의 상처는 혼자서 견디어내도 기쁨은 함께 나누어야 한다.
-E. 허버트-

이 세상의 기쁨은 완전하지 않다. 기쁨에는 고통의 맛이 섞이고, 벌꿀은 쓴 즙을 가해서 만들어졌다.　　　-로렌하겐-

완전한 존재, 완전한 의식, 완전한 환희라는 것은 정신과 육체가 하나로 되었을 때 비로소 존재할 수 있는 것으로, 그것은 육체화한 정신이며 정신화한 육체인 것이다. 육체가 없는 정신이 있다면 그것은 유령에 지나지 않으며, 정신이 없는 육체가 있다면 그것은 시체에 지나지 않는다.　　　-F. M. 뮐러-

기쁨을 추구해서는 안 된다. 그것은 생활만 바르고 옳으면 자연히 생기는 것이다. 가장 단순한, 비용이 들지 않는, 필요에 의해서 얻어지는 기쁨이 가장 좋은 기쁨인 것이다.　　　-C. 힐티-

늦게 찾아온 기쁨은 쉬 떠나지 않는다.　　　-L. J. 베이츠-

인생의 진정한 기쁨은 다른 사람들이 할 수 없는 일을 하는 데 있다.
-W. 배저트-

유약한 태도로 나가 싸우면 반드시 이기고, 물러서 지키면 반드시 굳세다.   -노자(老子)-

유(柔)하라

물은 담는 그릇에 따라 둥글게도, 모나게도 되기 때문에 천하에 물보다 더 유연한 것이 없다. 그런데도 산을 허물어뜨리고, 큰돌을 굴리고, 계곡을 메우고, 오곡을 자라게 하고, 큰배도 띄우게 하는 등 많은 일을 한다. 견고한 성을 허물고 높은 언덕을 연못으로 바꾸는 것도 모두 물의 힘이다.

속담에도 '처마 물이 섬돌을 뚫는다.' '높은 둑도 개미구멍으로 허물어진다.'라는 말이 있다. 즉, 견고한 것을 공격하는 데 물보다 더 강한 것이 없다는 말이다. 가장 유약(柔弱)한 물에 어찌 이런 큰 힘이 감추어져 있는가 하면, 물은 굴절 무한한 변화를 할 수 있으면서도 항상 물이라는 그 천성을 잃지 않고 있기 때문이다.

이런 점으로 미루어 본다면 유(柔)한 것이 강(剛)한 것을 이기고, 약한 것이 강(强)한 것을 이긴다는 도리는 자명한 것이며, 천하의 사람 모두 이 도리를 모르는 사람이 없지만, 이를 실천하는 사람은 하나도 없다. 그것은 충허유약(冲虛柔弱)을 채득해서 유여(有餘)를 버리고 천하에 대처할 줄 모르고, 헛되이 명리나 지식의 노예가 되어 사리사욕에 사로잡히기 때문이다.

-노자(老子)-

내게 세 가지 보물이 있다. 이것은 다른 사람들이 잘 갖기 어려운 것인데, 내게만 있으니 보배라고 하는 것이다. 첫째는 자(慈)라 하여 유약(柔弱)하다는 것이다. 둘째는 검(儉)이라 하여 과욕(寡慾)함을 말한다. 셋째는 감(敢)이라 하여, 굳이 천하의 앞이 되지 않는 겸손을 말한다. 유약하면 천하의 견고한 것에 이길 수 있는 용(勇)도 생겨난다. 또 과욕하면 항상 족함을 알게 되니 곧 광(廣)이다. 또 감(敢)으로 천하의 앞이 되지 않으니 능히 백관(百官)의 장, 곧 왕자가 될 수 있다. 이것이 나의 세 가지 보배다.   -노자(老子)-

8

다섯 번째

부자가 되는 자격은 가난한 집안에 태어나는 것이다.
-카네기-

가난을 두려워 말라

나는 어릴 때, 가난 속에서 자랐기 때문에 온갖 고생을 참으며 살았다. 겨울이 되어도 팔굽이 노출되는 헌 옷을 입었고, 발가락이 나오는 헌 구두를 신었다. 그러나 소년시절의 고생은 용기와 희망과 근면을 배우는 하늘의 은총이라 생각하지 않으면 안 된다. 영웅과 위인은 모두 가난 속에 태어났다. 성실근면하며, 자신의 일에 최선을 다한다는 정신만 있으면, 가난한 집 아이들은 반드시 큰 꿈을 이룰 수 있다. 헛되이 빈고(貧苦)를 슬퍼하고 역경을 맞아 울기만 하지 말고, 미래의 밝은 빛을 향해 분투 노력하며 성공을 쟁취하지 않으면 안 된다.   -링컨-

빈고(貧苦)는 오직 불행이기는 하지만 용감한 자조정신으로 이를 이겨나가면 도리어 하늘이 준 은총(恩寵)으로 변한다. 빈고(貧苦)는 사람을 고무시키고 굳은 의지를 심어주며, 불굴의 용기와 인내력을 준다. 어떤 사람은 빈곤에 져서 타락하고 안일을 구하지만, 온전한 사상과 굳센 의지를 가진 사람은 이 속에서 노력과 신용으로 승리를 이끌어낸다.

철학자 베이컨이 말하기를, "세상 사람들은 부(富)라고 하는 것과 힘이라고 하는 것을 잘 알고 있지 않는 것 같다. 부(富)에 관해서 그들이 생각하는 것은 너무 지나치고, 힘에 관해서 그들이 생각하는 것은 너무 부족한 것 같다. 자기를 의지하고 자신을 제압하는 힘은, 자신의 우물에서 물을 퍼서 자기의 맛있는 빵을 먹고 진실한 생활을 위해 공부하고 근로하며, 내게 주어진 선한 것을 잘 찾아서 쓰는 데 있고, 이 힘은 항상 부(富)보다 크다."라고 했다.

-스마링-

습관은 제2의 자연이다. 제1의 자연에 비해서 결코 약한 것은 아니다. -몽테뉴-

좋은 습관에 대하여

습관이란 것은 참으로 음흉한 여선생이다. 그것은 천천히 우리들의 내부에 그 권력을 심는다. -몽테뉴-

습관은 그것이 습관이기 때문에 따라야 하는 것이며, 그것이 합리적이라든가 올바르다는 데에서 따라야 하는 것은 아니다. -B. 파스칼-

결심에 의해서 올바른 것이 아니라 습관에 의해서 올바르게 되는 것이며, 단순히 올바른 일이 되는 것일 뿐만 아니라 올바른 일이 아니면 될 수 없게 하지 않으면 안 된다. -W. 워즈워드-

습관은 나무껍질에 글자를 새긴 것 같은 것으로서, 그 나무가 커 감에 따라 글자가 확대된다. -스마일스-

좋은 습관으로부터 빠져 나오는 것이 나쁜 습관으로부터 빠져 나오는 것보다 쉽다. -W. S. 몸-

습관은 한 개의 큰 노끈이다. 우리들은 매일 그것을 매고 있지만 그것을 풀수는 없다. -H. 만-

보통 인간의 후반생은 전반생에 쌓아온 습관만으로 성립된다고 한다.

-도스토예프스키-

효율적인 경영자들이 공통적으로 가지고 있는 유일한 것은, 그들이 각자 어떠한 재능과 성격을 지니고 있더라도 그 재능과 성격을 효율적인 방향으로 이끌어 가는 습관이 있다는 것이다. -드러커-

자제할 수 없는 사람을 자유인이라고 할 수는 없다.
-피타고라스-

지혜롭게 사는 길

길을 잘못 든 사람이 자기의 위험한 상태를 실제 이상으로 크게 보는 것은 무엇보다도 조심하지 않으면 안 된다.   -니체-

모든 인간적인 것은 슬프다. 유머의 가장 깊은 근원은 기쁨이 아니라 슬픔이다. 천국에는 유머가 없다.   -토우엔-

아무도 자연에 거역할 수는 없다. 자연은 아무리 강한 인간보다도 더욱 강하다.   -피카소-

위트와 지혜는 인간과 함께 태어난다.   -J. 셀든-

인간은 누구나 자기 주위에 공허한 것을 느끼며 살고 있다. 그리고 그 끝없는 공허한 것 때문에 마음은 항상 초조해지고, 생각은 산산조각으로 흩어져서, 때로는 지친 사람처럼 팔을 벌리고 입술을 깨물며, 그저 오직 무엇인가에 매달리려고 필사적이 되어 세상을 헤매고 돌아다닌다. 그리고 단지 이 고독감에서 벗어나고 싶은 마음으로 우왕좌왕 손에 닿는 대로 매달려 누구나 차별없이 악수를 청한다.   -모파상-

마음은 스스로 믿는 것이며, 의지는 스스로 사랑하는 것이다. 그러므로 진정한 대상이 없으면 마음도 의지도 허위에 결부되고 만다.   -파스칼-

사람이 신을 믿는 것은 불가능한 것을 얻기 위해서이다. 가능한 것이라면 그것은 인간으로도 충분하다.   -세스토프-

우리도 초목과 같은 마음으로 살 것을 !
-계월전집-

인생의 해석

　우주는 위대하고 인생은 작으며, 이고 있는 하늘이 몇억 리(里)인지 알 수 없고, 우러러보는 별도 몇억 개인지 알 수 없다. 일월은 돌고, 사계절은 순환하며, 종자는 발아하고, 생물을 번식한다. 우주에 비하면 지구는 좁쌀 한 알보다도 못하다. 그 위에서 인간이 운동한다. 아무리 지혜를 짜고 힘을 다해도, 물질의 근본을 바꿀 수 없고 아무 것도 새롭게 만들 수 없다.

　우주는 어떻게 시작되었으며, 언제 끝나는지 알 수 없다. 인류의 존재는 무엇을 뜻하는가? 물론 사람은 다른 동물과는 달리 사고력을 갖고 있다. 그래서 우주가 무엇인지 알려고 하고, 인생이 무엇인가 알려고 한다. 그러나 인간 지능에는 한계가 있어 고래로 많은 철학자와 현인도 우리들의 이러한 의혹을 속 시원히 해결하지는 못했다. 사람 가운데, 특히 사고력이 뛰어난 자가 가령 철학이라는 이름으로, 우주관 인생관 등을 떠들어대도 사실 웃기는 이야기다. 만일 조물주가 있어 이를 들으면 얼마나 웃을까? 개나 고양이가 '동물관' 벼룩과 개미가 '곤충관' 등을 지껄인다면 우리가 웃는 것과 같은 이야기일 것이다. 나는 종교에 마음을 맡길 정도로 어리석지는 않고, 철학자에게 인생 문제 해결을 의탁할 만큼 바보는 아니다.

　옛날 하늘에 오른다고 높은 탑을 싼 사람이 있다. 철학자와 종교가들은 지금도 하늘을 향해 형체 없는 탑을 쌓고 있지 않는가? 사람에게 지혜 있는 것이 좋은 것인지 나쁜 것인지, 초목은 조금도 감각이 없다. 봄이 오면 잎이 피고 가을이 되면 시든다. 그 사이에 고통을 모르고 번민을 모른다. 바라건대 우리들도 초목과 같은 마음으로 살 것을 ! 자연의 육화(育化)에 동화하는 것, 그것이 사람의 힘으로 할 수 있는 인생 해결의 최선의 방법일 것이다. 나는 인생문제를 종교나 철학 책에 구하지 않고 사회에 구한다. 즉, 자연의 육화에 구하며, 사회에 몸을 의탁하고 살 뿐이다.　　　-계월전집-

우리는 이 세상에 온 나그네이므로 나그네의 도리를 지켜야
한다. -계월진집-

인생의 해석(2)

자연은 사람에게 생존경쟁을 하라 한다. 나는 거역하지 않고 경쟁한다. 경
쟁의 결과는 인간의 지혜를 증진시킨다. 나는 거역하지 않고 지혜를 닦을 뿐
이다. 자연은 내게 욕심을 주는데, 나는 채울 뿐이다. 자연은 내게 활동력을
주는데, 나는 일어나 활동할 따름이다. 활동과 경쟁이 무슨 의미를 갖는가는
묻지 않는다.

소인은 한거(閑居)하면 불선(不善)을 한다. 소인이 아니라도 한거해서 좋을
리 없다. 종일 열심히 일하는 사람에게 사념(邪念)은 있을 수 없다. 그리고
그 노동 뒤에 수면은 너무나 달고 편안하다. 한거하는 자는 노동의 기쁨을 모
르고, 따라서 단잠의 맛도 모른다. 깨서도 고통이고 꿈에서도 번민한다. 즉,
살아서도 고통이고 죽어서는 더더욱 고통이다. 자연의 순리에 따라 열심히 일
하면서 사는 가운데 진실한 인생의 행복이 있는 것이다.   -계월전집-

우리는 이 세상에 온 나그네이므로, 나그네의 도리를 지켜야 한다. 마음에
맞는 식사를 대하면 좋은 음식을 대접받는다고 고마워하고, 마음에 들지 않는
식사를 대해서도 나그네답게 칭찬하지 않으면 안 된다. 여름 무더워도 겨울의
추위도 나그네라면 참아야 하고, 속상하는 일이 있어도 나그네라면 꾹 참아야
한다. 작은 집이라도 나그네니까 불평을 말고, 옷이 허름해도 나그네니까 참
아야 하고, 형제자매, 하인에게까지도 나그네니까 인사를 잘 하고 살며, 떠난
뒤에 마음에 걸리지 않도록 하며 사는 것이 바람직하다.   -수도광원-

이 세상에 태어난 큰 목적은 남을 위해 일하는 데 있다. 자기의 영리를 위
해서가 아니다. 내가 태어났을 때부터 죽을 때까지 내 주변 사람의 형편이 조
금이라도 더 좋아졌다면 태어난 보람이 있는 것이다.

은인은 선행을 감추고, 은혜를 입은 사람이 그것을 드러내야 한다.   -키론-

선행에 대하여

그대의 선행에 대해 눈에 보이는 대가를 구하지 말라. 그것은 이미 그대 마음속에 충분히 받았다. 또한 그대가 저지른 악행의 대가는 눈에 보이지 않아도 그것이 없는 것이라고 생각하지 말라. 그것은 너의 영혼 속에 박혀 있다. 너의 영혼의 괴로움이 다른 데서 온다고 생각하지 말라.   -톨스토이-

씨를 뿌리면 거두어야 한다. 사람을 때리면 그대는 괴로워해야 한다. 사람에게 선을 베풀면 남도 그대에게 선으로 답하리라. 그대가 만일 평생 선을 행한다면 아무리 회피해도 그 대가는 반드시 그대에게 돌아온다.   -에머슨-

사람이 죽어서 하나님 앞에 나설 때 가지고 갈 수 없는 것이 있다. 첫째로 돈이며, 그 다음이 친구이고, 친척이고, 가족이다. 그러나 착한 일은 가지고 갈 수가 있다.   -유태인 교훈-

남에게 선을 베푼 자는 자기 자신에게 대해서도 선을 베푼 자이다. 이 말은 남에게 베푼 착한 일의 대가를 의미하는 것은 아니다. 착한 일을 한 그 행위 속에 그의 의미가 있는 것이다. 왜냐하면 착한 일을 했다는 의식은 인간에게 대해서 최고의 대가이기 때문이다.   -세네카-

착한 일을 하여 그 이익을 보지 않음은 마치 풀 속에 난 동과(冬瓜)와 같으니, 모르는 중에 절로 복이 자라고 몹쓸 일을 하고도 그 손해를 보지 않음은 뜰 앞의 봄눈과 같아서 반드시 모르는 가운데 모든 복이 녹아 없어지게 된다.   -채근담(菜根譚)-

인생이란 무엇일까 ? 인생이란 한낱 꿈일 뿐이다.
-술몽쇄언(述夢瑣言)-

꿈속에 산다

세상 사람들이 깨어 있는 것을 떳떳한 것이라고 하고, 꿈꾸는 것을 환상(幻像)이라고 한다. 그러니 꿈꾼다는 말은 깨지 못하였다는 말이고, 깨었다는 말은 미혹(迷惑)함이 없이 정체를 바로 파악하였다는 말이 된다. 꿈이 환상이라면, 꿈속에 있는 것은 곧 변하고 바뀌는 무상한 것이라고 할 수 있고, 깨어 있는 것이 떳떳한 것이라면 꿈 밖으로 벗어 나온 것은 상구 불변(常久不變)의 것이라고 말할 수 있다. '꿈은 환상', '깬 것은 떳떳함'이라고 가정한다.

그러나 세상 사람들은 과연 어느 것이 떳떳한 것이고, 무엇이 무상한 것인가를 아는가 ? 바로 알고 있는가 ? 그 어느 것이 깬 것이고, 그 어느 것이 꿈꾸는 것인가 ? 꿈꾸는 것이 진정 깬 것이고, 깬 것이 도리어 꿈인지도 모른다. 진정 떳떳하다는 것은 상구 불변하는 '참'인 것이다. 사람이 진실로 자신의 속에 변하지도 않고 환상도 아닌 상구 불변의 것이 있다는 것을 안다면, 그는 어떠한 것을 안다고 말할 수 있다.

노자(老子)는 "말할 수 있는 도(道)는 상도(常道), 즉 영원 불변의 도가 아니고, 이름 붙일 수 있는 이름은 영원 불변의 이름이 아니다."라고 하였다. 그는 말로 표현할 수도 없고, 이름지을 수도 없는 크고 영원한 것을 도(道)라고 하였다.

여기 '술몽쇄언'의 저자는 과연 무엇을 떳떳한 것, 즉 영원 불변하는 것이라고 생각하는 것일까 ? 그것도 사람 자신의 속에 존재하는 것을 시사하고 있다. 과연 그것이 무엇일까 ? 그것은 바로 이 저서의 결론이 될 것이며, 이 저서가 씌어진 이유이며, 목적일지도 모른다.

우리는 성급히 굴지 말고, 이 저서가 이끌어 가는 결론의 과정을 더듬어 가 보기로 하자.   -술몽쇄언의 서언-

하늘은 스스로 돕는 자를 돕는다.
-격언-

자조(自助) 자력(自力)

'하늘은 스스로 돕는 자를 돕는다.'라는 말은 많은 사람들이 실제로 체험한 격언으로, 말은 간단하지만 모두가 공감하는 결과를 나타낸 말이다. 자조(自助) 정신은 개인에게 있어서 모든 가능성을 부여하는 기본 정신이다.

그러므로 많은 사람들이 이 정신을 실천하니, 그것은 또한 나라의 부강을 가져오는 원천이 되기도 한다. 외부에서의 도움은 사람을 많이 약화시키지만, 내부에서의 도움은 항상 그 사람의 기력을 증진시킨다. 어떠한 것도 남으로부터 또는 사회로부터 베풀어진 것은 반드시 어떤 범위 내에서 개인의 분별력과 자조력을 빼앗아간다. 그러므로 타의 지도와 간섭이 너무 많으면 오히려 무능력해지기 쉽다.   -스마일스-

힘있는 사람은 외부의 도움 없이 홀로 독립하는 사람이다. 그 사람이 펼치는 깃발 아래 한 사람의 원조자가 올 때마다 힘은 점점 줄어든다. 한 사람의 힘은 한 도시보다 더 크지 않다. 무엇이든 밖에서 구하려 하지 말라. 그렇게 함으로써 무궁한 변화 속에서 확고 부동한 튼튼한 기둥이 되어 그대를 둘러싼 모든 것의 지주가 될 것이다. 위력은 내부에서 생겨나는 것인데, 사람들은 자신 밖에서 힘을 구하기 때문에 나약해진다. 이와 같은 이치를 깨달아 자기 이상을 펴려고 실천하는 자는 인생을 성공할 수 있는 사람이다.   -에머슨-

나폴레옹이 이탈리아와의 싸움에서 이겨 개선하였다. 군중은 대단한 환영을 했다. 부관이 "이렇게 성대하게 환영을 하니 즐겁지 않습니까?" 하고 묻자 나폴레옹은 "사려(思慮) 없는 자들의 환영 따위는 믿을 것이 못된다. 저들은 형세가 바뀌면 나를 죽이라고 이렇게 떠들어댈 것이다. 민심은 못 믿는다. 믿을 것은 오직 내 힘뿐이다."   -나폴레옹-

청년기에는 직감이, 노년기에는 사고가 지배적이다.
-쇼펜하우어-

슬기로운 삶에 대하여

작은 일시적인 안전을 얻기 위해 소중한 자유를 포기하는 인간은 자유를 얻을 가치도 없거니와 안전을 받을 값어치도 없다.   -프랭클린-

자유를 포기한다는 것은 인간으로서의 자격을 포기하는 것이며, 그것은 인간의 권리와 의무조차 포기하는 것이다. 누구든지 모든 것을 포기하는 사람은 어떤 보상도 주어지지 않는다.   -루소-

"자유의 가치는 영원한 불침번이다."라는 것은, 그것은 항상 위협을 받고 있다는 것을 뜻한다. 하나는 의무에서, 다른 하나는 사정이 좋아지면 곧 좋아해 버리는 인간의 약점 때문이다.   -칼 힐티-

자유는 의무이지 사실이 아니다.   -칸트-

다른 어떠한 자유보다는 우선 첫째로 양심에 따라서 알고, 생각하고, 믿고, 또한 말할 수 있는 자유를 나에게 달라.   -칼 힐티-

인간은 자유다. …… 어떤 일에 대해서도 스스로 향하여 간다. 믿는 마음 믿지 않는 마음도, 애정도, 분별도 인간은 무엇이든지 행할 수 있는 가치가 있다. 그래서 인간은 자유다.   -그레고리-

군자는 나이가 쇠퇴해 가는 것을 우려하지 않고, 뜻이 물러지는 것을 우려한다.   -맹자-

명예는 자기 스스로가 얻을 수 있는 것이 아니라 남이 씌워 주는 월계관인 것이다. -한흑구(韓黑鷗)-

명예에 대하여

명리(名利)의 생각이 아직 뿌리 빠지지 않은 사람은 비록 천승(千乘)을 가벼이 알고 일로(一怒)를 달게 여길지라도 실상은 세속의 정에 떨어진 것이요, 거짓 용기가 온전히 사라지지 않은 이는 비록 덕택(德澤)을 사해에 베풀고 이익을 만세에 끼칠지라도 마침내 값없는 재주에 그치리라. -채근담-

상대편이 명예욕에 마음이 쏠려 있을 때, 재물의 이익을 가지고 이야기하면 속물(俗物)이라고 깔보며 경원(敬遠)당한다. 상대편이 재물의 이익을 바라고 있을 때, 명예를 가지고 이야기하면 몰상식하고 세상일에 어둡다고 하여 소용없는 자로 인정받기가 십상이다. 상대편이 내심으로는 이익을 바라면서 겉으로 명예를 바라는 때, 이런 자리에서 명예를 이야기하면 겉으로는 받아들이는 체하여도 내심으로는 은밀히 성글어진다. 만약 이런 자에게 이익을 가지고 얘기하면 내심으로는 은근히 그것을 받아들이면서도 겉으로는 그것을 경원한다. 그러한 기미를 잘 파악하지 않으면 안 되는 것이다. -한비자(韓非子)-

명예를 존중하는 사람은 천승(千乘)의 나라도 사양할 수 있다. 명예를 존중하지 않는 사람은 한 대그릇의 밥과 한 나무그릇의 국에도 침을 꿀꺽 삼키면서 탐내는 빛을 얼굴에 나타낸다. -맹자(孟子)-

자기를 위하여 완전무결한 명예를 얻으려 하는 사람은 도리어 그 명예를 손상시키는 법이다. -S. 존슨-

거울과 같이 흐림이 없는 마음과 무념 무상과 같은 마음의
상태를 가져라.   -아함경-

팔정도(八正道)

　팔정도(八正道)는 불교의 근본 교리이며, 여덟 개의 부분으로 이루어진 성
스러운 도(道)이다. 팔정도는 사성제 중 하나인 도제(道諦)의 구체적인 내용
을 설명한 것이며, 극락과 고행 등의 극단을 떠난 중도(中道)이며, 올바른 깨
침으로 인도하기 위한 가장 합리적인 수행 방법이며, 그 내용은 다음과 같다.

1) 정견(正見)은 바른 견해이며, 불교의 바른 세계관과 인생관으로서의 인연
　과 사제에 관한 지혜이다.
2) 정사유(正思惟)는 몸과 말에 의한 행위를 하기 전의 바른 의사 또는 결
　의를 가리킨다.
3) 정어(正語)는 정사유 뒤에 생기는 바른 언어적 행위이다. 망어(妄語)·악
　구(惡口)·양설(兩說)·기어(綺語)를 하지 않고, 진실하고 남을 사랑하며
　융화시키는 유익한 말을 하는 일이다.
4) 정업(正業)은 정사유 뒤에 생기는 바른 신체적 행위이다. 살생·투도·사
　음을 떠나서 생명의 애호, 시여자선(施與慈善), 도덕을 지키는 등의 선행
　을 하는 일이다.
5) 정명(正命)은 바른 생활이다. 이것은 바른 직업에 의하여 바르게 생활하
　는 것이지만 일상 생활을 규칙적으로 하는 것이기도 하다.
6) 정정진(正精進)은 용기를 가지고 바르게 노력하는 것이다.
7) 정념(正念)은 바른 의식을 가지고 이상과 목적을 잊지 않는 일이다.
8) 정정(正定)은 정신통일을 말하며 선정(禪定)을 가리킨다. 깊은 선정은 일
　반인으로서는 얻을 수 없는 것이라 하더라도 일상 생활에서도 마음을 안
　정시키고 정신을 집중하는 것은 바른 지혜를 얻거나 지혜를 적절하게 활
　용하기 위하여 필요하다.　　-아함경-

사람들이 짓는 죄는 하늘의 모든 신이 꿰뚫어보고 있기 때문에 숨길 수가 없다.   -백유경-

동쪽이 없는 마을

어느 마을 사람들이 떼를 지어 검은 황소를 훔쳐다가 잡아먹었다. 소 임자는 발자국을 더듬어 이 마을까지 찾아와서 마을 사람들을 불러내 따졌다.

"당신이 우리 마을에서 소를 훔쳐왔지?"

소를 훔친 마을 사람이 대답했다.

"나한테는 사는 마을이 없는데요."

"마을 연못가에서 여럿이 소를 잡아먹지 않았어?"

"이 마을에는 연못이 없는 걸요."

"연못가에 나무가 있지?"

"나무 같은 건 없는데요."

"소를 훔쳤을 때 당신은 마을 동쪽에 있지 않았어?"

"동쪽이라니, 그런 거 없어요."

"소를 훔친 건 정오였지?"

"정오라니, 그런 거 없어요."

"사는 마을이나 자라는 나무가 없다는 것은 말이 될지 모르지만, 동쪽도 없고 시간도 없는 세계가 대체 어디 있단 말이야. 당신이 거짓말을 하는 게 분명해. 당신의 말은 하나도 못 믿겠어. 당신이 소를 훔쳐다가 잡아먹었지?"

"먹긴 먹었어요."

파계(破戒)한 사람도 이와 같다. 죄과를 숨기고 탄로가 난 일을 인정치 않고 죽은 후에 지옥에 떨어진다. 하늘의 모든 신과 선신(善神)들은 천안(天眼)에 의해 꿰뚫어보므로 숨길 수 없다. 소를 잡아먹은 자가 끝내 시치미를 뗄 수 없었던 것과 꼭 같다.   -백유경-

신심은 도의 근원, 공덕의 어머니, 모든 선근(善根) 좋은 일
을 낳고 길러내리라.   -일타(日陀)-

기도에 대하여

사람의 한평생 가운데 마음먹은 대로 되는 일이란 지극히 드물다. 우선 머릿속이 갖가지 생각들로 얽히고 설켜 있으니 혼돈이 지극하고, 말과 행동으로 지은 업들이 '나'의 앞길을 막고 있으니 마음먹은 대로 살아갈 수가 없다.

그러나 살다보면 특별한 노력을 기울여서라도 꼭 이루어야 할 일들도 있다. 그때는 어떻게 해야 하는가? 바로 그때 필요한 것이 기도이다. 부처님이나 큰 힘을 지닌 보살님께서 세운 행원력(行願力), 즉 "고통받는 중생을 남김없이 구제하겠다."는 그 행원력에 의지하여 간절히 소원을 비는 기도법이 마련되어 있는 것이다. 그렇다면 이 기도는 어떠한 마음가짐으로 해야 하는 것일까?

기도를 할 때는 지극한 마음, 간절한 마음 하나면 족하다. 복잡한 형식이나 고차원적인 생각이 필요한 것이 아니다. 그냥 간절하게 부처님을 생각하고 지극한 마음을 전하면 된다. 소원을 이루고자 하는 마음 하나로 굳게 뭉치면 되는 것이다.

"잘 되게 하소서. 잘 되게 해 주소서. 잘 되게 해 주십시오." 이렇게 간절히 기도를 하다 보면 일념삼매(-念三昧)에 빠져들게 되고, 잠깐이라도 깊은 기도삼매에 빠져들면 불보살의 가피력을 입어 소원을 남김없이 성취할 수 있게 된다.

또 한 가지 마음에 새겨야 할 점은 요행수를 바라지 말고 자력(自力)으로 기도하라는 것이다. 불자들 중에는 "기도하기가 어렵다."고 하는 사람이 더러 있다. 그런데 그 까닭이 기도법을 몰라서라기보다는 마음의 자세가 잘못되었기 때문이라는 사실을 아는 이가 드물다.   -동곡 일타 스님-

교만한 자는 아무리 부자가 되어도 만족할 줄 모른다.
-채근담(菜根譚)-

교만하지 말라

공자께서 말씀하시기를 "주공(周公)과 같이 모든 것을 갖춘 사람이 있다고 하더라도, 그 사람이 자기의 잘난 점을 남에게 자랑하거나 뽐내며 거만하고, 또한 인색해서 남에게 베푸는 마음이 극히 적을 때는 그 사람의 재주가 아무리 돋보여도 보잘것없는 것이 되고 만다."라고 하셨다.   -논어(論語)-

교만한 자는 아무리 부(富)해도 늘 부(富)가 모자란다. 욕망에 한계가 없기 때문이고, 또한 사치를 하고 싶기 때문이다. 그래서 가난한 사람, 아니 검소한 빈자(貧者)보다도 못한 데가 있다. 검소한 사람은 모든 것을 절약해서, 가난 속에서도 여유를 갖고 살아가기 때문에 그다지 부족함을 느끼지 아니한다. 마찬가지로 모든 것을 할 수 있는 사람이 스스로 힘써 노력하면서도 다른 사람으로부터 비난을 사는 수가 있다. 그것은 너무 잘난 체해서 남의 비위를 거슬리기 때문이다. 그것은 오히려 좀 부족한 사람이 진실하게 살아가며, 자신이 타고난 본성을 다해 가는 편보다 못할 때가 많다.   -채근담(菜根譚)-

아무리 돈이 많아도 검소한 가법을 세워서 지키고 교만하지 않아야 한다. 교만하다는 것은 부덕(不德)의 근본이 되는 것이며, 멸망의 기초가 된다. 왜냐하면 교만하면 사치를 하게 되고, 이익을 탐하는 마음에 급급한 나머지 자비심이 위축되고, 욕심이 많아져서 인색하게 된다.
그리하여 점차 직업도 부정(不正)하게 되고 화를 불러오게 되는 것이니, 매우 두렵다. 환락에 익숙하면 기쁜 일도 없어지고, 단것만 먹다 보면 단맛도 없어진다. 그것은 스스로 환락과 단맛을 없애 버리는 것이니, 인생을 불행하게 만들게 되는 것이다.   -인생일기-

마음이 남보다 못하다는 것을 부끄럽게 생각하지 않는 것은
매우 어리석은 일이다. -맹자(孟子)-

마음의 흠집

맹자께서 말씀하시기를, "만일 여기 한 손가락이 펴지지 않는 사람이 있다
고 하자. 별로 아프지도 않고, 일을 하는 데도 불편이 없다고 하자. 그런데도
그 굽은 손가락을 펴주는 용한 의사가 있다면 그는 진(秦)나라나 초(楚)나라
같이 먼 곳이라도 서슴지 않고 찾아갈 것이다. 그것은 손가락이 남의 것과 다
르고 남보다 못하기 때문이다. 그런데 손가락이 남보다 못하다는 것은 알면서
도 마음이 남보다 못하다는 것을 부끄럽게 생각하지 않는 것은 매우 어리석은
일이다. 이것을 일컬어 물류(物類)를 모르는 것이라고 한다."   -맹자(孟子)-

세상 사람들을 살펴보아라. 감 하나를 사는 데도, 배 하나를 사는 데도 잘
익었는가, 흠이 없는가를 살펴보고 산다. 감과 배를 사는 데도 이와 같은데,
하물며 아내가 되려는 자, 남의 사위가 되려는 자, 혹은 사관(仕官)하여 입신
하려는 자는 자신의 몸에 흠이 있으면 남이 나를 택해 주지 않는다는 것을
알아야 한다. 그렇게 허물이 많은 몸으로, 윗사람이 나를 택해 주지 않는다고
욕만 한다면 그것은 큰 잘못이며, 스스로 자신을 돌아보고 반성을 해야 한다.
사람의 허물이란 무엇일까? 예를 들면 술을 매우 좋아한다거나, 술버릇이
나쁘다거나, 방탕하다거나, 도박을 즐긴다거나, 나태하다거나 등등이며, 이러
한 한두 가지의 흠이 있다면, 아무도 살 사람이 없는 것은 당연하다. 이것을
감에 비유하면 꼭지가 빠지고 익지 않아 떫어 보이는 생감과 같은 것이다. 마
음속에 정성이 담겨 있으면 반드시 밖으로 나타나서 남이 택하고, 흠집이 없
고 잘 익은 감이라면 안 팔릴 리가 없다. 숲 속에 묻힌 버섯도 사람이 그냥
두지 않고, 물 속에 숨은 미꾸라지도 사람이 반드시 찾아내는데, 성실한 사람
이라면 누군가가 반드시 찾아서 쓸 것이다.   -인생일기-

탑은 바로 이 부처님의 몸을 담았다는 의미에서 볼 때, 그 자체를 불(佛)의 체(體)라고 볼 수 있다. 그런 의미에서 탑은 또 하나의 불상이다.   -이기영(李箕永)-

탑(塔)에 대하여

　불탑을 숭배하는 것은 좋다. 그러나 인과법을 무시해서는 안 된다. 신앙이 신앙으로 끝나 버린 채 해탈과는 무관한 경우가 대부분이 아니더냐. 그리고 그 숭배가 맹신으로 흐른다거나 이기적인 행복을 추구하는 수단이 되어서는 더욱 안 된다. 불탑을 숭배하면 현세의 행복이나 하늘나라에 태어나는 공덕은 있다. 그러나 자칫 잘못하면 브라만교와 같은 타락의 길로 들어서고 만다.

　참으로 해탈하려거든 올바른 성불의 인을 심어야 하는 법이다. 불탑의 숭배와 관리는 전문적인 수행을 하지 않는 재가 신도들에게 맡겨라. 그들이 탑에 경배하고 탑을 관리하면 죽어서 하늘나라에 태어나는 공덕을 이루고, 탑 속에 부처님이 계신다는 생각으로 예배하고 기도하면 자기 정화가 이루어질 것이니 말이다.

　너의 할 일은 수행이다. 스스로의 진실을 체험하고, 진리에 계합하여 생사를 초월하는 그 길을 향하여 나가라.   -김현준-

　아무리 탑을 쌓고 기도를 한들 불이 물로 바뀔 수 있는가? 물이 낮은 곳에서 높은 곳으로 흘러갈 수 있는가? 태어난 육신이 영원히 죽지 않고 존재할 수 있는가? 모든 것은 법(法)을 따르고 있다. 그렇게 되게끔 되어 있는 법, 인과응보(因果應報)의 법칙을 따르고 있다. 선한 원인에는 선한 결과가, 악한 원인에는 악한 결과가 따르는 것이 너무나 당연한 것이요, 그것이 곧 진리라는 것이다.

　물론 신앙의 힘은 신비롭다. 신앙은 인간의 고통을 구원하고 인간에게 큰 행복을 가져다주기도 한다. 하지만 인간을 맹신 속에 빠뜨리기도 한다. 적어도 매달리는 신앙, 기대하는 신앙 속에서는 허공처럼 맑은 마음을 찾아보기는 어렵다.   -김현준-

8

스물한 번째

사색을 포기하는 것은 정신적 파산 선고와 같다.
-슈바이처-

사색에 대하여

나는 진실된 것과 그렇지 않은 것을 구별해서 나 자신이 행하는 것을 직시하고, 인생의 길을 확실한 발걸음으로 걷고 싶어 못 견디겠다.   -데카르트-

인간은 자연 속에서도 가장 나약한 한 줄기 갈대에 지나지 않는다. 그러나 그것은 생각하는 갈대이다.   -파스칼-

인간은 생각하는 것이 적을수록 더 많이 지껄여댄다.   -몬테스큐-

모든 위대한 행위, 모든 위대한 사상은 사람을 바보로 한 것 같은 단서가 있다. 우수한 작품은 이따금 어떤 길모퉁이나 레스토랑 같은 곳에서 태어난다.   -카뮈-

어떠한 행동도 갖지 않는 사상은 사상이 아니다. 그것은 몽상일 뿐이다.
-마틴-

우선 무엇보다도 중요한 것은 대담하게 시작하는 것이다. 한 번 펜을 들어서 첫 금을 긋거나, 혹은 팽이를 들고 한 번 내려치거나 하면 그로써 벌써 일은 훨씬 용이해지고 있는 것이다.   -칼 힐티-

어떤 행위이든 우리들 자신을 구축해 가는 것이다. 그것은 우리들의 다채로운 의복을 짠다. 모든 행위는 자유다. 그러나 의복은 필연적이다. 우리들의 체험, 그것은 우리들의 의복이다.   -니체-

숲 입구에 다다른 세상 사람들은 크고 작고 현명하고 우매한 갖가지 세상사를 잊게 된다.   -에머슨-

아름다운 숲에 대하여

아름다운 숲이 있고 그 안에 멋있는 길이 있을 때 우리는 그 길을 걸어 볼 만하다. 아니 그 길은 우리를 불러들인다. 혼자서 조용히 우거진 숲 속 길을 거닐 때 꽃과 열매와 잎과 향기와 맛있는 공기가 그곳에 있고, 아름드리 줄기가 우리의 사색을 깊은 곳으로 몰고 간다. 지구에는 숲이 있어서 푸른 별이라 한다.

이 세상에서 가장 아름다운 별에 내가 살고 있다는 것은 기적과 같은 행복이 아닐 수 없다. 태양의 온도를 마시는 별, 태양의 빛을 삼키는 숲, 그것이 나의 고향이라면 자랑이 아닐 수 없다. 지구가 생겨난 이래 얼마나 많은 나무들이 살아 왔으며 사라져간 것일까? 상상조차 할 수 없다. 이 같은 나무들이 살고 죽음으로써 지구는 살쪄 가고 생기를 더해서 점점 젊어질 수 있었다. 눈부신 벌판 위에 서 있는 우리는 이제 한량없이 아름다운 숲 속으로 들어간다. 이 숲 안에서 많은 나무들을 볼 수 있고, 그들에 감겨 있는 사연을 들어 볼 수 있다.   -임경빈-

이 세상에 있는 것들 중에는 그 값을 돈으로 따질 수 없는 것이 많다. 얼음이 녹지 않은 높은 산꼭대기에서 꽃을 피우는 나무의 이유를 그 나무의 어리석음에 있다고 했을 때 나의 청중들은 극히 냉담하게 이것을 받아들였고, 가을의 단풍을 화려한 생명의 종장으로 말했지만 그 지식의 배경은 보잘것없는 것이었다. 그러나 이보다 더 앞서는 해석을 찾기 어렵다는 과학의 현실을 어떻게 말해야 할 것인가?

천지창조의 오묘함을 나무에서 찾아본다는 것은 대단히 진지한 일이다. 사색하는 인간이 나무가 풍겨 주는 향기 같은 것을 잘 표현해 본다면 그것은 감미로우면서도 근엄한 시도 되고 문장으로 변해지고 만다.   -임경빈-

건강과 행복은 진리를 깨달아서 자타 양방의 선(善)을 위하
여 노력하는 사람에게만 주어지는 것이다.   -건강 창조-

건강과 요가

　살아 있는 사람에게 있어서 가장 중요한 것은 건강하고 행복하게 살아가는
것이다. 건강이란 생명의 활동이 협력하는 상태를 말하며, 행복이란 기쁨을
최대한 발휘할 수 있는 상태를 말한다.

　건강과 행복을 자기의 것으로 만드는 법은 생명의 활동에 협력하여 생활을
하는 것이다. 인간 생활 자체가 부자연한 생활이며, 더욱이 그 사고(思考) 내
용에는 수많은 과오가 포함되어 있으므로 의식적으로 진리를 깨달아서 전 생
활 면에 균형이 잡힌 생활을 실행하는 것이 필요하다.

　즉, 진리를 깨닫는 것이 가장 중요한 것이므로 진리를 깨닫기 위한 필요한
생활 태도는 진실한 과학성과 철학성이 결부된 지행합일(知行合一)의 배움과
자기와 타인을 결부시켜서 생활하는 종교성이 필요하다. 이와 같이 건강과 행
복은 진리를 깨달아서 자타 양방(自他兩方)의 선(善)을 위하여 노력하는 사
람에게만 주어지는 것이므로 여기에서 참다운 인간미(人間美)가 생겨나는 것
이다.

　공존공영(共存共榮)의 종교세계는 가장 균형이 잡힌 세계이며, 진정한 자
연의 세계이므로 이런 속에 진실하게 사는 것을 버리고, 이기주의나 자기 중
심적인 편협된 생활을 하는 사람에게는 불행이나 병이 주어지는 것이다.

　요가란 의식적으로 이 종교심을 몸에 익혀서 그것을 생활에 활용시키는 실
존철학(實存哲學)이다. 이 종교심을 몸에 익히는 데는 자비심과 감사하는 마
음을 가지고 낮은 자리에서 봉사하는 사랑의 생활을 하는 수행(修行)이 필요
하다.

　지금 세상에 건강하지 못한 사람과 병자가 많은 것은 인간 생활이 부자연한
생활인 데도 불구하고 균형 잡힌 생활을 연구하고, 균형 잡힌 자연스러운 생
활로 돌아가지 않기 때문이다.   -건강 창조-

두드리면, 누구나 두드리면 응대(應待)하는 것이 있다.
-술몽쇄언-

무아(無我)

세상 사람들은 모두 나라고 말한다. 모든 것에 '나'를 내세운다. 모든 것을 나 중심으로 하려고 한다. 나라는 것을 가장 소중하게 여긴다. 그렇다면 그 '나'라는 것은 도대체 무엇인가? 만일 사람의 몸뚱이를 나라고 한다면 꿈속에 나타나는 나는 몸뚱이는 아닌 것이다.

사람의 정식(情識)을 가지고 나라고 한다면 그 정식이 변하고 바뀌는 경우에는 무엇을 나라고 하겠는가? 지금까지 나라고 믿어 오던 것이 갑자기 내가 아닌 것으로 변한다. 그러면 그 동안의 나는 거짓의 나인가? 정식이 바뀐 뒤의 나와 전일의 나와는 딴 나인가? 보는 것이 나라면 귀는 누구이며, 듣는 것이 나라면 눈은 누구인가? 어디에도 깊이 찾아보면 나는 실존(實存)하지 않는다.

그러나 그 중에 무엇인가 분명히 홀로 밝은 빛을 내며 육체의 부림을 당하지 않는 것이 존재한다. 두드리면, 누구나 두드리면 응대(應待)하는 것이 있다. 하지만 그 존재를 모르는 자는 몇 겁(劫)을 지날지라도 만날 수가 없다. 오직 그 존재를 아는 자만이 언제나 그와 함께 있다고 하였다.

그러나 그것이 무엇이라고 명시(明示)하지는 않고, 다만 쉽기가 이보다 더 쉬운 길은 없으며, 또 어렵기가 이보다도 더 어려운 것이 없다 하였다. 그런데 사람들은 쉬운 길을 버리고 어려운 길에서 고민하고 있다고 탄식할 뿐이다.

그렇다면 그 쉽고도 역력(歷歷) 고명(孤明)한 존재는 과연 무엇일까? 옛 시에 이런 것들이 있다.

고요한 밤에 종소리 듣고 꿈속에 꿈을 깨고
맑은 못의 달 그림자를 보고 몸 밖에 몸을 엿본다.　　　-술몽쇄언-

스물다섯 번째

자연은 회전하지만 인간은 전진한다.
-V. 영-

앞으로 나가라

세상을 살아가는 데 어떤 난관을 만나더라도 좌절해서는 안 된다. "어떤 일이라도 나를 괴롭힐 테면 괴롭혀 봐라."라는 마음가짐으로 살아간다면 어려움이 닥쳐와도 오히려 재미가 나며, 모든 일은 고통 없이 해결되고 만다. 무슨 일이든 대담하게 처리해 나가야 한다. 어떻게 할까 망설이기만 하면 안 된다. 어려운 일이든 쉬운 일이든 그런 것은 생각하지 말고 무아의 경지에 들어가 최선을 다하면 되는 것이다.   -승해주(勝海舟)-

한 걸음 한 걸음 기어올라가는 것은 모험가가 아니라 행복을 추구하는 사나이가 하는 일이다. 인생은 취(取)함에 족하지 않은 꿈이 있다.

-나폴레옹 1세-

목적이 멀면 멀수록 더욱더 앞으로 나아감이 필요하다. 성급히 굴지 말라. 그러나 쉬지 말라.   -G. 마치니-

사람 앞에 무슨 일이 생길 것인가 묻지 말라. 오로지 전진하라! 그리고 대담하게 나의 운명에 부딪쳐라! 이 말에 복종하는 사람은 물새 등에 물이 흘러 버린 듯 인생의 물결은 가볍게 뒤로 사라진다.   -비스마르크-

생활은 곧 전진을 의미한다. 비록 짧은 삶이라도 그가 전진하고 활동하지 않는다면 정신적으로는 늙어빠진 사람이다. 비록 늙은 사람이라도 늘 향상과 전진을 위하여 활동하고 있다면 그 생명은 신선하고 젊은 것이다.   -알랭-

자기를 지도하는 가장 위대한 스승은 자기의 마음이다.
-사명대사-

자기 경계

1) **절제(節制)** 음식을 과식하지 않는다.
2) **침묵(沈默)** 자타(自他)의 이익이 되지 않는 일은 말하지 말라. 즉, 무익한 한담을 않는다.
3) **규율(規律)** 소지품은 각각 정한 자리에 정돈해 두고, 예정한 일은 모두 시간 계획을 세운다.
4) **결단(決斷)** 내가 할 일은 이를 완수하려고 결심을 한다. 이미 결심한 일은 지체없이 이를 실천한다.
5) **검소(儉素)** 자타(自他)가 이롭지 않은 곳에는 돈을 쓰지 않는다. 작은 것이라도 낭비하지 않는다.
6) **근면(勤勉)** 시간을 헛되이 보내지 않는다. 항상 값있게 보낸다. 무익한 일은 모두 삼간다.
7) **성실(誠實)** 악한 일을 하지 않고 거짓말을 하지 않는다. 정직하게 생각하고 진실하게 행동한다.
8) **정의(正義)** 부정한 일을 하거나 자기가 할 일을 게을리 해서 남에게 손해를 입히지 않는다.
9) **억제(抑制)** 모든 일을 극단적으로 하지 않는다. 부정한 일을 하지 않는다.
10) **청결(淸潔)** 몸과 의복, 그리고 거실을 더럽게 하지 않는다.
11) **정숙(靜肅)** 작은 일에 놀라지 아니한다. 피할 수 없는 재난을 만나면 마음을 비우고 침착하게 대처하며, 절대로 마음 흔들리지 아니한다.
12) **인애(仁愛)** 자신의 평화를 지킨다. 남의 명예를 훼손하지 않는다.

홀로 등불 아래 책을 펴고, 알지 못하는 사람과 벗을 하는 것이 가장 큰 기쁨이다. -겸호법사-

독서(2)

남의 저서로 자기를 개선하는 데 시간을 보내라. 그리하면 남이 힘들여 경험한 내용으로 쉽게 개선할 수 있다. 오히려 부를 버릴망정 지식을 취하여라.

-소크라테스-

책을 읽으려고 하는 열성스런 사람과 책이 있었으면 하고 무료해하는 사람 사이에는 커다란 차이가 있다. -G. K. 체스터턴-

책은 소년을 유혹하고, 노인을 즐겁게 하고, 무료함을 달래고, 모든 번뇌를 잊게 하며, 걱정과 정욕을 누그러뜨리고, 실망과 고통에 용기를 준다. 그대 만일 사회에 나가 살아 있는 사람들과 교제할 때 싫증을 느끼면, 서재에 들어가 죽은 사람을 방문하라. 고인은 그들과 교제하는 대화 가운데 교만한 빛을 띠지 아니하고, 사욕을 부리지 아니한다. -골리아-

항상 책을 읽은 사람은 진정한 친구, 진정한 충고자, 유쾌한 반려자와 항상 함께 사는 것이다. 사람은 연구와 독서와 사고에 의해, 한서(寒暑)의 구별 없이 항상 천진난만하게 즐기며, 변하지 않는 행복을 누릴 수 있게 되는 것이다. -M. T. 바로-

어떤 책은 광범위하게 읽어야 하고, 어떤 책은 정밀하게 읽지 않아도 되는데, 극히 일부의 책은 주의를 집중하며 정독(精讀)해야 한다. 어떤 책은 그 내용을 외워야 하고, 어떤 책은 그 개요를 이해하기만 하면 되는 것도 있다.

-베이컨-

진실한 효도는 부모의 마음을 기쁘게 해 드리는 데 있다.
-겸호법사-

진실한 효도

옛날 어느 마을에 이름난 효자가 있었다. 그런데 큰산 너머 다른 마을에도 또한 소문난 효자가 있다는 말을 듣고, 그 효자가 부모를 어떻게 모시고 있는지 배워서 더욱 효성을 다하려는 생각으로, 산너머의 마을을 찾아갔다.

마침 산너머의 효자는 들에 일을 하러 나가고, 그의 늙으신 모친만이 마루에 앉아 있었다. "곧 돌아올 테니 담배나 한 대 피우며 기다려 보자." 하며 기다리다 보니 저녁때가 되었다. 그때 마침 그 효자가 들에서 돌아왔다. 그러자 모친은 "오늘 일을 다 마쳤니?" 하면서 "자, 발을 씻자." 하니, 그 효자는 아무 말 없이 흙투성인 발을 내밀었다. 모친은 대야에 물을 떠와서 발을 씻어주고 수건으로 깨끗이 닦아주었다. 그리고는 짚신의 흙을 털어서 말리고, 들에서 가져온 물건들을 치운 다음 저녁밥을 차려와서 "자, 밥 먹어라." 하니, 그 효자는 아무 말 않고 밥을 먹는 것이었다.

이를 본 효자는 "나는 당신의 소문을 듣고 부모 모시는 법을 배우려고 찾아왔는데, 지금까지 하는 일을 보니 해도 너무합니다. 늙으신 모친에게 흙 묻은 발을 씻기게 하는가 하면 앉아서 밥상을 받는 등, 이해가 되지 않습니다." 그러자 그 효자는 "나는 아무 것도 효자다운 일을 하지 않습니다. 저렇게 나를 보살피며 즐거워하시는 어머니가 즐겁도록 내 몸을 내맡기고 있을 뿐입니다. 어머니를 즐겁게 해 드리는 것이 나의 즐거움입니다. 무슨 일이든지 어머니께서 하자는 대로 하고, 조금도 거슬리지 않습니다. 조금이라도 거슬리면 어머니 마음이 편치 않습니다. 그래서 모든 일을 어머니 말씀대로 할 뿐, 별로 효자다운 일은 하지 못합니다. 내가 몇 살이 되어도 어머니는 늘 어린애로 보고 계시니, 나도 어머니 뜻에 따라 어머니 앞에서 늘 어린애처럼 지내고 있을 뿐입니다. 그것이 어머니를 가장 즐겁게 해 드리는 일이기 때문입니다." 그 말을 듣고 효자는 깊이 깨달은 바가 있었다.

근면은 덕행(德行)의 기본이다.
-칼라일-

근면에 대하여

근면이란 부지런하라는 말로서 이를 모르는 사람은 아무도 없지만 행하는 사람은 드물다. 근면은 공부를 하는 사람이나, 직장에 나가는 사람이나 모두 필요한 덕목이며, 근면하지 않고는 아무 일도 되는 일이 없다. 근면하기 위해서는 두 가지 요건이 있다. 하나는 입지(立志), 둘째는 전일(專一)이다. 처음에 무엇을 할 것인가 하는 목표를 정하지 않으면 근면하려 해도 표적 없는 곳에 활을 쏘는 것과 같아서, 근면할 목표가 없다. 그러므로 세상을 바로 살려면 우선 그 목표를 세우는 것이 가장 중요하다. 그리고 그 목표는 내 힘으로 이룰 수 있는 목표를 세워야 한다.

전일(專一)이란 마음을 한 곳에 집중하고, 주의가 다른 곳으로 산만해지지 않게 하는 것이다. 마음을 산만하게 하지 않는다는 말은, 가령 공부를 하면서 장사를 한다거나, 장사를 하면서 다른 잡기(雜技)에 마음을 두는 일을 말한다. 지금 사람의 마음에 천근(千斤)의 힘이 있다고 할 때, 마음을 전일(專一)하면 천근의 힘을 모두 한 곳에 쏟아 부을 수 있다. 그러나 이것을 다른 것과 나눌 때는, 본업(本業)에는 70% 혹은 50%의 힘밖에 가지 않는다. 심할 때는 본업이 30% 이하가 되는 수도 있다. 그럴 때는 아무리 탁월한 재주를 가진 사람이라도 그 일을 잘 완수하기 어렵다.

그러므로 입지(立志)와 전일(專一)은 근면(勤勉)의 중요한 두 가지 요소이다. 세상 사람들의 대부분이 근면이 좋다는 것을 알면서도 그것을 잘 실천하지 못하는 데는 근면을 방해하는 요소가 있기 때문이다. 근면을 방해하는 다섯 가지 요소는 다음과 같다. 첫째 술, 둘째 색, 셋째 나약, 넷째 게으름, 다섯째 남의 말 등이다. 이 다섯 가지를 버리지 않으면 입지(立志)와 전일(專一)의 좋은 법을 행해도 근면의 공을 이룰 수 없다.   -도덕론-

이 거지 근성을 버리지 않으면 훗날 무엇을 기대할 수 있겠는가? -승해주-

자성(自省)에 대하여

남과 교제할 때, 자성(自省)을 위주로 해야 한다. 자성이란 스스로 자기에게 돌아가는 것이며, 나의 본성으로 돌아와 선(善)을 내 안에서 구하는 것을 말하는 것이다. 사람들이 나를 따르지 않고 나를 배반하면, 남을 원망하지 말고 나의 과실을 반성하며, 성내고 욕하지 않는다. 이것이 자성(自省)이다.

자성(自省)은 몸을 닦고 사람과 교재하며, 세상을 사는 요도(要道)이다. 사람들이 나를 모함하면 모함하는 자를 원망하지 않는다. 나를 돌아보고 내게 허물이 없는가 살펴서, 내게 하나의 허물이 있다면 남이 나를 열 가지로 욕한다 해도 그 원인은 나로부터 생겨난 것이기 때문에 원망하지 않는다.

-속훈(俗訓)-

우선 자기가 가진 악(惡)을 제거한 뒤에 남에게 악을 제거할 것을 가르친다. 자기의 악은 제거하지 않고 남의 악만을 제거하려 하는 것은 바른 도리가 아니다. 제자들은 우선 스스로 베풀고 스스로 계율을 지키며, 스스로 만족함을 알고, 근행정진(勤行精進)을 한 뒤에 다른 사람을 교화해야 한다.

-우바세계경-

나를 해치는 자는 내 속에 있다. 내가 받는 손해는 모두 내게서 비롯되는 것이며, 나의 과실로 받는 손해 이외에 내가 받는 피해는 결코 없다.

-베르나르-

당신이 훌륭한 사람을 만났을 때는 그 훌륭한 사람의 덕을 자신도 가지고 있는가 생각해 보라. 그리고 나쁜 사람을 만났을 때는 그 나쁜 사람이 지은 죄가 자기에게도 있지 않은가 돌아 보라. -M. 세르반테스-

8

서른한 번째

예(禮)가 아니면 움직이지 말라.
-공자-

사물잠(四勿箴)

안회(顔回)가 공자에게 예에 대해 물었다. 공자께서는 그 물음에 대해 다음과 같이 네 가지로 항목으로 나누어 설명했는데, 그것이 사물잠이다.

이를 살펴보면 다음과 같다.

1) **시잠(視箴)** 사람의 마음은 원래부터 허(虛)하니 사물을 응(應)함에 자취가 없다. 마음을 잡는 데는 요점이 있으니 보는 것이 그 법이 된다. 사물이 눈앞에 나타나 형상을 보이면 마음은 그리로 옮겨가니, 사람이 눈으로 보는 것이 마음을 움직이는 작용의 근거가 된다. 이것을 밖에서 제재하며, 그 안을 편안히 해야 한다. 이를 오래 반복하면 성(誠)에 도달하게 될 것이다.

2) **청잠(聽箴)** 사람이 누구나 양심을 가지고 있음은 타고난 천성이니, 욕심의 지각이 사물에 유혹되고 물건과 동화하여, 마침내 그 마음의 바른 것을 읽게 한다. 항상 사악과 부정을 막고, 마음속에 성(誠)을 보존하여 참이나 중정(中正)이 아니면 듣지 않도록 해야 한다.

3) **언잠(言箴)** 인심(人心)의 움직임은 곧 말로 인하여 베풀어지니 말을 할 때 조급함과 경망함을 금해야 마음이 고요하고 전일(專一)해지는 것이다. 말이란 자기 자신의 마음속에 품고 있는 생각을 표현하는 것이니 잘못하면 몸을 망치게 되며, 잘하면 높은 교양을 나타내기도 한다. 그러므로 군자는 말을 조심해서 해야 한다.

4) **동잠(動箴)** 훌륭한 사람, 선각자는 사물의 기미(機微)를 알아서 생각할 때 성실히 하고, 뜻 있는 선비는 행실 곧 행동을 중하게 여긴다. 천리(天理)에 순종하여 행동하면 여유가 있고, 인욕(人慾)을 따라 행동하면 위험하게 되니 항상 행동을 경계하고 조심해야 한다.   -논어(論語)-

258

秋

9월의 이야기

september

e p t e m b e r

덕행과 진리는 가장 아름답고, 더욱이 사랑할 만한 두 천사
이다.   -F. 베이컨-

음덕(陰德)에 대하여

음덕은 돈이 많은 부자만이 쌓는 것이 아니다. 가난한 사람이라도 마음만
있으면 못 할이 없다. 금품을 남에게 많이 주는 것만이 음덕이 아니다. 자기
분수에 맞게 베푸는 것도 또한 음덕이다. 즉, 인애(仁愛)를 존중하는 마음만
있다면 누구라도 음덕을 쌓을 수 있다. 내가 쓰는 용돈과 버는 돈의 10분의
1만 있으면 남을 충분히 도울 수 있다. 인애심(仁愛心)이 깊어서 오래도록
음덕(陰德)을 쌓으면, 그 기쁨은 혜택을 입는 사람의 즐거움이 될 뿐만 아니
라 천지신명도 기쁘게 해 드리는 결과가 되는 것이니 반드시 하늘의 보답이
있을 것이고, 눈에 보이지 않는 복이 내려 모든 재앙에서 벗어나고, 자손 또
한 복을 받게 될 것이다.   -오상훈(五常訓)-

귀에는 항상 듣기 싫을 만큼 거슬리는 말을 듣고, 마음속에는 항상 마음에
거리끼는 일을 지니면 이는 곧 덕행을 닦기 위한 숫돌이 되리라. 만약 말마다
귀에 즐겁고 일마다 마음에 흡족하면 이는 곧 자기 목숨을 비틀어서 짐독(鴆
毒) 속에 던짐과 같으니라.   -채근담(菜根譚)-

은총과 명리(名利)를 위한 마당에는 남의 앞에 서지 말고, 덕행과 사업의
자리에서는 남의 뒤에 떨어지지 말라. 받아서 누림에는 분수를 넘어서는 안
되고, 닦아서 행함에는 분수를 줄여서는 안 된다.   -채근담(菜根譚)-

사람을 해하고자 하는 마음과 사람의 해를 막는 마음이 없어서는 안 된다.
이는 생각함이 소홀함을 경계함이다. 차라리 사람의 속임을 받을지라도 사람
의 속임수를 거스르지 말 것이다. 이는 미루어 살피는 도(度)가 지나쳐 손상
을 당하게 됨을 경계함이다. 이 두 가지 말을 아울러 가진다면 생각이 조밀
(稠密)하고 덕행이 두터워질 것이다.   -채근담(菜根譚)-

국민의 자유는 국가의 강대함에 비례한다.
-루소-

국가와 국민에 대하여

한 국가의 힘은 국민이다. 국민은 국가의 목적 달성을 위한 단결과, 민족의 사명을 다하기 위한 굳은 이념과, 국민 상호간에 믿고 의지할 수 있는 신의가 국가의 힘을 만드는 요소가 된다.　　　-백낙준-

국민은 명령하기도 하고 주재(主宰)하기도 하는 힘이다. 하지만 그 힘의 근원은 아무도 모르며, 또 설명할 수도 없다. 이 힘이야말로 최후까지 가려고 하는 지칠 줄 모르는 열망의 힘이며, 동시에 최후를 부정하는 힘이다. 끊임없이 자기 존재를 주장하고 죽음을 부정하는 힘이다.　　　-도스토예프스키-

국가는 거기에 거주하는 국민의 것이다. 국민이 현정부에 염증을 느끼게 되면 그들은 언제든지 그것을 개선할 헌법에 보장된 권리를 행사하거나 분할 내지 전복시킬 수 있는 혁명권을 행사할 수 있다.　　　-링컨-

민주주의 정부는 그 국민보다 더 현명할 수 없다.　　　-스티븐슨-

나는 자유를 사랑하기를 그만둔 풍부한 나라의 국민이 되기보다는 가난하긴 하나 자유로운 국가의 국민이 되겠다. 우리가 자유를 사랑한다면 가난하게 될 리가 없는 것이다.　　　-T. W. 윌슨-

애공(哀公)이 "어떻게 하면 인민이 심복하리까?" 하니, 공자가 대답하기를, "마음이 곧은 인재를 등용하여 마음 굽은 소인 위에 올리면 인민은 복종하고, 마음이 굽은 소인배를 등용하여 마음 곧은 인재 위에 올리면 인민은 심복하지 아니하리다." 하였다.　　　-논어-

부모가 자녀를 간섭하는 것은 젖을 먹이고 밥을 주며 양육할 동안이다.   -복옹백화-

성년은 독립하라

부모의 은혜는 산보다 더 높고 바다보다 더 깊으며 평생 잊을 수가 없지만, 자녀가 이미 상당한 교육을 받은 성인이 되면 그때부터는 일체 부모의 힘을 빌리지 않고 독립해서 살아가야 한다.

이미 부모의 신세를 지지 않고 살아간다면, 비록 부모가 존엄한 존재라 할지라도 함부로 그 자녀의 언동을 제지하거나 간섭해서는 안 된다. 부모가 그 자녀에게 지시하고 명령해서 끝까지 부모 뜻대로 행동하도록 하는 것은, 젖을 먹이고 밥을 주며 양육할 때고, 독립한 뒤에는 오직 정으로서 사랑해야 할 따름이다. 예를 들면 병이 나면 간호해 주고, 재난을 당하면 아낌없이 재물을 나누어주며 서로 도와야 한다. 부모 자식간은 원래 특수한 인간관계이지만, 자식은 제2세이니, 제2세에는 2세 나름대로의 인생이 있고 생활이 있다. 특히 그 2세가 결혼을 해서 새로운 가정을 만들었다면, 그들은 그들 가정의 삶을 위해 활동해야 되니 부모의 지나친 입김은 그들의 활동을 저해하게 된다.

가는 것을 막지 말고 떠나는 것을 슬퍼 말며, 자유롭게 하도록 바라보며 열심히 활동하고 잘 살기를 바라볼 따름이다. 그렇게 할 때 사회의 진보도 이루어지는 것이다. 가정의 화목이 즐거운 것이라 하지만 이렇게 분가하게 되면 그 화목도 둘로 갈라지게 된다. 새 가정의 화목은 옛집을 떠나 새 생활의 고생을 감당하는 약이 된다.

만리 고향을 떠나 직장을 따라 해외로 가거나, 혹은 미개지에 이사를 하는 등 어려움 속에서도 새 가정의 단란함이 있기에 능히 참고 살아간다. 2세가 아직 미숙하고 완전한 독립의 열매를 맺지 못했을 때 자칫 부모의 지시와 보호를 받는 경우가 있으나, 부모는 영원히 이 세상에 있는 존재가 아니니 2세는 하루 빨리 자립해 나가야 한다.   -복옹백화-

사람은 한 평생 도를 위해 나아가도 오히려 그 깊은 뜻을
알기 어렵다.   -매원총서-

노력하라

말은 발이 빠르다고 아침 한때 달리고 쉬기 때문에 종일 꾸준히 걸어가는 소에 미치지 못한다. 오늘 쉬지 않고, 내일도 쉬지 않고, 금년도 쉬지 않고, 내년도 쉬지 않고 행할 때, 비로소 그 결과가 크게 나타난다. 사람은 한 평생 도를 위해 나아가도 오히려 그 깊은 뜻을 알기 어렵다. 그런데 우리들은 반 달, 또는 한 달만에 남들이 일생을 통해 이룩한 공을 얻으려 한다. 결코 그렇게는 되지 않는다.

옛날 이태백이 광산(匡山)에서 공부를 했다. 몇 년 동안 공부하다가 하산해서 집으로 돌아가려 할 때, 길가에서 무쇠 방아 고를 돌에 가는 할아버지를 만났다. 무엇을 하느냐고 물으니 "이것을 갈아서 바늘을 만든다."라는 말을 듣고 크게 깨달은 바 있어, 그 길로 다시 돌아가 더욱 열심히 공부를 해서 그 이름을 오늘에까지 남기는 대학자가 되었다고 한다.

또 도풍(道風)이라는 사람이 젊을 때 학문을 해도 진척이 없어 실망하고 뒤뜰에 나가 쉬는데, 우물가에 개구리가 늘어진 버들가지에 뛰어오르려 하다가 미치지 못하고 땅에 떨어지는 것을 보았다. 그러나 개구리는 단념하지 않고 다시 뛰고, 또 다시 뛰어 점점 높이 뛰다가 드디어 버들가지에 뛰어올랐다. 이것을 본 도풍은 더욱 열심히 공부해서 그 이름을 후세에 남겼다.

-매원총서-

무엇을 배울 때는 천리의 모래알을 헤아리는 듯하여라. 날은 달이 되고, 달이 해가 되면, 그 광대함이 산과 같이 되리라. 사람들은 산을 보고 그 높고 큰 것은 잘 알아도, 한 알의 흙이 모여서 이룩되었다는 것은 잘 알지 못한다. 안다 해도 마음으로 알 뿐, 행하지 않는다. 이 원리를 잘 알면 진실로 귀한 보물을 얻게 되는 것이다.   -매원총서-

9

다섯 번째

법신을 깨치고 보니 거기에는 한 물건도 찾아보려 해도 찾아볼 수 없었다. -신심명-

법신(法身)에 대하여

"법신(法身)을 깨달음에 한 물건도 없으니, 근원의 자성이 천진불(天眞佛)이라."

법신(法身)이라고 하면 무슨 물건이 있는 줄로 생각하기 쉬운데, 법신을 탁 깨치고 보니 거기에는 한 물건도 찾아보려 해도 찾아볼 수 없었다. 그러면 한 물건도 찾아볼 수 없다면 텅 비어서 아무 것도 없다는 것이냐 하면, 그것이 아니라, '본래 근원의 자성(自性)이 천진불(天眞佛)이라.'고 하여 거기에는 대광명(大光明)이 있음을 말하는 것이다.

"법신(法身)을 깨달음에 한 물건도 없다."는 것은 모든 것을 막아서 전체를 부정하는 것을 말하고, '본래 근원의 자성이 천진불'이라는 것은 모든 것을 비추어서 전체를 긍정하는 것을 말한다 .

불교의 중도(中道) 공식은 앞에서 차(遮)하면 뒤에서는 반드시 조(照)하는 것이어서, 앞에서 부정을 하면 뒤에서는 반드시 긍정을 하여 부정은 분명히 긍정을 전제로 하고, 긍정은 부정을 전제로 해서, 쌍차쌍조(雙遮雙照)하여 차조동시(遮照同時)하는 것이다. 따라서 그 한 면만 강조해서는 중도 공식이 성립되지 않는다.

'허깨비 같은 빈 몸이 곧 법신'이라고 하여 조(照)의 입장에서 긍정을 얘기하면, 법신이 또 흙덩이나 돌덩이처럼 무슨 물건이 있는 것처럼 오해하기 때문에 "법신을 깨달음에 한 물건도 없다."고 부정하는 것이다. 일체 망념(妄念)이 다 떨어져서 한 물건도 찾아보려 해도 찾아볼 수 없는 공공적적(空空寂寂)함을 말하는 것이다. 공공적적(空空寂寂)하다고 하면 또 오해하여 단멸공(斷滅空)에 떨어지기 쉬우므로, 다시 공공적적한 이대로가 대광명체라는 말로서 "본래 근원의 자성이 천진불이다."고 하여 자성의 항사묘용이 현전한다는 것을 부정 뒤에 긍정으로 말하고 있다. -신심명(信心銘)-

두 가지, 세 가지 일로 마음을 두 갈래 세 갈래 내는 일이
없어야 한다. -퇴계 선생-

경재잠(敬齋箴)

의관을 바르게 하고, 눈매를 존엄하게 하고, 마음을 가라앉혀 마치 상제(上
帝)를 대하듯 하라. 발가짐은 반드시 무겁게 할 것이며, 손가짐은 반드시 공
손하게 하여야 하니, 땅은 가려서 밟아 개미집 두덩까지도 밟지 말고 돌아서
가라.

문을 나설 때는 손님을 뵈옵듯 해야 하며, 일을 할 때는 제사를 지내듯 조
심조심 하여, 조금이라도 안이하게 함이 없도록 해야 한다.

입다물기를 병마개 막듯이 하고 잡념 막기를 성곽과 같이 하여, 성실하고
진실하여 조금도 경솔히 함이 없도록 하라.

동쪽을 가지고 서쪽으로 가지 말고, 북쪽을 가지고 남쪽으로 가지 말며, 일
을 당해서는 그 일에만 마음을 두어, 그 마음씀이 다른 데로 가지 않도록 하
라. 두 가지, 세 가지 일로 마음을 두 갈래 세 갈래 내는 일이 없어야 한다.
오직 마음이 하나가 되도록 하여, 만 가지 변화를 살피도록 하라.

이러한 것을 그치지 않고 일삼아 하는 것을 곧 '경(敬)을 유지함', 즉 지
경(持敬)이라 하니, 동(動)할 때나 정(靜)할 때나 어그러짐이 없고, 겉과 속
이 서로 바로 잡아주도록 하라. 잠시라도 틈이 벌어지면 사욕이 만 가지나 일
어나 불꽃도 없이 뜨거워지고, 얼음 없이 차가워지느니라. 털끝만큼이라도 어
긋남이 있으면 하늘과 땅이 자리를 바꾸고, 삼강(三綱)이 멸하여지고, 구법
(九法) 또한 못 쓰게 될 것이다.

아, 아이들이여! 깊이 마음에 새겨두고 공경할지어다. 먹을 갈아 경계하는
글을 씀으로써 감히 영대(靈臺, 마음)에 고하노라(이 글은 도산서원 정교당
현판에 있음). -퇴계-

일 없음이 귀한 사람이다.
-임재록(臨齋錄)-

참된 도와 법

도(道) 배우는 이들이여!

참으로 바른 안목을 얻어서 천하를 이리저리 다니더라도 이 같은 도깨비들에게 홀리지 않는 것이 무엇보다도 중요하다. 일 없는 것이 귀한 사람이니, 일부러 조작하여 잡다한 것을 만들지 말고, 평상 그대로 하면 될 뿐이다. 그대들은 바깥에서 겉으로 허둥대고 찾으려 하나 벌써 틀렸다. 부처를 구하려 하나 부처란 이름일 뿐이다. 그대들은 내달려 구하는 그것을 아느냐? 시방삼세 부처님과 조사들도 오로지 법을 구하기 위해 세상에 나오셨고, 지금 참구(參究)하여 도를 배우는 사람들도 법을 구하기 위할 뿐이니, 법을 얻어야 비로소 끝나고 얻지 못하면 예전대로 다섯 갈래의 길에 떨어져 윤회한다.

무엇이 법인가?

법이란 마음법을 말한다. 마음법은 형상이 없어서 온 시방법계를 꿰뚫어 눈앞에 그대로 작용하는 것이다. 그러나 사람들은 철저하게 믿지 못하고서 다만 명칭과 개념을 법으로 착각한다. 그리하여 문자 속에서 부처다, 법이다 하며 알음알이로 찾고 헤아려, 천지 차이로 달라지는 것이다.

도(道) 배우는 이들이여!

네가 법을 말할 때 무슨 법을 말하는가? 마음자리의 법[心地法]을 말한다. 그것은 범(凡)에도 들어가고 성(聖)에도 들어가며, 깨끗함에도 들어가고 더러움에도 들어가며, 진리에도 들어가고 세속에도 들어간다. 그러나 너희는 진(眞)·속(俗)·범(凡)·성(聖)이 아니기에 모든 진·속·범·성에게 이름을 붙여줄 수 있는 것이지, 진·속·범·성이 이 사람에게 이름을 붙이는 것은 아니다.   -임재록(臨齋錄)-

명리에 끌려 다니느라 조용할 틈도 없이 일생을 괴롭히는
어리석음을 저지르지 말라.   -노자(老子)-

명리와 신체

　세상 사람들은 명예와 이익을 위해 분주히 달리며 그 몸을 괴롭히고 있는
데, 몸과 명리 가운데 어느 것이 내게 더 친한 것일까? 다시 말하면 명예와
신체 중 어느 것이 내게 더 소중한가? 말할 것도 없이 몸을 보전하는 것이
더 소중하다. 또 몸과 재산을 비교할 때 어느 것이 더 소중할까? 말할 것도
없이 몸이 더 소중하다. 왜냐하면 목숨이 있어야 명예나 재물이 필요한 것이
기 때문이다.

　그런데도 재물과 명예를 위해 몸을 돌보지 않고 광분하다가, 그 결과 자신
의 몸을 잃게 되면 애써 얻은 명예나 재물은 아무 소용이 없게 된다.

　그렇다면 재물과 명예를 얻는 것과 잃은 것, 어느 쪽이 더 괴로운 것일까?
세상 사람들은 모두 일념으로 명예와 재물을 얻으려고 애쓰는데, 과연 어느
쪽이 더 괴로운 것일까? 여기서 생각해야 할 것은 애써 명예를 얻으려 하면
반드시 그 몸을 과로하게 되고 정력을 크게 낭비해서, 결국 죽음에 이르는 수
도 있다는 사실이다. 너무나 재물에 집착해서 많은 재산을 모으려 하면, 주변
사람들의 원한과 시기심을 사서 그 집안과 몸을 망치게 된다.

　그러므로 사람이 족(足)함을 알고, 재산을 너무 많이 모은다는 마음을 버리
고 담백하게 욕심을 없애면 남의 원성을 사지 않고, 자신의 처지를 알고 분에
넘치는 명예심을 버리면 안주(安住)의 땅을 얻어 안정된 삶을 살 수 있고,
오래도록 그 몸을 안정하게 보전할 수 있다. 이렇게 생각할 때 명리를 탐하는
것과 명리(名利)가 없어도 편안한 세상에 건강한 몸으로 천수를 다하는 것
중 어느 쪽이 더 좋은 것인가 하는 것은 너무나 분명하다.　　　-노자(老子)-

효제(孝悌)와 충신(忠信)은 인도(人道)의 근본이다.
-예안 사림-

예안향약(禮安鄉約)

1. 부모에게 불손한 자
2. 형제가 서로 싸우는 자
3. 가도(家道)를 어지럽힌 자
4. 일이 관부(官府)와 관련되고, 향풍(鄕風)에 관련되는 자
5. 망령되게 위세를 부리고 관(官)을 움직여 사(私)를 행하는 자
6. 향장(鄕長)을 능욕(陵辱)하는 자
7. 수절하는 과부를 유인하고 협박하여 더럽힌 자〔이상은 극벌(極罰)에 처해짐〕

1. 친척과 화목하지 않는 자
2. 본처를 박대한 자
3. 이웃과 화합하지 않는 자
4. 동무들과 서로 치고 싸우는 자
5. 염치를 돌보지 않고, 사풍(士風)을 허물고 더럽힌 자
6. 강함을 믿고 약한 이를 업신여기고 침탈하여 다투는 자
7. 무뢰배(無賴輩)와 무리를 만들어 횡포한 일을 많이 행하는 자
8. 공사(公私)의 모임에서 관정(官政)을 시비하는 자
9. 헛말을 만들고 거짓으로 사람을 죄에 빠뜨리게 하는 자
10. 환난(患難)을 보고 힘이 미치는 데도 앉아서 구하지 않는 자
11. 관가(官家)의 책임을 받고 공을 빙자하여 폐해를 만드는 자
12. 혼인상제(婚姻喪祭)에 까닭 없이 시기를 어기는 자
13. 좌수(座首)를 업신여기며 향령(鄕令)을 따르지 않는 자
14. 향론(鄕論)에 복종하지 않고 도리어 원망하는 자
15. 좌수가 사사롭게 향참(鄕參)에 들인 자
16. 구관(舊官)을 전송하는 데 연고 없이 참석하지 않는 자

〔이상은 중벌(中罰)에 처해짐〕

눈을 감고서는 달빛을 보려고 해도 볼 수 없다.
-화엄경-

젖은 나무는 타지 않는다

문수보살이 진수(進首)보살에게 물었다. "부처님의 가르침은 한결같은데, 이 가르침을 듣는 중생들은 어째서 한결같이 번뇌를 끊을 수 없습니까?"

진수보살은 대답했다. "중생들 가운데는 빨리 해탈하는 사람도 있지만 해탈하지 못하는 사람도 있습니다. 만약 어리석음을 없애고 해탈하려 한다면 굳은 결심으로 용맹 정진해야 합니다. 나무가 젖어 있으면 약한 불은 꺼지고 말 듯이 가르침을 들었어도 게으른 자는 그와 같습니다. 불을 지필 때에 계속 태우다 말다 하면 마침내 꺼지고 말듯이 게으른 자도 그와 같습니다. 눈을 감고서는 달빛을 보려고 해도 볼 수 없듯이 게으른 자가 법을 구하는 것도 그와 같습니다." -화엄경 보살명난품-

문수보살이 법수(法首)보살에게 물었다. "중생들 가운데 부처님의 가르침을 듣는 것만으로는 번뇌를 끊지 못하는 이가 있습니다. 법을 들으면서도 탐하고 성내고 어리석은 것은 무슨 까닭입니까?"

법수보살이 대답했다. "듣는 것만으로는 부처님의 가르침을 알 수 없습니다. 이것이 구도의 진실한 모습입니다. 맛있는 음식을 보고 먹지 않고 굶어죽는 사람이 있듯이 듣기만 하는 사람들도 그와 같습니다. 백 가지 약을 잘 알고 있는 의사도 병에 걸려 낫지 못하듯이, 듣기만 하는 사람들도 그와 같습니다. 가난한 사람이 밤낮 없이 남의 돈을 세어도 자기는 반푼도 차지할 수 없듯이, 듣기만 하는 사람들도 그렇습니다. 장님이 그림을 그려 남들에게는 보일지라도 자기 자신은 볼 수 없듯이, 듣기만 하는 사람들도 그와 같습니다." -화엄경 보살명난품-

무심코 뿌린 말의 씨라도 그 어디선가 뿌리를 내렸을지 모른다고 생각하여라.   -동현의 교훈-

말조심에 대하여

나는 다른 사람보다 나은 점은 없으나, 다만 평생 동안 한 일은 일찍이 남에게 해서는 안 될 말을 한 적이 없을 뿐이다.

사람은 태어날 때 입 안에 도끼를 가지고 나온다. "어리석은 사람들은 말을 함부로 함으로써 그 도끼로 자기 자신을 찍는다."라는 말이 있다. 그런데 그 입 안의 도끼는 자기 자신만을 찍는 것이 아니라 남도 매우 무섭게 찍을 수가 있다. 자신을 찍는다는 것은 자신의 인격에 홈이 지게 한다는 것이지만, 때로는 아무런 생각 없이 뱉어 버린 말 한 마디가 듣는 이에게는 너무나 깊은 마음의 상처를 주어 평생을 두고 잊을 수 없는 오해와 원한을 남기는 수도 있다.

'남에게 해서는 안 될 말'을 가릴 줄 알고 그런 말은 하지 않을 줄도 아는 사람은 인품이 잘 닦여진 사람이며, 남의 존경도 받을 수 있는 사람이다.

말은 생각을 담는 그릇이다. 생각이 맑고 고요하면 말도 맑고 고요하게 나온다. 생각이 야비하거나 거칠면 말도 또한 야비하고 거칠게 나오게 마련이다. 그래서 우리는 그가 하는 말로써 그의 인품을 엿볼 수가 있는 것이다.

말과 인품과의 관계 그리고 나의 말이 남에게 미칠 수 있는 영향에 대해 생각하면서 다음 시를 읽어보자.

말을 위한 기도
내가 이 세상에 태어나
수없이 뿌려놓은 말의 씨들이
어디에 어떻게 열매를 맺었을까
조용히 헤아려 볼 때가 있습니다. (이하 생략)

-동현의 교훈-

천재는 인류를 문명으로 이끄는 동력이다.
-칼라일-

영재아(英才兒)에 대하여

어린이가 가르치지 않았는데도 스스로 문자를 터득하여 독서를 시작하고, 기억력이 좋아서 한번 들은 것을 잊지 않는 등 유별난 재능을 보이면 부모나 교사는 그 어린이가 갖는 흥미나 욕구를 충족시켜서 재능을 신장 발전시키려는 노력을 계속해야 한다. 그 어린이가 앞으로 자신과 사회를 위하여 훌륭한 업적을 올릴 것으로 기대되는 귀중한 인간 자원의 싹이기 때문이다.

이런 아이를 영재라고 말하지만 사람에 따라 또는 영역에 따라 나타내는 행동들은 다양하다. 그러나 영재아들이 나타내는 특징적인 행동 특성에 대한 미국교육연합회(NEA)의 보고는 다음과 같다.

1. 많은 어휘를 쉽고 정확하게 사용한다.
2. 기계적인 연습을 반복하지 않아도 빠르게 습득한다.
3. 사건들을 처리하는 데 주의의 지속 시간이 길다.
4. 의미 있는 질문을 많이 한다.
5. 광범위한 과제에 흥미를 가진다.
6. 의미를 파악하고 관계를 인식하며 분명한 추리를 한다.
7. 추상적인 개념을 파악한다.
8. 독창적인 방법이나 사고를 이용한다.
9. 기억력이 좋다.
10. 탐구적인 태도로 현상을 관찰하고 그 원인을 발견하는 데 흥미가 있다.

-정연태 교수의 유고집-

여행은 나에게 있어서 정신이 다시 젊어지는 샘이다.
-H. C. 안데르센-

여행을 하라

"귀여운 자녀에게는 여행을 시켜라."라는 말이 있다. 지금은 기차나 자동차가 있고 가는 곳마다 호텔과 여관이 있어 나그네를 기다리기 때문에 별로 고생스러운 일은 없고, 고생이 되지 않는 여행이다 보니 자녀를 위해 별로 좋은 일이 되지 못한다. 그러나 요즘 세상의 여행이라도 여행 나름이다.

자동차를 타고 가서 술과 안주가 즐비한 호텔에 묵는다면 자녀에게 그런 여행은 시킬 필요가 없다. 분 냄새 나는 방에서 자는 것이라면 절대로 시켜서는 안 되는 여행이다.

그러나 운정천리(雲程千里) 높은 산을 넘고, 망망대해를 건너 미지의 세계로 간다. 산의 정상을 정복하고, 바다 끝까지 살펴보게 한다. 종일 비를 맞으며 걸어 봐라. 급히 흐르는 계곡 물을 건너 봐라. 절벽을 기어올라가 봐라. 찌는 듯한 불볕 아래 콩죽 같은 땀을 흘려 봐라. 웅장한 폭포 밑에 서 봐라. 나뭇잎처럼 흔들리는 작은 배에 타 봐라. 저물어 가는 산길을 걸어 봐라. 환난은 자식을 옥으로 만든다. 큰 꿈을 안은 자는 명산대천(名山大川)을 찾아 그 기를 받고, 몸을 건강하게 해서 온갖 고난에 견디는 강한 의지를 단련해야 큰그릇이 될 수 있다.

완력은 반드시 강할 필요는 없으나, 자신의 몸을 지탱할 만큼의 완력은 꼭 필요하다. 달려 봐라. 뛰어 봐라. 각종 기계체조에 다소의 위험을 무릅쓰고 도전해 봐라. 어깨가 으쓱하고 근육이 스스로 뛰면 그것으로 된 것이다. 건아(健兒) 앞에 노도(怒濤)는 없고, 험산(險山)도 없다. 태산에 올라가 내려다보며 천하는 작다고 한다. 남아는 가끔 높은 산 정상에 올라 천리에 눈을 돌릴 것이다. 혼자나 둘이서 올라가 보아라. 여럿이 가서 떠드는 것은 바보나 하는 짓이다. -계월전집-

불은 쇠를 시험하고, 유혹은 바른 사람을 시험한다.
-토마스 A. 켐피스-

유혹을 이겨내라

마음은 주인이고, 몸은 종이다. 지금 혈기 왕성해서 형질(形質)의 욕망대로 마음이 따른다면, 집에서 노비가 권리를 잡고 주인을 부리는 것과 같다. 지금까지 그런 사람이 망하지 않은 경우는 없다. 마음이 몸 시키는 대로 한다면 반드시 망한다는 것을 알아야 한다.   -장남헌(張南軒)-

청년이 인생 항로에 오르면, 그 진로 양편에 유혹하는 자가 줄을 선다. 그리고 그 유혹을 피하지 못하고 유혹에 따른다는 것은 작건 크건 일종의 타락이다. 유혹이라고 하는 것은 자기가 본래 타고난 신성한 기운을 모르는 사이에 점점 빼앗기는 것을 말한다. 유혹에 저항하는 유일한 방법은 남자답게 "아니오."라고 외치며, "아니오."를 실행하는 것이다. 이것은 즉시 결정할 일이며, 절대로 생각해서 결정하거나 이유를 따져서 결정할 일이 아니다. 왜냐하면 "주저하고 생각하는 부인은 파멸한다."라는 것과 같이, 주저하고 망상하는 청년도 파멸하기 때문이다.

많은 사람들은 사고만으로 결정짓지 아니한다. 그러나 '결심 않는 것이, 즉 결심하는 것이다.' 인간의 완전한 지식은 '우리들은 시험에 들게 하지 마소서.'라는 기도를 하게 한다. 그렇지만 유혹은 청년의 힘을 시험하려고 다가온다. 한 번 이에 지면 저항력은 점점 약해진다. 한번 지면 덕행의 일부가 사라진다.

용감하게 저항하라. 그러면 첫 번째 결정은 평생 힘을 주고, 저항을 반복하면 그것은 습관이 될 것이다. 사물을 배척하는 참다운 힘은 어릴 때 만들어야 한다. 인간의 도덕 행위의 대부분을 형성하는 것은 좋은 습관으로, 이는 별로 주의하지 않아도 될 만한 많은 행위를 끊임없이 지배하고 있다.   -스마일스-

고귀한 사상을 몸에 지니고 있는 사람은 결로 고독하지 않다.
-P. 시드니-

고독에 대하여

고독을 사랑하는 성격은 확실히 건전치 못하다. 하기는 우리가 사람과 너무나 접촉하는 결과로서 오히려 고통을 느끼는 까닭에 아마 오늘날에는 그런 성격도 관대하게 판단하고 싶은 마음도 간절하나, 고독을 사랑하는 마음은 사람을 제멋대로 하기 쉽고 세상과 떨어지게 하고, 선을 행함에 있어서 게으르게 한다.   -C. 힐티-

이상적 인간은 최대의 침묵과 고독 속에서 최강의 활동력을 찾아내는 인물이며, 최강의 활동력 속에서 사막의 침묵과 고독을 찾아내는 인물이다.

-비베카난다-

남편이라는 것은 결혼에 있어서는 고독한 것이며, 아버지는 노년에 있어서 고독하며, 친구는 우정에 있어서 고독하다. 왜냐하면 우리들은 자기가 고른 사람으로부터 선택되는 일은 극히 드물기 때문이다.   -A. 피-

고독, 이것은 인생이 참아오고 배운 말이다. 이것은 거기 우리들의 넋이 걸어가고 마음속 깊은 신앙 이외의 일체가 전복된 정적이다.   -S. 서순-

인간의 영혼은 고독하며, 이 고독은 참을 수 없고 오직 종교의 선구자들이 말하는 사랑과 그 사랑에서 오는 강렬한 감정만이 이 고독을 이겨낼 수 있는 것이며, 어떠한 인간의 감정도 이 종교적인 사랑에서 우러나지 않을 때에는 유해(有害)한 것이며, 설사 그렇지 않다 하더라도 적어도 무용(無用)한 것이다.   -B. A. W. 러셀-

근심 속에 낙이 있고, 낙 가운데 근심이 있다.
-퇴계-

퇴계 선생 자명

퇴계 선생(退溪先生) 자명(自銘)

나면서 어리석고, 자라서는 병도 많네.
중년엔 어찌하다 학문을 즐겼으며, 만년엔 어이하여 벼슬을 받았던고?
학문은 구할수록 멀기만 하고, 벼슬은 사양해도 더 내리시네.
나아가면 쓰러지고 물러나서는 곧게 감추니,
나라 은혜 망극하고 성현 말씀 두렵도다.
높고 높은 산이 있고, 끊임없이 흐르는 물이 있네.
관복을 벗어버리니 온갖 비방 다 벗었네.
내 생각 막혔으니 누가 내 뜻 알아주랴.
옛사람 생각하니 내 마음 쏠리도다.
뒷날에 오늘 일을 어찌 몰라주랴.
근심 속에 낙이 있고 낙 가운데 근심 있네.
자연으로 돌아가니, 또 바랄 것이 무엇이랴?

퇴계 선생(退溪先生) 주계(酒誡)

아! 술이 사람을 심하게 해침이여,
내장을 상하게 하여 질병이 생기게 하고,
성품을 미혹되게 하여 덕(德)을 잃게 하도다.
개인적으로는 몸을 해치고, 국가적으로는 나라를 넘어지게 하도다.
내가 그 해독(害毒)을 경험했거늘,
그대는 그 구덩이에 떨어졌구나.
그것을 막고자 주계를 지으니, 어찌 함께 힘쓰지 아니하리오.
힘써 제지하면 스스로 많은 복을 구하는 길이니라.

모든 일은 마음이 근본이 된다. 마음에서 나와 마음으로 이루어진다.   -법구경-

마음을 다스려라

"마음을 다스려라. 흐트러진 마음은 두렵기가 독사나 맹수보다 더해서 큰 불길이 치솟아 일어나는 것도 그것에 비길 바가 못 된다. 그것은 마치 꿀 그릇을 든 사람이 꿀만 보고 좋아서 이리저리 날뛰기만 하고 깊은 구렁을 보지 못하는 것과 같다.

이 마음을 놓아 버리면 모든 착한 일을 잊어버리게 되지만 그것을 한 곳에 모아두면 이루지 못할 일이 없을 것이다. 그러므로 불자(佛者)들은 부지런히 정진하여 자신의 마음을 항복 받아야 한다."   -여래유교경-

마음이 근본
모든 일은 마음이 근본이 된다.
마음에서 나와 마음으로 이루어진다.
나쁜 마음을 가지고
말하거나 행동하면
괴로움이 그를 따른다.
수레바퀴가 말이나 소의 발자국을 따르듯이.

모든 일은 마음이 근본이 된다.
마음에서 나와 마음으로 이루어진다.
청정한 마음을 가지고
말하거나 행동하면
즐거움이 그를 따른다.
그림자가 형상을 따르듯이.   -법구경-

공경하고 순종하는 도리는 아내의 큰 예의라고 말하는 것이다.
-소혜왕후(昭惠王后)-

여훈(女訓)에 대하여

음양의 성질이 다르고 남녀의 행실이 달라서, 양은 강(剛)한 것을 덕으로 삼고 음은 부드러운 것을 용(用)으로 삼아, 남자는 강한 것을 귀하게 여기고 여자는 약한 것을 아름답게 여긴다.

그러니 몸을 닦는 것은 공경하는 것만 같은 것이 없고, 강한 것을 피하는 것은 순(順)한 것 만한 것이 없다. 이 때문에 '공경하고 순종하는 도리는 아내의 큰 예의'라고 말하는 것이다. 대개 공경이란 다른 것이 아니고 '오래 견디는 것'을 말하며, 순함이란 '너그럽고 여유 있는 것'을 말한다. 오래 견디라는 것은 만족함을 아는 것이고, 너그럽고 여유 있다는 것은 온공(溫恭)하게 나직한 것을 숭상하는 것이다.

부부는 사이좋게 죽을 때까지 서로 떨어지지 않고 방안에서 맴돌며 지내기 때문에, 마침내 흉허물없는 마음이 생겨나게 되는 것이다. 흉허물없는 마음이 생기면 말이 지나치게 되고, 말이 지나치면 방자한 행동이 반드시 생기게 되며, 방자한 행동이 생겨나면 남편을 업신여기는 마음이 생기게 되는 것이다. 이는 만족을 모르기 때문이다.

대개 일에는 굽은 것[曲]과 곧은 것[直]이 있고, 말에는 옳은 것[義]과 그른 것[非]이 있다. 곧은 사람은 다투지 않을 수 없고, 굽은 사람은 밝히지 않을 수 없으니, 다투고 밝히는 일을 펴다 보면 분노하는 일이 생기게 되는 것이다. 이는 온공하게 나직한 것을 숭상하지 아니한 때문이다.

남편 업신여김을 절제하지 못하면 꾸짖음이 뒤따르고, 분노가 그치지 않으면 매질이 뒤따른다. 부부가 되는 것은 의(義)로써 화친하고 은혜로써 화합하는 것인데, 매질이 행하여진다면 무슨 의리가 있을 것이며, 꾸짖음이 이미 나타난다면 무슨 은혜로움이 있겠는가? 은혜와 의가 다 없어진다면 부부는 헤어지게 되는 것이다.　　　-소혜왕후 내훈에서-

당신이야말로 우주와도 바꿀 수 없는 고귀한 전재이다.
-정다운-

운명에 대하여

운명으로부터 자기를 지키는 지혜

사계의 변화가 우주의 정연한 법칙이니 이를 거부할 수 없듯이 천체의 조화에 의해 일어나는 천재지변도 막을 수 없고, 작은 별인 자신의 운명도 개척할 수가 없다. 그러나 혹한의 추위를 피해 겨울이면 해수욕을 할 수 있는 열대지방으로 갈 수 있고, 피서를 위한 한대지방을 여행할 수도 있다. 얼마든지 사계의 영향권을 벗어날 수가 있다.

다만 그것은 피한 것이지 막은 것은 아니다. 인간이 주어진 운명을 전혀 벗어날 길이 없다면 구태여 운명을 미리 알아볼 필요가 없다. 어떤 이유에서든 그 궤도대로 되고 말 것이기 때문이다. 그러나 인간에게는 운명을 개척할 능력이 부여되어 있다. 자연의 조화에 의해 비가 올 것을 미리 알고 우산을 준비하거나, 홍수를 예견하고 그 지역을 피하는 지혜가 필요하다. 홍수를 막기 위해 비가 내리지 않도록 기도를 하는 따위가 아니라 둑을 쌓고 수로를 넓히는 등의 행위가 바로 운명 개척의 길이다.

인간에게는 욕망이 있다. 그 중에서도 자신을 과대 평가하는 함정을 가지고 있다. 때문에 자신에게는 너무나 후대하여 냉정을 잃고 소망과 희망이 마치 자신이 걷고 있는 정확한 궤도인 양 착각을 일으킨다. 그리하여 콩을 심어 놓고도 팥을 수확하고자 한다. 그래서 인생 12진법이 필요하다. 인간이 콩을 심었으면 어떤 소망이나 착각을 해도 반드시 콩이 열린다는 우주의 완벽한 궤도를 일러주고자 함이다. 다만 그 콩을 따서 팥과 바꿀 수는 있다. 이것이 바로 운명의 개척임을 제시하고자 함이다. 콩을 심었는데 팥을 딸 수 있는 인생을 우리는 희망한다. 그래서 자신을 정확히 알고 콩에서 팥을 얻어냈을 때 자신의 궤도는 변화를 일으키며, 그 변화로 인하여 또 다른 위치를 확보하게 된다. 이것이 자신의 개발이며 운명의 개척이다.   -정다운 《인생 12진법》-

마음을 한 곳에 모으면 마음은 곧 선정(禪定)에 있을 것이다.
-여래유교경-

낙숫물이 돌을 뚫는다

부지런히 정진한다면 어려운 일이 없을 것이다. 그러므로 너희들은 모든 일에 부지런히 정진해야 한다.

이를테면 낙숫물이 떨어져 돌을 뚫는 것과 같다. 수행인의 마음이 게을러 정진을 쉬게 되면, 그것은 마치 나무를 비벼 불씨를 얻으려 할 때 나무가 뜨거워지기도 전에 그만두는 것과 같다. 그는 아무리 불씨를 얻고자 해도 얻지 못할 것이다.

그러나 열심히 노력하는 것을 가리켜 정진(精進)이라 한다.

참스승을 찾으려면 항상 잊지 않고 생각하는 일밖에 없다. 잊지 않고 생각하면 모든 번뇌의 도둑이 들어올 수 없기 때문이다.

그러므로 너희들은 항상 생각을 모아 마음에 두라.

만약 바른 생각을 잃어버리면 모든 공덕을 잃어버릴 것이며, 생각하는 힘이 굳세면 비록 오욕의 도둑 속에 들어가더라도 해침을 받지 않을 것이다.

완전하게 무장하고 싸움터에 나가면 두려울 것이 없다.

이것을 가리켜 잊지 않고 생각함이라 한다.

마음을 한 곳에 모으면 마음은 곧 선정(禪定)에 있을 것이다.

마음이 선정에 있으면 세상의 생멸(生滅)하는 존재 양상을 알 수 있다. 그러므로 너희들은 항상 모든 선정을 부지런히 닦아 마음이 흩어지지 않도록 하여라.

물을 아끼는 집에서 둑이나 못을 잘 관리하는 것처럼, 수행자도 지혜의 물을 위해 선정을 잘 닦고 그 물이 새지 않도록 한다. 이것을 가리켜 정(定)이라 한다.   -여래유교경-

휴식과 행복은 그대가 바라는 것, 그러나 그것은 오직 근로
(勤勞)의 결과에서 얻을 수 있다.   -토마스 A. 켐피스-

근로(勤勞)에 대하여

남에게 음식을 구걸하기보다 새끼줄을 갖고 산에 가 나무를 해서 판 돈으로
음식을 사 먹는 것이 모든 사람에게 이롭다. 남이 음식을 주지 않으면 부끄럽
고 속상할 것이다. 그러나 음식을 준다면 더욱 나쁜 결과를 낳는다. 즉 그대
에게 음식을 준 사람에게 부채를 지기 때문이다.   -마호메트-

이마에 땀을 흘리며 노동하는 생활이 무위도식하는 것보다 존경받을 생활이
라는 것을 확신하고, 그 확신에 부합된 생활을 하며, 타인을 높이 평가하고
존경하는 사람 ! 그러한 사람에게는 산다는 것이 실로 즐거운 일이다.

-톨스토이-

근로(勤勞)와 같이 사람을 고상하게 만드는 것은 없다. 근로는 멀리하고 우
리들은 인간으로서의 가치를 차지할 수 없다. 무위도식하는 사람이 외모에 매
우 신경을 쓰는 것은 그런 이유 때문이다. 그들은 그러한 신변의 조건을 수반
하지 않으면 남들로부터 멸시 당한다는 것을 알고 있기 때문이다.

-톨스토이-

노동하지 않고 얻으려는 것은 의지가 박약하다는 것을 나타낸다는 것을 알
고, 모든 일은 대가를 치른 다음에 얻을 수 있다는 것을 깨달은 것은 성공의
큰 비결이다. 휴가도 열심히 일한 뒤에 얻는 것이 아니면 즐겁지 않다. 근로
(勤勞)하고 얻는 것이 아니면 절대로 대가를 받을 수 없다.   -스마일스-

마음의 고통은 육체의 고통보다도 무겁다.
-푸블릴리우스 시루스-

생각하는 삶

절대적 진리라는 것은 결코 없다. 그것은 날마다 입수하는 빵과 같은 것이다.   -라뇨-

어떤 고난을 당하여도 이것을 초월하여 염두에 두지 않으면 괴로움을 느끼지 않는다.   -도순학-

정신이라는 것은 이따금 씻어내어서 새롭게 고칠 필요가 있다. 망각 없이는 행복은 있을 수 없다.   -모로-

우리들은 정신의 창문을 모든 방면에서 열어놓지 않으면 안 되는데, 거기에서 날려가서는 안 된다.   -간디-

인간의 육체와 정신 사이에는 항상 기묘한 관계가 있다. 사지의 하나를 잃으면 어떤 감정의 하나를 잃는 것이다.   -레르몬토프-

건전한 정신은 건전한 신체에 깃든다.   -유베날리스-

본능에 의해 수정되지 못하는 이성은 이성에 의해 수정되지 못한 본능과 마찬가지로 좋지 않다.   -버틀러-

어리석은 짓은 다소의 이성으로 보완해 주려고 하기보다는 그대로 송두리째 내버려두는 것이 낫다. 이성이 어리석음과 섞여지면 그 힘을 잃고 어리석음도 어리석음 나름으로 왕왕 소용이 되는 성질을 잃게 되는 것이다.   -괴테-

관용은 미덕이 입고 있는 의상이다.
-J. C. 플로리앙-

용서하라

남의 무례함을 용서하라. 남이 내게 무례한 행동을 해도 내가 수치스럽지 않으면 그 허물을 묻지 말라. 남의 무례를 참고 용서하면 내 마음이 평화롭고 내 마음의 즐거움을 잃지 않는다. 남과 다투지 않고 일이 끝나 모든 것이 무사하다. 옛말에 만사를 참으면 모든 일이 다 편안하다는 말과 같이 참은 뒤에는 기쁨이 스스로 온다.

만일 남의 무례를 보고 나도 또한 욕설을 하고 무례를 행하면, 남도 참지 않고 성을 낸다. 그리하여 몇 배 내게 무례하게 굴고 참을 수 없는 욕설을 퍼붓는다. 그 결과 둘은 격한 싸움을 하게 되고, 이때가 되면 비로소 처음에 참을 것을 잘못했다 하고 후회를 하게 된다. 남이 내게 무례하게 굴더라도 내가 예절바르게 대했더라면 남도 뉘우치며 내게 좋은 말을 했을 것이다.

옛말에 화순(和順)하면 적이 없고, 참으면 욕됨이 없다 했다. 이 말은 온화해서 남과 다투지 않으면 적이 오지 않고, 남의 무례함을 용서하고 성내지 않으면 남도 성내지 않으며, 내게 욕하지 않는다는 뜻이다. 잠시 동안의 성을 참지 못해서 남과 다투고, 살인을 해서 몸을 망치는 예를 우리는 가끔 본다. 하루아침의 성냄으로 그 몸을 망쳐서, 부모나 가족에게 걱정을 끼치는 것은 너무나 어리석은 일이다.　　　-속훈(俗訓)-

남의 잘못에 대해 관용하라. 오늘 저지른 남의 잘못은 어제의 내 잘못이었던 것을 생각하라. 잘못이 없는 사람은 하나도 없다. 완전하지 못한 것이 사람이라는 점을 생각하고 진정으로 대해 주지 않으면 안 된다. 우리는 언제나 정의를 받들어야 하지만 정의만으로 재판을 한다면, 우리 중에 단 한 사람도 구함을 받지 못할 것이다.　　　-셰익스피어-

스승에게 10년을 배우는 것보다 어머니의 태교 10개월이 더 중요하다. -기구현-

태교(胎敎)에 대하여

사람의 성품은 하늘에 근본하고 기질은 부모에 의해서 이루어지는데, 기질만이 치우쳐서 성하게 되면 천성(天性)을 가리게 된다.

그러나 선천적인 기질은 부모에게 물려받은 것이니, "이것에 치우치면 선천적인 양심을 가리우게 되므로 부모가 낳고 기름에 있어 어찌 삼가지 않을 수 있겠는가?" 하는 말이 있다. 그래서 아버지가 낳고, 어머니가 기르고, 스승이 가르치는 이 세 가지는 한결같아야 한다고 했다.

자식을 훌륭하게 키우는 일은 태 중에서 붙어 가르치기 때문에 태어나서 스승에게 10년을 배우는 것보다 어머니의 태교(胎敎) 10개월이 더 중요하고, 태 중 10개월의 가르침보다 남편이 아내를 대하는 마음가짐이 더 귀한 것이라 했다. 이런 뜻으로 교육에서의 태교는 본(本)이고 사교(師敎), 즉 스승에게 배우는 것은 말(末)이라 생각해 왔다. 그러니 총명하고 뛰어난 자녀를 얻기 위해서는 신성한 결혼과 공경하는 부부 관계와 때와 장소를 가린 정성스런 내외 관계의 접근이 필요하다고 강조해 왔던 것이 지난날 유교적 봉건사회에서 가장 기본이 되었던 자녀교육의 윤리였던 것이다.

옛날의 부인은 아기를 잉태하면, 잠잘 때 몸을 기울게 하지 말며, 맛이 이상한 음식을 먹지 말며, 앉을 때에도 한쪽에 치우치게 앉지 않으며, 설 때도 한쪽 발에만 의지하지 않으며, 음식을 먹을 때도 썬 모양이 반듯하지 않으면 먹지 않으며, 자리가 바르지 않으면 앉지 말며, 눈으로는 좋지 못한 빛을 보지 않으며, 귀로는 바르지 않은 소리는 듣지 않는다. 밤에는 소경으로 하여금 시(詩)를 낭송케 하며, 바르고 옳은 일을 이야기하게 하였다. 이렇게 하여 자녀를 낳으면 형체와 용모가 단정하고 재질도 남보다 뛰어나게 된다고 배워 왔던 것이다.   -정부인 안동 장씨-

모든 불행과 괴로움에 대한 가장 효과적인 위안은 자기보다
비참한 사람을 바라보는 것이다.   -쇼펜하우어-

고뇌와 인생에 대하여

인간 존재는 고뇌가 그 직접적인 목적이다. 그렇지 않다면 우리가 이 세상
에서 허덕이는 이유가 없게 된다. 살아가려면 으레 겪게 되는 괴로움이나 이
세상에 가득 차 있는 우환이 한갓 우연의 소산이고, 목적 자체가 아니라고 생
각하는 것은 이치에 어긋나는 일이다. 하긴 몇몇 특수한 불행은 예외로 보일
는지 모른다. 그러나 이 세상에는 불행으로 충만해 있는 것이 하나의 통례이
다.   -쇼펜하우어-

강물은 어떤 장해물에 부딪치지 않으면 조용히 흘러가게 마련이다. 이와 마
찬가지로 인간과 동물의 세계에 있어서도 의지에 대한 어떤 저항들이 나타나
지 않는 한 살아 있다는 의식을 갖지 못하게 되며, 주의를 환기시키지도 못하
고 세월이 흘러갈 따름이다. 주의를 환기시키게 되는 것은 의지가 구속을 받
아 어떤 충돌이 일어났을 때 비로소 알게 된다. 우리는 의지를 가로막는 모든
것, 의지의 방해와 반항을 피하는 모든 것, 즉 염증(厭症)을 느끼고 괴로움을
주는 모든 것은 그 자리에서 뚜렷하게 느끼게 된다. 인간은 대체로 자기가 건
강한 것을 느끼지 못하지만 구두에 발이 부푼 조그마한 부분만은 즉시 알게
되며, 사업에 있어서도 잘 운영되는 것은 느끼지 못하나 자기 뜻대로 되지 않
는 사소한 일은 곧 성가시게 생각한다. 다시 말하면 안락과 행복은 매우 소극
적인 데 반하여 고뇌는 적극성을 띠고 있다. 내가 무엇보다도 당치 않게 생각
하는 것은, 형이상학(形而上學)의 학설은 거의 모두가 인간에 해롭고 악한
것을 소극적인 것으로 설명하고 있는 점이다. 그러나 사실은 이와 반대로 해
롭고 악한 것만이 액면 그대로 절실히 느껴지며, 따라서 이것만이 적극성을
갖고 있다. 이와 반대로 모든 즐거운 일, 모든 반가운 일이나 행복이나 만족
은 소극적인 성격을 띠고 있다.   -쇼펜하우어-

너의 조상이 누구인지 말할 필요 없다. 네가 누구인가 그것
이 문제이다.   -영국 격언-

너는 누구인가?

모든 사람들에게 가장 필요하고 중요한 연구 대상은, 그것은 바로 자기 자
신이다.   -톨스토이-

많은 사람들은 신이 무엇인가 알려고 하지만 자기 자신을 알려고 하는 자는
드물다. 그러나 그들로 하여금 그들 내부에 존재하는 선(善)을 인식하고 또한
조장시켜라. 그렇게 해서 그들이 선해지면 그들은 신의 존재도 발견할 수 있
으리라. 왜냐하면 신의 존재를 발견하는 최선의 길은 선해지는 길밖에 없기
때문이다.   -마로리-

시인 '헬모드레스'는 '안치고너스 왕'을 위해 한 편의 시를 지어, 왕을 태
양의 아들이라고 불렀다. 그랬더니 왕은 "나의 변기를 치우는 하인은 그렇지
않다는 것을 알고 있을 것이다."라고 했다. 즉, 왕은 왕도 보통 사람이라는
것을 말하고 있다.   -몽테뉴-

양자(楊子)가 송나라로 여행할 때 여관에서 숙박을 하게 되었다. 그 여관에
는 두 명의 창녀가 있었는데, 용모 미운 여자가 값이 더 비싸고, 용모 아름다
운 여자는 값이 더 헐했다. 양자(楊子)는 이상하게 생각하며 그 이유를 물었
다. "아름다운 여자는 미모를 자랑삼아 오만하기 때문에 잘 팔리지 않고, 미
운 쪽은 자기 분수를 알아 환대하기 때문에 잘 팔립니다. 그래서 귀천은 용모
에 있는 것이 아닙니다." 양자는 이 말을 듣고 제자들에게 이르기를, "내 행
동이 현명하고, 자신을 스스로 현명하다고 생각하는 오만을 버린다면, 어디에
가도 진실로 아름다운 사람으로 존경받는 사람이 될 것이다."라고 했다.

-한비자(韓非子)-

9

스물일곱 번째

우리는 우리 고유의 정신문화를 잘 발전시키고 계승해 나가야 한다. -이동후-

미국에서 벗어나라

우리는 미국에서 벗어나야 한다. 이 말을 잘못 들으면 미국을 배척하는 것이라 생각할지 모르겠지만 그것은 오해다. 군사적으로나 경제적으로나 여러 면에서 우리는 미국을 배척하고는 안 될 만큼 복잡하고 미묘한 관계에 놓여 있다. 미국에서 벗어나라고 하는 말은 미국 일변도의 정신문화에서 벗어나, 우리 고유의 정신문화를 복원시키자는 말이다. 우리 고유문화를 계승하여 우리의 전통과 미풍을 되살려, 소멸되어 가는 전통의례를 연구해서 국민 정신을 튼튼히 해야 한다.

낡고 고루한 전통의례. 떨어진 도포자락보다 번쩍번쩍 빛나는 양복이 좋고, 거추장스런 갓보다도 쉽게 취급할 수 있는 모자가 더 좋은 세상이 되어 버린 우리 사회에서 전통의례 연구란 참 웃기는 일이라고 여겨질지 모르지만 허물어져 가는 인륜 도덕을 이것이나마 붙잡고 있는 것은 이러한 분들이 전심전력을 기울여서 버티고 있는 덕택이라고 말하고 싶다. 인간답게 사는 길은 전통의례를 다시 한 번 생각하는 데 있다고 본다.

우리 나라 전통의례는 그저 덮어놓고 복잡하고 번거로운 것이 아니라 모두 다 타당한 근거 아래 최대한 간소화하려고 한 것이다. 예를 들자면 결혼식을 볼 때 번거롭고 까다로운 줄 알지만 우리 결혼식은 중국과 다르게 간편하고 인간미를 최대한 살려 엄숙하고 정중하게 치르도록 되어 있기 때문에 요즘의 사치와 허영에 들뜬 자기 과시적이고, 낭비적인 결혼식과는 근본적으로 차이가 있다. 우리는 서양 풍속을 가장 이상적이라고 믿는 고약한 병에 물들어 스스로 망해가고 있음을 모르고 있다. 인간답게 사는 길은 온 세계가 같은 것 같지만 민족마다 다르다. 그 민족의 정신을 바르게 지니는 것이 가장 인간답게 사는 길이다. 우리 민족이 인간답게 살려면 우리의 얼을 바르게 간직하고 미국 일변도의 정신문화에서 벗어나는 것이다. -이동후-

286

아침에 도를 들으면 저녁에 죽어도 여한이 없다.
-공자(孔子)-

아침에 도를 듣고

군신(君臣), 부자(父子), 부부(夫婦), 장유(長幼)에서 일상의 모든 행위에 이르기까지 당연히 행할 도리가 있다. 이 진실한 도리를 바로 깨달을 수 있다면, 살아서는 이 도리에 따르고 죽어서도 여한이 없다. 즉, 아침에 도를 듣고 저녁에 죽어도 한이 없다.   -논어(論語)-

옛사람이 이르기를, "아침에 도를 듣고 저녁에 죽어도 여한이 없다.'라고 했다. 수없이 많은 겁년(劫年) 사이에 몇 번이나 태어났다가 죽고, 몇 번이나 죽었다가 태어났겠는가? 그런데 그 사이 다행히도 사람의 몸을 받고 태어나서 불법(佛法)을 만난 이때에, 이 몸을 제도(濟度)하지 않으면 그 어느 생을 기다려 다시 제도할 것인가? 이 몸을 아무리 아껴도 별 수가 없다. 때가 되면 다 놓아두고 떠나야 한다. 그러한 몸, 불법(佛法)을 위해 버리면 영원한 즐거움을 얻게 된다.

오늘과 내일 눈앞의 일을 생각하고, 버릴 것을 버리지 않고, 행해야 할 선을 행하지 않으며, 헛되이 세월만 보낸다면 너무나 안타까운 일이다. 과감하게 모든 생각을 버리고 오직 도(道)를 이루고, 부처님의 가르침을 실천하다가 죽는 한이 있어도 불도(佛道)를 실천한다는 굳은 각오를 가지고 정진해야 한다. 이런 마음이 없으면 세간을 떠나 공부를 하고, 도를 위해 정진한다고 하지만 사실은 잡다한 세속 일로 뒷걸음질치고 있을 뿐이다.   -정법안장-

"아침에 도를 듣고 저녁에 죽어도 여한이 없다."는 공자의 말씀이다.

"빨리 술잔을 비워라. 술잔의 거품이 사라지기 전에 우리의 목숨이 사라지지 않는다고 누가 보장하랴." 이는 안크레옹의 노래이다.

이 두 사람의 말에 인생의 가장 큰 두 가지 진리가 들어 있다.

필요 없는 것을 사면 필요한 것을 팔게 된다.
-프랭클린-

축재(蓄財) 비결

재산을 모으기 위한 방법을 대중에게 가르치는 책은 많이 있다. 그러나 여기 소개하는 각국의 격언보다 더 좋은 방법은 없을 것 같다.

"1전을 주의하라, 그러면 10원은 스스로 주의할 것이다."

"근면은 행운의 어머니다."

"고생이 없으면 이익이 없다."

"땀을 흘리지 않으면 단맛을 모른다."

이상 등등의 말은 이 세상에서 성공하는 비법으로 옛사람들이 직접 체험하고 우리들에게 전한 말들이다. 이런 말들은 문자가 생기기 이전부터 많은 사람들의 입에 오르내린 것으로, 다른 통속적인 격언과 함께 도덕의 근본 법전을 이루고 있다. 그리고 이러한 격언은 세월이 흐름에 따라 그 정확한 효과를 나타내고 또 건전한 사실에 증명을 해 왔다. 솔로몬의 잠언(箴言)은 근면한 사람, 및 금전의 용법과 낭비에 대해 많은 것을 가르쳐 주고 있다.

"근면하지 않고 태만한 자는 대 낭비가의 형제이다."

"그대 타락한 자들이여, 개미를 보아라. 개미의 행동을 보고 현명해져라."

"나태한 자에게 가난이 오는 것은 나그네와 같이 틀림이 없고, 결핍이 오는 것은 무사와 같이 엄격하다."

"음주가와 대식가는 빈곤에 떨어지며, 잠이 많은 사람은 누더기를 걸칠 것이다."

"자기 일에 충실한 사람은 국왕 앞에 서게 될 것이다."

"황금을 얻는 것은 지혜를 얻는 것만 못하다. 왜냐하면 지혜는 보석보다 좋고, 사람의 신망을 얻는 것으로 그 어떤 것도 이것과 비교될 것이 없기 때문이다." -스마일스-

사람에게는 미혹의 근원이 되는 번뇌가 있다. 이 번뇌에서 벗어나는 데는 다섯 가지의 방법이 있다.   -불교 성정-

생활의 지침

재앙이 안에서 일어나는 것을 모르고, 동과 서에서 온다고 생각하는 것은 어리석은 일이다. 안을 다스리지 않고 밖을 지키려는 것은 잘못이다. 아침 일찍 일어나 양치질을 하고 세수하고, 동서남북 상하 여섯 방향을 향해 재앙이 들어오지 못하게 막아 하루의 안전을 도모하는 것이 사람의 마음이다.

그러나 불교의 가르침은 이와는 다르며, 바른 진리인 여섯 방향을 향해 존경을 바치고, 현명한 덕을 행해서 재앙을 막으라고 한다.

여섯 방향을 지키는 데는 우선 네 가지 때를 없애고, 네 가지 나쁜 마음을 그치고, 가정과 재산을 망치는 여섯 가지의 입을 막지 않으면 안 된다.

네 가지 행동의 때란, 살생(殺生)과 도적(盜賊)과 사음(邪淫)과 거짓이다. 네 가지 나쁜 마음이란 탐욕(貪慾)과 진노(震怒)와 어리석음과 두려워함이다.

가정과 재산을 망치는 여섯 가지 입이란, 술을 마시며 불성실하게 구는 것, 밤을 새워가며 노는 것, 음악과 연극에 지나치게 빠져드는 것, 도박을 하는 것, 나쁜 친구들과 어울리는 것, 자기의 직무에 태만한 것 등이다.

이상 말한 네 가지 행동의 때를 여의고, 네 가지 나쁜 마음을 버리고, 여섯 가지 가정과 재산을 망치는 입을 중지한 다음에 육방(六方)에 복을 빌어야 한다.

이 육방(六方)이란, 동쪽은 부자간의 도(道), 남쪽은 사제간의 도, 서쪽은 부부간의 도, 북쪽은 친구간의 도, 하방(下方)은 주종(主從)의 도, 상방(上方)은 가르침을 믿는 자의 도이다.   -불교 성정-

10월의 이야기

october

군자는 의(義)를 탐하고, 소인은 이(利)를 탐한다.
-논어(論語)-

군자와 소인

군자에 대해서 소인이라는 말이 있다. 군자와 소인의 구별은 군자는 도를 닦는 사람이다. 소인은 도를 닦으려 하지 않는 사람이다. 도를 닦으려 해도 이루지 못한 자는 군자의 미완성품이다. 군자는 아니지만 그렇다고 소인은 아니다. 도를 닦는다는 것은 완전한 국민이 된다는 것이다. 지금 세상에서 말하는 신사도나 시민정신과 군자도라는 말은 모두 일맥상통한 공통점 있다.

그러나 이와는 대조적으로, 금수(禽獸)와 같은 영역에 있으며, 오직 자신의 이익만을 추구하는 무리를 소인배라고 한다. 소인(小人)이란 글자의 뜻은 '작은 사람'이지만 몸과 마음이 작다는 뜻은 아니다. 완전한 인격을 갖춘 사람으로서 자질이 적다는 뜻이다. 소인 가운데는 몸이 크고 비대한 자들이 얼마든지 있다. 재산을 많이 갖고 있는 자도 많다. 고위관직에 있는 자도 있다.

돈이 있고, 권력이 있고, 관직이 높아도 군자의 도를 갖추지 않으면 인물로서 작은 것이다. 인물이 인물을 낳듯 소인도 소인을 낳는다. 아니, 소인 쪽이 더 생식력이 강하다. 인물 쪽이 개나 고양이처럼 한꺼번에 몇 마리를 낳는다고 하면, 소인 쪽은 물고기와 같이 한꺼번에 수천 마리를 낳는다. 그리하여 온 천지가 소인으로 가득하다. 그러한 소인 가운데 생사와 사리(私利)를 초월한 군자들이 국가의 확고한 지주가 되어서 버티지 않으면, 국가는 곧 소인들로 들끓어 망하고 말 것이다.   -계월전집-

말하는 것이 모두 선(善)이고, 행하는 것이 모두 선(善)이고, 마음에 생각하는 것이 모두 선(善)이며, 이 세 가지를 모두 갖추게 되면 그가 바로 군자이다.   -소학(小學)-

색이 검은 것은 미움을 받지 않으나, 입이 검은 것은 미움을
받는다.   -격언-

말을 조심하라

옛말에 군자의 힘은 소보다 더 세다. 그러나 소와 다투지 않는다. 지금의
학인(學人)들이 재주와 지식이 나보다 우월하다고 해도 남과 논쟁을 하지 말
고, 남을 욕하지 말고, 남을 성난 눈으로 보지 말라.

지금의 사람들은 많은 재산을 주고 은혜를 베풀어도, 성내고 말을 함부로
하기 때문에 고맙게 생각 않고 도리어 반항심을 일으킨다.

지금의 학인(學人)들도 촌음을 아껴 열심히 공부를 해야 할 것이며, 한가롭
게 남과 다툴 틈이 있을 수 없다. 다투면 결국에는 자타가 모두 이롭지 못하
게 된다.

군자의 힘이 소보다 강해도 소와 다투지 않는다. 내가 법을 알고, 상대보다
더 유리하다는 것을 알아도 그를 공격하지 말고 비난하지 말라. 만일 진실한
사람이 와서 법을 물으면 법을 아낌없이 전해 주어라. 그러나 세 번 물으면
한 번 대답하라. 말을 많이 하고 쓸데없는 말을 하지 말아라.   -정안법장-

사람이 세상을 사는 데 화근은 모두 입으로부터 나오는 것이니 입을 조심해
라. 불이 타는 것은 세상의 재산을 태우지만, 욕설은 인간의 오복을 모두 태
워 버린다. 그러므로 입은 몸을 망치는 도끼이며, 몸을 망치는 칼이다.

-보은경(報恩經)-

세상 사람들이 온갖 말을 지껄이는데 나만이 침묵을 지킨다. 마음속은 유유
자약(悠悠自若)하여 스스로 진락(眞樂)이 일어난다. 그것은 속세를 벗어나
조물주와 상종하며 놀기 때문이다.   -왕양명-

10
세 번째

단군의 건국 이념은 홍익인간(弘益人間), 이화세계(理化世界)이다.   -한영수-

개천절

10월 3일 거행되는 우리 나라 국경일의 하나. 기원전 2333년(戊辰年), 즉 단군기원 원년 음력 10월 3일에 국조(國祖) 단군이 최초의 민족국가인 단군 조선을 건국하였음을 기리는 뜻으로 제정되었다. 그러나 개천절은 개천 (開天) 본래의 뜻을 엄밀히 따질 때 단군 조선의 건국일을 뜻한다기보다, 이 보다 124년을 소급하여 천신(天神)인 환인(桓因)의 뜻을 받아 환웅(桓雄) 이 처음으로 하늘을 열고 백두산 신단수 아래에 내려와 신시(神市)를 열어 홍익인간(弘益人間)·이화세계(理化世界)의 대업을 시작한 날인 상원갑자년 (上元甲子年, 기원전 2477년) 음력 10월 3일을 뜻한다고 보는 것이 더 욱 타당성이 있다. 따라서 개천절은 민족국가의 건국을 경축하는 국가적 경축 일인 동시에, 문화민족으로서의 새로운 탄생을 경축하며, 하늘에 감사하는 우 리 민족 고유의 전통적 명절이라 할 수 있다. 민족의 전통 명절을 기리는 행 사는 먼 옛날부터 제천행사를 통해 거행되었다. 고구려의 동맹(同盟), 부여의 영고(迎鼓), 예맥의 무천(舞天) 등의 행사는 물론이요, 마니산(摩尼山)의 제천단(祭天壇), 구월산의 삼성사(三聖祠), 평양의 숭령전(崇靈殿) 등에서 각각 행해진 제천행사에서 좋은 사례를 볼 수 있다. 그리고 특히 우리 민족은 10월을 상달(上月)이라 불러, 한 해 농사를 추수하고, 햇곡식으로 제상을 차 려 감사하고, 경건한 마음으로 제천행사를 행하게 되는 10월을 가장 귀하게 여겼고, 3일이라는 3의 숫자를 길수(吉數)로 여겨왔다는 사실은 개천절의 본 래의 뜻을 보다 분명히 한다고 하겠다. 그러나 경우만은 전통적인 선례에 따 라 음력 10월 3일 상오 6시에 거하고 있다. 이 날은 정부를 비롯하여 일반 관공서 및 공공단체에서 거행되는 경하식과 달리, 실제로 여러 단군 숭모단체 (檀君崇慕團體)들이 주체가 되어 마니산의 제천단, 태백산의 단군전, 그리 고 사직단(社稷壇)의 백악전 등에서 경건한 제천의식을 올리고 있다.

사람의 본성도 본래 악한 것이 아니다.
-맹자(孟子)-

이성은 선하다

성현과 같이 지혜가 밝지 못한 것을 우치(愚癡)라 한다. 성현과 같은 재능을 갖추지 못한 자를 불초(不肖)라 한다. 우치나 불초에게도 양지(良知)와 양능(良能)이 있다. 그 양지와 양능을 잃지 않으면 우치불초(愚癡不肖)의 사람이라도 선인(善人)이다. 우치불초를 그대로 악인(惡人)이라고 하는 것은 옳지 못하다. 재주가 있거나 없거나, 지식이 있거나 없거나, 성품이 사욕에 빠져 천부의 양심을 잃어버린 자를 악인이라 하니, 비록 재주와 재능이 뛰어나고 사욕이 깊고 양심이 바르지 못하면 악인이다.

공자께서 말씀하시기를, "주공(周公)의 재주와 아름다움도 만일 교만하고 삼갈 줄 몰랐다면 그도 별것 없는 사람이 되었을 것이다. 그러나 세속에는 재능과 예능이 뛰어나면 그 마음의 정사(正邪)를 막론하고 근자라고 하는데, 이는 큰 잘못이다." -옹문답-

사람의 본성이 선하다는 것은 마치 물이 낮은 곳을 향해 흐르는 것과 같다. 물이 낮은 곳을 흐르는 것과 같이 사람의 본성도 본래 악한 것이 아니다. 그런데 물을 손으로 치면 물방울은 튀어 올라 이마를 넘을 수도 있다. 또 물을 가로막아 역류시키면 산꼭대기까지 올라가기도 한다.

그러나 그것이 어찌 물의 본성이라 하겠는가? 밖에서 가해지는 힘이 그렇게 만들었을 뿐이다. 사람들도 선을 행하는 본성을 가지면서도 이렇게 악을 저지르는 것은 꼭 이 물의 경우와 같아서, 외부 물욕의 압박의 결과로 일어나는 일시적인 현상이다. -맹자(孟子)-

일월이 밝으려 해도 구름이 이를 가리고, 강물이 맑으려 해도 진창이 이를 더럽히고, 사람이 선하려 해도 욕심이 이를 해친다. -회남자-

체벌로 다스릴 때는 부모의 사랑이 자녀에게 충분히 전달되어야 한다. -김영로-

어린이의 자존심

어린이의 자존심에 상처를 주지 않고 인격을 존중해야 한다. 에머슨은 "아동 교육의 비결은 아동을 존중하는 것이고, 아동의 아름다운 점을 사랑하고 결점을 들추어내지 말라."고 했다. 루소, 코메니우스, 페스탈로치, 오웬, 프뢰벨 등은 어린이를 극진히 존중하고 사랑했기에 위대한 교육자가 된 것이다.

아동의 행동의 기준을 남과 비교해서는 안 된다. "너는 형이면서 동생 철수의 반도 못 되지 않느냐? 철수는 공부도 잘 하고 말도 잘 듣는데, 너는 왜 그 모양이니?" 하고 꾸짖는다면 그 말을 듣고 반발하지 않는 아동은 없을 것이다. "나는 동생과 다르고 나도 좋은 점이 있는데, 어머니는 나만 미워한다. 에라, 되는 대로 해 버리자." 하고 탈선하여 문제아가 되어 버린다.

만일 잘못을 했을 때 부모는 "그런 행동은 너답지 않구나. 너는 그것보다 훨씬 더 잘 할 수 있는데, 오늘은 좀 생각이 부족해서 실수를 한 모양이구나. 앞으로는 훨씬 더 잘 하리라 믿는다."라고 말해야 한다. 아이를 누구와도 비교하지 않고 자기 가치를 인정해 주며, 미래까지 착한 사람이 될 것을 믿어 주어야 한다.

부모는 어떤 큰 결함을 가진 어린이에게도 불만과 슬픔과 분노로 대하지 말아야 한다. "내가 무슨 죄를 지었기에 너 같은 것을 낳았을까? 너 때문에 나는 얼굴을 들고 다니지 못하겠다. 차라리 나가 버리든지 죽어 버려라." 이런 말을 하는 부모는 자녀를 나쁜 길로 몰아넣고 오히려 자녀를 저주하는 것이 된다.

부모의 사랑만은 영구불변하며, 확고부동해야 한다. 무조건 사랑하고 용납하되, 잘못은 스스로 반성하고 이해하고 교정을 하도록 해야 한다.   -김영로-

적어도 한 사람을 사랑하는 일은 가능하지 않을까?
-신달자-

사랑할 수 있을까?

한 인간에게 무엇이 가능한가? 스스로에게 이런 질문을 해 봅니다.

몇 번의 같은 질문을 거듭한 끝에 나는 이런 대답을 해 보았습니다. "적어도 한 사람을 사랑하는 일은 가능하지 않을까?" 그러나 그 대답은 너무나 빨리 자신의 대답을 깊이 의심하기 시작했습니다.

"한 사람을 사랑하는 일이야말로 불가능한 게 아닐까?" 이런 의심스런 대답을 하면서 슬퍼할 수밖에 없었습니다. 한 사람을 사랑하는 일은 어쩌면 인류 전체를 구하는 능력과 다를 바 없음을 알고 있기 때문인지 모릅니다. '폴 발레리'는 사랑이란 자신을 완전히 써 없애는 일이라고 말했습니다. 나는 이 말에 백 번 공감합니다. 황홀한 기쁨으로 자신을 남김없이 써 없애는 과정에서 사랑의 진정한 가치를 느끼는 것을 아직도 나는 믿고 있으니까요. 그 가치를 살리기까지는 그 가치 위에 자신의 생명도 능히 저울질 없이 바칠 수 있어야 하는 것이며, 죽음과 같은 외로움도 감당해 내어야 함은 물론입니다.

그러나 이것은 참으로 어려운 일입니다. 사람들은 절대로 그런 사랑은 존재하지 않는다고 말하고 있습니다. 그러나 나는 아직도 그런 사랑을 흠모합니다. 그런 사랑을 하는 것만이 단 한번 주어진 목숨을 목숨답게 하는 것이라고 생각하고 있습니다. 자신을 아끼는 것이 자신에 대한 모욕이며, 수치라는 것을 사랑 앞에 나는 맹세할 수 있습니다.

나의 인생이 여기에 도달할 때 내 인생은 아름다운, 혹은 가치 있었던 인생이라고 스스로 생각할 것 같습니다. 사랑에 삶의 가치를 거는 일, 이 일을 사람들은 비웃을지 모릅니다. 완전히 자신을 써 없애는 일이야말로 바보라고 말할지 모릅니다. 저는 바보가 되고 싶습니다. 사랑 앞에 순수한 바보가 되는 일, 그것이 제 삶에 거는 준엄한 희망입니다.　　-신달자-

사색하는 사람으로서 행동하고, 행동하는 사람으로서 사색하지 않으면 안 된다.   -H. 베르그송-

심사(深思)의 가을

인간에게서 이성을 빼앗는 점에서는 기쁨이나 고통은 조금도 다를 바 없다.

-푸슈킨-

널리 배우고, 자세하게 묻고, 신중하게 생각하며, 똑똑히 밝히고, 착실히 행하라.   -중용-

나는 진정으로 인간이 무엇인가를 알지 못한다. 그것은 인식이 곤란한 세계의 일부를 이루는 것이기 때문이다.   -플라톤-

살갗에 찬기가 스며들며 아침마다 서리를 볼 수 있는 때라도 되면, 자작나무는 동화 속의 나무들처럼 온통 황금빛으로 빛나고, 코발트빛 하늘에 아름답게 부각된다. 태양은 나지막이 걸려 있어 이미 따스한 빛을 던지지는 않지만 여름의 해보다 더 눈부시게 빛나고 있다. 백양나무의 작은 숲은 옷을 홀랑 벗어버린 것이 즐겁고 경쾌한 일이기나 한 것처럼 온통 투명하게 반들거리고 있다. 나는 이때가 되면 사색의 심연으로 빠져든다.   -투르게네프-

신의는 이지(理知)보다도 높은 재능이다.
-P. J. 베일리-

신의에 대하여

신(信)이란 마음에 성(誠)이 있는 것이다. 마음에 성(誠)이 있으면 언행에 나타난다. 말은 행(行)을 뒤돌아보며 하고, 행(行)은 말을 생각하며 행한다. 즉, 언(言)과 행 모두 신(信)이 있다. 만일 행하지 않은 일을 말로만 하고, 말로 하는 일을 행하지 않는다면, 이는 언행 모두 신(信)이 없는 것이다. 말하기는 쉽지만 행하기는 어렵다. 그러므로 말은 삼가고 행은 열심히 해라. 이것이 신(信)을 행하는 길이다.　　　-오상훈(五常訓)-

자하(子夏)가 이르기를, "군자는 신의를 얻은 후 인민에게 수고를 끼쳐야한다. 신의를 얻지 못하고 수고롭게 하면 인민을 괴롭히는 것이 된다. 군자는 신의를 얻은 후에 허물을 간언해야 한다. 신의를 얻지 못하고 간언하면 비방함이 된다."　　　-논어(論語)-

도적들 사이에도 신의가 있다. 신의는 언제고 변개(變改)할 수 없지만 전쟁에는 고정된 법칙이 없는 것이다.　　　-정도전(鄭道傳)-

한때 히틀러의 가장 훌륭한 특성은 그의 신의라는 말이 떠돈 일이 있었다. 그를 비웃어 하는 농담조의 말을 빌려 보면, 그는 세 가지 신의만은 절대로 저버리지 않는다고 했다. 그것은 유태인, 그의 벗, 그리고 그의 조국 오스트리아라는 것이다. 롬 대위가 죽고 없는 오늘날 아무도 이제는 이런 말을 하지 않았을 것이다. 왜냐하면, 그 전에 벌써 히틀러의 불신(不信)의 기록은 커다란 글자로 씌어져 있었으니 말이다.　　　-W. 스콧-

성인이 아닌 이상 누구에게나 허물은 있다. 잘못하면 뉘우칠 줄 아는 것이 가장 큰 선이다. -좌전(左傳)-

개과천선

부처님께서 말씀하시기를, "사람이 과오를 범하고 스스로 그 잘못을 뉘우치지 않으면 죄가 다가와서 몸에 퍼지는 것이, 마치 강물이 바다에 들어가 넓고 깊게 되는 것과 같다. 만일 죄를 짓고 스스로 뉘우치고 고쳐서 선을 행하면 죄가 스스로 소멸하는 것이, 마치 병자가 땀을 흘리고 치유되는 것과 같이 깨끗해진다." -사십이장경(四十二章經)-

선을 보거든 즉시 행하고, 과오가 있으면 곧 고친다. 이 두 구절은 주역에 나오는 말이다. 내가 행하는 것이 나쁘지 않지만 남이 행하는 것이 나보다 더 선하면 즉시 내가 행하던 것을 버리고 조금이라도 더 낳은 것을 행해야 한다. 이것은 '선을 보면 즉시 옮겨간다.'라고 하는 것이다.

지금까지 선(善)을 몰랐다면 선을 행한 바도 없다. 지금까지 행해야 할 의(義)를 알고도 행하지 않았다면 힘이 없는 것이다. 의를 보고 행하는 것이 용(勇)이다. 과오가 있으면 즉시 고친다는 말은, 내가 행하는 바에 과오가 있으면 즉시 고친다는 것을 뜻한다. 내 잘못을 감추고 과오를 정당화시키려고 하지 말라. 선을 보고 행하는 것은 조그마한 노력으로도 할 수 있다. 그러나 과오를 고친다는 것은 매우 어렵고 힘이 드는 일이다. -오상훈-

공자께서 말씀하시기를, "범인(凡人)은 과오가 없을 수 없다. 과오가 있으면 즉시 고치는 것이 중요하다. 나는 일찍이 이렇게 사람들에게 바라 왔는데, 아직까지 자신의 허물을 발견하고 그것을 고치는 자를 보지 못했다."

-논어-

만일 나귀가 그대를 찼을 때, 그대도 발을 들어 나귀를 차겠는가 ?   -소크라테스-

폭행하지 말라

선을 행하기 위해서는 성이 아직 풀리지 않을 때, 그 종들에게 손을 대지 말아야 한다. 성이 났을 때는 아직 감정이 격해 있으므로 모든 일을 연기하는 것이 좋다. 우리들이 냉정해졌을 때, 그 사태는 성났을 때와 전혀 다르게 비치기 때문이다. 성을 내고 있을 때 나를 지배하는 것은 감정이고 말을 하는 것도 감정이며, 나 자신은 그 사이에 조금도 작용하고 있지 않다. 마치 노을을 사이에 두고 사물을 보는 것과 같아서, 사람의 과실은 감정을 통해서 보았을 때 실재 이상으로 크게 보이는 것이다.   -몽테뉴-

우둔한 인간은 항상 철면피한 폭력을 휘두른다.   -R. W. 에머슨-

폭력은 방위하고자 생각하는 것, 즉 인간의 존엄, 생명, 자유를 파괴합니다. 폭력은 실사회의 체제를 파괴하는 것이므로 인류에 대한 범죄입니다.
-요한 바오로 2세-

폭력은 사회를 파괴하고 동포 관계를 불가능하게 한다.   -M. L. 킹-

폭력은 정의의 적이다. 평화만이 참다운 정의를 가져올 수 있다.
-요한 바오로 2세-

덕이 없어도 복종하는 자가 많으면 반드시 스스로 다친다. 폭력으로 복종시키는 자는 자멸한다.   -논어(論語)-

여성의 성격에는 부정이라는 근본적 결함이 있음을 알 수 있다.   -쇼펜하우어-

여성에 대하여

"여인이 없으면 우리들의 일생은 처음에 도움을 받을 수 없고, 중간에 즐거움이 없으며, 종말에 위로가 없는 것이 될 것이다."

바이런도 그와 같은 의미를 감상적으로 다음과 같이 표현하고 있다. "인간의 생애는 여인의 가슴에서 비롯된다. 당신이 맨 처음 지껄인 말은 그녀의 입에서 가르침을 받았으며, 당신이 맨 처음에 흘린 눈물은 그녀의 손으로 닦았고, 당신의 맨 나중 숨결은 한 여인의 곁에서 거두게 마련이다."

여인이 커다란 정신적인 일이나 육체적인 일도 감당할 수 없도록 되어 있다는 것은 단지 그녀들의 몸집을 언뜻 보기만 해도 알 수 있다. 여인은 생존의 죄과를 행동이 아니라 노고(勞苦)로 갚는다.

다시 말하면 해산의 고뇌, 유아(幼兒)에 대한 걱정, 남편에게 복종하여 그 인내성 있는 반려가 되어 따뜻한 손길 노릇을 한다. 심한 고뇌, 희열, 노력 등등은 여인의 천분 밖에 속하는 일로서 그녀들의 생애는 남자보다 훨씬 더 고요하고 참을성 있게 흘러가게 마련이다. 그런데 남녀의 생애는 근본적인 점에 있어서 어느 쪽이 더 행복하거나 더 불행한 것은 아니다.   -쇼펜하우어-

아름다운 여성은 눈을 즐겁게 하고, 선량한 여성은 마음을 즐겁게 한다. 전자는 보석이요, 후자는 보고(寶庫)이다.   -나폴레옹 1세-

변덕스러운 여자란, 벌써 사랑하고 있지 않은 여자다. 들뜬 여자란, 벌써 다른 남자를 사랑하고 있는 여자다. 바람둥이 여자란, 과연 자기가 사랑 받고 있는 것인지 혹은 누구를 사랑하고 있는 것인지 잘 모르는 여자다. 무관심한 여자란, 누구도 사랑하지 않는 여자다.   -라 브뤼예르-

재보(財寶)에 눈이 어두운 사람은 불인(不仁)한 사람이다.
-오상훈-

부(富)는 재앙이다

부(富)는 분뇨와 같아서 그것을 모아두면 냄새가 나고, 흩을 때는 토양을 비옥하게 하는 거름이 된다.　　-톨스토이-

그대 재산이 있는 곳에 그대 마음도 함께 있다. 부를 그의 제보로 생각하는 사람의 마음은 항상 무서운 시궁창 속에 있다.　　-톨스토이-

들으라, 부한 자들아! 너희에게 임할 고생으로 인하여 울고 통곡하라. 너희 재물은 썩었고 너희 옷은 좀먹었으며, 너희 금과 은은 녹이 슬었으니, 이 녹이 너희에게 증거가 되며 불같이 너희 살을 먹으리라. 너희가 말세에 재물을 쌓았도다. 보라, 너희 밭에 추수한 품꾼에게 주지 아니한 삯이 소리지르며, 추수한 자의 우는소리가 만군의 주의 귀에 들렸느니라. 너희가 땅에서 사치하고 연락하여 도살의 날에 너희 마음을 살찌게 하였도다. 너회가 옳은 자를 정죄하였도다. 또 죽였도다. 그는 너희에게 대항하지 아니하였느니라.

-야고보서-

만일 그대가 분에 넘치는 수입을 얻었다면, 그때 누군가가 일을 하고도 그 보수를 못 받은 자가 있다.　　-메므드위-

부귀는 모든 사람이 다 바라는 것이다. 그러나 바른 도로서 얻지 아니하면 끝내 남이 있지 아니하다. 빈천은 모든 사람이 다 싫어하는 일이다. 도(道)로서 이를 물리치지 아니하면 끝내 떠나지 아니한다.　　-논어(論語)-

신불(神佛)은 존경할 것이며, 의지하지 말라.
-오상훈-

천명을 알라

　사마우(司馬牛)의 형제가 난을 일으키다가 잡혀 죽게 되었는데, 그때 탄식하며 이르기를, "세상 사람들은 모두 형제가 있어 즐겁게 살고 있는데, 나만은 없는 것과 같다." 하니, 자하(子夏)가 위로하며 말하기를, "나는 이런 이야기를 들은 바가 있다. 사람으로서 삶을 즐기고 죽음을 싫어하지 않는 자는 아무도 없다. 그러나 사람의 생사는 천명이며 사람의 힘으로 어찌 할 수 있는 것이 아니다. 사람은 누구라도 부(富)를 좋아하지만 부귀는 하늘에 달려 있는 것이고, 사람의 힘으로 어찌 할 수 있는 것이 아니다. 다만 따르고 받을 뿐이다. 그대에게 형제가 없다는 것도 천명이니, 근심한들 아무 소용이 없다. 그러므로 그것은 그대로 받아들이고, 그대가 하는 일이나 열심히 해야 한다. 군자가 자기를 지키는 데는 경(敬)으로서 하고, 타인을 대하는 데는 공(恭)으로서 하며, 예(禮)에 합당하게 하면 천하의 사람은 모두 나를 사랑하고 형제와 같이 대해 줄 것이다. 그러므로 군자는 공경(恭敬)이 부족하지 않을까 근심할지언정, 어찌 형제가 없는 것을 근심할 것인가?" 　　-논어(論語)-

　사람의 길흉화복은 모두 정해진 천명이며, 타고날 때 각자의 분복(分福)이 있다. 사람에게 의지해서 구해도, 신에게 빌어서 구해도, 타고난 분복 이외의 것을 얻을 수가 없다. 그런데 소인은 천명을 모른다. 화를 만나면 신에게 빌어서 모면하려 하고, 이익을 위해 사람에게 붙어서 구하려 한다. 그리하여 의리를 버리고 욕심에 따르면서도 부끄러운 줄 모른다.
　군자는 의리를 존중하고 천명을 알기 때문에 의(義)를 버리는 일이라면 큰 이익도 마다하고, 해를 입는 일이 있어도 마다하지 않는다. 　　-오상훈-

자기보다 더 나은 위를 보고 나가라.
-오상훈-

일 보 앞을 내다보라

사람이 이 세상을 살아가는데, 두 발은 굳건히 땅을 디디고 서서 어떤 일이 있어도 비틀거리거나 넘어지는 일이 있어서는 아니 된다. 그리고 눈은 몇 걸음 앞을 보고 걸어야 한다. 발 아래만 보고 걸으면 앞으로 나가지 않고, 멀리만 보고 걸으면 발을 헛디뎌 도랑에 빠지고 만다. 비근한 예를 들어보면 내가 군에서 육군 대위가 되었을 때, 3년 뒤에 소령으로 진급이 된다고 가정하고 처음 1년 반 동안 대위의 직무를 열심히 연구해서 모두를 익혀 버렸다. 그리고 나머지 1년 반은 소령으로 진급되었을 때 할 일을 미리 연구했다. 그리하여 연한이 되어 소령이 되었을 때, 이미 대위 때 모든 것을 잘 연구했기 때문에 소령의 임무를 쉽게 할 수가 있었고, 중령의 업무를 틈틈이 공부할 수가 있었다.

이와 같이 계속 하였기에 빨리 직무에 충실할 수가 있었고, 따라서 출세하는 데 큰 도움이 되었다. 이는 다만 군(軍)에만 국한된 것이 아니고, 사람 사는 모든 일에도 똑같다. 과장이 되었다면 과장이 하는 모든 일을 열심히 하면서 여력으로 국장이 되었을 때 하는 일을 준비하며 공부하고, 국장이 되었을 때는 차관, 차관이 되었을 때는 장관 등과 같이 차례로 위 직분을 준비하며 공부한다면, 그 직위에 올랐을 때 주저하지 않고 자신 있게 모든 일을 잘 처리할 수 있는 것이다.   -수감록-

사람들 가운데 어떤 일만 있으면 아래를 보고 비교하는 자가 많다. 이는 반드시 나태한 자들이다. 그들의 말을 들으면, 내가 바둑을 두고 장기를 두며 시간을 보내는 것은 늘 술만 마시고 주정하는 누구누구보다는 낫다. 내가 술은 마시지만 늘 기생집에 가서 사는 아무개보다는 낫다. 이와 같이 항상 아랫것과 비교하는 자는 나태한 자이다. 눈을 들어 위를 보며 살자.   -오상훈-

약은 현기증이 날 정도의 강한 반응이 없으면 마셔도 효과가 없다. -맹자-

나도 그도 사람이다

　문공(文公)이 아직 태자일 때, 초(楚)나라로 가던 중 송(宋)에 들러 당시 그곳에 있던 맹자(孟子)를 만났다. 맹자는 태자에게 자기의 지론인 성선설(性善說)을 강론하고, 선한 성품을 발휘하면 요순과 같은 성군이 될 수 있다 하며, 말끝마다 요순을 인용했다. 태자도 또한 요순과 같은 좋은 임금이 되기를 원했다.

　초나라에 가서 용무를 마친 태자가 돌아오는 길에 다시 맹자를 만났다. 그러자 맹자는 태자를 보고, "모든 도(道)에 둘은 없다. 요순과 같은 성인의 도도, 우리들 같은 범인의 도도 그 행하는 길에 별로 다른 것이 없다. 즉, 하늘에서 받은 선한 본성에 따라 수행해 나가면 누구라도 성인의 영역에 도달할 수 있는 것이다. 옛날 재(齋)의 용자(勇者) 성간(成覸)이 한 용사를 보고 그의 주군(主君)에게 '그도 한 사나이, 나도 한 사나이인데 어찌 그를 두려워하랴.'라고 했다. 또한 공자의 제자 안회(顔回)는 고래로 성인이라 일컫는 순(舜)에 대해 '순은 도대체 어떤 사람인가, 그리고 나는 또한 어떤 사람인가? 다 같이 한 인간이 아닌가? 그렇다면 누구라도 노력한다면 순(舜)과 같은 사람이 될 수 있을 것이다.'라고 했다. 그 외에 공명의(公明儀)라는 사람은 배우기만 하면 문왕과 주공과 같은 훌륭한 사람이 될 수 있는 것이라 하고 '문왕을 나의 스승으로 삼아서 배우면 그와 같은 경지에 이를 수 있을 것이다.'라고 했다 한다. 이들 말을 종합해서 생각해 봐도 길은 오직 하나이며, 같은 길을 걸어가는 이상 누구라도 성인의 영역에 도달할 수 있을 것이다. 그래서 그대의 나라를 생각해 보건대, 튀어나온 곳을 버리고, 들어간 곳을 넓히면 50리 사방의 나라가 될 것이다. 노력 여하에 따라 좋은 나라가 될 것이다. 전력을 다해 옛날 성현이 한 대로 좋은 정치를 하기 바란다."

-맹자(孟子)-

오늘 할 일은 오늘 다 하라.
-취미와 교양-

금일주의

내가 말하는 일일주의는 오늘 하루를 최선을 다해서 잘 사는 방법이다. 오늘밤에 죽어도 아무 여한이 없도록 모든 것을 잘 정돈하며 산다는 뜻이다. "오늘 배우지 않아도 내일이 있다고 생각하지 말라."라는 주의다. 그러므로 나의 금일주의는 오늘의 일을 오늘 열심히 하는 것이다. 한가지 한가지 모든 일에 대해, 일마다 최선을 다하는 것이다. 잘못이 있다면 즉시 이를 고치고, 오늘 방문할 사람이 있다면 즉시 방문하고, 오늘 회답할 편지가 있다면 즉시 회답을 쓰고, 오늘 읽을 책이 있다면 즉시 읽고, 오늘 써야 할 글이 있다면 즉시 쓴다.

이렇게 하루를 보내면, 불을 끄고 자리에 들 때 마음에 걸리는 일이 아무 것도 없다. 마음에 걸리는 것이 아무 것도 없기 때문에, 한 점 구름도 없는 하늘에 뜬 밝은 달처럼 교교(皎皎)한 마음으로 잠을 잘 수 있다. 죽은 듯 숙면(熟眠)을 할 수 있고, 꿈도 꾸지 않는다. 비록 성인 아니라도 금일주의를 실천해 나가면 잠자리에서 엎치락뒤치락하는 일이 없으며, 깊은 잠을 잘 수 있으므로 건강과 장수를 누릴 수 있다. -취미와 교양-

청년이 뜻을 세우는 것은 경사(經絲)를 간추리는 것과 같다. 인생을 어떻게, 어떠한 무늬로 짤 것인가 하는 방침을 세워 일관성 있게 노력해야 되는 것이다. 오직 한 가닥의 위사(緯絲)이지만 매일 이를 짜나가면 마침내 좋은 비단이 생겨난다. 뜻을 세워도 매일 지속적으로 노력하지 않으면 일은 성취되지 않는다. 경사와 위사가 만나 잘 짜여져야 비단이 되듯, 입지(立志)와 매일의 실행이 합쳐 비로소 목표하는 바를 달성할 수 있다. -수양(修養)-

사랑은 많은 일을 하지만 돈은 더 많은 일을 해낸다.
-영국 속담-

금전에 대하여

돈이 있으면 너는 네 자신을 모르고, 돈이 없으면 아무도 너를 모른다.

-서양 속담-

돈은 모든 문을 여는 열쇠이다.   -영국 속담-

사람은 젊어서 돈이 소중하고, 늙어서는 이름이 소중하다고 생각하면 우선 안전하다. 그 이유는 세상의 젊은이를 보건대, 항상 주색과 향락을 위해 금전을 낭비하며, 어떻게 해서 이 세상을 잘 살 것인가 하는 생각이 없다. 그 집을 망치고 몸을 망치는 것은 모두 여기에 있다. 이때 빨리 깨달아서, 사람의 일생에는 돈이 없으면 잘 살 수가 없고, 돈을 벌기란 쉬운 일이 아니라는 것을 알고, 스스로 저축하겠다는 생각을 갖게 되면 낭비는 스스로 사라지고 학문도 착실히 하게 된다.

또한 늙으면 탐욕에 빠지게 되며 인색해져서 고리대금을 하게 되고, 만금을 가지고도 수전노(守錢奴)가 되어 스스로를 괴롭히고, 또한 남도 괴롭히는 일이 있다. 이때 빨리 이름이 소중하다는 것을 깨달으면, 자연스럽게 무한한 탐욕을 버리게 되고, 자비로운 마음이 생겨나게 되는 것이다.

사람이 금전을 취급하는 방법, 즉 벌고 저축하고 쓰는 것을 보면 그 사람의 지식과 인품을 잘 알 수 있다. 금전을 결코 인생의 중요한 목적으로 보지 말라. 하지만 그렇다고 결코 철학적으로 경멸을 나타내지 못하는 것은 그 힘이 너무 커서 신체의 평안과 사회의 안녕을 도모하는 데 없어서는 안 될 수단이기 때문이다.   -스마일스-

9푼은 족하고 10푼은 넘쳐흐른다.
-노자(老子)-

차면 기운다

그릇에 물을 가득 담아 들고 있으면 쏟아지지 않나 조심되고 쏟지 않으려고 마음 쓰지 않으면 안 된다. 그러므로 처음부터 물을 가득 담지 않는 것이 좋다. 또한 칼이나 송곳 등을 날카롭게 갈아 놓고 오래도록 부러지지 않게 주의해도 절대로 오래 유지할 수 없을 뿐만 아니라 자칫하면 부러지고 만다. 그러므로 처음부터 너무 날카롭게 하지 않는 것이 좋다. 금은보화가 집에 가득 있으면 이것을 지키기란 너무나 어렵다. 부귀가 한 몸에 있으면 아무래도 재앙 없이 지낼 수가 없다.

모든 것은 차면 기운다는 것이 세상의 법칙이니, 처음부터 차지 않으면 기우는 일도 생기지 않는다. 겸(謙)을 알고 물러설 줄 알고, 족(足)함을 알고 거기 안주할 때 재난을 피할 수 있다. 가득 찬 것을 바라고, 차지 않는 것을 싫어하는 그 근본적인 욕심을 버리고, 스스로 부귀하게 되려는 마음이 없는 것이 물러서는 것임을 아는 것이므로, 그러한 무욕(無慾)의 경지에 다다랐을 때가 아무 부족도 느끼지 않는 진정한 부자이고, 또한 진정한 만족을 얻은 것이다. 즉 부귀하면서도 부귀에 빠지지 않고, 빈천하면서도 빈천에 사로잡히지 않으며, 성공하고도 성공에 우쭐대지 않고, 이름을 날리고도 그 이름에 집착하지 않는 것, 그것이 물러설 줄 알고 족함을 아는 것이다.

자연은 모든 것을 낳고 길러 공이 있고 이름을 날리지만 자랑함이 없고, 스스로 깊이 물러서 있다. 이것이 바로 성공을 하고도 이름을 감추고 몸이 물러서 있는 하늘의 참 모습이다. 사람도 또한 하늘의 도와 같이 물러서는 것을 알고 족함을 아는 것이 무엇보다 중요하다. -노자(老子)-

친구를 사귐에는 믿음으로 하여라.
-공자(孔子)-

교제(交際)에 대하여

사람과 교제하는 도리는 후덕함을 근본으로 한다. 후덕하다는 말은 남을 탓하지 않고 나를 책하는 것이다. 이렇게 하면 내 마음은 편안하고 남을 원망하는 마음이 사라진다. 남도 나를 원망하지 않고 잘 따르게 된다. 덕이 얕으면 그 반대이다. 남의 잘못을 엄하게 꾸짖으면 자제들도 반발하는데, 하물며 남이야 더 말할 것 없다.

세상에는 어리석은 사람이 참 많다. 내가 생각하는 도리를 전적으로 주장하려 하지 말라. 내가 생각하는 도리가 바르고 남이 하는 짓이 옳지 않다 해도 남과 다투지 말라. 남에게 많은 결함이 있어도 그에게 변명할 기회를 주고, 그에게 져주며, 굳이 남에게 이기려는 마음을 버려라. 그렇게 하면 남과 다투지 않고, 나와 남 사이가 화합하고 조화되어 남의 마음을 잃지 않고 무사히 지낼 수가 있다.

옥에도 티가 있다. 허물이 없는 사람이 어찌 세상에 있을까? 요즘 사람들은 남의 과실을 보면 그 사람을 천시하고, 조그마한 단점만 있어도 많은 장점을 무시하고 그를 버린다. 너무나 어리석다. 성인은 결함이 없다. 성인과 같은 사람을 세상에서 구한다면 세상에는 사람이 없다. 남의 허물을 탓하면서 내 잘못을 알지 못하는 것은 너무나 어리석다. 이는 자신을 뒤돌아보지 않기 때문이다. 만일 자신을 뒤돌아본다면 자기에게도 많은 허물이 있을 것이다. 자신을 뒤돌아보며 자신의 허물을 뉘우친다면, 남의 허물을 탓할 마음이 사라져 버릴 것이다. 자기 밭에 난 풀은 그냥 두고 남의 밭에 난 풀을 보고 욕하는 것은 참으로 어리석은 일이다.   -대화속훈-

알고 있는 모두를 말하지 말라. 들은 것 모두를 믿지 말라. 할 수 있는 모두를 하지 말라.   -독일 속담-

검소한 생활, 그것은 어릴 때부터 익혀야 할 일의 하나이다.
-이원수-

절약에 대하여

미국의 대부호 '존 모레'가 어느 날 밤 자기 서재에서 책을 읽고 있을 때 손님이 왔다는 말을 듣고 읽던 책을 덮고 서재에서 손님을 만나게 되었다. 손님은 시내 공민학교의 유지를 위해 기부금을 얻으러 왔는데, 손님이 서재에 들어서자 존 모레는 두 개 켜 놓았던 촛불 중 하나를 꺼버렸다. 이를 본 손님은 기부금을 부탁해도 아무 소용이 없을 것이라고 생각하며, 기왕 왔으니 말이나 해 본다고, "실은 공민학교의 운영비가 부족해서 기부를 부탁드리러 왔습니다만……." "정말 수고 많으십니다. 그렇다면 50만 달러를 기부하겠습니다." 손님은 50만 달러와 촛불을 생각하며, 의심과 놀라움에 말을 잇지 못하고 멍하니 서 있었다. 그러자 존 모레가 말하기를, "독서에는 두 개의 초가 필요하지만 이렇게 이야기하는 데는 한 개의 초로 족합니다. 이렇게 작은 것도 절약한 탓에 50만 달러도 기부할 수 있게 되었습니다."   -모레-

백성을 사랑하는 근본은 재물을 절약해 쓰는 데 있고, 절용(節用)하는 근본은 검소한 데 있다. 검소해야 청렴할 수 있고, 청렴해야 백성을 사랑할 수 있기 때문이다. 그러므로 검소하게 하는 것은 목민관이 된 자가 가장 먼저 힘써야 할 일이다.   -정약용-

사치의 반대가 절검(節儉)이라면 그 구분은 뻔하면서도 극히 모호한 데가 있다. 절검이 지나치면 생활이 원시로 되돌아가기가 쉽고, 혹은 인색하다는 비방조차 따르기 쉽다.   -한우근-

검소란 덕(德)의 유(類)이고 사치란 악이 큰 것이니, 사치스럽게 하는 것보다는 차라리 검소해야 할 것이다.   -정도전-

10

스물한 번째

잡서의 난독은 시간과 정력의 낭비에 불과한 것이다.
-마덴-

잡서의 난독(亂讀)

잡서를 난독(亂讀)해서 많은 지식을 얻으려는 청년들이여, 그대들은 우선 큰 안목으로 지금의 정세를 바로 살펴보기 바란다. 지금의 세상은 너무나 세분된 전문분야의 세상이다. 학문은 물론이고 기타 모든 직업에도 모두 다 전문적인 지식이 존중되는 시대이다. 세상에는 전문지식 이외에 상식이라는 것이 있어, 넓게 세상일에 통하는 것도 필요하다. 그러나 그러한 상식은 신문이나 잡지의 난독(亂讀)으로 얻는 분량보다 오히려 청년들이 사회와 직접 접촉해서 얻는 쪽이 더 많고 또한 그 편이 더 확실하다.

원래 사람의 뇌의 능력에는 일정한 한계가 있다. 만일 여러 가지 잡서를 무분별하게 읽어 뇌의 능력을 분산하면, 그대들이 읽은 것은 어느 것 하나 철저하지 못하고 피상적(皮相的) 학문밖에 되지 않을 것이다. 그러나 전신의 정력을 집중해서 오직 한 가지 분야의 책에 전념하면, 그 방면에 대한 지식이 축적되어 다른 어떤 사람도 따라올 수 없을 정도로 높은 경지에 올라 전문가가 될 수 있다.

사회는 원래 실익 본위이므로 어느 한 분야에 필요하고 유익한 자부터 등용하게 되는 것이며, 또한 그가 받는 보수도 전문적 능력을 갖춘 자가 더 후대를 받게 된다. 이것을 사회 전문화 경향이라고 한다. 그리고 이 사회의 전문화 경향은 날로 더 가속화되고 있다.

우리들 인생에는 누구에게라도 일정한 시간과 일정한 정력밖에 없다. 사람에 따라 다소의 개인차는 있어도, 그렇게 큰 차는 없다. 아무리 능력이 있는 사람이라도 놀기만 하면서 성공한 사람은 없다. 또한 아무리 무능한 사람이라도 열심히 일해서 이루지 못하는 일은 없다. 사람의 성공의 비결은 능력의 차이보다 노력 여하에 달려 있는 것이다. 한 가지 분야에 전력을 다해 노력할 때 성공의 등불은 앞을 밝혀 주는 것이다.   -마덴-

인간은 신이 아닌 이상 실패를 하게 된다.
-인생훈-

칠전팔기

　어린이를 보면 기는 것은 잘 기지만 걷기가 어려워 몇 번이고 넘어진 다음 결국 잘 걷게 된다. 넘어지는 것은 잘 걷기 위해 쌓는 경험으로 걷기 위해서는 반드시 겪어야 할 불가피한 과정이다. 발로 걷다가 넘어지는 것은 유아기 때 일이지만, 사업을 하다가 넘어지는 것은 나이가 든 다음에도 피할 수 없는 일이다. 넘어지는 것은 불가피한 일이지만 넘어졌다가 일어서기만 하면 된다. 넘어졌다가 일어서지 못하는 자는 어찌 할 도리가 없는 자이고 또한 구제불능한 자이다.

　일곱 번 넘어져 여덟 번 일어나는 것이 중요하고, 혹은 여덟 번 넘어졌다가 아홉 번 일어나는 사람이 사람으로서의 가치가 있는 사람이다. 어떤 사람이라도 실패가 전혀 없는 사람은 없다. 때때로 작은 실패를 하는데 실패라고 인식할 정도가 아닌 것도 있고, 혹은 큰 실패를 해서 그 상처가 너무 큰 것도 있지만, 여하튼 실패는 신이 아닌 인간에게는 꼭 따르게 마련이다.

　그러나 실패를 겁내어 아무 일에도 손을 대지 않는다면 실패는 하지 않아도 어떤 일도 성취할 수 없다. 사업을 하려면 크건 작건 실패를 경험해야 하는데, 실패하고도 능히 잘 회복할 수 있나 없나가 문제이다. 처음부터 실패를 겁내어 일에 착수하지 않으면 별문제다. 그러나 일을 시작하다가 실패를 하면 크건 작건 대가를 치르지 않으면 안 된다. 그 값은 헐하지 않다.

　비싸게 주고 산 실패를 이용하지 않는다면 가치가 없다. 대가를 치르고 산 이상 그만큼 얻는 점이 없으면 안 된다. 범인(凡人)은 실패를 하면 망하고 만다. 범인이 범인다운 점이다. 실패를 하고서 그 실패에서 아무 것도 얻지 못하면 너무나 어리석다. 실패로부터 무엇을 얻을까? 어떻게 실패를 만회하고 어떻게 다시 재기해 나갈까 생각해서 일을 성공시켜야 한다.　　-인생훈-

진정한 행복을 만드는 것은 수많은 친구가 아니며, 훌륭히
선택된 친구들이다.   -벤 존슨-

친구에 대하여

로에라키스라는 페르시아 사람이 자기 나라 왕을 배반하고 아테네로 왔다가
부패한 정객들의 시달림을 이기지 못해 키폰을 찾아가서 금화와 은화가 가득
든 항아리를 각각 문 앞에 놓았다. 키폰은 그것을 바라보고 웃으면서, "나를
친구로 사귀려는 것이냐, 돈으로 사귀려는 것이냐?" 하고 물었다. "친구로서
사귀고자 한다."고 대답하자 그는 이렇게 말했다. "그렇다면 저것을 가져가시
오. 내가 당신의 친구가 된다면 필요할 때는 언제든지 그만한 것은 요구할 수
있을 것이오."   -플루타르크 영웅전-

코린토스 사람 에우다미다스에게는 시키온 사람 카리크세누스와 코린토스
사람 아레테우스라는 두 친구가 있었다. 항상 가난하였던 그는 임종 때 부자
인 두 친구에게 이렇게 유언하였다. "아레테우스에게는 내 모친을 부양하고
그 노후를 보살펴 줄 일을 상속한다. 카리크세누스에게는 내 딸을 결혼시키고
가능한 한 지참금을 줄 것을 상속한다. 그리고 둘 중에 하나가 죽을 경우에는
살아 남은 자가 그 권리를 대행한다." 이 유서를 처음 본 사람들은 모두 고
소(苦笑)하였다. 그러나 두 사람의 상속인은 그 말을 듣고 아주 만족한 표정
으로 그것을 수락하였다.
그러다가 그들 중의 하나인 카리코세누스가 닷새 뒤에 죽었으므로, 상속의
대리권이 아레테우스에게 넘어갔다. 그는 지극히 정중하게 그 모친을 부양하
고 또한 재산으로 가지고 있던 5달란트 중에서 2달란트 반은 자기 딸에게,
나머지 2달란트 반은 에우다미다스의 딸에게 주어, 같은 날 두 여자의 결혼
식을 올리게 하였다.   -몽테뉴-

해서 안 될 일은 하지 않고, 바라지 않을 것을 바라지 않는
것, 군자의 도(道)란 이것뿐이다.   -맹자-

군자의 자승

군자가 일반 사람과 다른 점은 능히 잘 본심을 지켜 잃지 않는 데 있다.
즉, 군자는 항상 인의(仁義)의 덕을 닦아 본심을 잃지 않도록 힘쓰고 있다.
인자(仁者)는 사람을 사랑하며, 예를 지키는 사람은 사람을 공경함에 소홀하
지 않다. 남을 사랑하면 남도 항상 나를 사랑하게 되고, 남을 공경하면 남도
나를 공경하게 된다.

가령 여기 한 사람이 있다고 하자. 그 사람이 나를 대우하는 데 매우 무리
하고 비도(非道)로서 했다 하자. 그때 이쪽이 군자라면 반드시 반성하게 될
것이다. 즉, "저 사람이 무례하게 구는 것은 반드시 내가 어질지 못하기 때문
일 것이다. 혹은 내가 무례했기 때문일 것이다. 그렇지 않다면 저 사람이 어
찌 저렇게 무례하게 굴 수가 있을까?"라고 할 것이다.

그러나 아무리 반성해 봐도 이쪽에 아무런 잘못이나 무례함이 없었는데도
저쪽이 계속 무례한 행동을 해 온다면, 군자는 다시 한 번 자신을 반성해 본
다. "나는 아무런 잘못이나 비례(非禮)를 저지르지 않았는데 저 사람이 저렇
게 무례한 것은, 내게 인(仁)과 예(禮)와 성심이 부족하기 때문이 아닐까?"
그러나 아무리 반성해 봐도 잘못된 점이 없는 듯한데 상대가 여전히 무례한
행동을 그치지 않으면, 군자도 더 이상 어찌 할 바를 모르고 다음과 같은 태
도를 취하게 된다.

즉, "이것은 상대방이 구제불능한 사람이다. 저러한 사람은 금수(禽獸)와
별로 다를 바가 없다. 상대가 금수라고 한다면 내가 화를 내고 덤벼들 이유가
없다. 하는 대로 내버려두면 되는 것이다."라고 할 것이다.   -맹자(孟子)-

하늘이 알고 땅이 알고 네가 알고 내가 안다.
-양진-

양심에게 물어라

양심이 눈을 뜨고, 인생이란 오직 양심을 만족시키는 데 있다는 것을 알기 시작하면 그대는 완화(緩和)해지고, 산다는 것은 큰 의의가 있다는 것을 알게 된다. 양심이란 모든 사람의 중심에 자리잡은 가장 큰 법칙이다. 그리고 모든 사람들은 자기 자신 속에 그 법칙과 그 법칙의 힘을 인정할 뿐만 아니라, 그 것을 존중하고 사랑함으로써 그것을 의식하게 되는 것이다. 양심이 요구하는 것은 기독교의 말을 빌리면 '신의 뜻'이다.   -톨스토이-

진실한 품성은 누가 있건 없건 상관 않고 바르게 행동하는 것이다. 다음 소 년은 그런 점에서 잘 교육받았다고 할 수 있다. 그에게 "아무도 보지 않는데 왜 저렇게 좋은 배를 몇 개 따지 않는가?" 하고 물었더니, "아니, 사람이 있습니다. 내가 거기서 나를 보고 있었고, 나는 지금까지 내가 부정을 저지르 는 것을 보기 원치 않습니다."라고 대답했다고 한다.   -스마일스-

진실로 양심은 우리들의 악을 배반하고, 우리들을 탄핵하고, 우리들을 공격 하는 자이며, 달리 증인이 없을 때 우리 자신에게 반항해서 증거를 세운다. 그러므로 로마의 한 시인은 양심을 일컬어 "이는 바로 우리의 영혼을 가책 (苛責)하는 자이며, 항상 예리한 가시채찍을 휘두르고 있다."라고 했다.

-몽테뉴-

후한의 양진(楊震)에게 어떤 사람이 밤에 몰래 뇌물을 바치며, 아무도 모르 니 거두어 달라고 했다. 그는 "하늘이 알고, 땅이 알고, 네가 알고, 내가 아 는데, 아무도 모른다니 무슨 말인가?"라고 말하며 크게 꾸짖었다고 한다.

-양진(楊震)-

인생은 상호 양보에 의한 것 이외에는 사회에 존속할 수가 없다. -J. 보즈웰의-

양보에 대하여

가장 훌륭한 사람이 되고자 결심한 사람일수록 사사로운 언쟁에 시간을 낭비하지 않는 법이다. 그러한 성질의 악화나 자제력의 감퇴 결과를 훌륭한 사람일수록 감수하려 들지 않는다. 이쪽에 반쯤의 타당성밖에 가지고 있지 않은 일에 대해서는 크게 양보하고, 자신이 만만한 일일지라도 조금은 양보해라.

-A. 링컨-

시비를 가리느라고 개에게 물리느니보다는 개에게 차라리 길을 양보하는 것이 현명하다. 개를 죽여 본들 상처는 치유될 수 없는 법이다.   -A. 링컨-

싸움을 하고 있는 동안은 이성(理性)이 있는 측이 먼저 약간 양보할 일이다. 이성이 없는 상대는 전혀 양보할 수 없는 것이 보통이다.   -C. 힐티-

세상에 처함에는 한 발짝 사양함을 높다고 하나니 물러서는 것은 곧 나아갈 밑천이요, 사람을 대접함에는 일분(一分)의 너그러움을 복이라 하나니, 남을 이롭게 하는 것은 실로 저를 이롭게 하는 방향이다.   -채근담(菜根譚)-

나 혼자 잘 나기를 바라는 것은 가장 어리석은 일이다. 왜냐하면 보통 대부분의 사람은 자기가 남보다 잘 나기를 원하고 있기 때문이다. 그렇기 때문에 차라리 한 걸음 물러서는 것이 현명하다. 남의 인격을 존중할 줄 모르고, 남의 결점만을 꼬집고자 하는 사람은 좋은 점을 발견하지 못한다. 따라서 그 자신의 발전을 기하지 못한다.   -라 로슈푸코-

내생을 알고자 한다면 금생에 하고 있는 일이 바로 내생의
일이다.   -삼세이과경-

인연의 법칙

부처님께서 아난존자와 1250명의 제자들에게 계속해서 말씀하셨다.

세상의 많은 중생들은 생각이 어리석어서 마음을 깨끗이 닦아야 할 일은 생각지 못하고 보잘것없는 조그만 일에 매달려 서로 다투고 시기하며 세상의 큰 죄악과 깊은 고통 속에서 오로지 자신만이 편안하려는 몸부림으로 허덕이고 있나니라. 신분이 귀하거나 천하거나, 부자이거나 거지이거나, 남자이거나 여자이거나, 젊고 늙음을 가리지 않고 한결같이 재물에 눈이 어두운 그들의 생각은 죄악과 공포 바로 그것이니라. 그리하여 그들은 늘 서툴고 늘 바쁘며, 걱정과 불안으로 뒤헝클어져 잠시도 편할 날이 없나니라.

토지가 있으면 줄어들지 않을까, 집이 있으면 불이 나거나 무너지지 않을까? 가축이나 보물, 의복 또는 가재도구에 이르기까지 가진 사람은 가진 것 때문에 걱정과 근심과 불안이 떠나지 않고, 없는 사람은 어떻게 하면 힘 안 들이고 배부를 수 있을까, 남의 것이 갑자기 내 것이 될 수는 없을까, 하며 요행과 바람으로 스스로 시름을 만든다.

진리의 말씀이나 인연과 과보를 보고도 못 본 체하고, 듣고도 못 들은 체하며, 믿지도 아니하는 사람은 갑자기 화재나 수재를 만나 불에 태우고 물에 잠겨 떠 날리기도 하며, 도적이나 원한을 가진 이나 빚쟁이들에게 빼앗기기도 하며, 재산이 흩어져 버려 마음이 답답하고 분한 생각에서 벗어날 날이 없으며, 괴로운 마음에서 헤어날 기약이 없어지느니라. 이로 인해 마음이 병들고 몸이 지쳐 버려 목숨이 다하게 되면 모든 것을 버리고 빈손으로 가야만 하나니, 무엇을 가지고 어디까지 갈 수 있으랴. 이러한 서글픔은 존귀한 사람이나 부자나 거지나 다 한 가지 마음이니라.   -삼세인과경-

자선은 오직 마음의 미덕일 따름이며, 손의 미덕은 아니다.
-에디슨-

자선에 대하여

자선을 베풀 때에는 오른손이 하는 일을 왼손이 모르게 하여 그 자선을 숨겨두어라. 그러면 숨은 일도 보시는 네 아버지께서 갚아 주실 것이다.

-신약성서-

나는 자선의 부자를 미워한다. 그 재보(財寶)를 안 빼앗기겠다고 자물쇠를 굳게 걸고 깊이 감추는 노랑이보다도 자선가를 더 미워한다. 자선가는 우리들을 착취하고, 우리들을 고역(苦役)케 하여 속여서 취한 부(富)를 보란 듯이 자랑하고, 그 속에서 겨우 두서너 푼 베푸는 것이다.   -하이네-

먼저 남을 약탈하기를 그만두라. 그런 연후에 자선을 베풀라. 고리(高利)를 탐하는 데서 손을 떼라. 그런 연후에 자선에 손을 뻗쳐라. 만약 우리가 자기 손으로 한 사람의 인간을 발가벗겨 다른 사람에게 입히려고 한다면 그 자선은 죄악의 원인이 될 것이다. 그러한 자선을 베풀기보다는 차라리 베풀지 않음이 나을 것이다.   -조로아스터 교훈-

부자는 빵 한 조각이 천 루블이라도 되는 줄 알고 있다. 빵 한 조각을 희사하면 그것으로 천당의 문이 열리는 줄 알고 있다. 그들은 자기네들의 양심을 달래기 위해 베푸는 것이지, 그들을 가엾게 여겨서 주는 것은 결코 아니다.   -고리키-

널리 알려질 것을 바라고 하는 자선은 이미 자선이 아니다.   -하튼-

어린이는 부모의 행위를 비치는 거울이다.
-H. 스펜서-

어린이에 대하여

어린아이들의 존재는 이 땅위에서 가장 빛나는 혜택이다. 죄악에 물들지 않은 어린애들의 생명체는 한없이 고귀한 것이다. 우리는 어린아이들을 사랑하지 않을 수 없다. 우리는 어린아이들 속에서 아름다움을 발견하고, 행복을 느낄 수 있다. 어린아이들 틈에서만 우리는 이 지상에서 천국의 그림자를 엿볼 수 있는 것이다. 어린아이들의 생활은 고스란히 하늘에 속한다.   -아미엘-

식탁에 둘러앉은 어린애들이 그대로 전 인생인 것이다. 우리들은 그들과 같이 인생의 가장 자상한 마음씨와 가장 빛나는 희망을 다시 발견한다.

-F. 모리아크-

어린이는 타인(他人)이 존재한다는 것을 알게 되면서부터 이미 어린이가 아니다.   -F. M. 윌러-

모든 어린이가 평등한 재능, 평등한 능력, 평등한 동기를 가진 것은 아니다. 그러나 그들은 훌륭한 사람이 되기 위해 그들의 재능, 능력 및 동기를 발전시킬 수 있는 평등한 권리를 가져야만 한다.   -J. F. 케네디-

어린이의 천성이란 정말 엄숙한 것이어서, 다른 사람의 단순한 부속물로 볼 수는 없는 것이며, 그 사람에 대한 호불호(好不好)에 따라서 그 어린애를 좋아하던가, 싫어하는 따위는 있을 수 없는 일이다. 어린이들은 우리들 성년 남녀와 똑같이 그들 자신의 뿌리를 가지고 서 있는 것이다.   -램 에리아-

훌륭한 한 사람과 재주 있는 사람은 다르다.
-리옥규-

훌륭한 사람에 대하여

사람은 세상에 태어나면 누구나 다 훌륭한 사람이 되고자 한다.

부모는 자식을 훌륭한 사람으로 만들기 위해서 열심히 가르치고, 또한 배우는 학생들 역시 훌륭한 사람이 되고자 열심히 배운다. 그러나 무조건 배우기만 한다고 훌륭한 사람이 되는 것은 아니다. 만약 많이 배우고 많이 알아서 훌륭한 사람이 된다면, 우리 나라의 교육열로 보아 모두 훌륭한 사람이 되어야 하는데, 과연 훌륭한 사람을 얼마나 탄생시켰는가?

교육은 무엇보다 훌륭한 사람이 탄생될 수 있는 교육으로 발전되기를 바라지 않을 수 없다. 교육의 기본 목적은 우선 사람이 되는 교육이어야 한다. 그러나 현재 우리 나라의 교육은 사람이 되는 교육이 아니라 돈벌이를 목적으로 한 교육에 불과하다고 할 수 있다.

전자공학을 배워서 전자공학 박사가 되었다 해도 전자공학에는 훌륭할지언정, 사람으로서 훌륭한 사람이 되는 것은 아니다. 더욱 중요한 문제를 지적하자면, 법학과에 입학하여 법을 열심히 배워서 법관이 되었을 때 훌륭한 법관은 될 수 있을지언정, 사람으로서 훌륭한 사람은 될 수 없는 것이다.

이러한 법관은 사람이 사람을 다스려야 하는데, 사람이 다스리는 것이 아니라 법이 사람을 다스리고 있다. 법이 사람을 다스리니까 공정하게 다스려질 것이라고 생각되겠지만, 법이라는 것은 귀에 걸면 귀걸이, 코에 걸면 코걸이 식으로 되어 걸고 싶은 대로 거는 수가 많이 있다.

만약 사람을 다스리면서 귀에 걸어야 할 것을 코에 건다면 옳게 다스려지겠는가? 그러므로 사람을 다스리는 데 법은 참고 정도로 하고, 반드시 사람이 사람을 다스려야 하며, 또한 법도 귀에 걸어도 되고 코에 걸어도 되는 식으로 제정하지 말고 정확히 제정되어야 한다. -인생의 기본예의. 리옥규-

자연은 내 생의 근본이 된다.
-노자(老子)-

어리석은 마음에 대하여

세상 사람들은 가깝고 작은 것을 분주히 찾아다니지만 나는 홀로 멀고 큰 무엇을 모색하므로, 남이 보기에는 마음의 중심이 잡히지 아니하여 황망한 들을 헤매는 듯하다. 세상 사람들은 눈앞에 보이는 조그만 것에 만족하여 희희낙락하는데, 그 모습은 마치 봄날 누대(樓臺)에 올라가서 소와 돼지를 잡아 주연을 베풀어 놓고 먹고 마시고 춤추는 듯하다.

그러나 내 마음은 어쩐지 담백하고 무미하여, 마치 아직 철이 나지 아니하여 웃을 줄도 모르는 어린아이와 같다. 또 어려서 집을 나가 타향에서 방랑생활을 하느라고 몸이 이미 지쳤으나 돌아올 줄 모르는 탕자와 같다. 뭇 사람들은 다 여유작작한 생활을 하지만 나는 홀로 무엇을 잃어버린 듯하다. 나는 아마 어리석은 사람의 마음인 양하니, 흐리멍덩하여 아무 것도 분별할 줄 모르는 것 같다.

속인들은 옳고 그른 것을 가리는 데 아주 분명하고 똑똑하지만 나는 홀로 우매한 듯하다. 속인들은 세밀하여 매우 자상하지만 나만이 홀로 아무 것도 몰라 답답스러워 보인다.

타고난 성품은 담백하고 무미하여 짠맛조차 잃어버린 바닷물과 같고, 어디서 불어와서 어디로 불어 가는지 알 수 없는 바람과 같이 그칠 줄을 모르는 것과 같다.

모든 사람들은 다 재능이 있어서 어디를 가든지 다 쓸모가 있어 환경에 잘 적응하지만 나만은 홀로 아무 지식도 없고 욕망도 없어서, 아마 완고하고 비루한 듯하다.

그러나 나는 홀로 뭇 사람과 다른 점이 있으니, 나는 나에게 젖을 주는 어머니인 자연을 귀중히 여긴다. 왜냐하면 어머니인 자연은 내 생의 근본이 되기 때문이다.   -노자(老子)-

秋

11월의 이야기

november

용기의 근원은 성심(誠心)에 있다. 성(誠)이 강하면 신념이
생기고, 신념 강하면 용기 스스로 생겨난다.   -청년훈-

정의와 용기에 대하여

용기 수행에 필요한 것은 "정의를 지키는 데 두려워 말라."라는 셰익스피어의 명언을 지키는 것이 중요하다. 정의를 지킨다는 것은 용기의 근본이며, 두려워하지 않는다는 것은 용기이다. 정의를 수호한다는 것이 용기 수행의 최대 조건이며, 정의에 기초를 두지 않는 용기는 필부의 용(勇)이며, 맹수적(猛獸的)이다.   -수양(修養)-

정의에 기초를 둔 용기는 죽음을 대해도 두려워하지 않는다. 칼라일도 "죽음을 앞에 두고 두려워하지 않는다면 그 어떤 것도 겁나는 것이 없다."라고 했다. 의를 지키는 것이 용기 수행의 제일보이다.   -수양(修養)-

내가 모시는 신이 아닌데도 거기에 대고 비는 것은 귀신에게 아부하는 것이다. 귀신은 예에 어긋나는 제물은 받지 아니하므로, 아무리 빌고 복을 바라도 결코 얻어지는 것이 아니다. 그러한 짓은 하는 것이 아니다. 당연히 해야 할 바른 도리가 아닌데도 하는 것은 용기가 없기 때문이다. 도리에 맞는 일이라면 당연히 힘써 해야 하는 것은 물론이다.   -논어(論語)-

필부가 수치를 당하면 일어나 칼을 빼서 죽기살기로 싸운다. 이것은 참다운 용기가 아니다. 천하에는 참된 용자(勇者)도 있다. 그를 욕하는 자에게 성내지 않고, 그를 비방하는 자도 용서한다. 그것은 그의 도량이 넓어 그 모든 것을 포용하기 때문이다.   -소동파(蘇東坡)-

단행하라

될 수 있는 일도 되지 않는다고 생각하면 안 된다. 안 되는 일도 된다고 생각하기 때문에 되는 경우도 있다. 나폴레옹은 "불가능이란 말은 어리석은 사람의 사전에만 있다."라고 했는데, 이와 유사한 말들은 그 당시의 유행어였다. 비트도 불가능은 없다고 했고, 미보라도 같은 말을 했다. 나폴레옹이 한 말도 누군가의 말을 인용한 것인지도 모른다. 그러나 불가능이 없다고 생각했기에, 불가능하다고 보던 일들이 가능해졌는지도 모른다.

세상에 불가능한 일이 많은 것은 사실이고, 사람이 할 수 있는 일은 너무나 적다. 그러나 불가능한 일이란 없다고 생각하기 때문에 다른 사람보다 더 많은 힘을 쓰며 노력했을 것이다. 미친 사람의 힘은 보통 사람보다 더 세다. 미친 사람이 아니더라도 마음을 한 곳에 집중하면 큰 힘이 솟아나는 법이다.

넬슨이 말하기를, "적과 대치해서 싸워야 할까, 싸우지 말아야 할까 잘 알 수 없을 때는 싸우는 쪽으로 결정을 했다." 그가 공을 세운 비결은 바로 여기에 있는지도 모른다. 깊이 생각하는 것보다 단호하게 결행하는 쪽을 택했다. 생각하는 것은 좋다. 그러나 생각하는 데는 끝이 없다. 어느 정도 생각하고는 과감한 결정이 필요하다.

보통 장군은 감히 그와 같은 단안을 내리지 못한다. 생각이 모자라 실수를 저지를 수도 있으나, 많은 사람을 동원할 때는 과단성 있는 결정이 일을 추진하는 데 더 유익할 때가 많다. 사려가 깊어 구석구석 모든 면을 세밀히 고찰해서 만일의 경우까지 대비하는 것은 막료로서 유능한 사람이지만, 그들의 행적은 역사상 많은 인상을 남기지 못했다.   -넬슨-

절약 없이는 누구도 부자가 되지 못하며, 절약하는 자치고
가난한 자는 없다.   -A. G. L. 레만-

절약하라

독립을 유지하기 위해서는 오직 간단한 절약의 실천이 필요할 뿐이다. 절약
을 한다는 것은 뛰어난 용기나 탁월한 선행이 필요한 것도 아니고, 보통의 정
력과 보통의 재능만 있으면 가능하다. 절약이라는 것은 필경 지켜야 할 도리
를 가정에서 실천하는 것이다. 그것은 처리(處理), 정확(正確), 신중(愼重)
그리도 과용을 피하는 것을 뜻한다.

절약은 또한 미래의 행복을 확보하기 위해 현재의 쾌락 만족에 저항하는 힘
을 말하므로, 절약은 동물적 본능에 대한 이성의 승리를 뜻하기도 한다. 그러
나 절약은 인색과 전혀 다르다. 절약은 사람에게 물건을 가장 효율적으로 사
용하는 법을 가르쳐주기 때문이다. 절약은 금전을 신상(神像)이라 생각하지
않고, 유용한 대리자라고 생각한다.

딘스위트는 "사람들은 머릿속에 돈을 간직하되, 마음속에 간직하지 말라."
라고 했다. 진실로 그러하다. 절약은 신중(愼重)의 딸, 절제(節制)의 누나,
자유의 어머니라고 할 수 있다. 그것을 소지하면 가정의 평화와 행복, 사회의
안정과 발전이 보장된다. 다시 말하면 절약은 자조(自助)의 가장 훌륭한 형
태이며, 행복으로 가는 길 안내자이다.   -스마일스-

검약은 아름다운 미덕이지만 지나치면 모질고 더러운 인색함이 되어 도리어
정도를 상하게 한다. 겸양은 아름다운 행실이기는 하나 지나치면 공손하고 삼
감이 비굴함이 되어 본 마음을 의심하게 한다.   -채근담(菜根譚)-

절용이란 제한을 지키는 일이다. 의복과 음식에는 반드시 법식(法式)이 있
고, 제사를 지내고 빈객을 접대하는 데에도 반드시 법식이 있다. 법식을 지키
는 것이 절용의 근본이다.   -목민심서-

궤변(詭辯)은 사람의 맑은 정신을 혼란에 빠지게 한다.
-장자(莊子)-

사물을 바로 보자

장자가 어느 날 혜자(惠子)와 함께 호수(濠水)라고 하는 강의 다리 위에서 논 일이 있었다. 그날은 날씨가 맑고 화창하여 모두들 흡족한 마음으로 즐기며 놀았다. 장자가 "피라미도 느긋하게 놀고 있는 것을 보니 무척 즐거운 모양일세."라고 말하자, 혜자가 말하기를 "그대는 물고기가 아니니 고기가 즐거운지 아닌지 알 수 없지 않나?" 그러자 장자는 "그런 이치로 말한다면, 그렇게 말하는 그대는 내가 아니니 내가 고기가 즐거워하고 있는지 없는지를 알 수 없을 것이 아닌가?" 혜자가 말하기를 "물론 나는 그대가 아니니 그대 마음을 모르네. 그와 같이 그대도 물고기가 아니니 물고기의 즐거움을 모르는 것이 확실하지 않은가?"

그 말을 듣고 장자는 "이치만 따져서는 안 되네. 도리의 근본에 돌아가서 이야기하세. 처음 그대는 내가 물고기가 아니니 고기가 즐거운지 아닌지를 알 수 없다고 주장했는데, 그때 그대는 내가 충분히 알고 있다는 것을 알면서도 내게 반문을 했네. 즉, 말을 만들기 위해 말을 한 것에 지나지 않는 것일세. 세상의 만물은 모두 그 형상이 다르고 종류가 다르지만, 그들 모두가 지니고 있는 본성은 다 같다네. 그러므로 내가 물 속에 들어가 고기가 되지 않고, 다리 위에 있으면서도 고기가 즐겁다는 것을 알 수 있는 것이네. 그러니 그대도 피상적인 이론만으로 일을 비꼬아 보지 말고, 모든 것의 본질과 실체를 꿰뚫어 보는 것이 좋을 것이네."   -장자(莊子)-

부모를 위해, 처자를 위해서는 아무 일이나 못 할 일이 없다. 그렇다면 부모나 처자가 굶고 있을 때 도둑질이나 약탈을 해서 그들을 먹여 살린다면 죄가 되지 않는다는 말일까? 궤변(詭辯)은 사람의 맑은 정신을 혼란에 빠지게 한다. 바른 도리로 판단해야 한다. 도둑질은 어떤 경우라도 정당화될 수 없다.

한 발 멀리를 보면 희망의 빛이 아련히 보일 것이다.
-인생훈-

역경에 대하여

역경에 빠진 사람은 진실로 역경을 원망하면서 "나는 이렇게 열심히 노력했는데 이런 어려움을 당하다니, 이게 웬일이냐! 노력한 보람이 전혀 없구나!" 하면서 역경을 이겨내고 벗어날 생각은 하지 않고, 자포자기해서 타락하는 사람이 많다. 모처럼 세운 뜻을 펴지 못하고 끝내 타락해서 일생을 불행하게 보내는 사람이 많은데, 그 대부분의 이유는 일시적인 타락으로 자포자기해서 오는 결과가 태반이다. 일시적인 곤란 때문에 좌절되었다가 그것을 이겨나가는 용기와 슬기가 없는 사람이 매우 많다.

역경에 처했을 때 좌절하는 사람을 살펴보면 성급한 사람이 대부분이다. 사려 깊은 사람은 좀처럼 좌절하지 않는다. 성질이 급한 사람은 눈앞 역경에 눈이 멀어 일보 앞을 바라보지 못한다. 그래서 마음은 난폭해지고 모든 것을 포기하고 만다. 그러나 교육을 받은 사람과 많은 경험을 쌓은 사람은 비록 역경을 만나도 좌절하는 사람이 비교적 적다. 교육 정도가 낮은 사람, 경험이 적은 사람, 즉 젊은 사람 가운데 역경을 만나면 좌절하는 사람이 많다.

사람이 역경에 빠지면 냉정하게 생각하지 않고, 전후 사정을 망각한 채 "어렵다, 어렵다."를 연발하면서 좌절하고 만다. 그러나 한 발 멀리를 바라보면 인생의 향로에는 한 줄기 희망의 빛이 아련히 보일 것이다. 그런데 성급한 사람은 일시적인 어둠에 미혹되어, 앞길은 어디까지나 어둠만이 깔려 있다고 속단하고, 멀리서 비치는 빛을 놓치고 만다. 그리하여 희망을 찾을 수가 없다.

-인생훈-

우리의 진실한 주인은 마음자리이지 물질로 된 몸은 아니다.
-보조국사-

육체와 마음

우리 중생들은 육체를 나로 알고 육신의 육체적 욕구를 만족시켜 주는 것으로 생을 삼는다. 그러나 육체의 구성 요소를 살펴보면 그것은 물질적인 것에 불과하다. 혈액, 근육, 가죽, 뼈 등은 말할 것도 없지만 오장육부, 혈관, 세포, 뇌신경에 이르기까지 그 어느 것도 물질 아닌 것은 하나도 없다. 그런데 이와 같은 물질적 조직체인 육신을 위해 우리들은 온갖 곤욕과 어려움을 아무 불평 없이 끝까지 감수하는데, 이것은 육체가 다름 아닌 바로 나 자신이라고 믿기 때문에 하는 짓이다.

만일 이 육신이 내가 아니라 길옆에 뒹구는 돌이나 흙덩이라고 가정한다면 이와 같이 정성껏 받들어 모시지는 않을 것이다. 그러나 물질이 나일 수는 없다. 첫째 나는 살아 있는 생명인데 물질은 죽은 것이기 때문이다. 육체가 물질이긴 하지만 묘한 조직을 가지고 있기 때문에 살아 있는 생명이라고 착각할지 모르지만 본래 죽은 물질끼리 묘하게 합성되었다 해서 생명이 될 수는 없다. 아무리 정밀한 로봇이나 컴퓨터라 해도 그것은 물질이며, 기계 이상의 아무 것도 아니다.

또한 생명인 나는 아는 능력을 가지고 있지만 물질은 근본적으로 인식의 능력이 없다. 따라서 우리가 무엇을 인식하고 감정하는 것은 물질적 요소로 이루어진 육체가 인식한다고는 할 수 없다. 자동차가 앞을 보고 뒤를 살피며 가는 것이 물질로 만들어진 기계나 거울이 하는 것이 아니라, 그 가운데 운전사가 있어서 기계를 조작하고 운행하듯이 우리 사람의 경우도 그와 같다.

우리에게는 본래 알 줄 알고, 죽은 존재가 아닌 영원한 생명의 원동력인 마음자리가 있어서, 이것이 알고 이것이 사는 것이지, 육체가 알고 육체가 사는 것은 결코 아니다. -보조국사-

독서는 다만 지식의 재료를 공급할 뿐, 그것을 자기 것으로
하는 것은 사색의 힘이다.   -로크-

독서와 사색

　우리들이 책을 읽고 있을 때는 다른 사람이 나 대신에 사고하고 있다. 우리
들은 단지 작가의 심적 과정을 반복하고 있을 따름이다. 그것은 마치 처음 글
쓰기를 배우는 어린이가 연필로 선생이 그려놓은 점선을 따라 쓰는 것과 마찬
가지이다. 그러므로 독서를 하면 우리의 사고력은 대부분 우리로부터 사라진
다. 그러므로 우리들은 사색을 하다가 독서를 하면 정신적 부담이 경감됨을
느끼게 된다.

　그래서 독서하고 있는 사이에 우리들의 두뇌는 우리들의 활동무대가 아닌
데서 활동하고 있다. 즉, 그것은 작가인 다른 사람의 활동무대이다. 그래서
하루 종일 책을 읽고 잠시도 쉬지 않는 사람은 스스로 생각하는 능력을 점차
잃어간다. 그것은 마치 늘 자동차만 타고 다니는 사람이 결국에는 걷는 힘이
없어지는 것과 같다. 이런 사실은 많은 학자들에게서 엿볼 수 있으며, 그들은
독서로 인해 어리석어지고 말았다.

　끊임없는 독서, 잠시의 여가에도 책을 읽는 것은 쉬지 않고 수예를 하는 것
보다 정신을 더 불구로 만든다. 왜냐하면 수예를 할 때는 자신의 사고에 몰두
할 수 있기 때문이다. 용수철이 무엇에 짓눌려 오래 있으면 탄력을 잃어버리
듯, 정신도 또한 다른 사람 사상의 압력을 계속 받다 보면 드디어 그 탄력을
잃고 만다. 영양가 있는 음식을 너무 많이 먹으면 위가 손상을 입어 병이 나
는 것과 같이, 너무 많은 정신적 축적은 정신을 멍들게 한다. 많이 읽으면 읽
을수록 조금씩 독자의 마음에 흔적을 남기고 누적되어, 오래 계속하면 마음은
마치 여러 겹의 석판(石板)이 쌓인 듯이 되고 만다.

　그래서는 심사 숙고의 경지에 들어갈 수가 없다. 사람은 깊이 생각하고 사
색함으로서 읽은 것이 자기 것으로 동화될 수 있는 것이다. 읽은 내용은 뒤에
사고하지 않으면 뿌리를 내려 자라지 못한다.   -쇼펜하우어-

자기 자신을 아는 자가 진실로 현명한 자이다.
-노자(老子)-

자신을 알라

다른 사람의 결점과 허물을 잘 아는 사람은 현명한 사람이다. 그러나 그것은 단지 잔재주가 있을 뿐이며, 한 걸음 더 나아가 자기 자신은 도대체 무엇이며, 자신의 허물, 결점, 선악을 명백하게 아는 사람이 진실로 현명한 사람이다. 남을 아는 것은 쉽지만 자신을 아는 것은 매우 어렵다. 그러나 자기를 알게 되면 남도 쉽게 알 수 있다.

그리고 남과 다투어 남을 넘어뜨리고, 남에게 이기는 자는 힘이 있는 용자 (勇者)라고 할 수 있다. 그러나 참으로 강한 자는 자신에게 이기는 자를 말하는 것이다. 사욕을 이기고, 자연의 참 도리에 부합하는 사람이야말로 진실한 용자(勇者)라고 할 수 있다.

또 세상에서는 부자라 하면 많은 재산을 가진 사람을 말하지만, 잘 생각해 보면 부자란 물질을 많이 가졌나 안 가졌나 하는 것으로 결정되는 것이 아니고, 물질에 대한 정신의 만족도에 의해서 결정되는 것이다. 아무리 많은 돈을 가지고 있어도 욕심이 끝이 없어 늘 부족함을 느끼는 사람은, 겉으로 보기에는 부자라도 내면은 늘 가난하다.

그러므로 자기의 처지를 알고 족함을 알고 순응하며, 아무 부족을 느끼지 않는 사람은 겉으로 보기에는 가난해도 그 사람의 마음은 늘 부자라고 할 수 있다. '부(富)라는 것이 본래 물질에 대한 만족도의 의식이다.'라는 것으로 미루어 본다면, 족함을 아는 자가 진실한 부자라고 할 수 있다. 다음에 인의 예지의 가르침을 힘써 행하려 노력하는 사람은 진실로 좋은 뜻을 가진 사람으로, 나태한 사람에 비해서 정말로 의지가 강한 사람이라 할 수 있다. 그러나 이런 노력을 하는 사람은 유위(有爲)의 범주를 벗어나지 못하고 끝내 막히며, 진실로 진리를 탐구하려면 무위(無爲)의 경지에 들어가야 참으로 장구한 진리의 영역에 몰입할 수 있다.   -노자(老子)-

여자의 아름다운 손이란 무슨 일이라도 잘 처리하는 솜씨를
갖춘 손을 말한다.   -격언-

가정부

　요즘 가정부로 인한 사회문제가 심심찮게 매스컴에 보도되고 있다. 하기야 가정부가 개입된 불상사나 가정불화들이 사회에 노출되지 않고 있는 것이 더 많다고 보아야 한다.

　우리의 생활방식의 변화와 여성의 사회 진출 등으로 주부 혼자 가정 일을 감당하기 어려운 여건도 있겠지만, 그와는 달리 경제문제만 해결되면 편해지기 위해 가정부를 고용하는 가정이 많이 늘어나고 있는 것이 도시의 생활 양상이다. 가정부 관리가 원만하지 못했을 때 빚어지는 피해는 매우 크다.

　가정부의 언어나 행동이 온전하지 않거나 가정부로 인하여 가정 분위기에 탁류가 스며들 때 가정의 불안은 물론, 성장하는 자녀들의 정서면이나 성격 형성 면에서도 좋지 않은 영향을 미친다. 가정부에게 주부권을 모두 위임하고 있는 가정도 적지 않다. 가사는 물론 남편의 시중에서부터 아이돌보기까지 도맡아 하고 있다. 심지어는 반상회 참석과 국경일에 국기 달기까지도 가정부가 하고 있는 가정이 있다니, 이것은 주부권의 위임이 아니라 포기라고 봐야 한다. 주부권을 가정부에게 맡겼을 때 일어난 비극의 예는 너무나 많다.

　옛날 그렇게도 번성했던 로마가 망한 것도 가정이 망했기 때문에 국가가 망한 것이라고 한다. 로마는 당시 카르타고와의 싸움에서 전투에는 이기고 전쟁에서는 졌다고 한다. 로마는 전망국의 학자를 데려와 가정교사를 시켰고, 부녀자를 데려다 가정부를 시켰다. 자녀 교육은 가정교사에 맡기고, 가정은 가정부에게 맡겼다. 가장은 주색에, 주부는 사치와 유흥에 빠졌기 때문에 가정이 무너지고 국가가 망했다는 얘기이다. 실로 건전한 가정은 튼튼한 국가의 기반이 되는 것이다. 가정부를 둔다는 것은 한 번 생각해 볼 문제이다. 부득이한 사정으로 가정부를 고용한다 하더라도 원만한 가정의 평화를 위해서 항상 노력해야 한다.   -김영로 매일신문 논단-

이 가을 나는 모든 이웃들을 사랑해 주고 싶다. 한 사람이라
도 서운하게 해서는 안 될 것 같다. -법정(法頂)-

가을에 대하여

가을은 참 이상한 계절이다. 조금 차분해진 마음으로 오던 길을 되돌아볼
때, 푸른 하늘 아래서 시름시름 앓고 있는 나무들을 바라볼 때, 산다는 게 뭘
까 하고 문득 혼자서 중얼거릴 때, 나는 새삼스레 착해지려고 한다. 나뭇잎처
럼 우리들의 마음도 엷은 우수(憂愁)에 물들어간다. 가을은 그런 계절인 모양
이다. 그래서 집으로 돌아가는 버스 안의 대중가요에도, 속이 빤히 들여다보
이는 그런 가사 하나에도 곧잘 귀를 모은다.

오늘 낮 사소한 일로 직장의 동료를 서운하게 해 준 일이 마음에 걸린다.
지금은 어느 하늘 아래서 무슨 일을 하고 있을까, 멀리 떠나 있는 사람의 안
부가 궁금해진다. 깊은 밤 등하(燈下)에서 주소록을 펼쳐 들고 친구들의 눈매
를, 그 음성을 기억해 낸다. 가을은 그런 계절인 모양이다. 한낮에는 아무리
의젓하고 뻣뻣한 사람이라 할지라도 해가 기운 다음에는 가랑잎 구르는 소리
하나에, 귀뚜라미 우는소리 하나에도 마음을 여는 연약한 존재임을 새삼스레
알아차린다.

이 시대 이 공기 속에서 보이지 않는 연줄로 맺어져 서로가 믿고 기대면서
살아가는 인간임을 알게 된다. 낮 동안은 바다 위의 섬처럼 저마다 따로따로
떨어져 있던 우리가 귀소(歸巢)의 시각에는 같은 대지(大地)에 뿌리 박힌 지
체(肢體)임을 비로소 알아차린다.

사람이 산다는 게 뭘까? 잡힐 듯하면서도 막막한 물음이다. 우리가 알 수
있는 일은 태어난 것은 언젠가 한번은 죽지 않을 수 없다는 사실, 생자필멸
(生者必滅), 회자정리(會者定離) 그런 것인 줄은 뻔히 알면서도 노상 아쉽
고 서운하게 들리는 말이다. 내 차례는 언제 어디서일까, 하고 생각하면 순간
순간을 아무렇게나 허투루 살고 싶지 않다. -법정 스님-

부자로 죽기 위해서 가난하게 산다는 것은 미친 짓도 이만
저만이 아니다. -유베날리스-

저금의 활용

어떤 수전노가 목숨 다음가는 귀한 황금덩이를 마당 한구석에 묻어두고 매
일 아침 몰래 가서 파보고는 "있구나!" 하면서 홀로 즐거워했다. 한 하인이
주인의 행동이 이상해서 몰래 뒤따라갔다가 숨긴 황금을 보고, 그날 밤 모두
훔쳐서 달아났다. 다음날 아침 황금을 도둑맞은 주인은 노발대발 안절부절하
며 어쩔 줄을 몰라 했다. 이웃 사람들이 그 광경을 보고 무슨 일이 있느냐고
물었다. 수전노는 황금덩이를 잃어버린 일을 이야기했다. 그러자 이웃 사람들
은 웃으면서, "그렇게 속상해할 것 없지 않소. 그 구덩이 속에 벽돌을 넣어두
고 매일 아침 들여다보며 황금이라고 생각하면 되지 않겠소. 땅속에 묻어둔다
면 황금이나 벽돌이나 무엇이 다르겠소."라고 말했다.   -이솝이야기-

쇼펜하우어에게 어떤 친구가 돈 많은 여자 이야기를 했다. "그 여자는 돈이
많으면서도 인색하기 짝이 없어." 이에 쇼펜하우어는, "그야 당연한 일이지.
가난을 맛보지 못한 부자는 가난이 지독히 무서운 것으로 생각되니까. 부자의
위치에서 떨어져 나갈 것이 두려워서 인색한 것이고, 가난한 사람은 가난이
그다지 무서울 것도 없으니까 생기는 대로 돈을 쓰기 때문이 아니겠나?"라고
말했다.   -쇼펜하우어-

인색한 부자는 그 자신이 자기 재산을 소유하고 있는 것이 아니라, 그의 재
산이 그를 소유하고 있는 것이다.   -비온-

돈은 쓸 때 써야 빛이 난다. 인색함이란 것은 결국 애정과는 가장 연고가
없는 상품이다. 그것은 구두쇠는 보수를 받는다는 소망도 없이 재물을 사랑하
기 때문이다.   -A. F. 프레보-

11

은혜를 베푸는 자는 그것을 감추어라. 은혜를 받는 자는 그
것을 남이 알게 하라.   -L. A. 세네카-

은혜에 대하여

　현대인의 감각에는 은혜라는 덕목이 너무나 흐려지고 있다. 그러나 돌이켜
보면 부모의 은혜, 조부모의 은혜, 거슬러 조상의 은혜, 넓게는 사회의 은혜,
국가의 은혜 등등 많은 은혜 속에 우리는 살고 있다. 이와 같은 생각은 동양
사람들의 마음속에 오랜 세월 속에 깊게 자라잡고 있었던 덕목이며, 은혜라
하면 크고 깊고, 그리고 따듯하면서도 그윽하고 넉넉한 감정을 불러일으키는
동시에 일종에 숙연한 책임감과 뿌듯한 의무감을 갖게 한다.
　은혜는 계산적이고 수량적인 것을 초월한 더욱 인정적인 감정이다. 내가 이
만큼 받았으니 이만큼 갚아야 한다는 생각을 초월한 그러한 숭고한 감정이다.

　　　　　　　　　　　　　　　　　　　　　　　　　　　-사상과 신앙-

　아아, 나의 아들이여! 그대 만약 부모의 은혜를 느끼지 않는다면 그대의
친우가 될 사람은 하나도 없을 것이다. 왜냐하면 부모의 은혜를 느끼지 않는
사람에게는 친절을 베풀어도 무익함을 알기 때문이다.　　　-소크라테스-

　남에게 은혜를 베풀 때에는 처음에 가볍게 하라! 만약 처음에 무겁고 나중
에 가볍게 한다면 그 은혜를 모르고 도리어 푸대접한다고 원망을 듣기가 쉽
다.　　-채근담(菜根譚)-

　자기가 은혜를 베푼 사람을 만나면 곧 그 일을 생각하게 되는 법이다. 그런
데 자기에게 은혜를 베풀어 준 사람을 만나서는 그것을 생각해 내지 못하는
일이 얼마나 많이 있는 일일까?　　　-괴테-

　은혜는 말을 하면 매력이 사라진다.　　　-P. 코르네유-

용서함은 좋은 일이다. 그러나 잊어버려 주는 일은 더욱 좋은 일이다.   -G. 아놀드-

관용에 대하여

남의 작은 허물을 꾸짖지 않고 그대로 용서해 준다. 남의 비밀은 들추어내지 않는다. 남의 결점은 곧 잊고, 그의 장점을 인정해 준다. 이 세 가지 일은 덕을 기르는 데 매우 중요한 일이며, 이 세 가지를 실천하면 모든 박해에서 멀리 벗어날 수 있다.   -채근담(菜根譚)-

중국 오패(五覇)의 초장왕(楚莊王)이 어느 날 잔치를 벌여 군신간에 한참 재미있게 마시고 있을 때 돌연 촛불이 꺼져 암흑세계가 되었다. 이때 어느 신하가 왕의 애첩의 귀를 잡고 입을 맞추었다. 애첩은 깜짝 놀라 엉겁결에 그 사람의 갓끈을 잡아떼고 왕에게, "폐하, 지금 어떤 놈이 첩에게 무례한 짓을 하였기에 그놈의 갓끈을 잡아떼어 놓았습니다. 하오니, 어서 그놈을 잡아죽이소서." 하고 사뢰었다. 이 말에 왕은 신하들을 향해, "오늘 밤 이 자리에서 갓끈을 떼지 않는 사람은 벌을 내리겠다."고 영을 내렸다. 그러자 신하들은 서로 다투며 갓끈을 떼었다. 그 후 불을 켜고 보니 모두 갓끈이 떨어져 있는지라 누가 무례한 짓을 한 사람인지 구별할 수가 없었으며, 모두가 밤이 새도록 마시고 노래하며 즐겁게 놀았다.

그 후 2년이 지난 뒤 초나라와 진나라 사이에 전쟁이 벌어졌는데, 계속되는 패배로 진나라 군사들은 매우 곤란한 처지에 놓이게 되었다. 이때 별안간 웬 장수가 군사를 거느리고 쫓아와 진나라 군을 무찔렀다. 초장왕은 너무나 뜻밖의 지원이라 그 장수를 청해서 물은즉, "신은 옛날 대왕의 애첩에게 무례한 짓을 한 신하로, 그때 대왕의 너그러운 관용에 감동하여 그날로 산중에 들어가 군사를 길렀습니다. 어느 때고 대왕을 위해 목숨을 바치려고 결심했던 중, 이번에 왕의 군사가 불리하다는 소식을 듣고 달려온 것입니다." 초장왕은 장수의 손을 잡고 감사하며 상을 내렸다.   -사기(史記)-

원한을 갚는 데 덕으로써 한다.
-노자-

관용에 대하여(2)

받는 것보다는 주는 것이 더 즐거우면 후한 사람이라는 말을 듣게 된다.
-A. G. C. 메레-

용서함은 좋은 일이다. 그러나 잊어버려 주는 일은 더욱 좋은 일이다.
-E. B. 브라우닝-

생각이 너그럽고 두터운 사람은 봄바람이 만물을 따뜻하게 기르는 것과 같으니 모든 것이 이를 만나면 살아난다. 생각이 각박하고 냉혹한 사람은 삭북(朔北)의 한설(寒雪)이 모든 것을 얼게 하는 것과 같아서 만물이 이를 만나면 곧 죽게 된다.   -채근담(菜根譚)-

관용은 미덕이다. 군자에 필요 불가결한 미덕이다. 어린아이가 무슨 기구를 깨뜨렸을 때 어른이 눈을 붉혀 욕하고 때리는 것처럼 천해 보이는 것이 없으니, 대개 어린아이를 저와 같이 여김이 지극히 미욱한 표적이다.   -이광수-

어떤 프로이센 병사가 마리아의 제단에서 은촛대를 훔치다가 들켜 프리드리히 대왕에게 끌려갔다. 추궁을 당한 그 병사는 이런 변명을 했다. "마리아님이 내가 가난한 것을 불쌍히 여기시어 그릇을 훔쳐도 좋다고 하셨습니다." 대왕은 그 병사의 마음속을 꿰뚫고서도 일부러 심술궂게 성직자들에게 물었다. "그게 정말인가?" 성직자들은 딱한 표정이 되었지만 그렇다고 아니라고도 할 수 없었다. 대왕은 그러한 대답을 마음속으로 바라던 터라 그는 수도원의 노여움을 무릅쓰고 그 병사를 방면하면서, "이제부터는 결코 마리아의 선물을 받아서는 안 된다!"라고 말했다.   -플루타르크 영웅전-

"나는 당신을 죽도록 사랑합니다."라는 말의 정체는 "나는 당신을 죽도록 오해합니다."일 것이다.   -법정(法頂)-

오해에 대하여

세상에서 대인관계(對人關係)처럼 복잡하고 미묘한 일이 또 있을까? 까딱 잘못하면 남의 입쌀에 오르내리려야 하고, 때로는 이쪽 생각과는 엉뚱하게 다른 오해도 받아야 한다. 그러면서도 이웃에게 자신을 이해시키고자 일상의 우리는 한가롭지 못하다.

이해란 정말 가능한 걸까? 사랑하는 사람들은 서로가 상대방을 이해하노라고 입술에 침을 바른다. 그리고 그러한 순간에서 영원히 살고 싶어한다. 그러나 그 이해가 진실한 것이라면 항상 불변(不變)해야 할 텐데, 번번이 오해의 구렁으로 떨어져 버린다. "나는 당신을 이해합니다."라는 말은 어디까지나 언론 자유에 속한다. 남이 나를, 또한 내가 남을 어떻게 온전히 이해할 수 있단 말인가? 그저 이해하고 싶을 뿐이지. 그래서 우리는 모두가 타인(他人)이고, 사람은 저마다 자기 중심적인 고정관념을 지니고 살게 마련이다. 그러기 때문에 어떤 사물에 대한 이해도 따지고 보면 그 관념의 신축작용(伸縮作用)에 지나지 않는다.

하나의 현상을 가지고 이러쿵저러쿵 말이 많은 걸 보아도 저마다 자기 나름의 이해를 하고 있는 것이다. '자기 나름의 이해'란 곧 오해의 발판이다. 그러므로 우리는 하나의 색맹(色盲)에 불과한 존재이다. 그런데 세상에는 예(例)의 색맹이 또 다른 색맹을 향해 이해해 주지 않는다고 안달이다. 연인들은 자기만이 상대방을 속속들이 이해하려는 맹목적인 열기로 인하여 오해의 안개 속을 헤매게 된다.

그러고 보면 사랑한다는 것은 이해가 아니라 상상의 날개에 편승한 찬란한 오해다. "나는 당신을 죽도록 사랑합니다."라는 말의 정체는 "나는 당신을 죽도록 오해합니다."일 것이다.   -법정(法頂)-

직업에 따라서 그 사람을 판단하는 것은 매우 잘못이다.
-임어당-

직업의 선택

세상에는 여러 가지 직업이 있는데, 그 선택의 기준은 매우 간단하다. 청년 자신이 좋아하는 직업을 택하면 된다. 즉, 자기가 이 직업이 좋고 싫은 것을 생각하고 결정하는 것이 가장 좋다. 싫어하는 직업을 택했다면 언제까지나 그 직업에 애착을 느끼지 못하며, 아무리 노력하려 해도 의욕이 생겨나지 않아 성공할 수가 없다. 자기가 좋아하는 직업을 택하면 스스로 그 일에 재미가 붙고, 열의가 생긴다. 따라서 능숙해질 수 있다. 또한 그 직업이 자기의 성격에 맞는 것인지도 알아봐야 한다. 직업과 성격이 맞지 아니하면 양자 사이에 조화를 이룰 수 없어 취미가 생겨나지 않는다. 그러므로 청년이 직업을 택할 때, 자기의 성질에 그 직업이 적합한가 아닌가를 생각해 보고 결정하는 것이 가장 중요한 일이다. -수양(修養)-

청년이 뜻을 세울 때 국가를 위해 일을 해야 한다거나, 사회복지를 위해 일을 해야 한다는 말이 있다. 국가를 위한 일, 사회를 위한 일이라 하니 매우 듣기가 좋다. 그러나 모든 사람은 반드시 국가와 사회를 위해서 직접 일을 해야만 한다는 것은 아니다. 어떤 일을 해도 진실로 성실하게 한다면 모두가 국가를 위한 일이 되고 또한 사회를 위한 일이 된다. 반드시 직접적으로 국가와 사회를 위해 봉사하지 않아도 된다. 각자 자기가 타고난 재능을 충분히 발휘해서 자기 직업에 열중하면 그것이 곧 국가와 사회에 기여하는 일이 되는 것이다. -수양(修養)-

인간이 자기 직업에서 행복을 얻으려면 다음 세 가지가 필요하다. 즉, 그는 그 일을 좋아해야 한다. 그 일을 지나치게 해서는 안 된다. 그 일이 성공한다는 신념을 갖고 있어야 한다. -러스킨-

11

열일곱 번째

연애의 참다운 가치는 인간에게 일반적인 생활력을 증대시켜 주는 데 있다.   -P. 발레리-

연애에 대하여

옛사람들은 "남자나 여자나 참다운 연애를 알 때까지는 인생의 경험을 다했다고 말할 수 없다."라고 했다. 사랑을 알 때까지 여자도 아직 여자가 아니고, 남자도 아직 남자가 아니라는 뜻이다. 그러므로 연애는 남녀 모두에게 원숙(圓熟)을 위해 꼭 필요한 것이다.   -스마일스-

연애는 미래를 바라는 것이지 현재의 순간만을 바라는 것은 아니다. 즉, 단순히 한 가지의 새로운 실재, 곧 아이를 낳기 위해서 결합하기를 바라는 것이 아니고, 두 사람의 인간이 상호간을 통하여 보다 더 위대하고 새로운 생명을 길러내기 위해 결합하기를 바라는 것이다.   -E. 케이-

연애에 있어서는 아무리 어려운 일이 있더라도 우애에 있어서보다 더 남의 결점을 잘 용서한다.   -라 브뤼예르-

남자는 연애하는 중에도 독자(獨自)의 특징을 보유한다. 여자는 사랑을 위해서 늘 변한다. 연애하는 여자는 누구든 같은 것이다.   -J. 샤르돈-

여성에게 있어서 연애는 언제나 영혼에서 감각으로 옮아가며, 남성에게 있어서는 언제나 감각에서 영혼으로 옮아간다.   -E. 케이-

연애를 하는 여자에게 있어서 남자는 한 가지 목적이지만, 남자에게 있어서는 가장 사랑하고 있는 경우라도 여자란 단순한 수단에 지나지 않는다.

-G. 티봉-

부모의 공로(功勞)를 모르는 자녀는 살무사의 날카로운 이
빨보다도 못하다.   -셰익스피어-

부모에 대하여

부모가 자식을 위하는 마음은, 목숨 있는 동안은 자식의 몸을 대신할 것을
원하고, 죽은 뒤에는 자식의 몸을 지킬 것을 원한다.   -부모은중경-

부모에게 잘못이 있을 때 고치도록 하는 것은 좋은 일이나 거역하는 것은
옳지 못한 일이다.   -예원(禮苑)-

부모의 사랑은 내려갈 뿐이고, 올라오는 법이 없다. 즉, 사랑이란 내리사랑
이므로 자식에 대한 부모의 사랑은 자식의 부모에 대한 사랑을 능가한다.
    -C. A. 엘베시우스-

자식이 열 있더라도 자식에 대한 어버이 한 사람의 마음은 어버이에 대한
열 자식의 마음을 훨씬 능가한다.   -장 파울-

부모의 기쁨은 겉으로 나타나지 않고, 근심 걱정 또한 그러하다. 부모는 기
쁨을 나타내려고 하지 않고, 근심 걱정을 차마 표현하지 못한다. 자녀가 곁에
있으면 힘든 일도 일의 어려움을 모른다. 한 집을 일으킨 사람들은 자기 자녀
들에게 아주 관대하다. 그들은 자녀를 자기 혈통뿐 아니라 사업의 후계자라고
생각하기 때문이다.
자녀 하나 하나에 대한 부모의 애정이 불공평한 것은 흔히 있는 일이고 간
혹 부당한 경우도 있다. 특히 어머니 쪽의 경우 더욱 그러하다. 부모는 자녀
들이 진출하려고 하는 직업 진로 등을 조속히 결정해야 할 것이다. 자녀의 성
품을 너무 염려해서 그들로 하여금 부모가 제일 좋아하는 대로 따르게 하려고
생각하는 것은 좋지 못한 방법이다.   -F. 베이컨-

11

군자는 자기에게 책임을 추궁하고 소인은 남에게 추궁한다.
-논어-

책임감에 대하여

현대인은 책임을 스스로 지려 하지 않고 이것을 피하려 하는 경향이 있으나, 자신을 희생하고서라도 책임을 지지 않으면 안 된다는 확고한 각오가 필요하다. 남에게 칭찬을 받지 않아도, 다른 사람이 몰라주어도 그런 것에 관계없이 오직 자기가 맡은 책임을 다 해야 한다. 바로 거기에 무한한 환희와 숭고한 자존심이 있는 것이다. 다른 사람이 보니까 할 수 없이 책임을 다한다는 것은 자기의 책임을 완수하는 것이 아니고, 다른 사람의 책임을 완수하는 것이 된다. 명예와 상과 칭찬을 도외시하고 희생한다는 마음가짐으로 책임을 다하는 것이 바로 진정한 책임 완수이다.   -인생훈-

오로지 책임을 다한 데에만 삶이 있고, 오로지 노력을 다한 끝에만 휴식이 있다.   -J. G. 휘티어-

사람이 된다는 것은 바로 책임을 안다는 그것이다. 자기에게 속한 것 같지 않던 곤궁 앞에서 부끄러움을 아는 그것이다. 돌을 갖다놓으면 세상을 세우는 데에 이바지한다고 느끼는 그것이다.   -A. 생텍쥐페리-

책임은 신의 힘이나 어떠한 종교적인 힘을 빌지 않고 인간에의 길을 찾는 행위이며, 그 행위의 척도는 자유와 책임이다.   -사르트르-

참다운 책임이란 스스로 자기 자신을 결정하는 최고의 권한을 자신이 가지고 있어야 한다.   -카네기-

옥은 닦지 않으면 그릇을 이룰 수 없고, 사람은 배우지 않으면 도(道)를 모른다.   -예기(禮記)-

학문에 대하여

어진 이를 어질게 여겨 받들되 호색함과 바꾸어 성심껏 할 것이며, 부모를 섬기되 능히 힘을 다하며, 임금을 섬기되 신명(身命)을 버리며, 벗과 더불어 사귀어 언행에 신의 있으면 비록 배우지 못했다 한들 나는 그를 학문 있는 사람이라 말하리라.   -논어-

학문이라는 사업은 우물을 파는 것과 같다. 샘에 이르지 않으면 우물을 버리는 것과 같다.   -맹자(孟子)-

포식(飽食)하고 따뜻한 옷을 입고 편히 지내면서 배우지 않는다면 곧 금수(禽獸)에 가깝다.   -맹자(孟子)-

먼저 알아야 한다. 안다는 것은 모르는 데 비하여 훨씬 유익한 일이다. 그러나 안다는 것만으로는 아직 참된 지식이라고는 할 수 없다. 배워 알기를 사랑해야 한다. 억지로 배우는 것이 아니라, 배우는 것에 애착심이 가야 한다. 그러나 그것보다 더 높은 단계는 배우고 깨치는 것에 무한한 즐거움을 느낀다는 것에 있다. 깨쳐 가는 진리에 즐거움을 발견할 수 있다면 진정 인생에 통달한 사람이다.   -논어-

학위가 있다는 것은 단순히 학교 의자에 오랫동안 앉아 있었다는 표시에 지나지 않는다. 그것은 무엇을 배웠느냐와 배운 것을 이용해서 무엇을 할 수 있느냐 하는 것과는 전혀 별개의 것이다.   -P. F. 드러커-

대학(大學)의 길은 명덕(明德)을 밝히는 데 있고, 백성과 친하는 데 있고, 지선(至善)에 이르는 데 있다.   -대학(大學)-

일분 일초의 시간도 헛되이 하지 말라.
-스마일스-

인생은 경주와 같다

인생은 장애물 경주이며, 매일 매일이 장애물이다. '월, 화, 수, 목, 금, 토'라는 장애물이 매일 매일 앞에 다가온다. 그리고 끝에 사려(思慮)하는 일요일이 다가온다. 그리고 다시 월, 화, 수, 목…… 등의 장애물이 생명이 끝날 때까지, 성공과 독립이 달성될 때까지 다가온다.

인생은 경쟁이다. 한 시간 속에 단 일 분도 중요하고, 하루 중에 단 한 시간도 긴요하다. 인생의 경주 중에 승패를 가리는 것은 단 한 시간, 단 하루의 질주이다.

그대가 성공한 사람을 보면 그들은 어떠한 마술을 써서 성공했나 의심을 할 것이다. 그리고 또 말하기를 "그들은 매우 행운아다. 순조롭고 놀라운 출발을 했다."라고 할 것이다. 그러나 그것은 전적으로 그렇지 않다. 성공한 자의 태반은 거북과 토끼 가운데 거북이었다. 그들은 거북과 같이 쉬지 않고 꾸준히 노력했기 때문에 성공하게 된 것이다.   -뉴욕 아메리칸 일보-

이솝이야기 중 토끼와 거북의 경주 이야기는 인생 전체에게 주는 좋은 교훈이다. 경주가 시작되었을 때 구경꾼은 모두 웃었다. 토끼는 거북을 경멸하고 동정까지 했다. 그러나 결과는 쉬지 않고 꾸준히 기어간 덕택으로 거북이 경주에서 이겼다. 토끼는 잠시 쉬고 달려가도 거북쯤은 쉽게 이길 줄 알았다. 그런데 잠깐 자고 깨어 보니 거북은 보이지 않았으며, 벌써 결승점에 도달하고 있었다. 이미 따라가기에는 늦었다. 그리하여 거북은 이겼다. 인생도 마찬가지다. 자기의 재주를 믿고 노력하지 않으면, 꾸준히 노력하고 공부하는 사람에게 늘 지게 마련이다.   -이솝이야기-

겸손하라

맹자께서 말씀하시기를, "사람들의 결함은, 자기가 별로 대단한 인물도 아니면서 남을 가르치려는 스승이 되려 하는 것이다. 그러한 사람은 결코 스스로 닦고 수양하지 않기 때문이다." -맹자-

"모두 당신을 나쁜 사람이라고 합니다."라고 했을 때, 현인(賢人)은 "당신들이 나를 다 알지 못하는 것이 매우 다행입니다. 나를 안다면 더 지독한 말을 할 테니까요."라고 답한다.

겸손을 모르는 사람은 항상 남을 비방한다. 그들은 오직 남의 허물을 보고 알 뿐, 자신의 욕정과 과오가 점점 더 커져 가는 것은 모르고 있다.

자기가 자기를 더 높은 사람이라고 생각하면 할수록 더 약한 사람이 된다. 그러나 자신을 천하게 보면 볼수록 자신을 위해서나 남을 위해 더욱 강한 사람이 된다. -톨스토이-

크림전쟁 때, 나이팅게일은 38명의 간호원을 데리고 전장에 나가 부상병을 치료해서 위대한 공을 세웠다. 간호부가 실전에 참가한 것은 이것이 처음이었다. 전쟁은 연합군이 승리했고, 영국의 원정대는 국민들의 열광 속에 귀환했다. 국민들은 이들 병사와 똑같이 나이팅게일에게도 환호를 보내려고 아무리 기다려도 그녀는 군중 앞에 나타나지 않았다. 몰래 고향으로 돌아가 피로한 몸을 쉬고 있었다. 군중들이 찾아가 "국민이 전하는 감사의 말을 받으시오." 했으나 "아니오. 그렇게 칭찬 받을 만한 일을 한 것도 아닙니다. 나는 오직 하나님의 뜻대로 한 것뿐입니다." 하며 결코 나가지 않았다. -나이팅게일-

아침에 도를 들어 깨달으면 저녁에 죽어도 좋으리라.
-논어(論語)-

도(道)에 대하여

나보다 먼저 나서, 그 도(道)를 듣기를 진실로 나보다 먼저라면 내 너를 스승으로 좇을 것이다. 나보다 뒤에 나서 그 도를 듣기를 나보다 앞이라면 내 이를 스승으로 좇을 것이다. 나는 도(道)를 스승으로 하는 것이다. 어찌 그 아이가 나보다 선후에 난 것을 가릴 것이 있는가? 이런 까닭으로 귀(貴)도 없고 천(賤)도 없고 장(長)도 없고 소(少)도 없으니, 도가 있는 곳이 스승이 있는 곳이다.   -장자(莊子)-

기상(氣象)은 높고 넓어야 하나 소홀해서는 안 되고, 심사(心思)는 빈틈이 없어야 하되 잘게 굴어서는 안 된다. 취미는 담박(淡泊)한 것이 좋으나 고조(枯操)에 치우쳐서는 안 되고, 지조를 지킴에는 엄정(嚴正)해야 하지만 과격해서는 안 된다.   -채근담-

윗사람에게서 싫다고 느껴진 것으로 아랫사람을 부리지 말 일이요, 아랫사람에게서 싫다고 느껴진 것으로 윗사람을 섬기지 말 일이요, 앞사람에게서 싫다고 느껴진 것으로 뒷사람을 먼저 하지 말 일이요, 뒷사람에게서 싫다고 느껴진 것으로 앞사람을 따르지 말 일이요, 오른쪽 사람에게서 싫다고 느껴진 것으로 왼쪽 사람에게 건네지 말 일이요, 왼쪽 사람에게서 싫다고 느껴진 것을 오른쪽 사람에게 건네지 말 일이니, 이런 것을 말해서 혈구지도(絜矩之道)라 한다.   -대학-

현자는 도를 들으면 부지런히 행한다. 범인은 도를 들었으나 기억하는 듯 잊어버린 듯 한다. 어리석은 자는 도를 들으면 크게 웃는다.   -노자(老子)-

급하게 서둘면 무리가 생긴다.
-처세훈-

급하면 돌아가라

하루에 10리는 가는 것보다 10일에 10리를 가는 것이 더 즐겁다. 급히 서둘지 않고 천천히 하는 것은 얼른 보기에는 늦는 것같이 보이지만 사실은 별로 늦은 것도 아니고, 또한 끝까지 완성할 수 있는 가능성이 더 많으므로 성공이라는 측면에서 보면 도리어 빠를 수도 있다. 그래서 급히 서둘러 무리하게 일을 하면 실패할 가능성이 많고, 마음만 조급해진다. 마음이 조급하면 일은 더욱 잘 되지 않고 실패하기 쉬운데, 한 번 실패를 하면 실패는 실패를 거듭해서 재기 불능한 경우에 빠질 수도 있다. 그러므로 처음부터 천천히 하는 것이 너무나 좋다.   -처세훈(處世訓)-

성(盛)한 것은 반드시 쇠(衰)하는 시기가 있으며, 사람에게도 또한 융성(隆盛)한 때도 있고 쇠퇴(衰退)하는 때도 있다. 급하게 만든 기물은 든든하지 못하다. 사람이 빨리 달리면 넘어지기 쉽다. 활짝 핀 꽃동산에도 빨리 핀 꽃은 늦게 핀 꽃보다 빨리 시든다. 천천히 급하지 않게 자라는 계곡의 소나무는 울창하게 커서 세월이 가도, 겨울이 와도 푸름을 잃지 않고 오래 간다. 사람도 이와 같으며, 하늘에서 받은 것에는 빠른 것도 있고 늦은 것도 있는 것이다. 즉, 출사(出仕)하는 것도 하늘이 주는 것이라면 사람의 힘으로는 어쩔 수 없는 것이다. 그럴 바에야 조용히 천명을 기다리는 것이 급하게 서두르는 것보다 훨씬 현명하다.   -소학(小學)-

급하게 서둘면 무리가 온다. 무리해서 천하를 얻으면 기초가 단단하게 굳지 않는다. 밤에 자는 새를 쏘는 것과 같은 비겁한 짓을 해서 천하를 얻지 않아도, 그 사이에 자연스럽게 하늘의 때가 온다. 그때까지 기다리고 있겠다.
-덕천가강-

내일이란 어리석은 사람의 달력에만 있다.
-처세훈-

내일에 대하여

항상 바로 앞에 있으면서, 수많은 세계의 실패자들로부터 추궁 당하면서도 잡히지 않고 늘 도망을 치는 것은 바로 '내일'이다.

우리들은 항상 '어제'를 소비하고 '내일'의 추구에 금일을 소비하고 있다. 그러나 그 '내일'이라는 것은 결코 잡을 수도 없고, 또한 사용할 수도 없는 것이다. 사람은 일생 동안 '내일'을 따라간다. 유년, 청년, 중년, 노년 모두 내일을 쫓으며 '내일'에 산다. 그리하여 '오늘'의 귀한 가치를 잃는다. 묘지로 들어가는 최후 일보 직전까지도 '내일'은 잡히지 않고, 여전히 '내일'은 묘지 저편에서 웃고 있을 것이다. "내년에는 좀더 잘 하겠다."라는 말을 하지 말라. 결코 내년은 오지 않을 것이다. 마치 '내일'이 없는 것과 같이.

"금일은 두 번째인 내일과 같다. 그대가 오늘 할 수 있는 일을 절대 내일로 미루어서는 안 된다."라고 프랭클린은 말했다. '오늘', '지금', '이 순간'만이 그대가 소유한 전부이다. 그대는 지금 이 순간에 살고 있다. 절대로 '내일'도 아니고 '어제'도 아니다.

'내일'에 대해 아무 말도 하지 말게. 왜냐하면 오늘 하루 동안에 어떤 일이 일어날지 모르니까. 진실한 때는 바로 지금이다. 성공을 위한 진실한 경쟁은 바로 지금 시작된다. '금일'이란 당장 사용할 수 있도록 만들어진 도구들이다. '내일'이란 실존(實存)하지 않는다. 기만이며 환상이고 실망이다. '내일'을 쫓는 경주는 묘지까지 가지 않으면 끝나지 않는다. 그리고 묘지까지 가도 '내일'은 여전히 더 앞에 나가 있다.   -뉴욕 아메리칸지-

질투는 증오심보다도 다루기 힘들다
-E. 라 로슈푸코-

질투에 대하여

서양 격언 중에 다음과 같은 말이 있다. "우리들의 마음속에는 친구의 불행을 보고도 불행이라고 느끼지 않는 마음이 숨어 있다. 남의 실패를 보고 즐거워하고, 남의 성공을 보고 불쾌감을 느끼는 것은 너무나 편협하고 천한 마음이다." 세상 사람들 가운데 가장 싫은 자는 한쪽 구석에 앉아서 냉소하고 있는 자이다. 그런 무리의 사람들은 남의 성공, 남의 선행 등을 모두 울분의 대상으로 삼고 있다. 그들은 남이 칭찬 받는 것을 좋은 마음으로 보지 않고 너무나 배아파한다.   -스마일스-

질투란 무엇일까? 그것은 남의 가치에 대한 증오를 동반한 선망의 감정이다. 따라서 남의 가치와 남의 가치의 외관에 흠집을 내려는 충동이다. 그래서 질투의 감정이 성립되기 위해서는 세 가지의 요소가 구비되어야 한다. 첫째로 남의 높이를 인식하는 지혜가 없는 곳에는 질투란 없다. 둘째 자신이 낮다는 자각이 없는 곳에도 질투는 없다. 셋째, 자신의 위대함을 바리지 않는 데도 질투는 없다. 그래서 남의 위대함을 인정할 만한 감각이 없는 둔하고 어리석은 자도, 향상을 모르는 바보도, 질투를 할 만한 능력이 없다. 오직 마음이 삐뚤어지고 악에 차 있는 자만이 남을 질투하고 시기한다.

질투가 심하면 자연히 남의 허물이나 잘못을 캐내기 쉽다. 이러한 사람은 친구들에게 늘 불쾌한 존재가 될 것이다. 질투심을 없애려면 남의 것과 자기의 것을 신경질적으로 비교하지 말아야 한다. 친구가 공주와 결혼을 하든, 일확천금으로 부자가 되든 그는 그고 나는 나로서 자기의 것을 즐길 줄 알아야 한다. 무엇보다도 질투는 자기 자신을 불행하게 한다는 것을 알고, 자애 자중하는 마음을 발동시켜서 능히 물리쳐야 한다.   -B. A. W. 러셀-

11

스물일곱 번째

수치심은 모든 도덕의 근원이다.
-T. 칼라일-

수치심에 대하여

수치심은 자기의 바르지 못한 것을 부끄러워하는 마음으로, 악에 대항하는 양심 작용의 일종이라고 할 수 있다. 수치심이 강한 사람은 결코 부정(不正)과 비열한 행동을 해서 자신의 몸을 더럽히지 않는다. 비록 마음속에 천한 욕망이 일어나도, 이것을 부끄럽게 생각하는 마음이 다른 한편에서 일어나 이를 억제해서 행동으로 옮기지 못하게 한다.

이런 마음이 없는 사람은 양심이 마비되어 사람으로서의 체면을 모두 잃고 있다. 그래서 옛날부터 수치심이 없는 자를 금수와 같은 자라 하여 천시해 왔다. 차라리 금수에게는 수치심이 없는 것이 당연하지만 사람으로서 수치심이 없는 것은 금수보다 더 못한 것이다.

우리 민족의 선비정신은 명예를 존중하는 동시에 수치심이 강했을 뿐만 아니라, 절대로 가문의 명예를 더럽히지 않고, 선조와 자손을 욕되게 하지 않았고, 나아가 대의명분을 존중했다. 그분들은 만금의 이익도 명예와 바꾸지 않았고, 불효 불충한 사람이 된다는 것은 세상에 살 가치조차 없는 것이라고 생각했다. 실로 명예와 수치심은 선비정신의 중심 사상이었으며, 우리 민족의 미덕이었다.

부끄러워하는 마음은 사람에게 중요한 것이다. 임시 변통으로 기교를 부리는 자는 부끄러워하는 마음을 쓰는 일이 없다. 사람이 남과 같지 않은 것을 부끄러워하지 않으면 어찌 안과 같음이 있다고 하겠는가?　　-맹자(孟子)-

부끄러워할 것에 부끄러워하지 않고, 아무 것도 아닌 것에 부끄러워하는 인간은 타인의 허위의 사상에 씌워져 있는 인간이다.　　-석가모니-

말과 행동이 같은 사람이 진정한 군자이다.
-공자(孔子)-

말과 행동에 대하여

공자께서 말씀하시기를, "옛사람들이 말을 함부로 하지 않았던 것은 몸의 행동이 말처럼 쉽게 할 수 없는 것을 부끄러워했기 때문이다."라고 하셨다.

-논어(論語)-

공자께서 말씀하시기를, "말은 항상 지나치기 쉽고, 행동은 부족하기 쉬운 것이다. 그러므로 군자는 말을 되도록 삼가고, 행동은 민첩하게 하려고 힘써야 한다."라고 하셨다.　　-논어(論語)-

군자는 오로지 해야 할 덕을 실천하며, 할 말은 삼가며, 덕행(德行)에 불충분한 점이 있으면 힘써 이를 실천하려 하고, 말에 지나침이 있을까 염려해서 늘 말을 삼가고 말을 적게 하며, 자신이 말한 바를 반드시 실천할 수 있을 것인가를 생각해서 말한다. 그리고 행동이 말과 일치하고 있는가 늘 뒤돌아보기 때문에 행(行)이 모자라지 않는다.　　-중용-

재여(宰予)가 낮잠을 자는 것은 공자께서 책하여 이르되, "단단한 나무는 조각을 할 수 있지만 썩은 나무에는 조각을 할 수 없다. 단단한 벽에는 색칠을 할 수 있지만 습기차고 푸석푸석한 흙으로 쌓은 담에는 칠을 할 수 없다. 재여는 게을러 가르침을 받을 자질이 없고, 썩은 나무나 푸석한 담과 같으므로 아무리 그를 훈계해도 도(道)로 나가게 할 수 없어서 나는 그를 꾸지람하지 않는다. 나는 옛날에 사람들이 말하는 것을 듣고 행동도 그와 같다고 생각했는데, 지금부터는 사람들이 하는 말을 들어도 그가 행하는 것을 보지 않고는 그 사람의 진실을 판단하지 않으려 한다."라고 했다.　　-논어(論語)-

너는 인생을 사랑하는가? 그렇다면 시간을 낭비하지 말라.
인생은 시간으로 되어 있다.   -B. 프랭클린-

시간에 대하여

시간은 즉시 과거를 낳고 그 과거의 퇴적은 곧 죽음을 의미하는 것이다. 시간이란 한번 가 버리면 없다. 그러므로 공동묘지란 단절된 시간의 광장이다. 자기 자신을 써 버리면 생은 정지되는 것이다. 조물주로부터 배정된 시간이 다하면 그만이지 아무도 보태거나 꿔 주지는 못한다. 이토록 시간은 살인 광선과도 같은 무서운 작용을 내포하고 있다. 시간은 지금 이 시각에도 일초일초 주어진 시간들을 갉아먹고 있는 것이다.   -김자림(金慈林)-

내가 깨어 있을 때는 수없이 많은 시간의 대열이 멍하니 서 있는 나를 비웃으며 흘러가고 있었고, 내가 잠들어 있을 때는 긴긴 악몽이 거꾸러져 있는 나에게 혹독한 채찍질을 하였다.   -김승옥(金承鈺)-

매일 매일이 그대에게 마지막 날이라고 생각하라. 그러면 기대하지 않은 시간만큼을 그대가 버는 셈이다.   -호라티우스-

효율적인 경영자란 절대로 자기 업무의 계획 수립 단계에서부터 일에 착수하지는 않는다. 먼저 자신의 시간이 어떻게 사용되어 있는가에 대한 분석부터 시작하고, 다음으로는 그 시간의 관리에 전념한다. 그럼으로써 비생산적인 시간의 소비를 삭감해 나갈 수 있다. 고리고 마지막으로 '자기 뜻대로 사용할 수 있는' 시간을 가급적 큰 계속적인 단위로 정리해서 매듭을 짓는다.

-P. F. 드러커-

성인은 한 자(尺)의 벽보다 한 치(寸)의 시간을 소중히 여긴다. 시간은 얻기 어렵고 잃기 쉽다.   -회남자(淮南子)-

술은 번뇌의 아버지요, 더러운 것들의 어머니다.
-팔만대장경-

적당한 음주

술은 하늘이 내린 감로(甘露)이다. 조금 마시면 마음을 넓히고, 시름을 잊게 하고, 원기를 보충하고, 혈기를 돌게 하고, 즐거움을 더해서 그 이점이 매우 많다. 그러나 너무 많이 마셔서 취해 버리면 사람을 보는 눈도 흉하고, 하는 말도 조리가 없고, 모습도 흐트러져 보기 나쁘고, 마음도 거칠어져 미친 사람과 같아진다. 그래서 옛사람들도 술을 일컬어 '미치게 만드는 약'이라고 했다. 젊을 때부터 과음을 삼가지 않으면 습관이 되어 주정뱅이가 된다. 그래서 옛사람들은 "술은 약간이 좋고, 꽃은 반개(半開)가 좋다."라고 했다. 그러므로 너무 많이 마셔서 괴로움을 당하지 말라. 하늘이 주는 감로(甘露)를 약이 되도록 적당히 마시지 못하고 너무 지나치게 마셔서 몸을 망치는 일이 없도록 해야 한다.   -낙훈(樂訓)-

공식석상에서 마시는 술은 천천히 한가하게 마셔야 한다. 마음을 놓고 편하게 마실 수 있는 술은 점잖고 호탕하게 마셔야 한다. 병자는 적게 마셔야 하고, 마음에 슬픔이 있는 사람은 모름지기 정신없이 취하도록 마셔야 한다. 봄철에는 집 뜰에서 마시고, 여름철에는 교외에서, 가을철에는 배 위에서, 겨울철에는 집안에서 마실 것이며, 밤술은 달을 벗삼아 마셔야 한다.   -임어당-

술이 만들어낸 우정은 술과 같이 하룻밤밖에 효용이 없다.   -F. 로가우-

공자는 술을 사양하지 않았다. 그러나 난(亂)할 정도로 마시지는 않았다.
-논어(論語)-

사람이 술을 마시고, 술이 술을 마시고, 술이 사람을 마신다.   -법구경-

12월의 이야기

december

d e c e m b e r

모든 것을 안다는 것은 누구에게나 불가능한 일이다.
-톨스토이-

모르는 것은 모른다 하여라

공자께서 자로(子路)에게 가르친 것과 같이 모르는 것은 모른다 하고, 아는 것만 안다 하는 것이 지혜로운 자가 취할 바른 도리이다. 이렇게 하면 매우 쉽게 세상을 살아갈 수 있는데, 실제로는 그렇게 하지 않고 모르는 것도 아는 척하는 것이 사람들의 약점이다. 그래서 미봉책(彌縫策)을 많이 쓰게 되어, 간단하게 처리될 수 있는 일도 복잡하게 만들고, 결국 자신의 손발을 스스로 묶어 버리는 자승자박에 빠져들고 만다.

모르는 것은 모른다고 하는 것은 도덕상으로나 처세법 상으로도 매우 간편한 방법이다. 그러므로 청년들은 모르는 것은 끝까지 모른다고 할 것이며, 절대로 자신을 속이고 남을 속이는 따위의 불편을 저지르지 않아야 한다.

-처세훈-

내(소크라테스)가 어느 정치가와 이야기하는 가운데, 그 사람은 많은 사람들에게 현명한 사람으로 보이고, 또한 자기 자신도 그렇게 생각하고 있으나, 사실은 그렇지 않다는 사실을 나는 발견했다. 그래서 나는 그가 자신을 현자(賢者)라고 생각하는 것이 잘못이라는 것을 증명해 보이려고 노력했다.

그 결과 나는 그와 그의 동료들로부터 미움을 받게 되었다. 그래서 나는 그곳을 떠나오며 홀로 생각했다. 내가 그자보다 더 현명하다고 생각했다. 그와 나는 선(善)에 대해서도 미(美)에 대해서도 아무 것도 모르면서, 그는 안다고 생각하고, 나는 알지도 못하지만 안다고 생각도 않았다는 점이다. 그래서 나는 적어도 스스로 모르는 것은 모른다고 믿고 있다는 사실 대문에, 그 사나이보다 더 지혜롭다고 생각된다. -플라톤 대화편-

남에게 대접을 받으려면 내가 먼저 대접하라.
-영국 속담-

손님 접대에 대하여

한때 공자가 자공(子貢)과 자로(子路)를 데리고 다니다 길을 잃어 산간 오두막집에서 쉬게 되었다. 늙은 주인은 콧물을 들이마셔가며 흙 냄비에 좁쌀죽을 끓여 이 빠진 그릇에 담아 대접했다. 더러운 주인의 손이나 그릇을 본 제자들은 감히 먹을 엄두도 못 냈는데, 식성이 까다롭기로 유명한 공자 선생은 맛있게 받아먹었다. "너희들은 이 빠진 그릇이나 콧물밖에 보지 못하고 그 노인의 성의와 친절을 받아들이지 못하다니, 슬프구나. 대접은 할 줄도 알아야 하지만 받을 줄도 알아야 한다."

쇼팽이 한 번은 별로 친하지도 않은 어떤 집에 억지로 끌려가 저녁 대접을 받았다. 음식도 변변치 않게 장만하고, 쇼팽을 초청한 그 집주인은 식사가 끝나자 음악을 한 곡 연주해 달라고 했다. 쇼팽은 그들의 무례한 태도에 분개하여 은근히 곯려 줄 생각으로 피아노 앞에 앉아 전주곡을 치기 시작했는데, 맨 끝의 한 소절만 치고 말았다. "어쩌면 그렇게 짧은 곡이 있나요?" 하고 집주인이 묻자, "예, 미안합니다. 그만큼밖에 대접을 받지 못했기 때문입니다." 라고 대답했다고 한다.

옛날 어떤 사람이 말을 타고 지인(知人)의 집을 찾아갔다. 주인은 귀한 손님이 찾아왔다고 술상을 차려 대접하면서, "집이 읍내에서 하도 멀어서 고기도 사오지 못했습니다. 안주가 채소밖에 없긴 하나 좀 들어 보십시오." 하고 술을 권했다. 그가 마당을 둘러보니 어린 햇닭 몇 마리가 놀고 있었다. 그러자 그가 하는 말이, "읍내가 그렇게 멀다니 내가 타고 온 말을 잡아서 안주나 합시다." 그러자 주인이 당황해서 "그럼 돌아갈 땐 무얼 타고 가시렵니까?" 객이 말하되, "댁의 햇닭을 빌어 타고 가지요."라고 대답했다고 한다.

세간(世間)의 은혜에는 네 가지가 있다. 부모의 은혜, 중생의 은혜, 국왕의 은혜, 삼보(三寶)의 은혜이다. -심지관경-

사은(四恩)에 대하여

불교 도덕의 극치는 '자비'와 '감사'에 귀착한다. 즉, 보은(報恩) 사덕(謝德)이라 할 수 있다. 《심지관경(心地觀經)》에는 사은(四恩)을 설했는데, 그 가운데 중생이라는 것은 우주 삼라만상 무엇 하나 우리들 인간 생존에 기여하지 않는 것이 없으며, 그들 일체만물의 은혜 없이는 단 하루도 우리들 인간은 살아갈 수 없으니, 우리들은 이 은혜에 감사할 줄 알아야 한다는 것을 절실하게 설파하고 있다. 그래서 옛날 어떤 스님은 상에 오르는 채소를 보고 "무님 감사합니다.""인삼님 감사합니다.""배추님 감사합니다." 하며, 합장을 하고 감사하는 마음으로 먹었다고 한다. -인생훈-

사람은 천지가 기르는 오곡을 먹고, 천지가 기르는 조수와 어패류의 살을 먹으며, 천지가 기르는 솜옷을 따뜻하게 입고 좋은 집에서 살고 있다. 의식주의 모든 것은 나라와 부모가 마련해 준다고 해도, 근본은 모두 천지가 창조한 것들이다. 사람은 이와 같이 천지의 끝없는 은혜를 받고 살며 만물의 영장으로서 큰 혜택을 받고 있다.

이렇게 큰 은혜를 입고 살면서 천지의 은혜를 모르면 너무나 어리석다. 천지의 은혜를 잊고 사람으로 태어난 것을 귀하게 생각하지 않으면, 그런 사람은 큰 은혜를 배반한 배신자와 같은 것이다. -인생훈-

사형이 확정된 어느 사형수가 교도관에게 책좀 빌려 달라고 하면서 다음과 같이 말했다고 한다. "오늘 하루 이 세상에 살자면, 하루 분의 음식을 먹고, 하루 옷을 빌려 입고, 하루 집에서 산다. 그러므로 하루의 학문, 하루의 할 일을 해서, 천지만물에 은혜를 갚지 않으면 안 된다. 그러니 허락한다면 책을 빌려주기 바란다."

인간이 행복하게 되기 위해 없어서는 안 될 조건이 노동이다.
-톨스토이-

노동의 행복

청년들에게 권할 만한 세 마디 말이 있다. "일을 해라. 일을 해라. 일을 해라."   -비스마르크-

아버지는 늘 내게 다음과 같은 이야기를 들려주었다.

당시 우리 집 부근에 매우 부지런한 노인이 살고 있었다. 그 노인은 매우 일하기를 좋아해서 아침에는 새벽닭이 울 무렵에 일어났고, 저녁에는 별이 떠야 자리에 들어갈 정도로 연중 열심히 일을 했다. 그 결과 상당한 재산도 모으게 되었다. 그러나 노인은 가난할 때와 마찬가지로 부자가 되었다고 사치하지 않고 게으름을 피우지도 않고, 변함없이 아침부터 저녁까지 열심히 일만 했다. 그러자 사람들은 모두 이상하게 생각했다. "저 노인은 무슨 재미로 저렇게 흙투성이가 되도록 일만 하는 것일까? 가끔은 꽃구경도 가고, 맛있는 음식도 먹으면서 좀 쉬어도 재산이 줄지는 않을 텐데, 계속 일만 하고 있는 걸 보면 너무 욕심이 지나친 거 아냐." 하며, 욕을 하는 사람도 있었다.

그래서 어떤 사람이 노인을 보고 "어르신께서는 이미 재산도 많이 모으셨는데, 일좀 적당히 하시고 노후를 즐겁게 보내시는 것이 어떻겠습니까?" 하고 묻자, 노인은 다음과 같이 대답했다. "나는 열심히 노력하며 내 일을 해나가는 것보다 더 재미있는 일은 없네. 나는 일하는 것을 가장 큰 행복으로 삼고 있다네. 그리고 일을 하던 도중 일의 열매가 생겨났다네. 소위 세상 사람들이 말하는 재산이라는 것 말일세. 그러나 나는 이 재산을 위해 일하는 것도 아니고, 재산을 모으려는 욕심도 없다네. 다만 일하는 것이 좋아서 일을 할 따름이네."라고 했다. 이름 없는 평범한 사람의 말이라고 그냥 넘기면 그만이겠지만, 그 속에는 참다운 진리가 숨어 있다.   -인생훈-

'나는 무엇 때문에 이 세상에 살고 있을까?' 하는 것을
생각하면 내 할 일이 생각난다.   -인생훈-

본분을 지켜라

인생의 목적이 무엇인가를 알아서, 이것을 쉽게 풀어쓰기란 내 능력 밖에
일이라 나로서는 불가능한 일이지만, 나는 늘 평소 다음과 같은 생각을 하고
있다. 즉, 추상적인 인생의 목적이 무엇인가 하는 문제를 해결하기 위해 머리
를 싸매는 일보다, 구체적으로 '나는 무엇 때문에 이 세상에 살고 있을까?'
하는 것을 생각하고 싶다. 원래 큰 문제는 가까운 곳에서 시작해서, 먼 곳으
로 이르는 것이 해결의 바른 방편이다.

인생의 목적이라는 큰 문제를 해결하는데, 나는 무엇 때문에 이 세상에 살
고 있나 하고 자신에게 물으면, 그 답은 무엇을 하면 가장 마음을 편하게 할
수 있을까 하는 생각이 떠오르게 된다. 칼라일은 "세상에서 불행을 호소하고,
항상 불만을 토로하고, 혹은 번민에 빠져드는 대부분의 사람들은 모두 자신을
망각하고 있기 때문이다."라고 했다. 자신을 잊는다는 것은 좋은 의미로도 해
석되나 대다수는 자신의 본분을 잊고, 할 일을 게을리 하고, 공상에 빠져들
며, 얻을 수 없는 것을 바란다. 그래서 항상 고민 속에서 헤어나지 못하는 것
이다.   -인생훈-

자기의 현재 의무가 무엇인지 확실히 아는 사람은 인생의 의무와 목적을 해
결하는 길로 나가는 자라고 생각한다. 그래서 앞에서 말한 인생의 목적이 무
엇인가를 해결하기 위해, 자기의 삶의 목적을 먼저 해결하는 것이 순서라고
생각한다. 자기 생애의 목적을 판단하는데, 그저 자만에 빠져 있으면 바른 판
단이 나오지 않는다. 내가 사는 곳, 하고 있는 직업 등 가까운 주변에서 내가
할 의무라면 아무리 적은 일이라도 이 사람이 아니면 안 된다고 할 때 나는
내 의무를 다하고 있는 것이다.   -인생훈-

우리들은 우리들이 모르는 것조차 모른다.
-아르케시라오스-

무지에 대하여

무지를 두려워 말라. 다만 거짓 지식을 두려워하라. 세계의 모든 악은 거짓 지식에서부터 일어나는 것이다.　　　-공자(孔子)-

무지를 두려워하라. 그러나 그 이상으로 그릇된 지식을 두려워하라. 허위의 세계에서 그대의 눈을 멀리하라. 자기의 감정을 믿지 말라. 감정은 자기 자신을 속이는 수가 있다. 그러나 그대 자신에게 있어서 내면적인 영원한 인간성을 탐구하라.　　-석가모니-

조그만 지식을 가지고 그것으로 무엇이든 알고 있는 것같이 생각하는 사람들과 비교한다면 전혀 아무 것도 모르는 사람, 그리고 극히 드물게는 밝은 볼 수 없으나 자신의 무지를 아는 사람은 얼마나 커다란 은혜를 갖고 있는 것일까? 진정 얼마나 커다란 은혜를 갖고 있는 것일까?　　-H. D. 소로-

어찌된 일인가, 내가 아직 무엇인가 모르는 일이라도 있는 것일까? 이것은 진정 무지(無知)가 하고 있는 방식이다. 무지는 늘 이와 같은 표현 방식을 취한다. 즉, 무엇이든 자기가 모르는 때에는 자기가 모르는 그 일을, 이것은 어리석은 일이다라고 무지는 늘 그렇게 말한다.　　-L. N. 톨스토이-

무지와 무심이야말로 잘 만들어진 두뇌를 쉬게 하는 데 얼마나 마음 편하고 부드럽고 건강한 베개인가?　　-M. E. 몽테뉴-

불평과 잔소리의 한마디 한마디는 당신 집안에 한삽 한삽씩
무덤 구멍을 파들어 간다.   -R. 라이트-

불평하지 말라

우리들의 내부에는 불평 불만의 기관이 있다. 마치 반대와 회의의 기관이
있는 것과 같다. 그것에 양분을 주고 그것을 단련하면 할수록 점점 힘이 세어
지고 나중에는 한 개의 기관에서 종기로 변형하여, 그 주위에 유해한 부식(腐
蝕) 작용을 일으키고 모든 좋은 요소를 파먹고 만다.

그래서 후회, 비난, 기타의 불합리가 거기에 가해져서, 우리는 타인이나 자
기 자신에 대하여 올바른 길을 잃어버린다. 타인이나 자기의 완성 등에 대한
기쁨을 잃고 절망한 나머지 드디어 일체의 해악의 원인을 우리의 외부에서 찾
으려고 한다. 일체의 나쁜 원인을 자기 자신의 배리(背理) 속에서 찾으려 하
지 않고 우리의 외부에서 찾으려 한다.   -괴테-

괴로워도 불평을 하지 말라. 사소한 불행은 눈감아 버려라. 어떤 의미에서
는 인생의 큰 불행까지도 감수하고, 목적만을 향해 똑바로 전진해야 한다.

-V., 고흐-

늘 불평을 하고 남의 욕을 입에 올리는 사람이 성공한 예는 없다. 어느 한
가지 일에 성공한 사람을 보면, 그들은 자기의 혀를 조절할 줄 알았던 것이
다. 쓸데없는 말을 입에 올리지 말아야 한다. 묵묵히 자기 자신을 채찍질하면
서 나아가는 동안에 비로소 사람은 운(運)을 만날 수 있다.   -C. 탈레랑-

세상이 자기를 행복하게 해 주지 않는다고 불평하는 것은 이기적(利己的)
인 병이다. 이러한 사람은 행복을 소비할 것만 생각하고, 행복을 생산할 것은
생각지 않고 있다.   -G. B. 쇼-

정신이 꺾인 사람은 희망이 없다.
-구약성서-

정신에 대하여

정신이란 소위 '나'라는 왕국의 주권자이며, 그 지배 여하는 '나'의 의식과 가치관에 영향을 준다. 그래서 우리들은 정신 수양을 게을리 해서는 안 된다. 우리들이 아무리 신체를 단련하고 건강을 유지하고 발육을 촉진해도, 우리의 체력은 도저히 금수(禽獸)를 따라갈 수 없다.

다만 우리들에게 정신이 있기에 정신적 생물로서 금수보다 우월하고, 사람이 사람다운 면목이 있는 것이다. 만일 우리들에게 정신이 없었다면, 거친 자연 속에 일 보도 나가지 못하고, 또한 찬란한 문화도 만들 수 없으며, 보람된 인생을 살 수도 없을 것이다.

사람이 사람다운 것은 바로 정신 때문이다. 사람을 소우주라고 표현한 철학자의 말은 너무나 타당하다고 본다. 왜냐하면 사람이란 마음먹기에 따라 일체 만물을 내 마음속에 담을 수가 있기 때문이다. 그래서 맹자는 "만물이 내게 갖추어져 있다."라고 하였다. 이는 모두 정신의 고귀한 존재를 두고 한 말이다.   -인생훈-

우리들의 정신은 발전의 가능성을 갖고 있다. 따라서 우리들이 능동적으로 그 발전에 주의를 기울이면 놀라울 만큼 발전해 나가는 것이다. 기독교에서는 사람에게 신성(神性)이 있다 하였고, 불교에서는 사람에게 불성(佛性)이 있다고 하였다. 그것은 우리들이 참고해서 우리의 정신을 그러한 성품에 도달시키라는 말이기도 하다.

우리들이 정신 발전에 관여하는 능동적인 주의는 교양을 쌓는 것이며, 행동적 주의는 교육이다. 인간 가치의 고하는 주로 정신 발전의 척도로서 정하는 것이니, 수양(修養)과 교육(敎育)은 사람의 가치를 좌우하는 힘을 갖고 있는 것이다.   -인생훈-

정열은 냇물의 흐름과 같다. 얕으면 소리를 내고, 깊으면 소리가 없다.   -W. 롤리-

정열에 대하여

모든 인간적 실재는 자기의 대자(對自) 존재를 즉자(卽自), 대자 존재에 변형시키는 직접적인 기도(企圖)인 것이다. 그것은 존재를 근거화하기 위해서, 또 그와 동시에 자기 자신의 근거——종교가 신이라고 부르는 저 자기 원인자——이면서 우연성은 모면해 있는, 즉 자존재를 구성하기 위해서 자기를 잃어버릴 것을 기도하는 한에 있어서 하나의 정열인 것이다.

그리하여 인간의 정열은 그리스도의 수난의 역(逆)인 것이다. 왜냐하면 인간은 신이 태어나기 위해서 인간으로서의 자기를 잃어버리기 때문이다. 그러나 신이라고 하는 관념은 하나의 모순이다. 따라서 우리들은 덮어놓고 자기를 잃어버리려고 하는 것이다. 인간은 정말로 쓸데없는 정열인 것이다.

-J. P. 사르트르-

정열은 결함인가, 미덕인가, 둘 중의 하나다. 다만 어느 쪽이든 도를 넘고 있을 뿐이다. 큰 정열은 희망이 없는 병이다. 그것을 낫게 하는 것이 도리어 그것을 아주 위험하게 한다.   -괴테-

정열은 우리들이 거기에 대해서 명확한 판별된 관념을 가질 때에는 정열이 아니다.   -B. 스피노자-

정열을 가지고 연애를 해 본 일이 없는 사람에게는 인생의 반쪽, 그것도 아름다운 쪽을 모른다.   -스탕달-

정열이란 인생의 한 우연으로 이루어진 일에 지나지 않는다. 이 우연은 뛰어난 인간의 마음에서만 일어난다.   -스탕달-

군자는 모든 것을 반성해서 허물을 자기에게 구한다.
-논어-

교만하지 않는다

군자는 남이 자기를 알아주지 않는다고 마음쓰지 아니하며, 일이 잘 이루어
지지 않는다고 근심하지 않는다. 일이 이루어지지 않는 것은 자기의 능력이
미치지 못하기 때문이다.   -논어(論語)-

군자는 모든 것을 반성하며 허물을 자기에게 구하지만, 소인은 자기는 놓아
두고 오직 남만 탓한다. 나를 탓하는 자는 도가 날로 발전하지만, 남만 탓하
는 자는 욕심이 날로 늘어간다.   -논어(論語)-

긍(矜)은 자기를 엄중히 지키는 것을 말한다. 군(群)은 대중과 함께 무리
지어 즐기는 것을 말한다. 당(黨)은 사욕을 갖고 패거리를 짓는 것을 말한다.
군자는 몸을 지키기에 엄중하지만 남과 다투려는 마음이 없고 많은 사람들과
친하며, 자기 혼자만의 욕심을 부리지 아니한다.   -논어(論語)-

태(泰)는 안긍(安矜)이며 편안하게 뻗어나가는 것을 말한다. 교(驕)는 교만
하고 남에게 뽐내는 것을 말한다. 이것들을 군자는 자득(自得)하고 마음대로
억제하지만, 소인은 물욕에 눈이 어두워 욕심대로 하고 있다. 그래서 군자는
위덕(威德)을 갖춘 사람이다.

어느 날 소크라테스가 친구와 함께 시내를 가던 중, 아는 사람을 만나 공손
히 인사를 했으나 상대방은 거만하게 답례도 하지 않고 그냥 지나가 버렸다.
그러자 동행하던 친구가 그 사람의 무례에 대해 크게 노하였다. 그러자 소크
라테스는 웃으면서 "자네는 외모가 미운 사람을 만나면 화를 내겠는가? 그와
같이 마음이 미운 사람을 만나도 별로 화낼 일이 아닐세."라고 했다.

12

열한 번째

시간은 없다. 우리들이 움직이는 것이다.

세월은……

오늘 배우지 않아도 내일이 있고, 올해 배우지 않아도 내년이 있다고 말하지 말라. 나날은 지나가고 해는 나를 기다려 주지 않는다. "아아, 늙었구나!" 한들 그것이 누구의 잘못인가?　　-주희(朱熹)-

성년(盛年)은 거듭 오지 않고, 하루에 새벽은 두 번 오지 않는다. 배울 때 열심히 배워야 한다. 세월은 사람을 기다려 주지 않는다.　　-도연명(陶淵明)-

시간은 흘러간다. 우리들은 그렇게 배웠지만 시간은 없다. 우리들이 움직이는 것이다.　　-인생훈-

공자께서 강 언덕에 다다라서 흐르는 물을 보고 말씀하시기를, "모든 것 지나가는 것이 마치 이 강물과 같이 밤낮으로 흘러 조금도 쉬는 법이 없다. 광음(光陰)도 이와 같아서 한 번 흘러가면 다시 돌아오지 않는다. 그러므로 학문에 뜻을 둔 사람은 잠시도 쉬지 말고 촌음(寸陰)을 아껴서 공부하지 않으면 안 된다."라고 하셨다.　　-논어(論語)-

시드니 스미스는 말하기를, "청년은 시간의 소중함을 모른다. 만일 그들이 72세까지 산다면 그들의 생활은 다음과 같을 것이다. 일 주야의 한 시간은 3년에 해당되니, 대체로 27년간 잠을 자고, 9년간 화장을 하고, 9년간 음식을 먹고, 6년간 아이들과 놀고, 9년간 산책을 하고, 6년간 장사를 하고, 3년간 싸움을 한다." 세상 사람들이 모두 다 이와 같지는 않지만, 이와 큰 차이도 없을 것이다.　　-청년훈-

366

사람들이 불행한 것은 자기가 행복하다는 것을 모르기 때문이다. -도스토예프스키-

인생은 행복하다

인생이란 어떤 처지에 처해 있어도 그 어느 것에 비교할 수 없을 만큼 행복하다. 만일 우리들이 인생은 악이라고 한다면, 그것은 이보다 더 낮은 인생을 생각하고 그것과 비교해서 악이라고 하는 것인데, 우리들은 더 낮은 인생이 무엇인지 알 수 없고, 그런 인생이 어디 있는지도 모른다. 그래서 우리들은 우리들의 이 인생이 어떠한 것이든 우리들에게는 최상의 행복인 것이다.

-인생훈-

우리들의 생활이 행복하지 않다고 말하는 경우, 우리들은 그 말의 뜻에서 필연적으로 우리들의 인생보다 더 행복한 인생을 알고 있다는 것을 의미하는 것이 된다. 그러나 우리들은 우리들의 인생보다 더 낮은 어떠한 행복도 모르고, 또한 알 수도 없다. 그러므로 만일 인생이 우리들에게 행복하지 않다고 생각된다면, 그것은 결코 인생의 죄가 아니라 그대 자신의 잘못이다.

-톨스토이-

만일 자기의 처지를 만족할 수 없다면 우리들은 그것을 두 가지 수단으로 고칠 수가 있다. 자기 생활의 여러 가지 여건을 더 낮게 하거나, 자기의 정신 상태를 더 좋게 하는 것이다. 전자는 언제라도 할 수 있는 것은 아니지만, 후자는 자기의 마음 여하에 따라 언제라도 할 수 있는 것이다. -에머슨-

우리들은 내가 태어난 이 인생에 대해 내가 할 의무가 있다. 이 의무, 즉 직분(職分)만이 진리이다. 이 의무와 직분을 다 하는 것 외에 더 성실한 행동은 없다. 직분(職分)은 지극한 인생의 종국이며, 목적이다. 진실한 기쁨은 이 직분을 다할 때 스스로 생겨나는 것이다. -스마일스-

양서는 우리들의 영감을 고쳐시켜 심경을 크게 하고 인생의
가치를 증대한다.   -도스토예프스키-

독서에 대하여

고릴라가 숲 속에서 칸트의 《순수이성 비판》이나 베이컨의 《신법식》 등의 책을 읽는 것을 보았다면 깜짝 놀라면서, "고릴라가 책을 읽는다."라고 큰소리로 외칠 것이다. 고릴라와 인간과의 지식상의 차이는 무엇일까 생각해 보라. 고릴라와 다른 동물은 읽을 줄 모르기 때문에 읽지 않는다. 그런데 인간은 읽을 줄 알면서도 읽기를 싫어해서 읽지 않는다. 그렇다면 읽을 수 있는데도 읽지 않고 무식으로 만족하는 현대 문화인과 비교해서, 읽을 수 없기 때문에 안 읽는다고 변명할 수 있는 고릴라가 더 존경스럽지 않겠는가?

모든 사람은 학교 교육을 받지만 전문학교 졸업자 대부분의 정신 상태는 어린애와 별로 차이가 없다. 학교 교육을 받은 다음 생활을 위해 일을 하며, 의식주를 해결하기 위한 직업에 몰두하기 때문에 정신을 향상시키는 방면의 발달은 거의 중지된다. 학교를 졸업하고 먹는 것을 중지한다면, 생활을 유지할 수 없다. 학교를 졸업한 다음 독서를 중지한다면 정신상의 교양이 결핍되어 절대로 이 사회에 중요한 인물이 될 수 없다.

사색하지 않고 독서한다면, 그것은 마치 좋은 경치를 만나도 그를 보지 않고 지나치는 것과 같다. 사색을 하기 위한 독서는 가치가 있다. 마음에도 양식을 주지 않으면 안 된다. 마치 그대의 근육도 영양을 주지 않으면 활동을 못하는 것과 같은 것이다. 그대들의 머리에 역사의 지식과 과학의 지식 없이는 활동을 할 수 없다. 또 인간의 정신은 영감 없이는 발달할 수 없다. 위대한 시인, 위대한 사상가들로부터 영감을 받을 필요가 있다.

-뉴욕 아메리칸지-

그 어떤 사람에게 있어서도 과거는 역사에 맡기는 편이 훨씬 좋을 것이라고 생각된다.   -W. L. S. 처칠-

과거에 대하여

이미 흘러간 물로는 물방아를 돌릴 수 없다. 그것을 고민한다고 해서 흘러간 물이 다시 오지는 않는다. 슬프거나 분해도 과거는 과거로 묻어 버리고 오늘로 생활해야 한다. 과거의 한 토막으로 날이면 날마다 새 날을 더럽혀서는 안 된다. 백 명의 임금의 권력을 모아도 지나간 과거를 다시 불러올 수는 없다. 어찌 그 지나간 일로 해서 괴로워하고 슬퍼하는가 !   -B. 프랭클린-

과거는 과거로서 파묻어 버려야 한다. 과거에 연연하고 그 불만과 슬픔으로 현실을 덮지 말라 ! 이미 톱질이 끝난 톱밥은 다시 톱질할 수 없다. 과거는 톱밥과 같은 것이다. 이미 끝난 일에 대해 근심하고 슬퍼하는 것은 톱밥을 다시 톱질하는 것처럼 소용없는 짓이다.   -F. 셰드-

과거에 대해서 슬퍼하고 아쉬워하는 이유 중의 하나는, 기록되지 않은 수많은 암시적인 소음이 과거에는 있었으나, 아무런 흔적도 남기지 않고 사라졌다는 것을 인식하는 데서 오는 것이다.   -L. 트릴링-

시간이라는 강물이 흘러가는 둑에 인간 세대의 슬픈 행렬이 천천히 무덤을 향해서 나아간다. 그러나 과거라는 고요한 고장에는 피로한 방랑자가 휴식을 취하고, 그들의 울음은 들리지 않는다.   -러셀-

문학이 위안을 주는 이유의 하나는 그것이 갖는 비극이 모두 과거에 있고 노력이 미치지 못하는 곳에 있으므로, 완결과 안온을 구비하고 있기 때문이다. 슬픔이 날카로워질 때 그 모든 것을 오랜 옛날에 일어난 일로 보는 것이 가장 유익하다.   -러셀-

고운 마음씨가 없다면 부부의 사랑은 오래도록 유지되지 못한다. -에머슨-

배우자의 선택

현명한 사람은 '미인'이라는 것을 결혼의 목적으로 삼지 않는다. 미는 처음에는 가장 매력적인 집착이지만, 뒤에는 별로 대단한 것이 못 되고 만다. 그러나 나는 굳이 미를 무시하라는 말은 하지 않는다. 만일 다른 모든 조건을 다 구비했다면 맵시와 얼굴이 아름다운 것은 건강의 발로이기 때문이다. 그러나 품성(品性)이 나쁜 부인, 아름다운 감정과 호의(好意)가 없는 여자를 아내로 맞는 사람은 가장 불쌍한 사람이다.

아무리 아름다운 경치도 매일 보면 싫증이 나는 것과 같이, 아무리 잘 생긴 미인도 그녀의 아름다운 성질이 빛나지 않으면 금방 싫증이 난다. 오늘의 미인은 내일의 평범(平凡)이 된다. 그러나 보통의 용모를 갖고도 성품의 아름다움을 간직한 여인은 영원한 사랑을 불러일으킨다. 뿐만 아니라 이런 종류의 사랑은 나이가 드는 데 따라 더욱 가중되어, 소모되기는커녕 더욱 원만해져 가는 것이다.

결혼해서 대략 일 년쯤 지나면 남녀 서로가 배우자의 얼굴이 표준미를 갖추고 있나 없나를 거의 따지지 않게 된다. 그러나 그들은 상대방과의 마음이 맞나, 맞지 않나 하는 것은 더욱 따지게 된다. 나는 찌푸린 얼굴을 하고 있는 사나이를 보면 그 사람의 부인을 동정하는 마음 금치 못한다. 그러나 밝고 화사한 얼굴을 한 남자의 얼굴을 보면 그 사람의 친구와 가족, 그리고 친척들이 너무나 행복하다는 것을 알 수 있다.   -스마일스-

죽을 때까지 사랑한다는 것은 마음뿐, 용모의 아름다움이란 오래 가지 않는 법이다. 고운 마음씨가 없다면 부부의 사랑은 오래도록 유지되지 못한다. 마음이 고운 사람이 진정한 미인이다.   -에머슨-

일어나서 활동하라. 그러면 네 마음에 신이 자리잡을 것이다.
-구약성서-

땀의 가치

일이란 실천적 성격을 양성하는 가장 좋은 교사이다. 훈련, 순종, 자제, 주의, 근면 등의 덕목은 이것으로 환기된다. 노동은 인류 최대의 법칙이며, 개인과 국민을 향상시키는 살아 있는 도(道)이다. 대다수의 사람들은 그들의 생존을 위한 필수조건으로 자신의 손발을 움직이며, 무슨 일이든 해야만 한다. 그러나 이러한 인생의 즐거움을 정당하게 받으려 하는 사람도 무슨 방법으로든 일하지 않으면 안 되는 것이다.   -스마일스-

인간의 땀으로 밭은 경작되고, 금은은 채굴되고, 바다의 산물도 산의 산물도 얻어지는 것이다. 땀이 있는 곳에 인간의 사업이 있다. 땀이 없는 곳엔 오직 향락이 있을 뿐이고, 타락이 있을 뿐이다. 땀의 가치에 대해서는 지금 새삼스럽게 말할 필요조차 없다. 사람의 건강에 대해서도 의사니 약이니 위생이니 하지 말고, 다만 매일 땀을 흘릴 궁리를 해 봐라. 매일 땀을 흘리면 인간은 절대로 모진 병에 걸리지 않는다. 이런 점으로 미루어 보면 일하는 사람은 보이지 않는 가운데 하늘의 복을 많이 받고 있는 셈이다. 노동자가 아닌 자는 스스로 노력해서 땀을 흘려야 한다. 여러 가지 운동은 모두 이 때문에 하는 것이다. 천천히 걸으면 아무 소용이 없다. 땀이 날 정도로 걸어야 한다. 평지보다 경사진 산길을 걷는 것이 더 좋다. 험한 길이면 험할수록 좋고, 험로(險路)를 2,3킬로미터 올라가면 땀이 많이 난다.   -인생훈-

사람은 그가 흘린 땀으로 행복하게 될 수 있다. 그러나 땀흘리기를 몹시 싫어한다. 몸을 아끼는 자는 몸을 망치고, 몸을 던지는 자는 도리어 몸을 구하게 된다. 사람이 그 한 몸을 아끼지 않는다면 하지 못할 일이 무엇인가?
-동양 명언-

12

열일곱 번째

많은 인간은 과오를 피하는 것보다도 과오를 뉘우치는 편을
미덕으로 삼는다.   -G. C. 리히텐베르크-

과실(過失)에 대하여

우리들 사상의 모두는 생애의 일순간에 지나지 않는다. 만약 산다고 하는
것이 자신의 잘못을 바르게 하고, 편견을 정복하고, 사상과 마음을 나날이 확
대하기 위한 것이 아니라면, 그것은 우리에게 무슨 소용이 있겠는가? 여유를
가져야 한다. 만약 우리들에게 잘못이 있더라도 잠시 동안 용서해 주기 바란
다. 우리들은 자신에게도 잘못이 있다는 것을 알고 있다. 그리고 자기의 잘못
을 인정할 때는 제군들보다 더 엄격하게 그것을 책할 것이다. 우리들은 매일
다소라도 진리에 가깝게 가려고 노력하고 있는 것이다. 세인(世人)은 때로 인
격과 명성을 동일시하고 혼동하기 쉽다. 인격은 그 사람이 갖춘 마음의 자태
이지만, 명성은 다만 그 사람의 인상을 남이 마음대로 평판하는 외부적 소리
이다.   -R. W. 에머슨-

과오는 인간에게만 있다. 인간에게 있어서의 하나의 진실은 과오를 범하고,
자기나 남이나 사물과의 올바른 관계를 찾아내지 않는 것이다.   -괴테-

남의 과실을 찾아내기는 쉬운 일이지만 자기의 잘못을 인정하기는 매우 어
려운 일이다. 세상 사람들은 남의 과실에 대해서 이러니저러니 말을 하면서
자기의 잘못은 요술쟁이가 소매 깃으로 물건을 감추듯 감추는 것이다. 세상
사람들은 남의 욕을 하기 좋아한다. 남의 행동 중에서 다만 그 잘못한 것에만
시선을 던지고 있다. 그러나 그러는 사이에 그 사람 자신은 욕심에 불타며,
그 욕심 때문에 잘잘못을 헤아릴 생각이 없고, 따라서 자기 자신을 좋은 사람
의 위치에서 점점 멀어지게 할 뿐이다.   -J. 바타-

친구 따라 강남 간다.
-한국 속담-

친구가 되기

만장(萬章)이 묻기를 "친구가 되는 도는 무엇입니까?" 하니, 맹자께서 말씀하시기를 "자기가 연장자라는 것으로 능멸하지 않고, 자기의 우월함을 갖고 교만하지 않고, 자기 형제들이 높은 사람이라는 것으로서 뽐내지 않는다. 이렇게 하는 것이 친구를 대하는 길이다. 친구가 되는 것은 그 사람의 인덕(人德)을 친구와 함께 하는 것이며, 자기를 과시하고 뽐내는 것이 아니다. 노나라의 현대부(賢大夫) 맹헌자(孟獻子)는 백차(百車) 백승(百乘)을 자랑하는 가문이었으나, 그에게는 다섯 사람의 벗이 있었다. 한 사람은 악정구(樂正裘)라 하고 다른 한 사람은 목중(牧仲)이며, 나머지 세 사람은 이름을 잊었다. 그런데 맹헌자가 이들 다섯 사람과 교재를 할 때는 자기의 가문과 지위를 모두 잊고 교재를 했다. 그래서 그 다섯 친구들도 맹헌자의 가문 따위는 안중에도 없었다. 만일 맹헌자에게 가문을 자랑하고 과시하는 마음이 있었다면 그들과 같은 좋은 벗은 구할 수가 없었을 것이다."라고 했다.　　-맹자(孟子)-

세상 사람들은 모두 친구와 서로 잘 사귀고 친하게 지내기를 바라고 있다. 소인이 친구와 교재를 하려 할 때, 한 마디 말이 서로 맞지 아니해도 성내고 원망하는 마음이 쉽게 생겨 풍파가 그 위에 따라서 일어나고, 또한 쉽게 감정이 격동하며 상대를 비방한다. 그러나 마음에 덕이 있는 사람은 마음이 넓고 깊어서 친구와 사귈 때 애정과 정이 두터우며, 물과 같이 담백해서 사람이 오래 마셔도 싫증이 나지 않는 것과 같이 담담하면서도 오래간다. 결코 친구를 원망하고 성내는 일이 없다.　　-소학(小學)-

사람이 태어날 때는 한 푼도 갖지 않고 태어났다. 갈 때 역시 한 푼도 가지고 가지 못한다.

안분(安分)에 대하여

　욕심이 많은 사람은 많은 돈을 분배받아도 옥을 얻지 못한 것을 불평하고, 공(公)에 책봉되어도 후(侯)가 되지 못한 것을 불평하며, 권문 부호의 몸이면서 거지와 같은 비열한 마음을 갖고 산다. 그러나 마음에 족함을 아는 사람은 소박한 음식도 산해(山海)의 진미보다 더 맛이 있다 하며 고맙게 먹고, 허름한 옷이라도 고귀한 가죽옷보다 더 따뜻하다고 즐거워하며 만족한다. 그래서 그런 사람은 일개 서민이면서도 마음은 왕후나 귀족에 못지 않은 고귀함이 있고 즐거움이 늘 있다.　　-채근담-

　같은 사람으로 태어나도 부귀한 사람도 있고 빈천한 사람도 있다. 부귀한 사람은 교만하지 말고 남을 능멸하지 말며, 남에게 베푸는 것을 즐거움으로 삼아라. 빈천한 사람은 타고난 운명이라 생각하고 자기 분수를 알아 만족하며 살아라.

　소나무는 키가 수십 자에 이르고, 평지의 교목은 불과 몇 자에 불과하다. 같은 나무라도 키가 크고 작은 것은 태어날 때부터 정해진 운명이기 때문이다. 그러므로 몹시 가난한 사람이라도 그것이 자기에게 주어진 분수라 생각하고 근심 속에 빠져들지 말라. 팔자에 없는 부자를 꿈꾸지도 말라. 그리고 세상에는 나보다 못한 사람도 너무나 많다. 그 사람들을 내려다보며 자기 분수에 만족하라. 일없이 위를 쳐다보고 부러워하지 말라.

　같은 사람으로 태어나 장수하는 사람도 있고 단명한 사람도 있다. 사람의 목숨을 마음대로 할 수 없듯이 부귀도 마음대로 되는 것이 아니며, 모두가 타고난 분수이니 자기 분수에 만족하며 마음 편안하게 살아야 하는 것이다.

-낙훈(樂訓)-

무서운 것을 알고도 그것을 참고 겁내지 않는 자가 진실한
용자(勇者)이다.   -웰링턴-

진실한 용기

　일류 역사에 나타난 진보 발달은 모두 많은 반대와 곤란을 물리치고 이루어
진 것들이며, 모두 대담하고 용감한 사람들의 손으로 이루어졌다. 사상계의
선구자, 대 발견자, 큰 애국자, 각 방면에서 큰 사업을 완수한 자들은 모두
이러한 사람들에 속한다. 커다란 진리와 주의(主義)는 모두 비방과 공격과 박
해를 물리치고 그 도를 개척했으며, 많은 반대를 물리치고 민중의 공감을 얻
은 것이다. 하이네는 말하기를 "큰 인물이 그의 큰 사상을 발표하려 할 때는
반드시 십자가의 고통이 그것에 동반한다."라고 했다.   -스마일스-

　자로(子路)는 용기를 좋아했다. 그래서 공자님께 말하기를 "군자는 용기를
숭상합니까?" 공자께서 말씀하시기를 "군자는 물론 용기를 숭상하지만 의
(義)에 합당한 용기를 최상으로 생각하고, 그러한 용기를 숭상한다. 만일 의
에 합당하지 않은 것과 행해서 안 될 것에 용(勇)을 부리면 그 해는 적지 않
다. 그러므로 위(位)에 있는 사람이 용(勇)만 있고 의(義)로서 이를 제지하지
않으면, 일없이 세만 강해져서 반역을 하게 된다. 천하게 있는 소인들이 함부
로 용(勇)만 믿고 의(義)를 저버리면, 스스로 자기의 힘만 믿고 날뛰다가 결
국 도적이 되고 만다."라고 하셨다.   -논어(論語)-

　세상에는 갖가지 용기가 있지만 나는 고독과 고립을 이기는 용기야말로 참
으로 어렵고 소중한 것이라고 생각한다. 말하자면 정신적인 용기이다. 이에
반해서 가장 쉽고 쓸모 없는 용기는 물리적인 용기이다.   -이건호-

독서는 다만 지식의 재료를 줄 뿐, 그 자신의 것을 만드는
것은 사색의 힘이다.   -로크-

사색에 대하여

인간은 생각하기 위해서 살고 있다. 그러므로 인간은 한시도 생각하지 않고
는 있을 수 없다.   -B. 파스칼-

우리는 사색하는 것보다 더 많이 행동하게 되어 있다. 생각한 바가 행동을
유도하고 비치지 않는다면, 사색은 무의미한 것이 되고 만다. 인간의 존엄성
은 우리의 손에 달려 있는 것이다. 인간이 할 일은 인간의 존엄을 지키는 데
에 있다. 우리는 행동으로써 인간을 향상시키는 것이다. 개인이 타락할 때 인
류가 타락하는 것이 된다.   -실러-

나무에는 해마다 같은 열매가 달리지만 그것은 매번 새로운 열매이다. 마찬
가지로 사색에 있어서도 모든 항구적인 가치 있는 사상이 늘 새롭게 나타나지
않으면 안 된다. 그런데 현대도 회의주의라는 열매 맺지 못하는 나뭇가지에
진리의 열매를 매달고 익혀 보려고 애쓴다.   -슈바이처-

사색을 함으로써 우리는 본심을 잊는 일이 없이 열중할 수가 있다. 의지의
의식적인 노력으로써 우리는 행위와 그 결과에서 초연히 서 있을 수 있다. 그
리고 만사는 선이든 악이든 격류처럼 우리 옆을 지나간다. 우리는 자연 속에
완전히 휩쓸려 있지는 않는다. 나는 물결에 흘러가는 나무토막일 수도 있고,
또는 공중에서 그 나무토막을 내려다볼 수도 있다.   -H. D. 소로-

동지(冬至)

　　동지는 24절후의 하나이며, 일년 중에서 밤이 가장 길고 낮이 가장 짧은 날이다. 고대인들은 이 날을 태양이 죽음으로부터 부활하는 날로 여기고 축제를 벌여 태양신에 대한 제사를 올렸다. 《동국세시기(東國歲時記)》에 의하면, 동짓날을 아세(亞歲)라 하였고, 민간에서는 흔히 '작은 설'이라 하였다. 이는 태양의 부활을 뜻하는 큰 의미를 지니고 있어서 설 다음가는 작은 설의 대접을 받은 것이다. 동짓날에는 동지팥죽 또는 동지두죽(冬至豆粥), 동지시식(冬至時食)이라는 오랜 관습이 있는데, 팥을 고아 죽을 만들고 여기에 찹쌀로 단자를 만들어 넣고 끓인다. 동짓날의 팥죽은 시절식(時節食)의 하나이면서 축귀(逐鬼)하는 기능이 있다고 한다. 즉, 집안의 여러 곳에 놓는 것은 집안에 있는 악귀를 모조리 쫓아내기 위한 것이고, 사당에 놓는 것은 천신(薦新)의 뜻이 있다. 동짓날에도 애기동지에는 팥죽을 쑤지 않는 것으로 되어 있다. 동짓날 팥죽을 쑤게 된 유래는, 중국의 《형초세시기(荊楚歲時記)》에 의하면 공공씨(共工氏)의 망나니 아들이 동짓날 죽어서 역신(疫神)이 되었다고 하는데, 그 아들이 평상시에 팥을 두려워하였기 때문에 역신을 쫓기 위해 동짓날 팥죽을 쑤어 악귀를 쫓았다는 것이다. 동짓날 궁궐에 있는 내의원에서는 소의 다리를 고아, 백강, 정향, 계심, 청밀 등을 넣어서 약을 만들어 올렸다. 이 약은 악귀를 물리치고 추위에 몸을 보호하는 데 효과가 있다고 한다. 또 관상감(觀象監)에서 새해의 달력을 만들어 궁에 바치면 나라에서는 동문지보(同文之寶)라는 어새(옥새)를 찍어 백관에게 나누어주었다. 동짓날은 부흥을 뜻한다. 이 날부터 태양이 점점 오래 머물어 날이 길어지므로 한 해의 시작으로 보고, 새 달력을 만들었던 것이다. 동짓날 부적으로 사(蛇)자를 써서 벽이나 기둥에 거꾸로 붙이면 악귀가 들어오지 못한다고도 전해진다. 또 동짓날 눈이 많이 오고 날씨가 추우면 풍년이 들 징조라고 한다.　　-정상림-

12

스물세 번째

겨울은 사람을 더 깊이 품어 준다. 더 끌어당기지 않으면 사람도 계절도 더욱 참을 수가 없어서……. -김남조-

겨울에 대하여

섣달 그믐도 가까운 겨울밤이 깊어 가고 있다. 지금쯤 어느 단칸방에서는 어떤 아내가 불이 꺼지려는 질화로에다 연방 삼발이를 다시 놓아 가면서 오지 뚝배기에 된장찌개를 보글보글 끓여놓고, 지나가는 발소리마다 귀를 나발통처럼 열어놓고 남편을 기다리는 것인지도 모른다. 이런 따뜻한 정이 있어서 우리의 얼어붙은 마음을 훈훈히 녹여 주는 한겨울은 춥지 않다.   -노천명-

나는 겨울을 사랑한다. 겨울의 모진 바람 속에 태고의 음향을 찾아 듣기를 나는 좋아하는 자이기 때문이다. 그러나 무어라 해도 겨울이 겨울다운 서정시는 백설, 이것이 정숙히 읊조리는 것이니, 겨울이 익어 가면 최초의 강설에 의해서 멀고 먼 동경의 나라는 비로소 도회에까지 고요히 들어오는 것인데, 눈이 와서 도회가 잠시 문명의 구각(舊殼)을 벗고 현란한 백의(白衣)로 갈아 입을 때……. -김진섭(金晋燮)-

온갖 생물을 시들게 하고, 움츠러뜨리게 마련인 것으로만 우리가 알고 있는 그 서글프고 가혹한 추동(秋冬)이라는 계절이, 실상은 온갖 생물의 생명이 다시 움트고 소생함에는 없지 못할, 반드시 있어야만 되는 과정이 아닌가 하는 것이다. -윤치환(柳致環)-

겨울은 회상과 우울과 고독의 계절이다. 그것은 지나간 화려했던 계절을 돌이켜보고 해[年]가 지나가는 허탈감 속에서 차가운 밤바람 소리에 가슴 죄는 계절이며, 집 떠난 방랑자가 방랑의 고독을 다시 한 번 사무치게 느껴 보는 계절이다. -곽복록(郭福祿)-

378

의(義)가 있는 가운데 이(利)가 오면 의(義)에 해가 미치지
않는다.   -맹자-

이(利)와 의(義)

맹자가 어느 날 양혜왕(梁惠王)을 알현하였다.

그러자 왕이 말하기를 "선생께서는 천리 먼길을 멀다 않고 내게 왔소. 지금
세상의 현인들은 모두 나라를 이(利)롭게 하는 법을 설하는데, 선생께서도 우
리 양나라를 이롭게 하는 법을 설하시겠소? 빨리 선생의 부국강병책을 듣고
싶소."라고 했다.

원래 양혜왕에게 인의왕도(仁義王道)를 설하려는 생각으로 온 맹자는 알현
하자마자 이(利)라는 말을 듣고 마음이 자못 불편했다. 그래서 대답하기를
"왕이시여, 나라를 다스리는 데 이(利)라는 말을 너무 앞세우면 안 됩니다.
옛날 성현과 같이 대왕에게도 오직 인의(仁義)의 대도(大道)가 있을 뿐입니
다."라 하고 계속해서 "만일 왕은 왕으로서 나라를 이롭게 하려 하고, 대부는
대부 나름대로 자기 가문을 이롭게 하려 하고, 서민은 서민 나름대로 자기 몸
을 이롭게 하려 하면서, 상하 사람들이 서로 이익이라는 것만 주목하고 각자
이(利)를 구하려 한다면 국가를 위해서 매우 위험한 일입니다. 한때 병차(兵
車) 만승(萬乘)을 낼 만한 대국에서 만일 그 군주를 살해하는 자가 있다면,
그것은 반드시 병차 천승을 낼 정도의 영지(領地)를 받고 있는 그 나라의 가
로(家老) 집이 틀림없을 것입니다. 원래 만(萬) 가운데서 그 부하는 천(千)을
취하고, 천(千) 가운데서 그 부하는 백(百)을 취한다는 것은 봉록(俸祿)으로
서 매우 많은 것이나, 그렇게 많은 봉록을 받고 있는 부하가 적어도 의(義)라
는 것을 뒤로 돌리고 이(利)만을 안중에 둔다면, 결국 군주의 것이라면 무엇
이라도 다 빼앗아 가지 않으면 만족하지 않게 됩니다. 이(利)만을 주장하는
해(害)는 여기까지 이른다는 것을 미리 예측하지 않으면 아니 됩니다."라고
해서 양혜왕의 마음을 깜짝 놀라게 했다.   -맹자(孟子)-

크리스마스 이브가 되면 누구나 아름다운 계획을 설계한다.
-이어령-

크리스마스

크리스마스 이브에 착한 아이들에게 선물을 갖다 준다고 하는 산타 클로스가 사실은 도적들의 수호신으로 받들어지고 있었다. 우리들이 산타클로스라고 하는 것은 4세기경에 소아시아의 러시아에 살던 리라의 대승정(大僧正) 세인트 니콜라스로, 그는 바로 악한들의 수호신이었고 옹호자였다. 특히 도둑이나 강도들로부터의 신봉이 두터웠고, 소매치기들은 세인트 니콜라스 기사(騎士)라고 불렀다. 또 전당포에서도 그를 수호신으로 삼았고, 해적들은 그의 얼굴을 깃발에다 그렸고, 올드미스나 선원들은 그에게 행운을 빌었고, 제정 러시아에서도 그를 수호신으로 삼았다.   -문장백과-

크리스마스를 생각해 보라. '사탄'은 악의에 찬 마음으로 부정과 사기에 인기를 얻기 위한 전술까지 혼합하여 이 날을 만들었다. 이 날 수백만의 사람들이 아무 쓸모 없는 선물을 사기 위해 수백만 달러를 주고받는다. 수천 개의 상점 판매원들은 물건 팔기에 지쳐 죽을 것 같고, 서부의 모든 아이들은 과식으로 인해 고생한다. 이런 일들이 겸손한 그리스도의 이름으로 행해진다.
-U. B. 싱클레어-

디킨슨의 시대에는 그리스도의 성탄일을 과식(過食)과 만취(滿醉)로만 축하했었다. 종들을 제외하고는 아무도 선물을 받지 않았다. 오늘날의 크리스마스는 우리 자본주의 경제의 하나의 주된 도매상이다. 단순히 즐거운 한 계절이 꾸준한 선전 때문에 장기적인 예배 축제로 변해져서, 그 과정에서 모든 사람이 다른 모든 사람들과 선물을 강제적으로 교환하게 되고, 그 결과는 상인들이나 제조업자들만이 큰 치부를 하게 되었다.   -A. L. 헉슬리-

죽음이란 육체로부터의 해방이다.
-소크라테스-

소크라테스의 생사관

여러분, 나는 여러분들이 나를 사형에 처하지 않도록 탄원하지 않기를 바란다. 나는 고발자의 말을 시인한다. 즉, 내가 타인 이상 현명하며, 천상의 것도 지하의 것도 보통 사람 이상 그 신비와 통하고 있다는 비난을 시인한다. 나는 지금까지 죽음에 관한 일이 없어서 죽음을 모르고, 또한 죽음의 성질을 궁구(窮究)한 사람을 만난 일도 없으며, 또한 그런 사람으로부터 가르침을 받은 일도 없다. 죽음을 두려워하는 사람은 아마도 죽음을 알 수 있다고 상상하고 있다. 그러나 나는 죽음이 어떠한 것인지 알지 못하고, 또한 사람들이 저 세상에 가서 무엇을 하는지 알지 못한다. 그러나 그것은 한 장소에서 다른 장소로 유전하는 것인지도 모른다. 즉, 지금의 상태를 개선해서 위대한 고인들과 함께 살며, 부정하고 부패한 재판관들과 완전히 격리하는 것이며, 또한 그것은 우리의 존재를 멸진(滅盡)하는 것이다. 정말로 평화로운 밤에 들어간다는 것은 인간 상태의 개선이라는 점임에 틀림없다. 대체로 우리들은 조용한 휴식과 꿈 없는 깊은 잠 이상으로 우리 인생에서 더 좋은 것이 없다고 알고 있다. 이웃을 해치는 일이라든가, 신이나 사람이나 손윗사람에게 순종하지 않은 일 등, 내가 아는 한의 모든 나쁜 일에서 나는 주의하면서 피해 왔다. 나는 이 죽음을 두려워하지 않는다. 만일 내가 죽어 그대들을 이 세상에 남기고 가더라도, 과연 그대들이 행복한가 내가 행복한가 하는 것은 나나 그대들보다 신께서 가장 잘 알고 있을 것이다.   -몽테뉴-

소크라테스는 무고한 죄로 사형선고를 받았다. 그의 제자들은 너무나 슬퍼 그에게 탈옥을 권했다. 그러나 그는 "나는 반세기 동안 법에 순종하라고 설해 왔다. 그런데 지금 죽음이 두려워 내가 한 말을 깨뜨릴 수 있겠는가?"라고 했다.   -몽테뉴-

사람은 오로지 순종함으로써만 자연을 지배한다.
-F. 베이컨-

자연에 대하여

우선 우리는 자연에도 질서 정연한 논리가 있다는 점을 발견하게 될 것이다. 논리가 통한다는 것은 조화의 세계를 이룩하고 있다는 뜻이다. 논리가 있는 자연에는 불안, 소동, 혁명이 없음을 누구나 알아야 될 것이다.

-김성식(金成植)-

자연에 대한 다윈의 학설은 오류이다. 그는 자연을 느끼지 못했다. 자연은 생명이고, 생명은 곧 자연인 것이다. 나는 자연을 사랑한다. 고리고 나는 그것이 무엇인지를 안다. 나는 자연을 느끼고 자연은 또한 나를 느끼므로, 나는 그걸 이해하는 것이다. 자연은 신(神)이다. 그리고 나는 자연이다. 나는 살고 있다. 자연은 경이(驚異)이다. 자연은 내가 그걸 연구하는 걸 도와줄 것이라고 믿는다.   -V. F. 니진스키-

서양에서 일반적으로 생각하기를 자연은 오로지 무생물과 짐승에게만 속해 있고, 인간성이 시작하는 곳에는 갑자기 까닭 모를 불의의 파괴가 있다고 한다. 이 의견에 따를 것 같으면 존재의 규모에 있어 낮은 것은 오직 자연뿐이요, 따라서 지적(知的)이든 도덕적이든 간에 이에 완전한 표적을 가지고 있는 것은 무엇이든 인간성이다.   -R. 타고르-

우리를 둘러싸고 있는 이 대자연은 생명의 샘이다.   -R. 타고르-

자연은 언제든지 동정과 선심으로써 사람을 대한다. 그러나 그 동정, 그 선심을 동정과 선심답게 받을 만한 준비와 기력이 흔히 사람에게 부족하다.

-최남선(崔南善)-

여인은 사랑해 주기를 바랄 뿐 이해해 주기를 바라지는 않는다. -팔만대장경-

여자에 대하여

아무리 못난 여자라도 사귀고 보면 어딘가에 포근히 안아 주는 듯이 따뜻한 촉감이 느껴지기에 부락스러운 사내들끼리보다는 역시 이성이 좋았다. 어느 여성에게서나 거의 본능적으로 얼른 아름다운 점을 발견해 내는 의미로 본다면 현은 페미니스트인지도 모른다. 그러나 여자는 정도의 차이는 있을망정 모두가 한결같이 간악하다는 것도 현은 알고 있다. 간사한 웃음과 요염한 교태로 항상 사내들을 속이고, 매춘부가 될 수 있는 소질을 여자들은 선천적으로 타고났다는 것도 알고 있다. 그것은 이브의 전설 이후로 여성들이 숙명적으로 몸에 지니고 있는 죄악의 근원이다. -정비석(鄭飛石)-

여자는 사회를 직접 지배하지는 못하더라도, 남편을 통해 사회를 간접적으로 지배할 수 있는 위력을 가지고 있다. -정비석(鄭飛石)-

여자는 대지와 흡사해서, 상처받는 남자들은 모두 거기서 안식을 얻는다. -C. V. 게오르규-

너는 인생을 다 아는 것처럼 생각할지 모른다. 그러나 어미의 경험으로는 나이 들수록 인생이 몰라져 가는 것 같더라. 여자의 운명이란 사람에 따라 다르기는 하겠지만 대부분 구십 퍼센트 이상을 남자에게서 영향을 받는 것이 아니겠니? 그것이 사실인데도 여자들은 자기의 운명이 마치 자기 손에 있어야 하는 것처럼 생각하려는 데서 비극이 생기는 것이다. -박영준-

여자란 너희들의 경작지이다. 그러므로 너희들이 생각하는 대로 손대는 것이 좋다. -코란-

세월의 길이는 반드시 생애의 길이를 재는 진정한 척도가
아니다.   -스마일스-

세월 흐름에 대하여

사람이 나이를 먹는다는 것은 무엇을 표준으로 삼고 하는 말인가? 달력에
도 음력과 양력이 있고, 해에도 장단이 있다. 이러한 것으로서 사람의 노약
(老若)을 정하는 것은 단지 사람을 육체로 보고 하는 말이다. 그 중에는 닭
띠니, 소띠니 하면서 소란을 피우는 사람들도 있다. 물론 많은 사람이 모여
사회를 이루고 있는 이상, 편의를 위해 무엇인가 기준을 정해 두어야 할 것이
다. 그러나 이 노약(老若)을 반드시 태양 회전의 횟수만으로 헤아릴 필요는
없다.

그렇다면 나이를 먹는다는 것은 무엇을 말하는 것일까? 작년에는 이런 일
이 있었는데, 금년에는 그런 일이 없어졌다. 작년에는 술 때문에 실패했는데
금년에는 그렇지가 않다. 작년에는 남의 욕을 했는데, 금년에는 그것을 하지
않았다. 작년에는 남을 부러워하는 버릇이 있었는데, 금년에는 그것이 없어졌
다는 등 자기의 결심과 실천이 서로 합쳐져서 더 많은 향상과 발전을 실현했
다면, 그것이 바로 진실되게 나이를 먹은 것이다. 달력을 넘겼다고 반드시 나
이를 먹은 것이 아니다. 달력을 넘김으로써 먹는 나이는 헛된 나이이다. 진실
로 참된 나이를 먹으면 정신은 더욱 젊어지고, 노쇠하지 않고, 완숙해 가는
것이다.   -인생훈-

나를 보고 소년이라 불러 달라 하면 세상 사람들은 웃는다. 나는 왜 웃는지
그 이유를 알 수 없다. 소년이나 청년, 중년이나 노년이라는 것은 가상적으로
만든 구획이다. 그 모두는 한 줄로 연결된 것으로 확실한 구분이 없다. 그러
므로 나이를 많이 먹어도 마음만 어린이 같다면 소년이라 해도 죄가 되지 않
을 것이다.   -스마일스-

만나면 반드시 헤어져야 하는 것이 인생이 정한 운명이다.
-석가모니-

회자정리(會者定離)

　세존께서 많은 제자들을 가엽게 생각하고, 굳게 도를 지키도록 자비심을 갖고 설하셨다.

　"그대들은 슬퍼하지 말라. 비록 내가 이 세상에 사는 기간이 1겁(劫)이나 된다 해도 만난 자는 반드시 헤어지지 않으면 안 된다. 만나서 헤어지지 않는다는 법은 없다. 자기를 이롭게 하고 남을 이롭게 하는 법은 모두 설했다. 비록 내가 더 오래 머문다 해도 이 이상 아무 것도 더 설할 것이 없을 것이다. 구(救)하지 않으면 안 될 것은 하늘 위의 것이나, 땅 속 것이나 이미 다 구했다. 그리고 아직 구하지 못한 자는 후세에 구할 수 있도록 인연을 맺어 두었다. 금후 모든 제자들이 서로 전하면서 내가 설한 법을 행하면, 즉 이것이 부처님의 법이 몸에 존재해서 멸하지 않는 것이 된다.

　반드시 알아야 할 것은 세상은 무상하다는 것이다. 만나면 반드시 헤어지지 않으면 안 된다. 그것을 슬퍼해서는 안 된다. 세상의 모든 일은 다 이와 같다. 항상 전진해서 해탈을 구하고, 지혜의 빛으로 모든 어둠을 멸하고, 속히 이별 없는 피안에 도달하는 것이 좋다.

　세상은 항상 불안하다. 굳건한 것은 없다. 내가 지금 멸도(滅度)에 들어가는 것은 마치 나쁜 병을 퇴치하는 것과 같다. 이 몸은 반드시 버려야 하는 죄악의 껍질이다. 임시로 이름하여 '몸'이라 하지만, 생로병사의 바다에 잠시 떠 있는 허깨비에 불과하다. 지혜 있는 자라면 어찌 이것을 멸해서 원수를 물리치듯 기뻐하지 않으리오.

　그대들은 마음을 닦아 미혹의 불길에서 떠나는 것이 좋다. 일체 세간의 법은 모두 변하는 것이다. 그대들 잠시 조용하라. 때가 왔다. 나는 멸도(滅度)할 것이다. 이것이 내 최후의 교훈이다."

　그리하여 석가모니는 입멸(入滅)에 들어갔다.　　－불교 성전－

조용히 지난 365일을 돌이켜보며 새로운 계획을 세워 보자.

지난 한 해를 돌아보며

　설날과 섣달 그믐 사이는 열두 달 365일, 멀다고 하면 멀지만 다른 각도에서 보면, 설날의 전날이 그믐날이 아닌가? 더욱 엄밀히 말하면 설날과 그믐날의 경계는 108번뇌의 종이 울리느냐, 아니냐 하는 불과 얼마 되지 않는 한순간이다. 이와 같이 견해의 차에 따라 365일도 먼 것 같기도 하고, 또한 한순간과 같이 짧기도 하다. 큰 기쁨과 큰 고통도 서로 다른 것 같지만, 기쁨의 뒤에는 늘 그림자처럼 괴로움이 도사리고 있다. 설날, 설이라고 마음놓고 있는 동안 어언 연말이 되고, 기쁘다 기쁘다 하고 있을 때 어언 괴로움에 빠지고 만다. 그믐날을 한 번 돌리면 설날이 되는 것과 같이, 괴로움을 벗어나면 즐거움이 기다리고 있다. 아무튼 세상은 마음먹기에 따라 달라진다.

　설날과 그믐날까지의 한순간의 즐거움을 갖기 위해서 365일의 괴로움을 감당하지 말고, 365일의 기쁨을 갖기 위해 한순간의 괴로움을 참아 보아라.

　어리석은 것이 사람의 마음이다. 올해도 이제 몇 시간만 있으면 제야의 종소리와 함께 '과거'라는 장막 속에 영원히 숨어 버리려 하고 있다. 사람들은 망년회니, 세모니 하면서 일없이 들떠 있다. 그러나 잘 생각해 보라. 무엇이 그토록 많이 달라지는가?

　　가는 해니, 오는 해니
　　말하지 말게.
　　보게나!
　　저 하늘이 달라졌는가?
　　우리가 어리석어 꿈속에 사네.

《건강창조》(정판식)

《기도》(일타 스님)

《나무백과》(임경빈)

《내훈》(소혜왕후)

《노자(老子)》

《논어(論語)》

《대학(大學)》

《목민심서》

《무소유》(법정)

《문잔백과대사전》(금성출판사)

《민족대백과사전》

《법구경》

《보조법어》

《부모은중경》

《불교 성전》(불교전도협회)

《뿌리깊은 삶》(경상북도 교육청)

《사십이장경(四十二章經)》

《사찰 그 속에 깃든 의미》(김현준)

《삼세인과경》

《세월은 가도 뜻은 머문다》(김영로)

《술몽쇄언》(남만성 역)

《신달자 에세이》(자유문학사)

《신심명(信心銘)》(장정각)

《신약성서》

《아함경(阿含經)》

《여래유교경》

《이솝이야기》

《인생의 기본 예의》(리옥규)

《인생 12진법》(정다운)

《인생일기》

《임어당 문집》

《정부인 안동 장씨》(김구현)

《좌전(左傳)》

《중용(中庸)》

《채근담(菜根譚)》

《퇴계 선생과 도산서원》(안동시)

《플루타르크 영웅전》

365일 하루에 한마디
마음의 명언

2016년 9월 10일 1쇄 발행

편저자 * 권영한

펴낸이 * 남병덕

펴낸곳 * 전원문화사

07698 서울시 강서구 화곡로 43가길 30. 2층

    T. 02) 6735-2100 . F.6735-2103

E-mail * jwonbook@naver.com

등록 * 1999년 11월 16일 제1999-053호